Satipaṭṭhāna

깨달음에 이르는 알아차림 명상 수행

초판 1쇄 발행 | 2014년 2월 10일
초판 1쇄 발행 | 2019년 6월 5일
지은이 | Anālayo
옮긴이 | 이필원, 강향숙, 류현정

펴낸이 | 김형록
펴낸곳 | 명상상담연구원
주소 | 서울특별시 중구 신당동 동호로 17길 261 401, 정맥프린스빌 목우선원 명상상담연구원
전화 | (02) 2236-5306
홈페이지 | http://cafe.daum.net/medicoun
출판등록 | 제 211-90-28934호

가격 20,000원

ISBN 978-89-94906-18-8 94180
ISBN 978-89-94906-00-3(set)

Satipaṭṭhāna

깨달음에 이르는 알아차림 명상 수행

명상상담연구원

'이 책은 명상 수행에 관한 기본적인 불교의 가르침을 담고 있는 『염처경(*Satipaṭṭhāna Sutta*)』에 대한 상세한 문헌적 연구를 제공함으로써 초기 불교 연구사에 오랜 시간 존재해 왔던 두드러진 공백을 메우는 데에 도움을 준다. Anālayo 스님은 현재 붓다의 가르침(Dharma)을 공부하는 학생들(students)에게 『염처경』에서 매우 간결하게 나타나 있는 풍부한 함축성을 명확히 이해시키기 위해 빨리어 경전의 sutta들과 현대의 연구 및 오늘날 명상 스승들의 가르침을 매우 공을 들여 철두철미하게 집대성하고 있다. 동일한 주제에 관한 좀 더 대중적인 책들과는 달리 그는 한 가지 특정 명상 체계를 배타적으로 규명하려 하지 않으며 오히려 그의 목적은 수행에 관한 대안적인 해석과 접근들을 허용하는 광범위하고도 다면적인 지도 자료로서 sutta를 탐험하는 데에 있다. 그의 분석은 수행을 단순히 연구 대상이 아닌 삶의 방식으로 여기는 수행자들의 관심사와 학술적 연구의 공정한 객관성을 결합하고 있다. 따라서 이 책은 초기 불교를 연구하는 학자들과 진지한 명상가들 양쪽 모두에게 똑같이 가치를 지니고 있다는 것이 입증되어야 할 것이다. 이 책은 양쪽 독자 모두에게 있어 마찬가지로 작가 자신이 다루는 주제에 관한 논의의 기저를 이루고 있는 소위 학문과 수행의 건전한 통합을 더할 나위 없이 완벽하게 고무시킬 것이다.'

Bhikkhu Bodhi | 학자이자 번역가

'이 책은 『염처경』에서 주어진 모든 가르침의 충분한 의미를 상세히 설명하고 있다. 나는 이 원전에 관한 Anālayo의 이 같은 주석이 지난 2,000년 간 테라바다(Theravāda) 전통에서 이루어진 이전의 모든 주석들을 능가한다고 믿고 있다. Anālayo는 붓다의 가르침을 배우는 학생들이 이 유명한 논의에 대하여 이해할 수 있도록 필수적인 안내서를 저술하였다.
이 책은 단연코 『염처경』에 관한 고전적인 주석이 될 운명을 지니고 있다. 또한 불교 전통에 관심을 지닌 독자들이 자신의 깨달음을 위해 실제적인 수행을 진행할 수 있도록 영감을 줄 것이다.'

Christopher Titmuss | 작가이자 Gaia House 명상센터의 공동창립자

'Anālayo 스님은 염처(satipaṭṭhāna)에 관한 붓다의 가르침에 대해 매우 철두철미하고도 종합적인 연구를 수행하였다. 이는 초기 경전들의 맥락에서 언급되는 수행에서의 가르침들과 빨리어 주석서들의 전통적인 해석에 관하여 조사하는 방식으로서 뿐만 아니라 현대 불교 학자들과 명상 스승 양쪽 모두의 논의와 해석을 아우르는 관점으로서도 추천할 만하다. 또한 염처 수행의 이론과 수행에 관심이 있는 사람이라면 누구에게나 가장 가치 있는 안내서이기도 하다.'

Rupert Gethin | 브리스톨 대학 인도 종교학 부교수

서문

나의 부모님인 K.R.과 T.F.Steffens에게서 받은 아낌 없는 지원이 없었다면 이 책은 나올 수 없었을 것이다. 또한 Muni Bhikkhu, Bhikkhu Bodhi, Ñāṇananda Bhikkhu, Guttasīla Bhikkhu, Ñāṇaramita Bhikkhu, Ajahn Vipassī, Dhammajīva Bhikkhu, Brahmāli Bhikkhu, Ānandajoti Bhikkhu, Anagārika Santuṭṭho, Prof. Lily de Silva, Prof. P.D.Premasiri, Godwin Samararatne, Dhammacāri Vishvapani, ichael Drummond, 그리고 Andre Quernmore의 충고, 교정, 영감 및 비판에 깊은 은혜를 입었다. 이 책에서 부족하거나 잘못된 표현이 있다면 전적으로 나의 명상수행과 이론적 이해의 부족함 때문임을 밝혀 둔다.

한국어판 서문

알아차림 명상에 관한 저의 연구가 한국어로 번역 출판된다는 사실을 알게 되어 매우 기쁘기 그지없습니다. 비록 제 책이 원래는 박사 논문으로 쓴 것이기 때문에 상당히 학술적인 성격을 지니고 있습니다만, 다행스럽게도 주제가 비교적 대중적인 흥미와 관련이 있어 이제 영어 원문 판은 베스트셀러가 되었고 계속해서 중국어, 네덜란드어, 독일어, 헝가리어, 이탈리아어 및 일본어로도 번역되고 있습니다. 이러한 사실은 현대 사회에서 초기 불교의 가르침이 가지는 핵심 측면을 풀어내기 위해 이 주제가 가지고 있는 중요성을 증명해 주는 것이라 생각합니다. 알아차림은 언제나 붓다의 가르침(Dharma)의 핵심적인 측면이었으며, 지금도 그러합니다. 그리고 수행자에게 점진적인 깨달음을 주면서 종국에는 최상의 깨달음으로 인도한다고 약속하는 그러한 결과를 얻기 위해서는 수행이 필요합니다. 이 길을 걷기를 갈망하는 사람들에게 한국어로 번역된 제 책이 영감의 원천이자 하나의 안내서가 될 수 있기를 바라는 바입니다.

차례

그림목차

Jhāyatha, mā pamādattha,
mā pacchā vippaṭisārino ahuvattha!

명상하라. 게으르지 말라.
나중에 그대는 후회하지 마라.

서론

이 책은 스리랑카 페라데니야(Peradeniya) 대학에서의 박사학위 연구와 승려로서 겪었던 실제 명상 수행의 경험이 결합되어 나오게 된 결과물로서, 『염처경(*Satipaṭṭhāna Sutta*)』의 가르침에 따라 알아차림 명상의 중요성과 수행에 관한 연구를 시도하고 있으며, 이를 초기 불교의 경전적이고 철학적인 맥락 속에 두었다.

알아차림과 이를 수행으로 적용하는 올바른 방법은 분명 깨달음으로 가는 붓다의 길을 밟으려고 하는 사람이라면 누구나 중대한 관심을 지니게 되는 주제들이다. 그러나 알아차림 명상의 올바른 이해와 실행을 위해서는 염처(satipaṭṭhāna)에 대하여 붓다가 설하였던 원래의 가르침을 고려할 필요가 있다. 이와 관련하여 나의 연구는 특히 네 가지 주요 니까야(Nikāya)와 역사적으로 초기에 해당하는 다섯 번째 니까야(Nikāya)를 중점적으로 중요한 연구 자료로서 고찰하였다.

염처(satipaṭṭhāna)는 수행의 문제이다. 나의 탐구가 수행적인 관련성을 지니고 있다는 것을 확실히 하기 위하여 현대 명상 매뉴얼과 관련 서적들을 선택하여 참고하였다. 이 같은 선택의 기준은 주로 유효성의 문제와 관련되어 있지만, 대표적인 명상 스승들의 가르침이 공정하게 여기에 포함되어 있기를 바라는 바이다. 이와는 별개로, 나는 또한 『염처경』을 이해할 수 있는 철학적 틀과 역사적 맥락을 보여주기 위해 초기 불교에 관한 다양한 학술적 논문들과 기사들을 참고하였다. 이것들은 경전에 나타난 특정 구절이나 표현들을 이해하기 위한 배경지식을 제공한다.

본문의 흐름과 가독성을 유기하는 데에 도움을 주기 위해 직접 인용이나 큰 관계가 없는 논평들에 묶여 있지 않도록 본문을 가급적이면 독립적으로 유지하려 하였다. 대신에, 부가적인 정보에 대한 논의와 흥미로운 언급들을 보여 주기 위해 각주를 광범위하게 이용하였다. 일반적인 독자는 처음 읽을 때에는 본문에 집중하고, 각주의 정보는 두 번째로 읽을 경우에만 참조하는 편이 좋을 것이다.

해설은 경전의 구절에 가능한 한 밀접하게 접근하여 그 배열에 따라 진행하였다. 그러나 동시에 논의가 단순한 언급에 제한되지 않도록 지엽적인 흐름 역시 어느 정도 허용하였는데, 이는 논의 중인 부분에 대해 좀 더 잘 이해할 수 있는 바탕을 제공하기 위한 관련 논점들을 살펴 보기 위한 것이다.

제1장은 염처(satipaṭṭhāna)와 관련된 일반적인 측면과 용어들에 대해 다루고 있다. 이어지는 세 장은『염처경』의 두 번째 절, 즉 "정의" 부분, 특히 사띠(*sati*)의 함의 및 삼매의 역할과 관련이 있다. 제5장에서는 경전을 통틀어 각 명상 수행 후에 반복되는 일련의 가르침인 "정형구"를 다룬다. 제6장에서는 몸, 느낌, 마음, 그리고 법(*dhamma*)들과 관련하여 알아차림 명상의 "직접적인 길"의 실제 수행의 내용을 조사할 것이다. 각 명상 수행에 대한 이 조사의 마지막 부분에서는 경전의 마지막 구절 및 열반(*Nibbāna*)의 함의를 알아보고자 한다. 결론부에서는 염처의 몇 가지 핵심 측면들에 대해 강조하고 그 중요성에 대한 평가를 시도하였다.

현 연구에서 나의 목적은 특정한 관점을 증명하거나 확립하기보다는 오히려 염처에 관한 새로운 관점들이 생기고 독자로 하여금 실제 수행에 있어 영감을 받는 것이 가능하도록 여러 가지 제안과 숙고사항들을 제공하는 것이다.

『염처경(Satipaṭṭhāna Sutta)』 번역[1]

이와 같이 나는 들었다. 한 때 세존께서는 꾸루 지방에 있는 꾸루족들의 마을인 깜마사담마(Kammāsadhamma)에 머무셨다. 그곳에서 세존께서는 "비구들이여"라고 비구들을 부르셨다. "세존이시여" 라고 그들이 대답하였다. 세존께서는 이와 같이 말씀하셨다.

| 직접적인 길 |

"비구들이여, 이것은 존재의 정화, 슬픔과 비탄의 극복, 고통(*dukkha*)과 불만족의 소멸, 참다운 방법의 획득, 열반의 실현으로 가는 직접적인 길이니 이름 하여 사념처이다.

| 정의 |

그 네 가지란 무엇인가? 비구들이여, 여기 한 비구가 몸에 대해서 몸을 관찰하면서, 부지런히 관찰하고, 분명히 알고, 바르게 알아차리고, 이 세상에서 욕망과 근심에서 벗어나서 머무른다.

느낌에 대해서 느낌을 관찰하면서, 부지런히 관찰하고, 분명히 알고, 바르게 알아차리고, 이 세상에서 욕망과 근심에서 벗어나서 머무른다.

마음에 대해서 마음을 관찰하면서, 부지런히 관찰하고, 분명히 알고, 바르게 알아차리고, 이 세상에서 욕망과 근심에서 벗어나서 머무른다.

법(dhamma)에 대해서 법(dhamma)을 관찰하면서, 부지런히 관찰하고, 분명히 알고, 바르게 알아차리고, 이 세상에서 욕망과 근심에서 벗어나서 머무른다.

| 호흡 |

그러면 비구들이여, 어떻게 그는 몸에 대하여 몸을 관찰하면서 머무는가? 이제, 그는 숲이나 나무의 뿌리나 비어있는 오두막집에 가서 앉는다: 그는 다리를 가부좌하고, 몸은 곧추 세우고, 면전에 알아차림을 확립하고 들숨과 날숨에 주의 집중한다.

1 이와 같은 나의『염처경』번역은 주로 Ñāṇamoli(1995): pp.145-55에서 차용하였다. 그러나 몇몇 예들에 있어서는 연구 과정에서 이해한 것을 바탕으로 나름대로의 번역을 시도하여 보았다. 경전의 특정 구절들에 대한 인용을 용이하게 하기 위해 각 단락 별로 짧은 제목을 삽입하였다.

길게 들이 쉬면서 그는 '나는 길게 들이 쉰다,'는 것을 알고, 길게 내쉬면서 그는 '나는 길게 내쉰다.'고 안다. 짧게 들이쉬면서 그는 '나는 짧게 들이쉰다,'고 알고, 짧게 내쉬면서 그는 '나는 짧게 내쉰다.'고 안다. 그는 이와 같이 수행 한다: '나는 몸 전체로 경험하며 숨을 들이쉴 것이다.' 그는 이와 같이 수행 한다: '나는 몸 전체로 경험하며 숨을 내쉴 것이다.' 그는 이와 같이 수행 한다: '나는 몸의 구조를 고요히 하며 숨을 들이 쉴 것이다.' 그는 이와 같이 수행 한다: '나는 몸의 구조를 고요히 하며 숨을 내쉴 것이다.'

마치 숙련된 도공이나 도공의 제자가 길게 돌리면서 '나는 길게 돌린다'고 알고 짧게 돌리면서 '짧게 돌린다'고 아는 것처럼 그와 같이 그는 '숨을 길게 들이 쉰다'고 알고, ... (위와 동일하게 진행된다).

| 정형구 |

이와 같은 방식으로 몸에 관하여 그는 몸을 내적으로 관찰하며 머무르거나, 몸을 외적으로 관찰하며 머무르거나 또는 내적으로 외적으로 함께 관찰하며 머무른다.

그는 몸에서 발생의 특성(nature of arising)을 관찰하며 머무르거나, 몸에서 소멸의 특성(nature of passing away)을 관찰하며 머무르거나 또는 몸에서 발생과 소멸의 특성을 함께 관찰하며 머무른다. 온전한 앎과 지속적인 알아차림을 위해 필요한 정도로 '몸이 있다'라는 알아차림이 그에게 확립된다. 그리고 그는 세상의 어떤 것에도 집착하지 않고, 의존하는 바 없이 머무른다.

이것이 몸에 대해서 몸을 관찰하면서 머무는 방식이다.

| 목초지 |

다시 비구들이여, 걸을 때 '나는 걷고 있다'는 것을 알고 있다; 서 있을 때 '나는 서 있다'는 것을 알고 있다; 앉아 있을 때 '나는 앉아 있다'는 것을 알고 있다; 누워 있을 때, '나는 누워 있다'는 것을 알고 있다; 또는 그는 그에 따라 그의 몸이 어떻게 다루어지는지를 안다.

| 정형구 |

이와 같은 방식으로 몸에 관하여 그는 몸을 내적으로 ... 외적으로 ... 또는 내적으로 외적으로 함께 관찰하며 머무른다.

그는 몸에서 발생의 본성 ... 소멸의 본성 ... 또는 몸에서 발생과 소멸의 본성을 함께 관찰하며 머무른다. 온전한 앎과 지속적인 알아차림을 위해 필요한 정도로 '몸이 있다'라는 알아차림이 그에게 확립된다. 그리고 그는 세상의 어떤 것에도 집착하지 않고, 의존하는 바 없이 머무른다.

이것이 몸에 대해서 몸을 관찰하면서 머무는 방식이다.

| 활동 |

다시 비구들이여, 앞으로 나가거나 뒤로 물러설 때에 그는 분명한 앎으로 행동한다. 앞을 향해 보거나 눈을 돌리거나 할 때에 그는 분명한 앎으로 행동한다. 그는 그의 팔다리를 굽히거나 펼칠 때에 그는 분명한 앎으로 행동한다. 그는 옷을 입을 때 그리고 그의 겉옷과 그릇을 들 때에 그는 분명한 앎으로 행동한다. 먹을 때에, 마실 때에, 음식을 먹을 때에 그리고 맛 볼 때에 그는 분명한 앎으로 행동한다. 배변을 할 때에나 소변을 볼 때에도 그는 분명한 앎으로 행동한다. 걸을 때에, 섰을 때에, 앉을 때에, 잠에 들었을 때에, 깨어 있을 때에, 말할 때에 그리고 조용히 있을 때에도 그는 분명한 앎으로 행동한다.

| 정형구 |

이와 같은 방식으로 몸에 관하여 그는 몸을 내적으로 ... 외적으로 ... 또는 내적으로 외적으로 함께 관찰하며 머무른다.

그는 몸에서 발생의 본성 ... 소멸의 본성 ... 또는 몸에서 발생과 소멸의 본성을 함께 관찰하며 머무른다. 온전한 앎과 지속적인 알아차림을 위해 필요한 정도로 '몸이 있다'라는 알아차림이 그에게 확립된다. 그리고 그는 세상의 어떤 것에도 집착하지 않고, 의존하는 바 없이 머무른다.

이것이 몸에 대해서 몸을 관찰하면서 머무는 방식이다.

| 해부학적인 부분 |

다시 비구들이여, 그는 이 같은 몸을 발바닥에서부터 위로, 정수리에서부터 아래로, 피부로 감싸진, 많은 종류의 불순한 부분들을 다음과 같이 검토한다: 몸에는 머리털, 몸에 있는 털, 손톱, 치아, 피부, 살덩이, 힘줄, 뼈, 골수, 콩팥, 심장, 간, 횡경막, 비장, 폐, 창자, 장간막, 배의 내용물, 배설물, 담즙, 가래, 고름, 피, 땀, 지방, 눈물, 기름, 침, 콧물, 관절의 기름, 소변 등이 있다.

마치 양 쪽에 입구가 있는 자루에 여러 가지 곡식, 즉 밭벼, 논벼, 콩, 완두, 기장, 현미 등이 가득 담겨 있는데 어떤 눈 좋은 사람이 그 자루를 열어 하나하나 '이것은 밭벼이고, 이것은 논벼, 이것은 콩, 이것은 완두, 이것은 기장, 이것은 현미이다'라고 검토하는 것과 같다; 그처럼 또한 그는 그 몸을 검토하는 것이다...(위와 같이 진행된다).

| 정형구 |

이와 같은 방식으로 몸에 관하여 그는 몸을 내적으로 ... 외적으로 ... 또는 내적으로 외적으로 함께 관찰하며 머무른다.

그는 몸에서 발생의 본성 ... 소멸의 본성 ... 또는 몸에서 발생과 소멸의 본성을 함께 관찰하며 머무른다. 온전한 앎과 지속적인 알아차림을 위해 필요한 정도로 '몸이 있다'라는 알아차림이 그에게 확립된다. 그리고 그는 세상의 어떤 것에도 집착하지 않고, 의존하는 바 없이 머무른다.

이것이 몸에 대해서 몸을 관찰하면서 머무는 방식이다.

| 원소 |

다시 비구들이여, 그는 어떻게 자리를 잡든지, 어떻게 배치되든지 그는 같은 몸을 다음과 같은 구성요소를 포함하는 것으로 관찰한다. '이 몸은 지, 수, 화, 풍의 원소가 있다.'

"마치 솜씨 좋은 백정이나 그의 조수가 소를 잡아 각을 뜬 다음 큰 길 네거리에 이를 벌려 놓고 앉아 있는 것과 같다; 그와 같이 그는 그 몸을 검토하는 것이다... (위와 같이 진행된다)."

| 정형구 |

이와 같은 방식으로 몸에 관하여 그는 몸을 내적으로 ... 외적으로 ... 또는 내적으로 외적으로 함께 관찰하며 머무른다.

그는 몸에서 발생의 본성 ... 소멸의 본성 ... 또는 몸에서 발생과 소멸의 본성을 함께 관찰하며 머무른다. 온전한 앎과 지속적인 알아차림을 위해 필요한 정도로 '몸이 있다'라는 알아차림이 그에게 확립된다. 그리고 그는 세상의 어떤 것에도 집착하지 않고, 의존하는 바 없이 머무른다.

이것이 몸에 대해서 몸을 관찰하면서 머무는 방식이다.

| 시체의 부패과정 |

다시 비구들이여, 그는 마치 묘지 한쪽에 버려진 시체를 보게 된 것과 같이 한다. - 죽은 지 하루나 이틀 또는 사흘 된 시체가 부풀고 검푸르게 되고 문드러지는 것... 묘지에 버려진 시체를 까마귀가 마구 쪼아 먹고, 솔개가 마구 쪼아 먹고, 독수리가 마구 쪼아 먹고, 개가 마구 뜯어먹고, 자칼이 마구 뜯어먹고, 수없이 많은 갖가지 벌레들이 덤벼들어 파먹는 것... 묘지에 버려진 시체가 해골이 되어 살과 피가 묻은 채 힘줄로 얽히어 서로 이어져 있는 것...해골이 되어 살은 없고 피만 엉긴 채 힘줄로 얽히어 서로 이어져 있는 것... 해골이 되어 살과 피는 없고 힘줄만 남아 서로 이어져 있는 것... 뼈들이 흩어져서 사방에 널려있는 것... 뼈가 조개껍질 색깔같이 하얗게 백골이 된 것...해골이 되어 풍상을 겪어 단지 뼈 무더기가 되어 있는 것...해골이 되었다가 다시 삭아서 티끌로 변한 모습-그는 자신의 몸을 그것에 비추어 바라본다. "이 몸도 또한 그와 같은 본성을 지니며, 그와 같이 될 것이며, 그에서 벗어나지 못하리라.[2]"

| 정형구 |

이와 같은 방식으로 몸에 관하여 그는 몸을 내적으로 ... 외적으로 ... 또는 내적으로 외적으로 함께 관찰하며 머무른다.

그는 몸에서 발생의 본성 ... 소멸의 본성 ... 또는 몸에서 발생과 소멸의 본성을 함께 관찰하며 머무른다. 온전한 앎과 지속적인 알아차림을 위해 필요한 정도로 '몸이 있다'라는 알아차림이 그에게 확립된다. 그리고 그는 세상의 어떤 것에도 집착하지 않고, 의존하는 바 없이 머무른다.

이것이 몸에 대해서 몸을 관찰하면서 머무는 방식이다.

| 느낌 |

그러면 비구들이여, 어떻게 그는 느낌에 대하여 느낌을 관찰하면서 머무는가?

이제, 즐거운 느낌을 느낄 때, 그는 '나는 즐거운 느낌을 느낀다.'고 안다. 불쾌한 느낌을 느낄 때, 그는 '나는 불쾌한 느낌을 느낀다.'고 안다. 중립적인 느낌을 느낄 때, 그는 '나는 중립적인 느낌을 느낀다.'고 안다.

세간적인 즐거운 느낌을 느낄 때, 그는 '나는 세간적인 즐거운 느낌을 느낀다.' 고 안다. 출세간적인 즐거운 느낌을 느낄 때, 그는 '나는 출세간적인 즐거운 느낌을 느낀다.'고 안다. 세간적인 불쾌한 느낌을 느낄 때, 그는 '나는 세간적인 불쾌한 느낌을 느낀다.'고 안다. 출세간적인 불쾌한 느낌을 느낄 때, 그는 '나는 출세간적인 불쾌한 느낌을 느낀다.'고 안다. 세간적인 중립적인 느낌을 느낄 때, 그는 '나는 세간적인 중립적인 느낌을 느낀다.'고 안다. 출세간적인 중립적인 느낌을 느낄 때, 그는 '나는 출세간적인 중립적인 느낌을 느낀다.'고 안다.

| 정형구 |

이와 같은 방식으로 느낌에 관하여 그는 느낌을 내적으로 ... 외적으로 ... 또는 내적으로 외적으로 함께 관찰하며 머무른다.

그는 느낌에서 발생의 본성 ... 소멸의 본성 ... 또는 느낌에서 발생과 소멸의 본성을 함께 관찰하며 머무른다. 온전한 앎과 지속적인 알아차림을 위해 필요한 정도로 '느낌이 있다'라는

2 실제 경전에서는 시체가 부패하는 각각의 개별적인 단계 후에 "정형구" 전체가 뒤따르지만 편의상 여기와 그림1.1에서는 생략한다.

알아차림이 그에게 확립된다. 그리고 그는 세상의 어떤 것에도 집착하지 않고, 의존하는 바 없이 머무른다.

이것이 느낌에 대해서 느낌을 관찰하면서 머무는 방식이다.

| 마음 |

그러면 비구들이여, 어떻게 그는 마음에 대하여 마음을 관찰하면서 머무는가?

그는 '탐욕적'일 때 탐욕스런 마음이라고 알고, '탐욕이 없을' 때 탐욕이 없는 마음이라고 안다. 그는 '화날' 때 화나는 마음이라고 알고, '화나지 않을' 때 화가 없는 마음이라고 안다. 그는 '미혹할' 때 미혹한 마음이라고 알고, '미혹이 없을' 때 미혹이 없는 마음이라고 안다. 그는 '위축될' 때 위축된 마음이라고 알고, '산란할' 때 산란한 마음이라고 안다. 그는 '위대할' 때 위대한 마음이라고 알고, '좁아질' 때 좁아지는 마음이라고 안다. 그는 '초월할 수 있을' 때 초월할 수 있는 마음이라고 알고, '초월할 수 없을(최상의)' 때 초월할 수 없는 마음이라고 안다. 그는 '집중할' 때 집중하는 마음이라고 알고, '집중이 되지 않았을' 때 집중이 되지 않는 마음이라고 안다. 그는 '자유로울' 때 자유로운 마음이라고 알고, '자유롭지 못할' 때 자유롭지 못한 마음이라고 안다.[3]

| 정형구 |

이와 같은 방식으로 마음에 관하여 그는 마음을 내적으로 ... 외적으로 ... 또는 내적으로 외적으로 함께 관찰하며 머무른다.

그는 마음에서 발생의 본성 ... 소멸의 본성 ... 또는 마음에서 발생과 소멸의 본성을 함께 관찰하며 머무른다. 온전한 앎과 지속적인 알아차림을 위해 필요한 정도로 '마음이 있다'라는 알아차림이 그에게 확립된다. 그리고 그는 세상의 어떤 것에도 집착하지 않고, 의존하는 바 없이 머무른다.

이것이 마음에 대해서 마음을 관찰하면서 머무는 방식이다.

| 장애들 |

그러면 비구들이여, 어떻게 그는 법(dhamma)들에 대해서 법(dhamma)들을 관찰하면서 머무는가? 이제 비구는 법(dhamma)들에 대해 다섯 가지 장애라는 면에서 법(dhamma)들을 관찰하며 머무른다. 그러면 어떻게 그는 법(dhamma)들에 대해 다섯 가지 장애라는 면에서 법(dhamma)들을 관찰하며 머무는가?

3 M I 59.

만일 그에게 감각적 욕망이 있을 때 '나에게 감각적 욕망이 있다'는 것을 알며, 감각적 욕망이 없을 때 '나에게 감각적 욕망이 없다'는 것을 안다. 또한 비구는 일어나지 않은 감각적 욕망이 어떻게 일어나는가를 알며, 일어난 감각적 욕망이 어떻게 사라지는가를 안다. 또한 비구는 사라진 감각적 욕망이 미래에 다시 일어나지 않게 하는 방법을 안다.

만일 그에게 분노가 있을 때 '나에게 분노가 있다'는 것을 알며, 분노가 없을 때 '나에게 분노가 없다'는 것을 안다. 또한 비구는 일어나지 않은 분노가 어떻게 일어나는가를 알며, 일어난 분노가 어떻게 사라지는가를 안다. 또한 비구는 사라진 분노가 미래에 다시 일어나지 않게 하는 방법을 안다.

만일 그에게 나태함과 게으름이 있을 때 '나에게 나태함과 게으름이 있다'는 것을 알며, 나태함과 게으름이 없을 때 '나에게 나태함과 게으름이 없다'는 것을 안다. 또한 비구는 일어나지 않은 나태함과 게으름이 어떻게 일어나는가를 알며, 일어난 나태함과 게으름이 어떻게 사라지는가를 안다. 또한 사라진 나태함과 게으름이 미래에 다시 일어나지 않게 하는 방법을 안다.

만일 그에게 근심과 걱정이 있을 때 '나에게 근심과 걱정이 있다'는 것을 알며, 근심과 걱정이 없을 때 '나에게 근심과 걱정이 없다'는 것을 안다. 또한 비구는 일어나지 않은 근심과 걱정이 어떻게 일어나는가를 알며, 일어난 근심과 걱정이 어떻게 사라지는가를 안다. 또한 비구는 사라진 근심과 걱정이 미래에 다시 일어나지 않게 하는 방법을 안다.

비구는 의심이 있을 때 '나에게 의심이 있다'는 것을 알며, 의심이 없을 때 '나에게 의심이 없다'는 것을 안다. 또한 비구는 일어나지 않은 의심이 어떻게 일어나는가를 알며, 일어난 의심이 어떻게 사라지는가를 안다. 또한 비구는 사라진 의심이 미래에 다시 일어나지 않게 하는 방법을 안다.

| 정형구 |

이와 같은 방식으로 법(dhamma)들에 관하여 그는 법(dhamma)들을 내적으로 ... 외적으로 ... 또는 내적으로 외적으로 함께 관찰하며 머무른다.

그는 법(dhamma)들에서 발생의 본성 ... 소멸의 본성 ... 또는 마음에서 발생과 소멸의 본성을 함께 관찰하며 머무른다. 온전한 앎과 지속적인 알아차림을 위해 필요한 정도로 '법(dhamma)들이 있다'라는 알아차림이 그에게 확립된다. 그리고 그는 세상의 어떤 것에도 집착하지 않고, 의존하는 바 없이 머무른다.

이것이 법(dhamma)들에 대해서 법(dhamma)들을 관찰하면서 머무는 방식이다.

| 오온 |

다시 비구들이여, 그는 법(dhamma)들에 대해서 번뇌를 일으키는 오온에 관하여 법(dhamma)들을 관찰하면서 머무른다. 그러면 비구는 어떻게 법(dhamma)들에 대해 번뇌를 일으키는 오온에 관하여 법(dhamma)들을 관찰하며 머무는가?

이제 '그것이 물질적 형태인 것을, 물질의 일어남인 것을, 물질의 사라짐인 것을; 그것이 느낌인 것을, 그것이 느낌의 일어남인 것을, 그것이 느낌의 사라짐인 것을; 그것이 인지인 것을, 그것이 인지의 일어남인 것을, 그것이 인지의 사라짐인 것을; 그것이 의지인 것을, 그것이 의지의 일어남인 것을, 그것이 의지의 사라짐인 것을; 그것이 의식인 것을, 그것이 의식의 일어남인 것을, 그것이 의식의 사라짐인 것을' 그는 안다.

| 정형구 |

이와 같은 방식으로 법(dhamma)들에 관하여 그는 법(dhamma)들을 내적으로 ... 외적으로 ... 또는 내적으로 외적으로 함께 관찰하며 머무른다.

그는 법(dhamma)들에서 발생의 본성 ... 소멸의 본성 ... 또는 마음에서 발생과 소멸의 본성을 함께 관찰하며 머무른다. 온전한 앎과 지속적인 알아차림을 위해 필요한 정도로 '법(dhamma)들이 있다'라는 알아차림이 그에게 확립된다. 그리고 그는 세상의 어떤 것에도 집착하지 않고, 의존하는 바 없이 머무른다.

이것이 법(dhamma)들에 대해서 법(dhamma)들을 관찰하면서 머무는 방식이다.

| 감각 영역 |

다시 비구들이여, 그는 법(dhamma)들에 대해서 여섯 가지 내적 외적 감각 영역에 관하여 법(dhamma)들을 관찰하면서 머무른다. 그러면 비구는 어떻게 법(dhamma)들에 대해 여섯 가지 내적 외적 감각 영역에 관하여 법(dhamma)들을 관찰하며 머무는가?

이제 그는 눈에 대해서 알고, 그는 형상을 안다. 그리고 그는 이 두 가지에 의존하여 일어나는 족쇄를 알며, 일어나지 않은 족쇄가 어떻게 일어나는지, 일어난 족쇄가 어떻게 제거되는지, 그리고 제거된 족쇄가 어떻게 미래에 일어나지 않게 할 수 있는지를 안다.

그는 귀에 대해서 알고, 그는 소리를 안다. 그리고 그는 이 두 가지에 의존하여 일어나는 족쇄를 안다. 일어나지 않은 족쇄가 어떻게 일어나는지, 일어난 족쇄가 어떻게 제거되는지, 그리고 제거된 족쇄가 어떻게 미래에 일어나지 않게 할 수 있는지를 안다.

그는 코에 대해서 알고, 그는 냄새를 안다. 그리고 그는 이 두 가지에 의존하여 일어나는 족쇄를 안다. 일어나지 않은 족쇄가 어떻게 일어나는지, 일어난 족쇄가 어떻게 제거되는지, 그리고 제거된 족쇄가 어떻게 미래에 일어나지 않게 할 수 있는지를 안다.

그는 혀에 대해서 알고, 그는 맛을 안다. 그리고 그는 이 두 가지에 의존하여 일어나는 족쇄를 안다. 일어나지 않은 족쇄가 어떻게 일어나는지, 일어난 족쇄가 어떻게 제거되는지, 그리고 제거된 족쇄가 어떻게 미래에 일어나지 않게 할 수 있는지를 안다.

그는 신체를 알고, 그는 접촉을 안다. 그리고 그는 이 두 가지에 의존하여 일어나는 족쇄를 안다. 일어나지 않은 족쇄가 어떻게 일어나는지, 일어난 족쇄가 어떻게 제거되는지, 그리고 제거된 족쇄가 어떻게 미래에 일어나지 않게 할 수 있는지를 안다.

그는 마음에 대해서 알고, 그는 마음의 대상을 안다. 그리고 그는 이 두 가지에 의존하여 일어나는 족쇄를 알며, 일어나지 않은 족쇄가 어떻게 일어나는지, 일어난 족쇄가 어떻게 제거되는지, 그리고 제거된 족쇄가 어떻게 미래에 일어나지 않게 할 수 있는지를 안다.

| 정형구 |

이와 같은 방식으로 법(dhamma)들에 관하여 그는 법(dhamma)들을 내적으로 ... 외적으로 ... 또는 내적으로 외적으로 함께 관찰하며 머무른다.

그는 법(dhamma)들에서 발생의 본성 ... 소멸의 본성 ... 또는 마음에서 발생과 소멸의 본성을 함께 관찰하며 머무른다. 온전한 앎과 지속적인 알아차림을 위해 필요한 정도로 '법(dhamma)들이 있다'라는 알아차림이 그에게 확립된다. 그리고 그는 세상의 어떤 것에도 집착하지 않고, 의존하는 바 없이 머무른다.

이것이 법(dhamma)들에 대해서 법(dhamma)들을 관찰하면서 머무는 방식이다.

| 깨달음의 요소 |

다시 비구들이여, 그는 법(dhamma)들에 대해서 일곱 가지 깨달음의 요소(칠각지)에 관하여 dhamma들을 관찰하면서 머무른다. 그러면 비구는 어떻게 법(dhamma)들에 대해 일곱 가지 깨달음의 요소에 관하여 법(dhamma)들을 관찰하며 머무는가?

이제 만약 알아차림의 깨달음의 요소(念覺支)가 그에게 있다면, 그는 '나에게 알아차림의 깨달음의 요소가 있다'는 것을 안다; 만약 알아차림의 깨달음의 요소가 그에게 없다면, 그는 '나에게 알아차림의 깨달음의 요소가 없다'는 것을 안다; 그는 일어나지 않은 알아차림의 깨달음의 요소가 어떻게 일어날 수 있는지를 알며, 일어난 알아차림의 깨달음의 요소가 어떻게 계발에 의해 완성될 수 있는지를 안다.

만약 법(dhamma)들에 대한 분석의 깨달음의 요소(擇法覺支)가 그에게 있다면, 그는 '나에게 법(dhamma)들에 대한 분석의 깨달음의 요소가 있다'는 것을 안다; 만약 법(dhamma)들에 대한 분석의 깨달음의 요소가 그에게 없다면, 그는 '나에게 법(dhamma)들에 대한 분석의 깨달음의 요소가 없다'는 것을 안다; 그는 일어나지 않은 법(dhamma)들에 대한 분석의 깨달음의 요소가 어떻게 일어날 수 있는지를 알며, 일어난 법(dhamma)들에 대한 분석의 깨달음의 요소가 어떻게 계발에 의해 완성될 수 있는지를 안다.

만약 정진의 깨달음의 요소(精進覺支)가 그에게 있다면, 그는 '나에게 정진의 깨달음의 요소가 있다'는 것을 안다; 만약 정진의 깨달음의 요소가 그에게 없다면, 그는 '나에게 정진의 깨달음의 요소가 없다'는 것을 안다; 그는 일어나지 않은 정진의 깨달음의 요소가 어떻게 일어날 수 있는지를 알며, 일어난 정진의 깨달음의 요소가 어떻게 계발에 의해 완성될 수 있는지를 안다.

만약 기쁨의 깨달음의 요소(喜覺支)가 그에게 있다면, 그는 '나에게 기쁨의 깨달음의 요소가 있다'는 것을 안다; 만약 기쁨의 깨달음의 요소가 그에게 없다면, 그는 '나에게 기쁨의 깨달음의 요소가 없다'는 것을 안다; 그는 일어나지 않은 기쁨의 깨달음의 요소가 어떻게 일어날 수 있는지를 알며, 일어난 기쁨의 깨달음의 요소가 어떻게 계발에 의해 완성될 수 있는지를 안다.

만약 경안의 깨달음의 요소(輕安覺支)가 그에게 있다면, 그는 '나에게 경안의 깨달음의 요소가 있다'는 것을 안다; 만약 경안의 깨달음의 요소가 그에게 없다면, 그는 '나에게 경안의 깨달음의 요소가 없다'는 것을 안다; 그는 일어나지 않은 경안의 깨달음의 요소가 어떻게 일어날 수 있는지를 알며, 일어난 경안의 깨달음의 요소가 어떻게 계발에 의해 완성될 수 있는지를 안다.

만약 삼매의 깨달음의 요소(定覺支)가 그에게 있다면, 그는 '나에게 삼매의 깨달음의 요소가 있다'는 것을 안다; 만약 삼매의 깨달음의 요소가 그에게 없다면, 그는 '나에게 삼매의 깨달음의 요소가 없다'는 것을 안다; 그는 일어나지 않은 삼매의 깨달음의 요소가 어떻게 일어날 수 있는지를 알며, 일어난 삼매의 깨달음의 요소가 어떻게 계발에 의해 완성될 수 있는지를 안다.

만약 평정의 깨달음의 요소(捨覺支)가 그에게 있다면, 그는 '나에게 평정의 깨달음의 요소가 있다'는 것을 안다; 만약 평정의 깨달음의 요소가 그에게 없다면, 그는 '나에게 평정의 깨달음의 요소가 없다'는 것을 안다; 그는 일어나지 않은 평정의 깨달음의 요소가 어떻게 일어날 수 있는지를 알며, 일어난 평정의 깨달음의 요소가 어떻게 계발에 의해 완성될 수 있는지를 안다.

| 정형구 |

이와 같은 방식으로 법(dhamma)들에 관하여 그는 법(dhamma)들을 내적으로 ... 외적으로 ... 또는 내적으로 외적으로 함께 관찰하며 머무른다.

그는 법(dhamma)들에서 발생의 본성 ... 소멸의 본성 ... 또는 마음에서 발생과 소멸의 본성을 함께 관찰하며 머무른다. 온전한 앎과 지속적인 알아차림을 위해 필요한 정도로 '법(dhamma)들이 있다'라는 알아차림이 그에게 확립된다. 그리고 그는 세상의 어떤 것에도 집착하지 않고, 의존하는 바 없이 머무른다.

이것이 법(dhamma)들에 대해서 법(dhamma)들을 관찰하면서 머무는 방식이다.

| 사성제 |

다시 비구들이여, 법(dhamma)들에 대해서 사성제에 관하여 법(dhamma)들을 관찰하며 머무른다. 그러면 비구는 어떻게 법(dhamma)들에 대해 사성제에 관하여 법(dhamma)들을 관찰하며 머무는가?

이제 그는 '이것이 고통(dukkha)이다'라는 것을 있는 그대로 알고 있다; 그는 '이것이 고통(dukkha)의 일어남' 이라는 것을 있는 그대로 알고 있다; 그는 '이것이 고통(dukkha)의 멈춤' 이라는 것을 있는 그대로 알고 있다; 그는 '이것이 고통(dukkha)의 멈춤으로 이끄는 길'이라는 것을 있는 그대로 알고 있다.

| 정형구 |

이와 같은 방식으로 법(dhamma)들에 관하여 그는 법(dhamma)들을 내적으로 ... 외적으로 ... 또는 내적으로 외적으로 함께 관찰하며 머무른다.

그는 법(dhamma)들에서 발생의 본성 ... 소멸의 본성 ... 또는 마음에서 발생과 소멸의 본성을 함께 관찰하며 머무른다. 온전한 앎과 지속적인 알아차림을 위해 필요한 정도로 '법(dhamma)들이 있다'라는 알아차림이 그에게 확립된다. 그리고 그는 세상의 어떤 것에도 집착하지 않고, 의존하는 바 없이 머무른다.

이것이 법(dhamma)들에 대해서 법(dhamma)들을 관찰하면서 머무는 방식이다.

| 예지 |

비구들이여, 만약 누군가가 7년... 6년... 5년... 4년... 3년... 2년... 1년... 7개월... 6개월... 5개월... 4개월... 3개월... 2개월... 1개월... 보름... 일주일 동안 그러한 방식으로 사념처를 계발해야 한다면, 그에게 두 가지 결과 중 한 가지가 기대된다: 지금, 여기에서 궁극의 앎을 얻거나 아니면, 집착이 남아 있으면 불환자가 된다. 그래서 이것을 참고로 하여 말하자면 다음과 같다:

| 직접적인 길 |

"비구들이여, 이것은 존재의 정화를 위한, 슬픔과 비탄의 극복을 위한, 고통과 불만족의 사라짐을 위한, 진실한 방법을 얻기 위한, 열반(Nibbāna)의 깨달음을 위한 올바른 길, 즉 사념처이다."

세존께서는 이와 같이 설하셨다. 비구들은 마음이 흡족해져 세존의 설법을 기뻐하였다.

1

직접적인 길의 일반적 측면

Satipaṭṭhāna Sutta『염처경(念處經)』, 이하『염처경』으로 옮김』의 기초를 이루는 구조를 살펴본 뒤 사념처(四念處)의 몇 가지 일반적 측면들을 고찰하는 것으로 글을 시작하고자 한다. 그런 뒤에 "직접적인 길(*direct path*)"과 "염처(*satipaṭṭhāna*)"라는 표현에 대해 검토할 것이다.

1 『염처경』의 개관

열반(*Nibbāna*)으로 가는 "직접적인 길"로서의 염처는 초기불교 경전인 *Majjhima Nikāya*의『염처경』[1]에서 자세히 다루고 있다. 또한 *Dīgha Nikāya*의 *Mahāsatipaṭṭhāna Sutta*에서도 같은 내용을 볼 수 있다. 차이가 있다면 *Mahāsatipaṭṭhāna Sutta*에서는 염처 관찰의 마지막인 사성제를 더 폭넓게 다루고 있다는 점이다.[2] 염처라는 주제는 *Saṃyutta Nikāya*와 *Aṅguttara Nikāya*의 몇몇 짧은 경전들에 영감을 주었다.[3] 빨리어 원전과 별도로 염처에 대한 설명들은 한역 및 산스끄리뜨어 경전들에도 전해지고 있으며 빨리어 원전과 때때로 다

1 M I 55-63, *Majjhima Nikāya*의 10번째 경전.

2 D II 305-15. 버마판(6차 Saṅgāyana)은 *Majjhima* 판본에도 사성제에 관한 더욱 긴 장을 덧붙이고 있다. 그러나 싱할리판은 PTS 판과 동일하게 사성제의 더욱 짧은 문장들만을 전하고 있다.

3 이것들은 S V141-92의 *Satipaṭṭhāna Saṃyutta*와 A IV 457-62의 *Satipaṭṭhāna Vagga*이다. 또한 A IV 336-47의 *Sati Vagga*; Vibh 193-207의 *Satipaṭṭhāna Vibhaṅga*에서는 한 번; 그리고 Kv 155-9와 Paṭis II 232-5의 *Satipaṭṭhāna Kathā*에서는 두 번 등장한다. 유사한 제목의 짧은 경전들은 S IV 360, S IV 363, 그리고 A III 142의 세 *Satipaṭṭhāna Suttas*; S II 132, S IV 245, 그리고 A IV 336의 세 가지 *Sati Suttas*; 그리고 S V142, S V180, 그리고 S V186의 세 가지 *Sato Suttas*이다.

른 부분이 있어 흥미를 끈다.[4]

*Saṃyutta Nikāya*와 *Aṅguttara Nikāya*에 나타난 대부분의 경전들은 구체적으로 염처를 어떻게 적용하는지에 대한 내용은 다루지 않고 단지 대체적인 윤곽만을 언급하고 있다. 이처럼 염처가 네 가지 기능으로서 구분을 가지게 된 것은 붓다가 획득한 깨달음의 직접적인 결과로 보인다.[5] 붓다가 획득한 깨달음은 고대 수행방식의 재발견이라는 핵심적 측면을 가지고 있다.[6] 그러나 *Mahāsatipaṭṭhāna Sutta*와 『염처경』에서 발견되는 자세한 가르침들은 분명히 후대에 속하는 것들이다. 이때는 붓다의 가르침이 갠지스강 유역에서 멀리 꾸루(Kuru)국의 깜마사담마(Kammāsadhamma)까지 퍼져나간 때인 것이다.[7]

---

4 Schmithausen 1976:p.224에 따르면, 내용이 첨가된 다섯 개의 판본이 존재한다. 두 가지의 완전한 판본은 한역(*Madhyama Āgama*: Taishō 1, no.26, p.582b, 그리고 *Ekottara Āgama*: Taishō 2, no.125, p.568a)이고, 세 가지 단편적인 판본은 한역과 산스끄리뜨(*Pañcaviṃśatisāhasrikā Prajñaipāramitā*, *Śāriputrābhidharma*(Taishō 28, no.1548, p.525a), 그리고 Śrāvakabhūmi)판본이다. 완전한 한역 판본 가운데 *Madhyama Āgama*의 89번째 경전인 『염처경(Nien-ch'u-ching)』의 요약본을 Minh Chau 1991:pp.87-95에서 볼 수 있다. 이 판본과 *Ekottara Āgama*의 다른 한역 판본의 완전한 번역은 Nhat Hanh 1990:pp.151-77에서 볼 수 있다. *Satipaṭṭhāna Saṃyutta*에 해당하는 한역 경전과의 비교는 Choong 2000:pp.215-18과 Hurvitz 1978:pp.211-29에서 볼 수 있다.

5 S V 178에서 붓다는 당시에 알려지지 않은 것들에 대한 자신의 통찰 가운데 사념처를 포함시켰다. 참고로 어떻게 깨달았는지를 기록한 S V 167에서 붓다는 사념처가 깨달음의 직접적인 방법임을 밝히고 있다. 그 때문에 범천 사함빠띠(Brahmā Sahampati)는 이러한 숙고에 찬성하며 갈채를 보내기 위해 내려왔다(또한 S V 185를 참조하라). 두 경우 모두 사념처의 개괄만을 보여줄 뿐 『염처경』과 *Mahāsatipaṭṭhāna Sutta*에서 기술된 상세한 실천적 방법을 포함하지는 않는다.

6 S II 105에서 고따마 붓다가 재발견한 과거 붓다들의 수행도로서 *sammā sati*를 언급하고 있다. 마찬가지로 A II 29에서 *sammā sati*는 옛 붓다들의 수행도로 언급된다. 사실 D II 35는 보살 위빠시(Vipassī)가 오온에 대한 *dhammānupassanā*를 수행했음을 기술하고 있는데, 여기서 역시 염처는 과거 붓다들이 행한 고대 수행도였음을 확인시켜주고 있으며, 이러한 염처 수행은 고따마(Gotama) 붓다가 재발견할 때까지 잊혀져 있어야만 했던 수행법 가운데 하나이다.

7 Lily de Silva(n.d.):p.3는 『염처경』이 단 한 번 전파되었음을 지적한다. 즉, "법(Dhamma)은 기원지인 마가다(Magadha)에서 변방의 꾸루(Kuru)국으로 전파되었다." 다른 경전들은 꾸루국의 Kammāsadhamma에서 형성되었다(예를 들어, D II 55; M I 501; M II 261; S II 92; S II 107; A V 29). 꾸루국은 초기 불교 승단의 발전에서 상대적으로 진보된 단계를 보인 이 지역의 연합세력을 지원하였다(예를 들어, M I 502는 다양한 배경에서 출가한 많은 추종자들에 대해 말하고 있다). Ps I 277에 따르면, 이 특별한 지역에서 설해진 경전들의 공통된 특징은 심오한 가르침을 받아들일 수 있는 거주민들의 높은 이해력 때문에 비교적 발전된 특성을 보인다고 한다. 꾸루국의 위치는 (Law 1979:p.18; Malalasekera 1995:vol.I,p.642; T.W. Rhys Davids 1997:p.27에 따르면) 오늘날 델리(Delhi) 지역에 해당한다. 인도에서 이 지역은 『바가바드기따(*Bhagavadgītā*)』(Bhg I.1)에 기술된 사건과도 연관된 지역이다.

아래 그림 1.1은 『염처경』에 나와 있는 염처에 대한 자세한 설명과 그 아래 놓여있는 구조에 대한 개관을 제공하기 위해 제시한 것이다. 경전의 각 부분들을 네모로 표시하고 아래에서부터 정렬하였다.

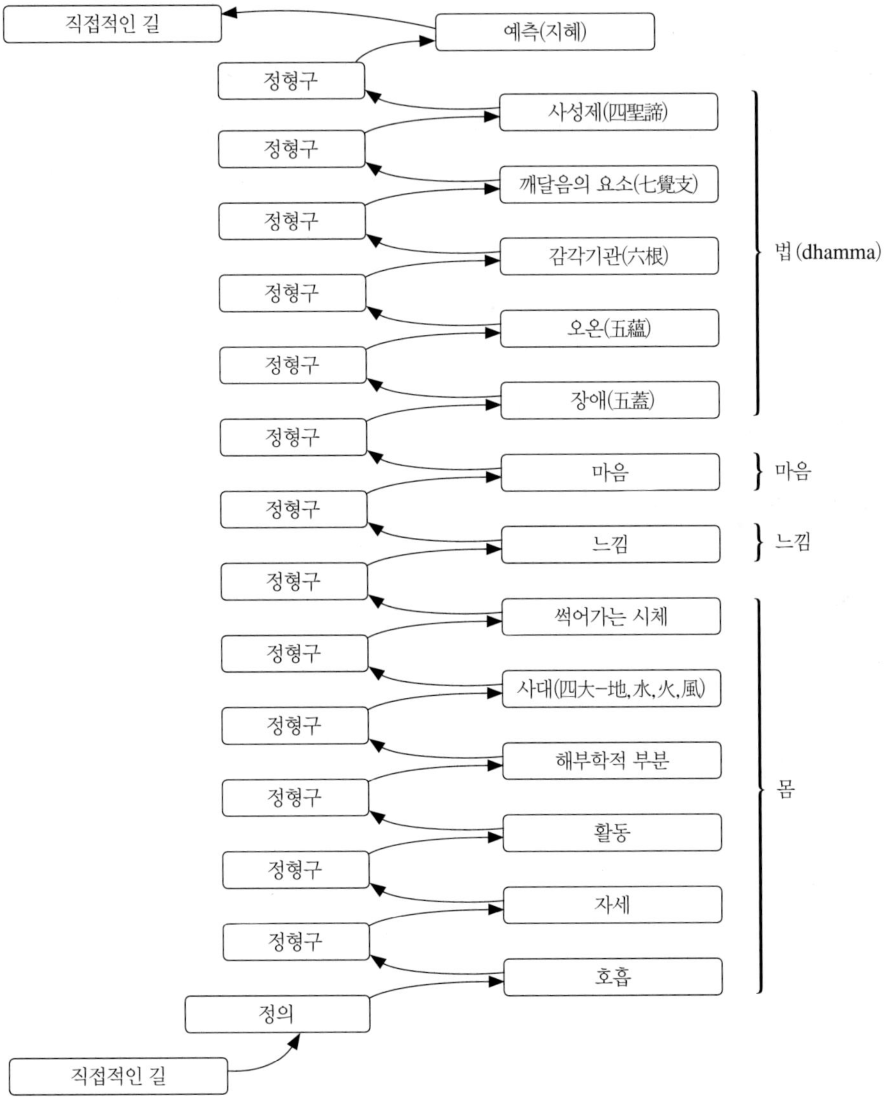

그림 1.1 『염처경』의 구조

경전이 시작되고 끝나는 부분은 염처가 열반으로 직접적으로 도달하는 길을 만들어 준다고 말하는 구절이다. 경전의 다음 부분은 이 직접적인 길의 가장 필수적인 측면에 대해 간단하게 정의하고 있다. 이 "정의"는 명상을 위한 네 가지 염처들, 즉 사념처(四念處)를 언급한다. 몸, 느낌, 마음, 그리고 법(dhamma)[8]이 그것이다. 이 "정의"는 또한 염처의 도구가 되는 정신적 특질들을 구체적으로 설명한다. 다시 말해 부지런해야 하고(*ātāpī*), 명확히 인식하여야 하며(*sampajāna*), 알아차려야 하고(*sati*), 욕망과 불만에서 벗어나야(*vineyya abhijjhādomanasa*) 한다.

이러한 "정의" 후에 경전은 몸, 느낌, 마음, 법(dhamma)의 사념처를 자세히 설명한다. 첫 번째 염처인 몸에 대한 관찰은 호흡, 자세, 활동의 알아차림에서 시작한다. 그리고 몸의 해부학적 부분들과 요소들에 대한 분석을 거쳐 썩어가는 시체를 관찰하는 것으로까지 나아간다. 그 다음의 두 염처들은 느낌과 마음을 관찰하는 것과 관련된다. 네 번째 염처인 법(dhamma)에서는 관찰을 위한 다섯 가지 유형의 현상들을 나열한다. 정신적 장애들, 오온, 감각기관, 칠각지, 사성제가 그것들이다. 실제적인 명상 수행 후, 경전은 깨달음을 이룰 것으로 기대되는 시간에 대한 예언을 거쳐 직접적인 길에 대한 진술로 다시 돌아온다.

경전의 처음부터 끝까지 모든 단계적 명상 수행의 뒤에는 하나의 특별한 문구가 되풀이 된다. 이 염처(satipaṭṭhāna)의 "정형구"는 수행의 중요한 측면을 반복적으로 강조함으로써 각각의 가르침을 완성한다.[9] 이 "정형구"에 따르면 염처 관찰은 내적, 외적 현상을 포함하고 있으며 그것들이 일어나고 사라지는 것과 관련되어 있다. 또한 "정형구"는 알아차림이 오직 순수한 앎의 계발과 자각의 지속을 위해 확립되어야 한다고 강조한다. "정형구"에 따르면 진정한 염처 관찰은 의존과 집착 없이 일어나는 것이다.

전체적으로 경전의 구조는 그것이 행해진 계기를 설명하는 서론과 붓다의 설법 뒤에 비구들이 환희에 찬 반응을 보여주는 결론으로 이루어져 있다.[10]

나는 "정의"와 "정형구"를 위 그림의 한 가운데에 두어 경전의 구조에서 그것들이 중

8 내가 번역하지 않은 법(dhamma)이라는 용어가 갖는 함축된 의미는 p.201(9장)에서 논의한다.

9 이 "정형구"가 각 명상 수행에서 필수적이라는 사실은 각 염처의 "정형구"를 이끄는 진술을 통해 알 수 있다.(예를 들어 **M I 56**) "그것이 바로 한 비구가 몸(느낌, 마음, 법)에 대해서 몸(느낌, 마음, 법)를 관찰하면서 머무는 방식이다." 이러한 진술은 각 염처의 결과를 묻는 질문에 대한 설명과 관련된다. (예를 들어 **M I 56**) "한 비구가 몸 (등)에 대해서 어떻게 몸 (등)을 관찰하면서 머무는가?"

10 이 문장은 표준적인 도입부와 결론 부분으로, **Manné** 1990:p.33는 이것을 전형적인 "설법"으로 분류한다.

심적 역할을 담당하고 있음을 강조하고자 했다. 그림이 보여주는 대로 경전은 특정한 명상 가르침과 정형구 사이를 체계적으로 오가면서 순환하는 형태를 나타내고 있다. 각각의 "정형구"의 역할은 올바른 수행에 필수불가결한 이러한 염처들의 측면으로 주의를 이끌어가는 것이다. 같은 형태가 경전의 시작 부분에도 적용된다. 즉, "직접적인 길"을 통해 염처라는 주제를 전반적으로 개관한 뒤 각각의 본질적 특성들을 지적하는 "정의"가 뒤따라온다. 이런 방식으로 "정의"와 "정형구"는 필수적인 것이 무엇인지를 보여준다. 그러므로 염처에 대한 올바른 이해와 완성을 위해서는 "정의"와 "정형구"에 담겨 있는 정보가 특히 중요하다.

2 사념처 개관

자세히 살펴보면 『염처경』에 나열된 일련의 명상들은 진행되는 형태를 취한다(아래 그림 1.2 참조). 몸에 대한 관찰은 몸의 자세와 활동이라는 초보적인 경험으로부터 육체의 해부학적 구조를 관찰하는 것으로 나아간다. 이런 식으로 발전하여 증가된 민감성은 느낌 관찰을 위한 바탕을 형성한다. 그리고 쉽게 접근할 수 있는 신체적 경험의 측면으로부터 보다 정교하고 미묘한 자각의 대상인 느낌으로 옮겨간다.

느낌 관찰은 그것들의 정서적 특성에 따라 좋은 느낌, 나쁜 느낌, 좋지도 나쁘지도 않은 느낌의 유형으로 나뉠 뿐만 아니라 세속적이거나 비세속적 성질에 따라 구분된다. 따라서 느낌 관찰의 후반부는 느낌의 윤리적 특성을 말하는데, 이는 마음의 건전하거나 불건전한 상태에 따른 윤리적 구분을 통해 자각을 이끌어가는 디딤돌 역할을 하며 이후의 염처인 마음 관찰의 시작 부분에서 언급되고 있다.

마음 관찰은 네 가지 불건전한 마음 상태(탐욕, 분노, 미혹, 산만)의 존재 또는 부재로부터 네 가지 더 높은 마음 상태의 존재 또는 부재를 관찰하는 것으로 나아간다. 마음 관찰의 후반부에서 보다 높은 수준의 마음의 상태에 관심을 갖는 것은 특히 보다 깊은 단계의 관찰을 방해하는 요소들을 상세하게 살펴보는데 적합하기 때문이다. 이것들이 법(dhamma) 관찰의 첫 번째 대상인 장애들이다.

명상 수행의 장애물들을 다룬 뒤에 법 관찰은 주관적인 경험에 대한 두 가지 해석, 즉 오온과 여섯 가지 감각기관(육근)의 순서로 나아간다. 이 해석의 뒤를 법 관찰의 다음 단계인 칠각지가 따른다. 그리고 염처 수행은 깨달음과 함께 동시에 일어나는 것에 대한 완전한 이해인 사성제 관찰로 그 정점에 다다르게 된다.

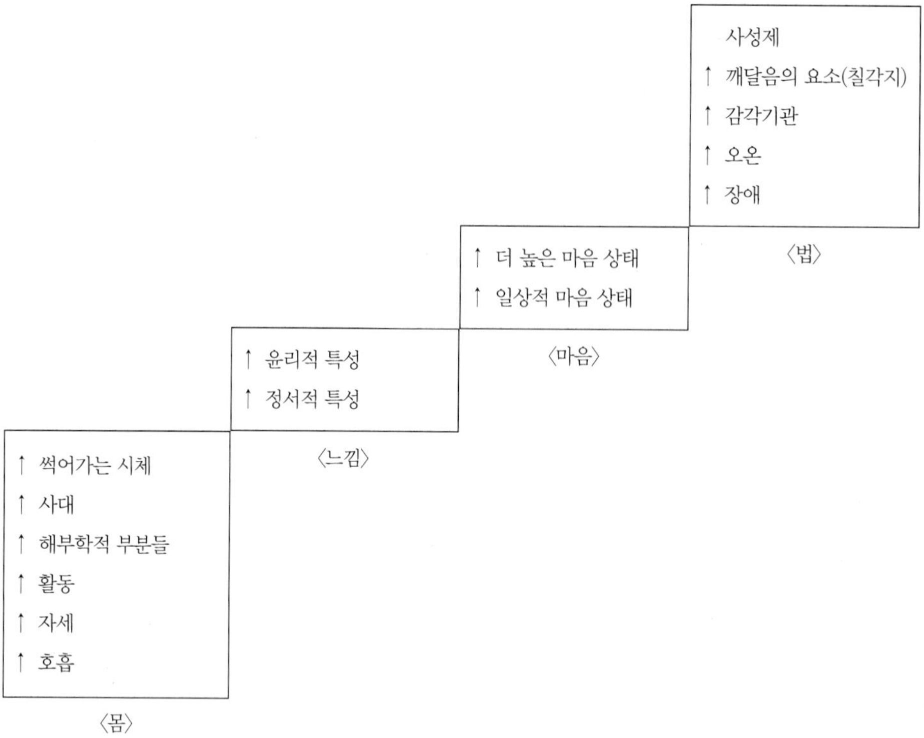

그림 1.2 염처 관찰의 진행

이러한 방식을 고려했을 때, 일련의 염처 관찰은 좀 더 거친 단계에서 한층 미세한 단계로 점차 나아간다.[11] 이 선형적인 진행은 적절한 수행 없이는 일어날 수 없다. 몸 관찰은 사띠(sati)의 기초를 세우는 기본적인 수련이 되기 때문이다. 한편 마지막 단계인 사성제 관찰은 열반(사성제의 세 번째인 고통의 소멸)의 경험을 포함하며, 따라서 염처 수행의 완성에 해당된다.

11 *Mahāprajñāpāramitāśāstra*는 이 패턴에 대해서 다음과 같은 설명을 한다. 몸을 관찰하면서, 명상가는 몸에 대한 집착의 원인을 탐색하고, 집착의 원인이 즐거운 느낌에 있음을 발견한다. 느낌을 관찰하면서 "누가 느낌을 경험하는가?"라는 질문이 제기되고, 마음의 관찰로 이끈다. 결국 이것은 법(dhamma) 관찰의 초점이 되는, 마음의 원인과 조건들을 탐구하는 근간을 이룬다(Lamotte 1970: pp.1158, 1162, 1167). 염처 관찰의 순서를 이루는 진행 패턴에 대해서는 Ariyadhamma 1994 :p.6; Gethin 1992:p.47; Guenther 1991:p.219; Khemacari 1985:p.38; King 1992:p.67; Meier 1978:P.16을 참조하라.

그러나 이와 동시에 이 진행 형태가 염처 수행의 유일한 길을 규정하는 것은 아니다. 『염처경』에 제시된 명상 수행의 진행 과정을 필수적인 과정으로 받아들인다면 개인의 수행 범위를 심각하게 제한할 수 있기 때문이다. 그렇게 되면 미리 예상된 틀에 딱 들어맞는 경험이나 현상만이 알아차림에 적절한 대상이 되어 버리기 때문이다. 그러나 염처의 핵심은 현상을 있는 그대로, 발생하는 그대로 자각하는 것이다. 이러한 자각이 비록 좀 더 거친 것에서 미세한 것으로 자연스럽게 진행된다고 하더라도 실제 수행에서는 경전에서 묘사된 일련의 과정과는 아마 상당히 다른 모습이 될 수 있을 것이다.

염처의 유연하고 폭넓은 발전은 경험의 모든 양상들이 어떤 과정에서 나타나든지 간에 그것을 받아들임으로써 이루어진다. 모든 염처는 수행자가 수행해 나아가는 전 과정에서 지속적으로 타당성을 가질 수 있다. 예를 들어 몸을 관찰하는 수행은 수행자의 진일보에 있어서 뒤에 남겨놓고 가거나 버려야 할 것이 아니다. 오히려 깨달음을 얻은 아라한에게도 계속 적절한 수행이 있어야 하는 것이다.[12] 이런 관점에서 이해한다면 『염처경』에 나타난 명상 수행들은 서로에게 도움을 줄 수 있다. 그것들을 수련하는 일련의 과정은 수행자 각자의 필요에 따라 변화를 줄 수 있다.

사념처는 서로를 지원할 뿐만 아니라 그 네 가지는 한 가지 명상 수행 안에 통합될 수도 있다. 이런 내용이 *Ānāpānasati Sutta*에 기록되어 있다. *Ānāpānasati Sutta*는 호흡에 대한 알아차림으로 사념처를 계발하는 방법을 설명하고 있다.[13] 그리고 한 가지 명상 수행으로 사념처를 폭넓게 결합시킬 수 있는 가능성을 보여주고 있다.

3 깨달음을 위한 각 염처의 관련성

*Ānāpānasati Sutta*에 따르면 하나의 명상 대상을 통해 염처 관찰의 다양한 측면들을 발전시키는 것이 가능하고 언젠가는 사념처를 모두 포괄할 수 있게 된다고 설명하고 있다. 여기서 질문이 나올 수 있다. 어떻게 한 가지 염처, 다시 말해 한 가지 명상만으로 완전한 수행법이 될 수 있는지 하는 것이다.

12 예를 들어 S V 326에서는 깨달음을 얻은 뒤, 붓다 자신도 여전히 호흡에 대한 알아차림 수행을 계속했음을 기록하고 있다.

13 M III 83.

몇몇 경전은 한 가지 염처 수행을 깨달음과 곧바로 연결시킨다.[14] 주석서들 역시 완전한 깨달음에 이르는 능력을 각각의 한 가지 염처 수행에서 찾는다.[15] 이것은 단 한 가지를 알아차림의 대상으로 삼고 한 가지 명상 기술을 완벽하게 수련함으로써 모든 염처를 포괄할 수 있다는 것이다. 이는 오늘날의 많은 명상 지도자들이 전적으로 한 가지 명상 기술의 완성을 바탕으로 하여 모든 염처의 측면들을 아우를 수 있고 나아가 깨달음을 얻기에 충분하다는 근거를 제공하며 이처럼 한 가지 명상 기술의 사용에 중점을 두는 이유를 잘 설명해 주고 있다.[16]

실제로 어떤 특정한 명상 기술과 더불어 일어나는 자각의 계발은 자동적으로 자각의 전반적 수준을 눈에 띄게 끌어올린다. 그렇게 함으로써 명상의 본래 대상의 일부를 형성하지 않는 상황들에 대해 알아차리는 힘을 키워준다. 이처럼 일부러 명상의 대상으로 삼지 않은 염처들조차 초기 수련의 부산물로서 어느 정도의 알아차림은 부여 받을 수 있다. 그러나 *Ānāpānasati Sutta*에서는 호흡을 알아차림으로써 자동적으로 모든 염처들을 포괄하게 된다고는 말하고 있지 않다. 여기에서 붓다가 증명한 것은 하나의 철저한 사띠의 개발이 어떻게 호흡으로부터 광범위한 대상들로 옮겨가 주관적 현실의 다른 측면들을 포함하게 되는지에 관한 것이었다. 분명히 이처럼 광범위한 측면들은 의도적인 계발의 소산물이었다. 그렇지 않다면 붓다가 이것을 어떻게 성취하는지에 대해 전체적인 설법을 할 필요가 없었을 것이다.

일부 명상 지도자들과 학자들은 사념처를 한 가지 수행으로 포괄할 수 있다고 매우 강조한다.[17] 그들에 따르면 하나의 특정한 명상 수행은 주의집중의 중심 대상이 되지만 다

14 S V 158; S V 181; S V 182; 그리고 S IV 363.

15 Ps I 249는 호흡에 대한 자각에 근거한 완전한 깨달음을 인정한다. Ps I 252는 네 가지 자세의 자각에 근거하고, Ps I 270은 신체적 활동을 명확하게 아는 것에 근거하며, Ps I 274는 묘지(cemetery)에서의 관찰에 근거한다. 그리고 Ps I 277은 느낌에 대한 관찰에 근거하고, Ps I 280은 마음 등의 관찰에 근거한다.

16 그 예로 Dhammadharo 1997: p.54를 참조하라. 그는 사념처를 하나의 수행체계로 묶는다. Goenka 1994:p.2는 "느낌"을 통하여 "몸"이 경험되고, 마찬가지로 "정신적 대상들"과 "마음"이 관련되기 때문에, 신체적 감각을 관찰함으로써 사념처가 모두 수행된다는 것을 설명하며 동일한 주장을 한다. Sunlun 1993:p.110은 촉각(touch-sensation)에 대해서 유사한 입장을 취한다. Taungpulu 1993:p.189 또한 사념처 모두를 몸 관찰의 단일한 수행으로 간주한다.

17 예를 들어 Ñāṇaponika 1992: p.58는 사념처 모두를 수행할 것을 권한다. 그는 몇 가지 선택된 관찰에 초점을 맞추고, 수행의 과정 속에서 어떤 기회가 주어지면 언제든지 다른 관찰에 주의를 기울일 것을 권한다. Soma 1981: p.xxii도 유사한 입장을 취한다.

른 염처들 또한 이차적인 방법을 통해서라도 의도적으로 명상되어야 한다. 이러한 접근법은『염처경』의 결론 부분, 즉 깨달음의 "예측"에서 어느 정도 근거를 가진다. 이 구절은 깨달음의 더 높은 두 단계, 즉 해탈과 아라한의 성취를 위해 모든 사념처에 대한 명상을 규정하고 있다.[18] 사념처가 모두 언급되어 있다는 사실은 특별히 더욱 높은 수준의 깨달음으로 갈 수 있는 힘이 네 가지 모두의 포괄적 수련을 통해서 나온다는 것을 암시한다. 같은 내용이 *Satipaṭṭhāna Saṃyutta*에도 나와 있다. 여기에 의하면 아라한의 성취를 사념처의 "완전한" 수행과 연결시키는 반면 부분적인 수행은 낮은 수준의 깨달음에 상응한다고 밝히고 있다.[19]

*Ānāpāna Saṃyutta*의 한 구절에서 붓다는 사념처를 네 방향으로부터 달려와 교차로 중앙에 쌓여있는 먼지 더미를 통과하여 흐트러뜨리는 마차들에 비유했다.[20] 이 비유는 그 중 어떤 마차라도 먼지 더미를 흩어버릴 수 있는 것처럼 각각의 염처는 그 자체로 불건전한 상태를 극복할 수 있는 능력을 가지고 있다는 점을 시사하고 있다. 동시에 이 비유는 사념처의 협력적 효과를 묘사하고 있다. 마차들이 모든 방향에서 달려온다면 먼지 더미가 더 많이 흩어져버릴 것이기 때문이다.

그러므로 염처 체계를 따르는 어떠한 한 가지 명상 수행이라도 깊은 통찰에 이르게 할 수 있으며, 경전의 "정의" 와 "정형구"에서 주어진 핵심적 가르침을 따라 수행한다면 특히 그러하다. 그럼에도 불구하고 사념처 모두를 한 가지 수련으로 하려는 시도는『염처경』에 기술된 다양한 명상들을 더욱 정당하게 만드는 것이다. 이를 통해 수행의 빠른 진전과 더불어 균형 잡히고 포괄적인 발전이 보장되는 것이다.[21]

18 M 162: "만일 누군가가 사념처를 계발한다면 ... 두 가지 과보 중 하나가 기대될 것이다. 지금 여기에서 최후의 지혜를 얻던가, 집착의 흔적이 남아 있으면 불환자(不還者)가 된다." Pradhan 1986: p.340은 모든 염처 수행은 그러한 높은 수준의 깨달음의 획득이 요구된다는 점을 지적한다.

19 S V 175.

20 S V 325.

21 Debes 1994: p.190는 정확하게 다음과 같이 요약하고 있다. "단 하나의 염처 수행으로 깨달음을 얻을 수 있을 것이다. 하지만 모든 염처를 수행한 자가 여전히 깨달음을 자각하지 못한다는 것은 불가능한 것으로 보인다."(필자 번역).

4 각 염처의 특징

이러한 포괄적인 발전의 필요성은 각각의 염처가 서로 다른 특징을 지니고 있으며, 그로 인해 다소 다른 목적을 위해 쓰일 수 있다는 사실과 관련된다. 이러한 사실들은 *Nettippakaraṇa*와 주석서들에 기록되어 있는데, 각 염처의 독특한 성격을 그들 사이의 상호관련성과 함께 설명하고 있다.

주석서들에 따르면 사념처 각각은 특정한 오온(五蘊)과 상응한다. 오온 중 물질(*rūpa*), 느낌(*vedanā*), 의식(*viññāṇa*)은 처음 세 가지 염처에 대응되며, 인지(*saññā*)와 의지(*saṅkhārā*)는 법념처에 대응된다.[22]

보다 면밀하게 검토해보면 이러한 상관관계는 약간 억지스럽게 보인다. 그 이유는 세 번째 염처인 마음은 의식뿐만 아니라 모든 정신적인 온(蘊)에 해당되기 때문이다. 더구나 네 번째 염처인 법(dhamma)은 오온 전체를 포함하며, 인지(saññā)와 의지(saṅkhārā)의 두 온(蘊)보다 더 넓은 범위를 가지고 있다.

그럼에도 불구하고 주석서들이 말하려고 하는 바는 개인의 주관적 경험의 모든 측면들을 사념처의 도움을 받아 조사할 수 있다는 사실이다. 이런 관점에서 보면 사념처의 분류는 주관적 경험을 오온으로 나누는 것과 비슷한 분석적 접근을 의미한다. 이 두 가지 방법은 모두 관찰자의 실재성에 대한 환상(illusion)을 해체하고자 하는 것이다.[23] 개인의 주관적 경험의 다른 측면으로 자각을 전환함으로써 이 측면들은 단순히 대상들로서 경험될 것이며, 이를 통해 "나"라는 단단한 의식이 붕괴되기 시작한다. 이러한 방법으로 주관적 경험이 "객관적으로" 보이게 될수록 "나"와의 동일시도 점차 줄어드는 것이다.[24] 이것은 "나"라고 하는 것이 더 이상 발견되지 않는 지점까지 각각의 온(蘊)을 철저하게 조사하라는 붓

22 Ps I 281.

23 Fryba 1989:p.259를 참고하라. 그는 사념처를 적용하면서 주관적 경험의 분석적 해체를 위해 범주들로 이름 붙일 것을 제안한다. 즉 "몸"에는 따스함, 운동, 전율, 가려움, 압박, 가벼움 등의 경험을 분류하고, "느낌"에는 기쁨, 지루함, 슬픔 등을, "마음"에는 집중, 분산, 긴장, 탐욕, 증오 등을, "법(dhamma)"에는 경험하고 있는 생각, 바람, 계획, 의도 등을 분류한다.

24 Ñāṇananda 1993: p.48는 적절하게 "주관적 경험을 이해하기 위한 객관적 접근"으로 염처를 언급하여 이를 표현하고 있다. Ñāṇapoṇika 1992: p.75는 다음과 같이 설명하고 있다. "알아차림의 토대에 대해 모든 경전은 ... 무아(anattā)....의 깨달음을 위한 가르침으로서 .... 포괄적으로 간주할 수 있다." 이와 유사한 견해로는 Schöwerth 1968: p.193과 Story 1975: p.viii가 있다.

다의 가르침과 잘 연결된다.[25]

오온의 상관성과 더불어 주석서들은 자신의 성향이나 성격의 특정 유형에 따라 사념처 각각을 수행할 것을 권장한다. 주석서들에 따르면 몸과 느낌 관찰은 탐욕으로 기울어지기 쉬운 사람들에게 수행의 주요 영역이 되어야 한다고 되어 있으며, 반면에 지적 사색을 많이 하는 수행자들은 마음이나 법(dhamma) 관찰에 좀 더 주안점을 두어야 한다고 한다.[26] 이러한 관점에서 보면 처음 두 가지의 염처 수행은 감성적인 성향을 지닌 사람들에게 적합하다. 반면에 그 다음의 두 가지는 인지적 경향의 사람들에게 권유된다. 두 가지 경우 모두 재빠르게 생각하고 반응하는 성격을 지닌 사람들은 수행의 중심을 감정이나 법(dhamma)에 대해 상대적으로 좀 더 미묘한 관찰에 두는 것이 이로울 것이다. 반면에 정신적 능력이 신중하고 정연한 사람들은 몸이나 마음의 좀 더 총체적인 대상에 수행의 기초를 둔다면 더 나은 결과를 얻을 것이다. 비록 이러한 권장사항들이 성격 유형에 관한 것으로 표현되기는 하지만 그것들은 또한 개인의 순간적인 기질에도 적용될 수 있을 것이다. 즉, 사람들은 자신의 마음 상태와 가장 잘 일치하는 염처를 선택할 수 있다. 예를 들면 한 개인이 나태와 욕망을 느낄 때에 몸 관찰을 하면 그것은 적절한 수행법이 될 것이다.

구분	몸	느낌	마음	현상
오온	물질적 형태	느낌	의식	인지 + 의지
성격	느린 욕망가(craver)	재빠른 욕망가	느린 이론가	재빠른 이론가
통찰	미의 부재	불만족	무상함	자아의 부재

그림 1.3 사념처의 상호관련성

*Nettippakaraṇa*와 *Visuddhimagga*도 네 가지 왜곡(*vipallāsas*)에 반대되는 것으로 사념처를 설정하고 있다. 네 가지 왜곡은 추하고, 불만족스럽고, 무상하고, 자아가 없는 것을 아름답고, 만족스럽고, 영원하고, 자아가 있는 것으로 잘못 받아들이는 것이다.[27]

25 S IV 197.

26 Ps I 239.

27 Nett 83; Ps I 239와 Vism678을 참고하라. 이 네 가지 왜곡(*vipallāsa*)과 관련된 목록이 네 가지 *Nikāya*에서 단 한 번만(A II 52에서) 언급된다는 점은 주목할 만하다. 이 용어는 Vin III 7에서도 "방해"라는 의미로, 그리고 Sn 299에서는 "변화"라는 의미로도 나타난다. 그리고 Th 1143에

*Nettippakaraṇa*와 *Visuddhimagga*에 따르면 몸에 대한 관찰이 특히 육체적 아름다움의 부재를 드러낼 가능성을 가지고 있으며, 느낌의 본질에 대한 관찰은 덧없는 즐거움에 대해 끊임없이 추구하는 것에 대해 대응할 수 있다. 또한 끊임없이 이어지는 마음 상태에 대한 자각은 모든 주관적 경험들의 무상성을 나타낸다. 그리고 법에 대한 관찰은 실재하고 영속하는 자아라는 개념이 환상에 불과한 것임을 드러낼 것이다. 이는 사념처 각각의 저변에 깔려있는 핵심 주제들을 조명하기에 적합하며 그 중에서도 아름다움, 행복, 영원성, 자아에 대한 환상을 일소하는데 특별히 적합하다.[28] 비록 이에 상응하는 통찰들이 한 가지 염처에만 한정되는 것은 아니지만, 이러한 특별한 상관관계는 특정 왜곡(vipallāsa)을 교정하는데 있어 어떠한 염처가 적합한지 말해준다. 이 상관관계는 또한 개인의 전반적 성향에 맞추어 효과적으로 적용될 수 있을 뿐만 아니라 어떤 특정한 왜곡의 일시적인 현현을 없애기 위해서도 이용될 수 있을 것이다.

그렇지만 결국 사념처는 모두 동일한 본질을 가지고 있다. 여러 다른 관문들이 한 도시로 이어지듯 사념처 각각은 깨달음으로 이어진다.[29] 주석서들이 지적하듯이 사념처로의 분류는 단지 기능적인 것일 뿐이며, 마치 바구니를 짜기 위해 대나무를 네 조각으로 쪼개는 것과 같은 것이다.[30]

사념처에 대한 예비 조사는 이것으로 마친다. 이 작업을 위해 선택한 제목에 약간의 배경설명을 하기 위해 이제 두 가지 핵심 표현, 즉 "직접적인 길"과 "염처"에 대해 알아보도록 할 것이다.

서는 *catubbipallāsā*로 언급되고 있다. 네 가지 왜곡(*vipallāsa*)은 Paṭis와 후기 빨리 문헌에서 특별히 두드러진다. 동일한 의미로 네 가지 잘못된 개념은 Patañjali의 *Yoga Sūtra*(II-5에서)에서 무지에 대한 정의로서 언급된다.

28 Nett 123도 각 염처에 대해 몸과 느낌의 관찰은 무원(desireless, 無願)해탈과, 마음의 관찰은 공(empty, 空)해탈과, 그리고 법(dhamma)의 관찰은 무상(signless, 無相)해탈과 관련짓는 것처럼 깨달음에 상응하는 유형과 연관 짓는다(그러나 마지막 두 가지는 반대되는 것, 즉 마음 관찰을 무상해탈로, 법(dhamma) 관찰을 공해탈로 보기도 한다).

29 Ps I 239는 사념처는 모두 동일한 본질을 공유한다고 지적한다. Ps I 240은 상이한 대상을 통해서만 사념처가 구별된다는 점을 덧붙인다. Than Daing(1970: p.59)은 동일한 목적으로 이끄는 사념처 모두를 탑의 기단부로 나아가는 네 계단에 비유한다.

30 Vibh-a 222. Bodhi(1993: p.279)는 다음과 같이 설명한다. "알아차림의 네 가지 토대는 현상에 대해 알아차리는 관찰을 구성하는 단일한 본질을 지닌다. 알아차림의 네 가지 토대는 이 알아차리는 관찰이 네 가지 대상에 적용될 때 구별된다."

5 "직접적인 길"이라는 표현에 대하여

『염처경』의 첫 부분에서는 사념처를 깨달음에 이르는 "직접적인 길"로 소개하고 있다. 그 구절은 다음과 같다.

> 비구들이여, 이것은 존재의 정화, 슬픔과 비탄의 극복, 고통(dukkha)과 불만족의 소멸, 참다운 방법의 획득, 열반의 실현으로 가는 직접적인 길이니 이름하여 사념처이다.[31]

"직접적인 길"이라는 표현은 경전에서는 거의 모두 염처의 특징으로서만 등장하며, 따라서 이것은 상당한 강조의 표현이라고 할 수 있다.[32] 그러한 강조는 실질적으로도 근거를 가지는데, 왜냐하면 염처에 관한 "직접적인 길"의 수행은 해탈의 불가결한 요건이기 때문이다.[33] *Satipaṭṭhāna Saṃyutta*의 여러 구절들이 지적하듯이 염처는 과거, 현재, 미래의 격류를 건너는 "직접적인 길"이다.[34]

"직접적인 길"은 "하나의"(*eka*), "가는"(*ayana*), "길"(*magga*)로 이루어진 빨리어 *ekāyano maggo*의 번역어이다. 주석적 전승에서는 이 특별한 표현을 이해하기 위해 다섯 가지의 대안적인 해석을 언급하고 있다. 그에 따르면 *ekāyano*로 표현된 길은 목표를 향하여 똑바로 간다는 뜻에서 "직접적인" 길로도 이해될 수 있으며, 자신이 "홀로" 가야 하는 길, 또는 "바로 그 한 분"(붓다)이 가르친 길, "오직" 불교에서 찾을 수 있는 길, "단 하나의" 목표인 열반(nibbāna)으로 이끄는 길로도[35]이해될 수 있다. "직접적인 길"로서의

31 M I 55. 이 문장에 대해서는 Janakabhivaṃsa 1985: pp.37-44를 참조하라.

32 *ekāyano*는 D II 290; M I 55; S V 141; S V 167과 S V 185에서 염처와 관련지어 등장한다. 반면 A III 314에 나오는 "직접적인 길"을 언급하는 유사한 구절에서는 *ekāyano*라는 설명이 없다. *ekāyano*가 언급되지 않는 것은 붓다를 회상하는 수행과 관련하여 A III 329에서 볼 수 있다. Khantipālo 1981: p.29와 Ñāṇaponika 1973: p.12는 고대 인도에서 *ekāyano*라는 용어가 갖는 강력한 암시에 주의를 기울였다.(이와 관련한 다양한 예들은 Gethin 1992: p.61에서 논의되고 있다.)

33 A V 195에 따르면, 이 세상으로부터 벗어났거나, 벗어나고 있거나, 벗어날 사람은 누구든지 사념처를 잘 닦음으로써 그렇게 할 수 있다고 한다.

34 S V 167과 S V 186.

35 Ps I 229 : *ekamaggo na dvedhāpathabhūto ... ekena ayitabbo ... ekassa ayano ... ekasmiṃ ayano ... ekaṃ ayati.* 이 대안적인 표현들은 Gethin 1992: pp.60-3 에서 논의되고 있다.

*ekāyano*에 대한 나의 번역은 이 해석들 중 첫 번째를 따른다.[36] 보다 보편적으로 사용되는 *ekāyano*에 대한 번역은 "유일한 길"로, 주석서들에서 발견되는 다섯 가지 해석 가운데 네 번째에 해당한다.

하나의 특정한 빨리어 낱말의 의미를 파악하기 위해서는 경전에서 다르게 나타난 용례들을 살펴볼 필요가 있다. 염처와 관련된 여러 경전에 언급된 것 이외에도 이 경우에 있어 직접적인 길(*ekayano*)은 다른 문맥 속에서 한 번 더 나타난다. 그것은 *Mahāsīhanāda Sutta*의 비유인데, 여기서는 사람을 빠지게 할 구덩이를 향한 길을 따라 걷는 한 남자를 묘사하고 있다. 이 길은 *ekāyano*의 의미를 갖게 된다.[37] 이 문맥에서 *ekayano*는 다른 방향의 제외보다는 목적을 향한 방향의 직진성을 표현하는 것처럼 보인다. 따라서 이 길이 "직접적으로" 구덩이로 이어진다고 말하는 것이, 그 길은 구덩이로 가는 "유일한" 길이라고 말하는 것보다 더욱 적절할 것으로 보인다.

*Tevijja Sutta*에서도 이와 관련된 흥미로운 이야기가 나온다. 누구의 스승이 브라흐마(Brahmā)와의 합일에 이르는 유일하게 정확한 길을 가르쳤는지를 놓고 두 명의 브라만 제자들이 논쟁하는 이야기이다. 이 문맥에서는 "유일한 길"과 같은 배타적인 표현이 기대됨에도 불구하고 *ekāyano*라는 표현은 일절 언급하지 않고 있다.[38] 똑같은 경우가 *Dhammapada*의 한 구절에도 나타나는데, 여기서는 팔정도를 "유일한 길"로 제시한다.[39] 이 두 가지 사례는 배타성을 나타내기 위해 경전이 *ekāyano*라는 표현을 사용하지 않았음을 시사한다.

따라서 배타성보다는 직접성의 의미를 띠고 있는 *ekāyano*는 있는 그대로 대상을 바라보는 시각을 드러내는 데 있어 가장 "직접적으로" 책임이 있는 팔정도의 측면으로서의 염처로 주의를 이끌어간다. 다시 말해 염처는 열반의 성취를 향해 "직접적으로" 이끌기 때문

---

36 *ekāyano*를 번역하는 하나의 방식인 "직접적인 길"은 Ñāṇatiloka 1910: p.91 n.7("der direkte Weg")와 Ñāṇamoli 1995:p.145도 사용하였다. *ekāyano*를 "직접적인 길"로 번역하는 것은 예를 들어 Conze 1962:p.51 n.++가 주석한 "유일한 길"이라는 번역이 지닌 다소 호교적인 뉘앙스를 피할 수 있는 장점을 지닌다.

37 M I 75. 나무, 집, 연못을 향하여 이끄는 길로서 동일한 용례가 반복된다. 또한 Ñāṇamoli 1995: p.1188 n.135를 참조하라.

38 D I 235.

39 Dhp 274. Ñāṇavīra 1987: p.371은 "유일한 길"을 말하는 것은 여러 요소들 중 단지 하나인 염처가 아니라, 완전한 팔정도에만 적용되는 것이라고 지적한다.

에 "직접적인 길"인 것이다.[40]

이러한 이해방식은 『염처경』의 마지막 구절과도 잘 들어맞는다. 염처 수행이 길어도 7년 안에 깨달음의 높은 두 단계에 이르게 할 수 있음을 언급하면서 경전은 다음과 같은 선언으로 마무리된다. "이 때문에 이것이 직접적인 길이라고 일컬어져 왔다." 이 구절은 한정된 시간 안에 깨달음의 최고 단계에 이를 수 있는 가능성을 갖고 있다는 의미에서 염처의 직접성을 강조한다.

6 염처(Satipaṭṭhāna)라는 용어에 대하여

염처(Satipaṭṭhāna)라는 용어는 "알아차림" 또는 "자각"을 뜻하는 sati, 그리고 모음 탈락으로 〈u〉가 생략된 *upaṭṭhāna*의 복합어로 설명될 수 있다.[41] 빨리어 단어인 *upaṭṭhāna*는 문자 그대로는 "가까이 놓는 것"을 뜻하며[42], 이 문맥에서는 "현존하는" 그리고 알아차림을 통해 어떤 것에 "주의를 기울이는" 특정한 방식을 가리킨다. 경전에서 상응하는 동사 *upaṭṭhahati*는 종종 "현존하는"[43]이나 아니면 "주의를 기울이는"[44]과 같은 다양한 뉘앙스를 나타낸다. 이런 식으로 보면 염처(*satipaṭṭhāna*)의 *sati*는 현존한다는 점에서는 "곁에 있다"는 뜻이고, 현재 상황에 주의를 기울인다는 점에서는 "늘 준비되어 있다(ready at hand)"는 뜻이다. 따라서 염처(*Satipaṭṭhāna*)는 "알아차림의 현존" 또는 "알아차리며 주의

40 Gethin 1992: p.64은 *ekāyano*에 대한 주석을 달면서 다음과 같이 설명한다. "기본적으로 언급되고 있는 것은 네 가지 염처가 마지막 목표를 향해 곧바로 그리고 직접적으로 이끄는 길임을 나타낸다는 것이다."

41 Bodhi 2000: p.1504와 p.1915 n.122, 그리고 Ñāṇapoṇika 1992: p.10 또한 참고하라.

42 Maurice Walshe 1987: p.589 n.629.

43 "현존한다"는 것에 해당하는 *upaṭṭhahati*의 발생은 예를 들면, D I 166에서는 감시자의 현존이고, Dhp 235에서는 어떤 고령자를 위한 (준비된 상태의 의미에서) 죽음의 전령의 현존이고, Sn 130에서는 식사 시간이 "다가온다"는 의미이며, Sn 708에서는 나무 아래에 있는 (놓여 있는 상태라는 의미에서) 자리의 현존이다. It 36에서 *upaṭṭhahati*는 정신적인 요소들(잘못된 행동에 대한 부끄러움과 두려움의 존재)과 관련된다. 따라서 이러한 예시들은 염처의 맥락에서의 용법과 밀접한 유사성을 갖는다.

44 "돌보는 것"이라는 의미의 *upaṭṭhahati*는 예를 들면 D II 271에서 볼 수 있는데, 거기에서 천신들(devas)은 인드라(Sakka)를 수행하여 모시는 존재들이다. 혹은 D III 189에서 스승을 기다린다는 의미, A I 151과 Sn 262에서는 부모님을 돌본다는 의미, A I 279에서는 승단을 관리하는 의미로 사용되고 있다. 동일한 뉘앙스가 *upaṭṭhāka* "수행원"(예를 들어 S III 95에서)의 의미를 이룬다.

를 기울임"으로 번역될 수 있다.[45]

그러나 주석서는 염처(*satipaṭṭhāna*)를 "토대" 또는 "원인(*paṭṭhāna*)"이라는 말에서 파생된 것으로 본다.[46] 하지만 빨리어 경전에서 paṭṭhahati 에 해당하는 동사는 한번도 sati와 함께 나타난 적이 없기 때문에 꼭 그런 것은 아닌 듯하다. 게다가 명사 paṭṭhāna는 초기 경전에서는 전혀 발견되지 않다가 역사적으로 후기에 속하는 아비담마와 주석서들에서만 나타난다.[47] 반면에 경전들은 "현존(*upaṭṭhāna*)"이 어원학적으로 올바른 기원이라고 지적하며 *sati*를 동사 *upaṭṭhahati*와 자주 연결 짓는다.[48] 사실 이에 해당하는 산스끄리뜨 용어는 *smṛtyupasthāna*인데 이는 *upasthāna*, 빨리어로는 *upaṭṭhāna*가 이 복합어를 위한 올바른 선택임을 보여준다.[49]

주석서에서 드러나는 문제점은 알아차림에 대한 특별한 태도로서 염처(*satipaṭṭhāna*)를 이해하는 대신에, 염처(*satipaṭṭhāna*)가 알아차림의 "토대"가 되고 sati를 확립하기 위한 "원인"이 된다고 설명하는 것이다. 이것은 행위에서 대상으로 강조점이 옮겨지는 것이다. 그러나 사념처는 알아차림을 위한 원인이나 토대가 될 수 있는 유일한 것이 아니다. 왜냐하면 *Saḷāyatanavibhaṅga Sutta*에서 붓다는 다른 세 가지 염처들에 대해 언급하였으며, 그것들 중 어떤 것도 일반적으로 말하는 사념처와 일치하는 것은 없기 때문이다.[50] 이때 붓다가 설한 세 가지 염처들은 그가 스승으로서 세 가지 상황에서 알아차림과 평정심을 유지하는 것이었다. 세 가지 상황은 제자들 가운데 아무도 집중을 못하는 경우, 어떤 이는 집중하는 데 또 어떤 이는 못하는 경우, 그리고 모두가 집중하는 경우였다. 그럼에도 붓다가

---

45 C.A.F. Rhys Davids 1978: p.256은 "알아차림의 네 가지 현존"에 대해 말한다.

46 예를 들어 Ps I 238과 Vism678.

47 C.A.F. Rhys Davids 1979: p.xv. 한편으로는 초기 경전들과, 다른 한편으로는 역사적으로 후기 논서와 주석서들을 각각 구별함으로써, 나는 Ñāṇamoli 1991: p.xli의 견해를 따른다. 그는 빨리 전통의 세 가지 주된 층으로서 이들 세 가지를 구별한다.

48 예를 들어 M III 23에서 *upaṭṭhita sati*는 *muṭṭhassati*, 즉 알아차림의 상실과 대비된다. M III 85에서 *upaṭṭhita sati*는 염처 수행의 결과이다. S IV 119: *upaṭṭhitāya satiyā*; A II 244: *sati sūpaṭṭhitā hoti*; A IV 22에 나타나는 사역형 *satiṃ upaṭṭhāpessanti*도 참조하라. 사실 『염처경』 자체는 *satiṃ upaṭṭhapetvā*, 즉 "알아차림을 확립하고서"와 *sati paccupaṭṭhitā*, 즉 "알아차림이 확립되었다"(두 가지 용례 모두 M I 56에 나온다)에 대해 말하고 있다. Paṭis I 177도 *sati*를 *upaṭṭhāna*와 관련짓는다.

49 예를 들어 Edgerton 1998: p.614를 참조하라.

50 M III 221.

이 세 가지를 염처로 정의하였다는 사실은 선택된 대상의 본질에 있어 "염처"에 대하여 말하는 것보다는 균형 잡힌 태도와 "현존"하는 알아차림을 통해 어떠한 상황에서도 "주의를 두는 것"이 더 중요하다는 것을 말해준다.

2

『염처경』의 "정의" 부분

이번 장과 다음 3, 4장은 『염처경(*Satipaṭṭhāna Sutta*)』의 "정의" 부분에 대하여 검토하고자 한다. 다른 경전들에서도 올바른 알아차림(*sammā sati*)에 대하여 규정하는 표준적인 방식으로서 나타나는 이 "정의"는 염처수행의 핵심적인 측면을 기술하며, 『염처경』에서 제시한 명상의 기법들을 어떻게 수행하는지를 이해하기 위한 단초가 된다. 이와 관련된 구절은 다음과 같다.

> 비구들이여, 여기 한 비구가 몸에 대해서 몸을 관찰하면서, 부지런히 관찰하고, 분명히 알고, 바르게 알아차리고, 이 세상에서 욕망과 근심에서 벗어나서 머무른다.
> 느낌에 대해서 느낌을 관찰하면서, 부지런히 관찰하고, 분명히 알고, 바르게 알아차리고, 이 세상에서 욕망과 근심에서 벗어나서 머무른다.
> 마음에 대해서 마음을 관찰하면서, 부지런히 관찰하고, 분명히 알고, 바르게 알아차리고, 이 세상에서 욕망과 근심에서 벗어나서 머무른다.
> 법(dhamma)에 대해서 법(dhamma)을 관찰하면서, 부지런히 관찰하고, 분명히 알고, 바르게 알아차리고, 이 세상에서 욕망과 근심에서 벗어나서 머무른다.[1]

본 장에서는 우선 "관찰하면서"(anupassī)라는 표현에 대하여 살펴보고, 왜 이 관찰의 대상들이 두 번(예를 들어, '몸에 대해서, 몸을 관찰하면서'와 같이) 언급되는지를 알아볼 것이다. 그런 다음에 "정의"에서 "부지런히"(*ātāpī*)와 "분명한 앎"(*sampajāna*)이라고 언급된 두 특성의 의미에 대해 알아보고자 한다. 나머지 특성인 알아차림과 욕망 및 근심의 부재에 대해서는 3장과 4장에서 설명하기로 한다.

1 M I 56.

1 관찰

올바른 알아차림에 대한 "정의"는 "관찰"과 관계가 있다. 빨리어 동사 *anupassati*는 "보다(*passati*)"에서 파생되었으며, 여기서 *anu*는 강조 접두사이다. 따라서 *anupassati*는 "반복적으로 바라보다", 즉 "관찰하다" 혹은 "자세히 관찰하다"를 의미한다.[2] 경전들은 종종 명상의 특별한 방식을 설명하기 위해서 관찰을 언급하는데, 이는 곧 특별한 관점에서 관찰된 대상을 검토하는 것이다. 예를 들어 몸의 경우에 있어 그러한 관찰은 무상한 것(*aniccānupassī*, *vayānupassī*), 따라서 지속적인 만족을 산출하지 못하는 어떤 것(*dukkhānupassī*), 혹은 부정하고(*asubhānupassī*) 자아가 없는 것(*anattānupassī*), 그러므로 버려야 할 것(*paṭinissaggānupassī*)으로서 몸을 관찰하는 것을 포함할 수 있다.[3]

이러한 관찰의 다양한 형태는 대상이 어떻게 인식되는지에 대해 잘 보여준다. 즉 경전에서 사용된 것처럼 "관찰"은 무상성이나 무아의 특성과 같이 대상의 특별한 성질들이 부각되어야 한다는 점을 내포한다. 그러나 현재 맥락에서 관찰되어야 할 특성은 관찰 대상과 동일한 것으로 표현된다. 문자 그대로 번역하면 "몸에 대해서 몸을 관찰하는 것" 혹은 "느낌에 대해서 느낌을 관찰하는 것" 등과 같다.[4] 이와 같이 중첩된 다소 독특한 표현에 대해서는 더 깊이 있는 연구가 필요할 것이다.

첫 번째 염처(satipaṭṭhāna)를 예로 들면, 그 내용은 "몸에 대해서 몸을 관찰하면서 머문다"이다. 여기에서 첫 번째 "몸"의 경우 염처의 "정형구"라는 측면에서 이해될 수 있다. "정형구"는 몸에 대한 관찰이 내적이고 외적인 몸들에 적용된다는 것을 설명하고 있다.[5] 주석의 설명에 따르면, 여기서 "내적"이고 "외적"인 것이란 곧 자신과 타인의 몸을 의미하

2 T.W. Rhys Davids 1993: p.38. 또한 Upali Karunaratne 1989: p.484도 참조하라. 그는 *anupassati*를 "적절하게 관찰하거나 보는 것"으로 번역한다. Ñāṇārāma 1997: p.11는 "특별한 집중의 상태 ... 인식적 평가들"이라고 번역하고, Vajirañāṇa 1946: p.47는 "분석적 숙고"로 번역한다. Sasaki 1992: p.16에 따르면, "*anu*"는 빨리어에서 특히 강조의 의미를 갖는다. *anu*의 다른 뉘앙스는 "~을 따라"인데, 그것은 현 문맥에서 관찰하는 동안 드러나게 되는, 모든 경험의 진행되는 특징을 정확히 포착한다는 의미이다. Vism 642에 따르면, "*anu*"-*passati*는 다양한 각도에서 반복적으로 그리고 다양한 방식으로 대상을 관찰한다는 의미이다.

3 예를 들어 S IV 211; A III 142; 그리고 A V 359를 참조하라.

4 Hamilton 1996: p.173은 "몸으로서 몸"이라고 번역하고 ; Ñāṇamoli 1995: p.145는 "하나의 몸으로서 몸"으로 번역하며; Ṭhānissaro 1993: p.97는 "몸 내부와 몸 그 자체"라고 번역한다.

5 M I 56: "그는 내적으로 ... 외적으로 ... 내적이고 외적으로 법(dhammas)를 관찰하면서 머문다."

는 것이다.[6] 이러한 이해에 근거하면, 첫 번째 (처격으로 사용된) "몸"의 경우는 "자신과 타인의 몸이 관련된 곳", 혹은 "자신이나 다른 사람의 몸에 관해서"로 번역될 수 있을 것이다.

"몸"의 두 번째 경우에 대해『염처경』에서는 다음과 같이 상세하게 설명하고 있다. "몸"을 관찰하는 것은 호흡이나 몸의 자세, 혹은 몸의 움직임, 몸의 해부학적 구조, 몸의 사대요소(四大), 사후 신체의 부패를 관찰함으로써 수행할 수 있다. 따라서 두 번째 "몸"의 의미는 일반적인 관찰의 영역인 "몸 전체(overall body)"에서 특별한 양상인 "몸에 속하는(sub-body)" 것을 나타낸다.[7]

또한 현 맥락에서 염처의 "정형구"는 "관찰"의 중요성에 대한 부가적인 정보를 포함하고 있다. 동일한 용어가 현상의 "발생"과 "소멸"이 관찰의 초점임을 설명하면서 사용되고 있는 것이다.[8] 즉 이 맥락에서 관찰이라고 하는 것은 몸과 특히 몸의 특정한 성질, 즉 몸의 무상성에 대한 자각을 가리키는 것과 관련된다.

『염처경』의 다른 부분에서 묘사되고 있는 것 가운데, 다소 난해한 가르침으로서 다음과 같은 설명을 덧붙일 수 있다. "몸에 대해서 몸을 관찰하면서 머문다"는 문장은 다음과 같이 이해할 수 있다. "자신의 몸 혹은 다른 이의 몸에 대해서, 호흡의 과정이나 몸의 자세와 움직임, 몸의 해부학적 구조나 4대요소, 사후의 소멸과 같은 몸의 상이한 양상들 속에서 분명하게 드러나는 몸의 무상성에 대한 자각을 가리킨다."

주석서에 따르면, 대상을 반복적으로 관찰하는 것은 관찰 대상에 대해 "나" 혹은 "나의 것"이라는 인식 없이 감각기관이 지각하는 것처럼 단순하게 관찰되어야 함을 강조하여 나타낸다.[9] 몸에 대해서 몸(body in body)이라는 이러한 반복은 단순한 지적인 반응과는

6 Ps 249. 이 주석서의 설명에 대한 보다 상세한 논의는 95쪽(5.1)에서 볼 수 있다.

7 이러한 제안은 M III 83에서 지지하는 주장이다. 여기에서 붓다는 "몸들 가운데 몸"으로서 호흡의 과정을 설명한다. 현대의 여러 명상 지도자들도 유사한 입장을 취한다. 예를 들어 Buddhadāsa 1976: p.64; Maha Boowa 1994: p.101;그리고 Ñāṇasaṃvara 1074: p.41를 참조하라.

8 M I 56: "그는 일어남 .... 사라짐 ... 일어남과 사라짐의 두 가지 특성을 관찰하면서 머문다." 그러한 무상성의 관찰은 조건 지어진 존재의 두 가지 특성, 즉 고통(dukkha)와 무아(anattā)에 대한 이해로 이끈다. Paṭis II 232와 Ps I 243.을 참조하라. 나아가 Ps I 242는 지속성의 잘못된 관념을 극복하는 것에 대해 말한다.

9 Ps I 242. Debvedi 1990: p.23와 Ñāṇamoli 1982b: p.206 n.17 역시 참조하라. 비록 경전에서는 강조를 위해서 반복을 사용하고 있다고 하더라도, 이것은 보통 격변화 없이 동일한 구를 반복한다는 점을 여기에서 지적해 둘 필요가 있다. 반면에, 현재의 경우 다른 격을 사용하

반대되는 '직접적인 경험'의 중요성을 강조하는 것이다.[10] 말하자면 명상을 실천하는 사람이 자신의 몸을 면밀하게 조사하여, 몸의 진정한 본성을 밝히면서 몸이 스스로 말하도록 해야 한다는 점이다.

2 부지런함(ātāpī)의 의의

"정의"에 의하면, 염처 수행은 힘(energy), 지혜, 알아차림, 집중 등 정신적 능력을 나타내는 것으로 이해할 수 있는 4개의 특별한 정신적 특질의 확립을 요구한다.[11](그림 2.1)

부지런함 (ātāpī)
분명한 앎 (sampajāna)
알아차림 (sati)
욕망과 불만으로부터 벗어남 (vineyya abhijjhādomanassa)

그림 2.1 염처의 핵심 특성

이 네 가지 특성 중 첫째는 부지런함이다. 부지런함(ātāpī)이라는 용어는 고행과 금욕적인 수행을 의미하는 *tapas*라는 단어와 관계가 있다. 이 같은 어휘의 사용은 상당히 놀라운데, 왜냐하면 붓다는 고행을 열반의 실현에 도움이 된다고 간주하지 않았기 때문이다.[12] 붓다의 입장을 보다 잘 이해하기 위해서는 역사적인 맥락을 고려해야 할 것이다.

고대 인도의 수많은 수행자들은 스스로 고행하는 것을 몸을 정화시키는 방법이라 여겼

여 반복을 나타내고 있다. Ps I 241은 또한 다른 설명을 제시하는데, 여기서는 관찰의 각 영역이 다른 영역들과 구별되어야 한다는 것을 반복이 암시한다고 설명하고 있다(Ñāṇapoṇika 1992: p.33와 Sīlananda 1990: p.20을 참조하라). 이 주석이 제안하는 바는 의문스러운데, 왜냐하면 *Ānāpānasati Sutta*(M III 83)에서 붓다는 오히려 호흡 관찰을 유지하면서 단지 몸 관찰의 영역에 제한하기 보다는 분명하게 몸 관찰의 대상인 호흡이 느낌, 마음, 그리고 dhammas를 관찰하는데 사용될 수 있음을 설했다.

10 Lily de Silva (n.d.): p.6

11 Nett 82는 *ātāpī*를 정진(viriya)과, *sampajāna*를 지혜(*paññā*)와, 그리고 *vineyya loke abhijjhādomanassa*를 삼매(samādhi)와 상호관련 짓는다.

12 S I 103과 S V 421을 참조하라.

다. 자이나(Jain)와 아지위까(Ājīvika)의 고행자들은 종교적 의례에 따라 스스로 택한 죽음을 성공적인 깨달음에 대한 이상적인 표현이라고 생각했다.[13] 일반적으로 영적 능력의 계발을 위해 받아들여진 수행방법들은 단식 기간을 연장하거나 한낮 땡볕아래에 있거나 고통을 수반하는 특별한 자세를 유지하는 것이다.[14] 비록 붓다가 그러한 수행 전부를 절대적으로 부정하지는 않았지만,[15] 고행이 깨달음을 위해 꼭 필요한 것이라는 믿음에 대하여 공개적으로 비판했다.[16]

붓다는 깨달음을 성취하기 전에는 영적 정화를 위해 고행이 필요하다는 믿음에 영향을 받았다.[17] 붓다는 이러한 잘못된 믿음에 근거하여, 깨달음을 실현할 수 없는 극한의 고행을 지속했다.[18] 그는 결국 깨달음이 단순한 고행주의에 의한 것이 아니라, 정신의 계발 특히 사띠의 계발을 필요로 한다는 것을 알게 되었다.[19]

그리하여 붓다는 이후 "고행주의"의 형태에 대해 불건전한 사상과 경향들과는 정반대의 특징을 지니는 완전히 정신적인 것으로 가르쳤다.[20] 경전 속에서 발견되는 흥미로운 설명에서는, 깨달음의 요소들을 계발하는 것이 가장 뛰어난 노력의 형태로 언급된다.[21] 이러

---

13 Basham 1951: p.88.

14 Bronkhorst 1993: pp.31-6과 51.

15 D I 161과 S IV 330에서 붓다는 전적으로 모든 고행에 대해서 반대했다는 잘못된 소문을 비판했다. A V 191에서 붓다는 고행을 선호하지도 반대하지 않음을 설한다. 왜냐하면 진짜 문제가 되는 것은 어떤 특별한 고행이 마음의 건전한 상태 혹은 불건전한 상태를 증가시키는가에 있기 때문이다.

16 A II 200에서, 붓다는 깨달음을 얻기 직전까지 수행했던 고행을 열거한 후에, 이러한 수행은 지혜가 결여되어 있기 때문에 자신을 깨달음으로 이끌지 못한다고 결론내리고 있다. M I 81도 참조하라.

17 M II 93.

18 보살(bodhisatta)의 고행은 M I 77-81과 M I 242-6에서 상세히 묘사하고 있다. Mil 285는 과거불 가운데 그 누구도 고행을 수행한 분이 없으며, 오로지 고따마(Gotama)만이 미숙한 지혜 때문에 고행을 한 경우라고 설명한다.

19 S I 103에서 막 깨달은 붓다는 고행주의를 포기하고 대신에 알아차림을 통해 깨달음을 얻은 것에 대해서 스스로 기뻐했다.

20 이것은 Vin I 235; Vin III 3; A IV 175; 그리고 A IV 184에서 스스로 고행자(tapassī)라는 누명에 대한 그의 재치 있는 대답에서 찾을 수 있다. 그는 자신이 행한 자기 고행의 형태가 불건전한 성향을 "억제"하기 위함이었음을 지적하고 있다.

21 D III 106. "노력"(*padhāna*)과 깨달음의 요소들의 관계는 D III 226; A II 16 ; A II 74에서도 발견할 수 있다. S I 54는 그것들을 "고행" 즉, *bojjhaṅgatapasā*에까지 연결 짓기도 한다. (그러나 Bodhi 2000: p.390 n.168는 bojjhā tapasā로 읽기를 제안한다.)

한 "고행(austerity)"에 대한 붓다의 독특한 입장은 당시 고행자들에게 쉽게 받아들여지지 못했으며, 붓다와 그 제자들은 외견상 보이는 그들의 낙천적인 태도 때문에 수차 조롱을 받았다.[22]

이 외에 고려할만한 또 다른 입장은 고대 인도에 존재했던 다양한 결정론적이고 운명론적인 가르침들이다.[23] 이와 대조적으로 붓다는 깨달음을 성취하기 위한 필수적인 조건으로 서원(commitment)과 노력을 강조했다. 붓다에 의하면 의욕, 노력, 그리고 개인적인 서원의 방법에 의해서만 모든 욕망이 사라진 깨달음을 얻을 수 있다고 한다.[24] 건전한 의욕으로 표현되는 노력은 완전한 깨달음으로 모든 욕망이 사라지는 순간까지 길을 인도한다.[25] 이 맥락에서 붓다는 자신의 견해를 표명하기 위해 고행자 집단에서 보편적으로 사용되던 표현들을 자주 재해석했다.[26]『염처경』에서의 부지런함(ātāpī)이 바로 이것의 한 예이다.

상당히 단호한 어휘 표현의 또 다른 예는 붓다가 깨달음에 앞서 자신의 확고한 결의를

22 D III 130은 즐거움 속에서 여유롭게 지내는 붓다의 제자를 비난하는 다른 고행자들에 대하여 언급하고 있다. M I 249에서는 붓다가 때로 낮에 잠자는 것 때문에 비난에 직면한 이야기를 전한다. 동일한 주제가 S I 107에서도 등장하는데, 거기에서 마라(Māra)는 (경행으로 밤을 샌 후에) 해가 뜰 때까지 잠들어 있는 붓다를 조롱했다. 또한 SI110을 참조하라. Vin IV 91에서 한 아지위까(Ājīvika) 고행자는 붓다를 "머리를 깎은 가장"이라고 조롱을 담아 부르는데, 이는 아마도 불교 승려들의 탁발 음식이 풍부하였기 때문인 것으로 보인다. Basham 1951: p.137; Chakravarti 1996: p.51 역시 참조하라.

23 붓다가 강하게 비난한 (예를 들어 A I 286에서) (어떠한 식으로든 운명을 결정하거나 영향을 미칠) 힘이나 에너지가 없다고 한 Makkhali Gosāla의 견해(D I 53, S III 210), 선도 악도 없다고 한 Pūraṇa Kassapa의 견해(D I 52)를 비교하라. (S III 69는 Gosāla의 견해를 Kassapa가 설한 것으로 기술하고 있어, 두 스승을 혼동하고 있는 듯하다.)

24 예를 들어 M II 174; Dhp 280; It 27; Th 1165를 참조하라. 또한 Pande 1957: p.519와 C.A.F. Rhys Davids 1898: p.50을 참조하라.

25 S V 272에서 아난다는 욕망을 통해 욕망이 극복된다는 것이 깨달음에 대한 욕망은 일단 깨달음이 성취되면 저절로 사라질 것이라는 논쟁과 더불어 결론 없이 끝없이 되풀이 될 것이라는 생각을 거부한다. A II 145에 그와 유사한 내용이 등장한다. 그 내용에 따르면 욕망은 (파괴를 위해 밀려드는) "갈망"의 토대에서 이루어지며, (대개의 경우) 그 갈망은 결국 극복된다. 또한 Sn. 365를 참조하라. 여기에서 붓다는 만족스럽게 열반을 얻고자 갈망하는 사람들에 대해서 이야기하고 있다. 깨달음으로 이끄는 길의 한 양상으로서 "욕망"의 중요성은 욕망(*chanda*) 가운데 하나인 힘(*iddhipāda*)에 대한 네 가지 길을 설명하는 경전에서도 언급되고 있다. 또한 Burford 1994: p.48; Katz 1979: p.58, Matthews 1975: p.156도 참조하라. 이 논의의 맥락에서 이루어지는 욕망의 다양한 유형들에 대한 유용한 구분은 Collins 1998: pp.186-8의 논의에서 볼 수 있다.

26 그러한 전형적인 재해석의 예가 Dhp 184이다. 여기에서 인내는 최고의 고행과 동일시된다. Kloppenborg 1990: p.53를 참조하라.

기술한 문장 속에서 찾을 수 있다. "나의 살과 피가 마를지언정 나는 포기하지 않을 것이다"[27] 혹은 "나는 깨달음을 얻기 전까지는 나의 자세를 바꾸지 않을 것이다."[28]와 같은 문장들이 바로 그러한 것이다. 자세를 바꾸지 않는다는 결의를 통해, 붓다는 깊은 명상 상태를 성취할 수 있었으며, 따라서 고통 없이 같은 자세로 오랫동안 앉아 있을 수 있었음을 명심할 필요가 있다.[29] 따라서 이러한 표현들이 가리키는 것은 강력하고 확고한 서원을 세워 고통스럽게 앉아 있는 자세를 견디는 것만은 아니다.[30] 깨달음의 직전에 있는 몇몇 제자들 또한 이와 유사한 표현들을 사용한다.[31] 왜냐하면 깨달음의 돌파구는 균형 잡힌 마음 상태에서만이 발생할 수 있기 때문에, 이러한 표현들을 너무 문자 그대로 받아들이지 않는 것이 좋을 것이다.

붓다에게 있어 '부지런함(ātāpī)'이라는 표현은 금욕주의를 따르던 동시대인들이 그랬던 것과 같은 문자적 의미를 지니지 않았다. 사실 *Kāyagatāsati Sutta*에서 부지런함(ātāpī)은 선정의 축복에 대한 경험과 관련지어 등장한다.[32] 마찬가지로 *Indriya Saṃyutta*의 한 구절에서 부지런함의 특성은 정신적, 육체적인 즐거운 느낌과 연관된다.[33] 이러한 예들에서 "부지런함"은 육체적 고통을 수반하는 고행과는 전혀 관련이 없다.

27 A I 50.

28 M I 219.

29 M I 94. 7일 동안 움직이지 않고 앉아 있을 수 있는 붓다의 이러한 능력은 Vin I 1; Ud 1-3; Ud 10과 Ud 32에 언급되어 있다. Thī 44와 Thī 174에서는 각각 깨달은 비구니에게도 이러한 능력이 있음을 전하고 있다. 이것은 Maha Boowa 1997: p.256가 "확고하게" 앉아 있는 기술과 함께 오로지 환희만을 경험하면서 7일 동안이나 움직이지 않고 앉아 있는 붓다의 경험과 비교하여 다음과 같이 말하고 있다. "오랜 시간동안 ... 앉아 있으며 ... 몸 전체에 빠르게 고통스러운 느낌이 퍼져간다 ... 심지어 손등과 발등에 불이 붙은 것처럼 느껴진다 ... 몸 안에서 그것은 마치 ... 뼈들이 ... 조각조각 부서져 나가고 ... 몸은 ... 마치 바깥으로는 불속에서 타고 있는 것과 같고 ... 안으로는 마치 망치로 내리치고 예리한 송곳으로 찌르는 것처럼 ... 몸 전체는 괴로움으로 신음하고 있다."

30 사실 M I 481에서 붓다는 자발적으로 저녁에 음식 먹는 것을 포기하지 못한 비구들을 책망하기 위해서 "피를 마르게 한다." 등의 표현을 사용한다. As 146은 이 표현에 대해 "단호하고 확고한 노력"이라는 주석을 달고 있다.

31 그 예로 Th 223; Th 313; Th 514.

32 M III 92.

33 S V 213.

노력 부족과 과도한 긴장은 둘 모두 수행의 진전을 방해할 수 있으므로[34] "부지런함"의 특성은 힘을 균형 있으면서도 일관되게 적용하는 것으로 이해하는 것이 가장 적절하다.[35] 이러한 균형 잡힌 노력은 한편으로는 "운명"이나 더 높은 의지, 혹은 개인적 특이성에 수동적으로 굴복하는 것을 방지함은 물론, 다른 한편으로는 더 높은 목표라는 미명 하에 이루어지는 과도한 노력, 자만에 찬 노력 및 자신이 자초한 고통 역시 방지한다.

붓다는 수행의 올바른 진전을 위해 필요한 균형 잡힌 노력에 대해 현이 너무 팽팽하거나 너무 느슨해서도 안 되는 류트(현악기의 일종)의 조율에 비유한 바 있다.[36] 이처럼 정신적 수행을 악기에 비유하는 것은 정신적 진보에 '잘 조율된' 노력과 감수성이 필요하다는 것을 의미한다.[37] 노력이 과도하거나 불충분한 것과 같은 양 극단을 넘어 지혜로운 균형 상태를 의미하는 "중도(中道)"의 관념은 초전법륜이래로 붓다의 핵심 가르침 가운데 하나로 알려져 있다.[38] 바로 이 균형 잡힌 "중도"적 접근을 통해 나태와 고행이라는 양극단을 피함으로써 붓다는 깨달음을 얻게 된 것이다.[39]

34 예를 들어 M III 159에서는 그 두 가지를 집중된 마음을 계발하는데 장애가 될 수 있는 것으로 제시한다. 명상 수행에서 지적 균형 유지의 필요성은 M II 223에서도 나타난다. 그 내용에 따르면, 고통에서 벗어나 자유로운 상태로 나아가는 길은 때로는 전력을 다한 노력을 필요로 하고, 반면에 다른 때에 그것은 단지 차분한 관찰만을 요구한다.

35 *ātāpī*의 다른 번역은 의미의 유사한 변형을 나타낸다. 그것은 "의식적", "적극적", 혹은 "점점 감소하는 의욕을 되살리는" 정진의 투입과 같이 다양하게 표현된다(Hamilton 1996: p.173; Katz 1989: p.155; Pandey 1988: p.37). 지속성의 뉘앙스는 *ātāpī*를 지속적으로 적극적인 것과 관련짓는 A III 38과 A IV 266에서 볼 수 있다. 또 다른 예는 M III 187에서 볼 수 있는데, 여기서 *ātāpī*는 명상 속에서 하룻밤을 보내는 것과 관련지어 나타난다(Ñāṇaponika 1977: p.346, *bhaddekaratta*). 유사하게 Dhīravaṃsa 1989: p.97는 *ātāpī*를 "보존"으로, Ñāṇārāma 1990: p.3는 "단절 없는 지속성"으로 이해한다.

36 Vin I 182와 A III 375; (또한 Th 638-9); *satipaṭṭhāna*의 복주, Ps-pṭ I 384는 관찰에서 균형 잡힌 정진에 대한 필요성을 분명히 보여준다. 균형의 필요성에 대해서는 Kor 1985: p.23도 강조하고 있다.

37 Khantipālo 1986: p.28과 Vimalaraṃsi 1997: p.49는 무리하거나 억지로 명상하는 것의 위험성을 경고하고 있다. 그러한 명상은 정서장애와 심리적 경직이 뒤따를 수 있다. Mann 1992: p.120은 고대 인도인과 전형적인 현대 "서양인"의 심리 속에 존재하는 공통된 성격유형을 비교한 것에 근거하여, 무분별하게 주로 "갈애" 유형의 명상가를 위한 가르침을 "증오" 유형의 명상가에 적용하는 것에 대해서 경고한다. 또한 W.S. Karunaratne 1988a: p.70을 참조하라.

38 S V 421.

39 S I 1에서 붓다는 나태와 고행을 피함으로써 "격류를 건널 수" 있었다고 지적한다. 아울러 유사하게 너무 멀리 가지도 않고 뒤에 처지지도 않을 것을 권고하는 Sn 8-13도 참조하라.

"부지런함"이 지닌 수행적인 의미는 경전에 나오는 두 가지 금언을 통해 가장 잘 설명할 수 있다. 두 용례 모두 부지런함(ātāpī)이라는 단어를 사용한다. "바로 지금이 부지런히 수행할 때이다."와 "그대 스스로 부지런히 수행해야 한다."가 바로 그것이다.[40] 이 문장들은 붓다로부터 간단한 지도를 받은 후 집중 수행을 위해 한정처(閑靜處)로 나아간 수행승의 진지한 서원을 기술한 것이며, 여기에는 "부지런함"이라는 특성과 유사한 함축적인 의미가 잠재되어 있다.[41]

이러한 뉘앙스를 염처에 적용하면, 결국 "부지런함"이란 염처를 잃는 즉시 다시금 명상의 대상으로 되돌아가는 것이며, 이른바 균형 잡히면서도 헌신적인 지속성을 가지고 관찰을 유지한다는 의미가 된다.[42]

3 분명한 앎(sampajāna)

앞서 "정의"에서 언급했던 네 가지의 정신적 특성 중 두 번째는 *sampajāna*이며, 이는 동사 *sampajānāti*의 현재 분사이다. *sampajānāti*는 빨리어의 복합어에서 강화의 기능으로 종종 사용되는 접두사 *saṃ*(함께)과 *pajānāti*(그/그녀는 안다)로 나눌 수 있다.[43] 그러므로 *sam-pajānāti*는 확실한 형태의 앎 즉 "분명한 앎"을 의미한다.[44]

"분명한 앎(sampajāna)"의 의미는 여러 경전에서 간단하게 개괄하고 있는 설명을 통해 쉽게 알 수 있다. *Dīgha Nikāya*에 있는 경전에서, 분명한 앎은 자궁속의 태아와 같이

40 M III 187과 Dhp 276.

41 그 예로 S II 21; S III 74-9; S IV 37; S IV 64; S IV 76; 그리고 A IV 299. T.W.Rhys Davids 1997: p.242와 Singh 1967: p.127은 *tapas*를 세속을 떠난 뒤 숲속에서 고독한 생활을 보내는 두 번째 의미와 관련짓는다. 그리고 *tapas*는 집중적인 수행을 위해 은둔생활로 나아가는 그러한 수행승의 표준적인 기술 속에서 "홀로 은둔하여 살아가는" 이라는 의미와 더불어 *ātāpī*의 용례와 유사하다.

42 Jotika 1986: p.29 n.15. 이것은 *appamāda*라는 관련 용어를 산란 없는 알아차림, 즉 *satiyā avippavāso*로 보는 주석서의 이해와 유사하다.

43 T.W.Rhys Davids 1993; pp.655와 690.

44 *Satipaṭṭhāna*의 복주 Ps-pṭ I 354는 *sampajāna*를 "모든 방식으로 그리고 상세하게 알고 있는" 것으로 설명한다. Guenther 1991: p.85는 "분석적이고 높은 안목의 이해", Ñāṇārāma 1990: p.4는 "탐구적인 지성" ; 그리고 van Zeyst 1967a: p.331은 "의도적이고 차별적인 앎"이라고 설명한다.

태어나는 순간을 포함하여 자기 삶을 의식적으로 경험하는 것을 의미한다.[45] *Majjhima Nikāya*에서는 분명한 앎에 대해 "고의적으로" 거짓말을 할 때 그 고의성이 저절로 드러나는 것으로 설명한다.[46] *Saṃyutta Nikāya*에서는 느낌과 생각의 무상한 본성에 대한 자각을 분명한 앎으로 언급하고 있다.[47] *Aṅguttara Nikāya*에서는 불건전함을 극복하여 건전함을 확립하는 것을 분명한 앎이라고 설명한다.[48] 마지막으로 *Itivuttaka*에서는 분명한 앎을 좋은 벗의 충고에 따르는 것과 관련짓는다.[49]

다섯 *Nikāya*에서 선별된 위의 용례들이 제시하는 공통분모는 무엇이 일어나고 있는지를 충분히 파악하고 이해하는 능력이다. 이 같은 분명한 앎은 곧 지혜(*paññā*)의 계발로 이끌 수 있다. 아비담마에 따르면 분명한 앎은 실제로 이미 지혜가 드러난 상태를 의미한다.[50] 어원적 관점에서 보면 *paññā*와 (*sam-*)*pajānāti*는 긴밀하게 연관되어 있기 때문에 더욱 설득적이다. 그러나 위의 예들을 자세히 검토해보면, 분명한 앎(*sampajāna*)에 반드시 지혜(*paññā*)의 현현이 내포되어 있지는 않다는 것을 알 수 있다. 예를 들어 누군가 거짓을 말할 때, 그는 자신의 말이 거짓임을 분명히 알 것이다. 하지만 그는 "지혜를 지니고(with wisdom)" 거짓말을 하지는 않는다. 마찬가지로, 누군가의 자궁 속에 있는 태아가 성장한다는 사실을 분명하게 자각하지만, 거기에 지혜는 필요치 않다. 그러므로 비록 분명한 앎이 지혜의 계발을 이끌 수는 있지만, 본질적으로 분명한 앎은 단지 무엇이 일어나는지를 "명확히 아는 것"만을 의미한다.

염처의 가르침에서, 분명한 앎은 흔히 "그는 안다"(*pajānāti*)라는 반복적 표현으로 언급되는데, 이는 수행과 관련된 대부분의 가르침에서 나타난다. 분명하게 아는 것과 유사한 "그는 안다"(*pajānāti*)라는 표현은 때로 다소 기본적인 앎의 형태와 관련되지만, 다른

45 D III 103과 D III 231.

46 M I 286과 M I 414. 더욱이 A II 158은 "고의성"으로 인정될 만한 어떤 맥락에서, 세 가지로 구성된 행위가 *sampajāna*나 혹은 *asampajāna*로 행해진 것 사이에 구분을 둔다.

47 S V 180.

48 A I 13.

49 It 10.

50 그 예로 Dhs 16과 Vibh 250. 또한 *sampajañña*의 경우 Ayya Kheminda(n.d.): p.30; Buddhadāsa 1989: p.98; Debvedi 1990: p.22; Dhammasudhi 1968: p.67; Ñāṇapoṇika 1992: p.46; 그리고 Swearer 1967: p.153는 지혜와 관련짓는다.

용례에서 그것은 보다 복잡한 이해의 유형을 의미한다. 염처의 맥락에서 명상가가 "안다"고 할 때의 범위는 예를 들면 긴 호흡을 길다고 아는 것, 혹은 자신의 자세를 인식하는 것을 포함한다.[51] 그러나 이후 염처 관찰을 하면서, 명상가는 감각의 문과 그 각각의 대상에 의존하여 족쇄(번뇌)가 발생하는 것을 이해할 때처럼, 그가 안고 있는 앎의 과제는 차별적 이해가 분명히 드러날 때 까지 전개된다.[52]

결국 이러한 전개는 사성제를 "실제 있는 그대로" 아는 것, 즉 "그는 안다"라는 표현이 또 다시 사용되는 것에 대한 깊은 이해의 통찰적 형태에까지 이르게 된다.[53] 따라서 "그는 안다"(*pajānāti*)라는 표현과 "분명한 앎"(*sampajāna*)의 특성은 둘 모두 앎의 기본적 형태에서 부터 깊은 차별적 이해에 이르기까지를 그 범위로 설정할 수 있다.

4 알아차림과 분명한 앎

분명한 앎은『염처경』의 "정의" 부분에 열거되어 있는 것과는 별도로, 신체적 활동과 관련하여 첫 번째 염처에서 다시 언급된다.[54] 수행의 점진적인 길에 대한 설명은 대체로 복합어 *satisampajañña* 즉 "알아차림과 분명한 앎"을 통해 신체적 활동에 대하여 그와 같이 분명히 아는 것을 언급한다.[55] 경전을 자세히 살펴보면 이 같은 분명한 앎(혹은 분명히 아는 것)과 알아차림의 결합이 앞서 설명된 분명한 앎 그 자체의 유연한 사용과 유사하게 상당히 광범위한 맥락에서 사용되고 있음을 알 수 있다.

예를 들어 붓다는 제자를 지도할 때나 잠을 잘 때, 병을 참고 견딜 때, 수명을 포기하

51 M I 56: "길게 숨을 들이쉬면서, 그는 '나는 길게 숨을 들이쉰다'고 안다"; M I 57: "그래서 그는 자신의 몸이 어떠한 상태에 있는지를 안다."

52 그 예로 M I 61: "그는 눈을 안다, 그는 형태를 안다, 그리고 그는 이 두 가지에 근거해서 일어나는 족쇄를 안다."

53 M I 62: "그는 있는 그대로 안다, '이것은 고통(dukkha)이다' .... '이것은 고통의 일어남이다' ... '이것은 고통의 소멸이다' ... '이것은 고통의 소멸로 이끄는 길이다.'"

54 M I 57: "앞으로 나아가거나 되돌아갈 때, 그는 분명하게 알고 행동한다; 미리 내다보거나 외면할 때, 그는 분명하게 알고 행동한다 ..." 이 수행법에 대해서는 155페이지(6.5)에서 더욱 자세히 고찰할 것이다.

55 예를 들어 D I 70 참조.

고 열반을 준비할 때마다 알아차림과 분명한 앎을 지니고 있었다.[56] 심지어 전생에서, 즉 그가 천상에 태어나 그곳에 머물다가 죽은 뒤 마야부인의 태 속에 들어갔을 때에도 그는 이미 알아차림과 분명한 앎을 지니고 있었다.[57]

또한 알아차림과 분명한 앎은 수행자의 윤리적인 행위를 향상시키고 육욕을 극복하는 데에도 기여한다.[58] 명상의 관점에서 보면, 알아차림과 분명한 앎은 느낌과 생각을 관찰하는 것을 의미한다. 즉 지각 수련에서 높은 수준의 마음의 평정을 보일 수 있으며 나태와 무기력을 극복하는데 기여한다.[59] 알아차림과 분명한 앎은 특히 3선정(jhāna)에서 현저하게 두드러지는데, 3선정의 알아차림과 분명한 앎은 2선정에서 경험하는 강렬한 기쁨(pīti)에 다시 빠지지 않게 한다.[60]

이러한 용례가 광범위하고 다양하게 나타나는 것은 알아차림과 분명한 앎의 조합이, 단지 점진적인 방식이나 몸 관찰에 대한 염처의 맥락에서 신체적 활동을 명확히 아는 것과 같이 특정한 의미로 그 사용이 제한되는 일 없이 일반적 의미에서 인식과 지혜를 설명하는 것으로서 종종 사용된다는 점을 시사한다.

"정의"에 따르면 모든 염처 관찰에서 요구되는 알아차림과 분명한 앎의 그러한 상호작용은 관찰된 데이터의 지적인 처리와 현상에 대한 주의 깊은 관찰을 조합할 필요가 있음을 지적한다. 따라서 "분명하게 아는 것"은 관찰에 대한 "계몽" 혹은 "깨달음"의 양상을 나타내는 것으로 이해할 수 있다. 이와 같이 이해하면, 분명한 앎은 주의 깊은 관찰에 의해 수집된 입력 정보를 처리하여, 결과적으로 지혜의 발생으로 이르게 하는 것이다.[61]

---

56 M III 221에서는 주의력이 있거나 결핍되어 있는 제자들을 향해 평정심을 유지하면서; M I 249에서는 잠자러 가면서; D II 99, D II 128, S I 27, S I 110 그리고 Ud 82에서 병과 고통을 참으면서; D II 106, S V 262, A IV 311, 그리고 Ud 64에서 수명을 포기하면서; D II 137에서 죽음을 준비하며 자리에 누우면서 나타난다. 죽음의 순간에 두 가지가 동시에 나타나는 경우에 대해서는 S IV 211에서 일반적으로 수행승들에게 권장된다.

57 M III 119 (이것의 일부분이 D II 108에도 나온다).

58 A II 195와 S I 31.

59 A IV 168에서 느낌과 생각에 대한 관찰; (A II 45 또한 참조하라); D III 250과 D III 113에서의 지각 훈련; 그리고 D I 71에서 나태와 무기력의 극복.

60 예를 들어 D II 313을 보라. 또한 Vism 163의 설명; Guenther 1991: p.124; 그리고 Gunaratana 1996: p.92를 참조하라.

61 사띠와 지혜의 상호작용은 Ps I 243에서 설명된다. 그에 따르면 지혜는 자각의 대상을 관찰한다. Vibh-a 311에서는 지혜가 사띠의 현현에 의한 자동적 결과가 아니라, 의도적으로 계발되어야

그러므로 이러한 분명한 앎과 알아차림의 특성은 실재에 대한 "지식(knowledge)"과 "식견(vision)"(*yathābhūtañāṇadassana*)의 계발에 대하여 알게 해 준다. 붓다에 의하면 "아는 것"과 "보는 것"은 모두 열반(*Nibbāna*)의 실현을 위한 필요조건이다.[62]

그와 같이 지식(*ñāṇa*)의 증장을 분명한 앎(*sampajāna*)의 특성과 연관 짓고, "식견(*dassana*)"에 수반되는 양상을 사띠의 활동과 연관 짓는 것은 타당하다.

분명한 앎의 특성에 대해서는 아직 더 언급할 부분이 남아있다.[63] 이를 위해서는 사띠가 함축하는 것에 대해 좀 더 자세히 살펴보고, 몇 가지 추가적인 근거에 대해 언급해야 할 것이다. 이에 관해서는 제 3장에서 다루기로 한다.

하는 것임을 보여주면서, 지혜를 갖춘 사띠와 갖추지 못한 사띠를 구별한다. *sati*가 *sampajañña*와 결합하는 것의 중요성에 대해서는 Chah 1996: p.6; 그리고 Mahasi 1981: p.94를 참조하라.

62 S III 152와 S V 434.

63 정신적 라벨링 수행(130쪽 6)을 논의할 때와 몸 관찰의 일종으로 신체적 행위에 관한 분명한 앎을 탐구할 때 다시 *sampajañña*를 고찰할 것이다.

3

알아차림(SATI)

이 장에서는 『염처경(Satipaṭṭhāna Sutta)』의 "정의" 부분에 대해 계속 알아볼 것이다. "정의"에서 언급된 세 번째 특성인 사띠에 대한 배경지식으로서, 초기불교에 나타나는 지식에 대한 일반적 접근법을 간략하게 소개하고자 한다. 이 장의 중요 과제이기도 한 알아차림을 정신적 특성으로 평가하기 위하여 알아차림의 전형적 특성들을 각각 다른 각도에서, 또한 삼매(*samādhi*)와 비교하여 고찰해 나갈 것이다.

1 지식(knowledge)에 대한 초기불교적 접근

고대 인도의 철학적 바탕은 지식의 획득에 있어서 세 가지 주요 접근법으로부터 많은 영향을 받고 있었다.[1] 사제 계급인 브라만은 주로 오래 전부터 구전되어온 말을 권위 있는 지식의 출처로 삼았다. 한편 우빠니샤드 문헌들에서는 지식을 발전시켜 나가는 핵심적 도구로써 철학적 추론을 사용하였다. 이 두 가지 방식 이외에 상당수의 떠돌이 고행주의자(wandering ascetics)들과 동시대인들은 명상 수행을 통해 얻은 초감각적 인식과 직관을 지식 획득의 주요 수단으로 삼았다. 이 세 가지 접근법은 구전, 논리적 추론, 직관으로 요약될 수 있다.

인식론적 입장에 대해 질문을 받았을 때 붓다는 자신을 세 번째 범주, 즉 직접적이고 개별적인 지식의 개발을 강조하는 사람들 가운데 속하는 것으로 간주하였다.[2] 비록 그가 지식 획득의 수단으로 구전이나 논리적 추론을 완전히 배제하지는 않았지만, 그는 그것들의 한계를 분명히 알고 있었다. 구전의 문제점은 암기한 내용을 잘못 기억할 수 있다는 것

1 Jayatilleke 1980: p.63.

2 M II 211.

이다. 더욱이 잘 암기된 내용이라 하더라도 틀릴 수 있고, 또한 혼동을 일으킬 수도 있다. 마찬가지로 논리적 추론 역시 설득력이 있어 보이지만 근거가 빈약하다. 게다가 근거가 확실한 추론조차도 잘못된 전제에 기초하고 있다면 혼동을 일으키는 것은 분명하다. 반면 제대로 암기하지 못한 것이나 완벽하게 추론하지 않은 것들이 오히려 진실로 판명될 수도 있다.[3]

그 같은 의구심은 명상으로 얻은 직접적 지식에도 반영된다. 실제로 *Brahmajāla Sutta*에서 붓다의 통찰력 있는 분석이 나타나는데, 이에 따르면 동시대의 수행자들이 직접적인 초감각적 지식에만 의존하여 엄청나게 그릇된 관점을 갖게 된 부분이 등장한다.[4] 붓다는 자신만의 직접적 경험에 철저히 의존하는 것에 대한 위험성을 한 우화를 들어 설명했다. 이 우화에서는 왕이 여러 명의 장님들에게 코끼리의 다른 부분을 각각 만져보게 하였다.[5] 그 코끼리의 본질에 대해 질문을 받았을 때, 장님들은 각자 코끼리에 대해 유일한 듯 올바른 진실만을 말하지만 각기 완전히 다른 설명들을 내놓았다. 비록 각각의 장님들이 경험한 것이 경험적으로 맞는 것이라 해도 그들의 개인적인 직접 경험은 여전히 전체 그림에서는 단지 일부분일 뿐이었다. 모두가 자신의 개인적 경험을 통해 얻은 직접적 지식이 유일한 진실이라는 잘못된 결론을 내리는 실수를 저질렀던 것이다.[6]

이 우화는 직접적인 개인적 경험일지라도 그것은 전체 그림의 오로지 한 부분만 드러내 보일 수밖에 없으며 개인적 경험을 지식의 절대적인 근거로서 독단적으로 파악해서는 안 된다는 점을 보여준다. 다시 말하면, 직접적인 경험에 대해 강조한다 해도 구전과 추론을 단지 지식의 보조적인 원천으로서 완전히 배제시킬 필요는 없다는 것이다. 그럼

3 M I 520과 M II 171.

4 *Brahmajāla Sutta*(D I 12-39)에 기술되어 있는 것처럼, 어떤 견해를 형성하는데 근거가 되는 62가지에 대한 개괄은 "직접적인" 명상 경험들을 견해를 형성하는 원인으로 가장 빈번하게 언급하고 있다. 반면에 사색적인 생각은 단지 보조적인 역할을 할 뿐이라고 주장한다. 49개의 예문들은 순수하게 명상 경험에 근거한 것이거나 적어도 명상과 관련된 경험의 일부로 나타난다[nos 1-3, 5-7, 9-11, 19-22, 23-5, 27, 29-41, 43-9, 51-7, 59-62]; 이와 반대로 단지 13개의 예문들은 순수한 추론에 근거한다.[nos 4, 8, 12-16, 18, 26, 28, 42, 50, 58](상관관계는 주석서의 도움을 받았다). 또한 Bodhi 1992a: p.6를 참조하라.

5 Ud 68.

6 Ud 67; D II 282도 참조하라. 그러한 잘못된 결론에 대한 또 다른 설명은 M III 210에서 볼 수 있는데, 여기에서 직접적이고 초월적인 지식은 업의 작용 체계에 대한 다양한 잘못된 가정을 이끈다고 말한다.

에도 불구하고, 직접적 경험은 초기불교에서 중심적인 인식의 도구가 된다. *Saḷāyatana Saṃyutta*의 한 구절에 따르면 구전과 추론에 의존하지 않고, 사물을 있는 그대로 왜곡하지 않은 채 직접적인 경험으로 이끄는 것이 바로 염처 수행이라고 설명하고 있다.[7] 이처럼 염처는 초기불교의 실용주의적 지식론에서 핵심적인 중요성을 차지하는 경험적 도구라고 할 수 있다.

초기 불교의 인식론적 입장을 실제 수행에 적용했을 때, 구전과 추론은 법(*Dhamma*)에 대한 어느 정도의 지식이자 반영이라는 측면을 지니며, 이는 또한 염처 수행을 통하여 실재를 직접 경험하기 위한 보조적인 조건을 형성한다.[8]

2 사띠(sati)

명사 사띠(*sati*)는 기억한다는 뜻의 동사 *sarati*와 연관된다.[9] "기억"이라는 의미의 사띠는 경전에서 여러 경우에 나타나며,[10] 또한 아비담마와 주석서에 등장하는 사띠의 표준적인 정의에서도 드러난다.[11] 붓다의 제자 중 사띠가 가장 뛰어나 붓다의 모든 가르침을 기억하는, 거의 믿을 수 없을 정도의 행적으로 이름난 이는 아난다(Ānanda)이다.[12]

기억으로서의 사띠에 내포된 의미는 특별히 중요하게 기억하는 것(*anussati*)이다. 경

7 S IV 139에서 붓다는 믿음, 개인적 선호, 구전 전통, 추론, 그리고 어느 한 견해의 수용과는 관계없이 최종적인 지식에 도달하는 방법으로서 감각을 통한 경험과의 관련 속에서 마음을 관찰할 것을 제안했다.

8 이것은 마음에 있어 숙고, 학습, 그리고 정신적 계발(경전에서는 D III 219에서만 볼 수 있는 세 가지 설명)에 근거한 지혜 사이에 존재하는 세 가지 구분을 불러일으킨다.

9 Bodhi 1993: p.86; Gethin 1992: p.36; Guenther 1991: p.67; 그리고 Ñāṇamoli 1995: p.1188 n.136을 참조하라. *sati*에 해당하는 산스끄리뜨어는 기억을 의미하는 *smṛti*이다. Monier-Williams 1995: p.1271; C.A.F. Rhys Davids 1978: p.80를 참조하라.

10 예를 들면 M I 329에서 *sati pamuṭṭhā*는 "잊혀진" 것을 의미하며, 혹은 D I 180에서 *sati udapādi*는 "기억하는 것"을 의미한다. 또한 A IV 192에서 *asati*라는 용어를 한 승려가 자신이 책망 받았던 잘못된 행위를 잊어버린 체하는 것을 묘사할 때 사용한다.

11 Dhs 11; Vibh 250; Pp 25; As 121; Mil 77; 그리고 Vism 162를 참조하라.

12 Vin II 287은 첫 번째 결집을 할 동안에 붓다가 설한 가르침을 떠올리며 암송하는 아난다(Ānanda)의 이야기를 전하고 있다. 제 1차 결집의 진술이 역사적 사실에 근거한 것이던지 아니던지 와는 무관하게, *Vinaya*가 경전의 암송을 아난다에게 돌리고 있다는 사실은 그의 비범한 기억력을 반영하고 있음에 틀림없다(그는 스스로 Th 1024에서 이에 대해 언급하고 있다).

전에는 여섯 가지의 기억해야 할 대상들이 종종 나타난다. 붓다, 법(*Dhamma*), 승가(*Saṅgha*), 윤리적 행위, 관용(liberality), 천상의 존재들(*devas*)이 그것이다.[13] 깊은 삼매를 통해 얻는 "더 높은 지식"이라는 맥락에서 일반적으로 나타나는 또 다른 종류의 기억은 전생에 대한 기억(*pubbenivāsānussati*)이다. 이들 모두에 대해 회상하는 기능을 수행하는 것이 바로 사띠이다.[14] 붓다의 특성을 기억함으로써 깨달음을 얻은 한 비구의 경우를 기록한 *Theragāthā*에 따르면 사띠의 기억하는 기능이 깨달음에 이르도록 할 수도 있다고 한다.[15]

기억으로서의 사띠의 이 같은 함축성은 경전에서 공식적인 정의로도 나타나는데, 오래전에 한 일이나 말을 마음에 다시 불러오는 능력과 사띠를 연결짓고 있다.[16] 그러나 이러한 정의를 좀 더 자세히 살펴보면 사띠를 실제 기억이 아니라 기억을 촉진시키는 것으로 정의내리고 있음을 알 수 있다. 사띠에 대한 이러한 정의가 말하고자 하는 것은 사띠가 존재한다면 기억이 원활하게 제 기능할 수 있다는 것이다.[17]

이런 관점에서 사띠를 이해하면 사띠와 염처의 연결이 용이해진다. 여기서 사띠는 과거의 일들을 회상하는 것과 관련이 없으며, 지금 이 순간에 대한 자각의 기능과 관련 있다.[18] 염처 명상에서 사람이 너무나 쉽게 잊어버리는 것을 기억할 수 있는 것은 사띠의 존

13 그 예로 A III 284를 들 수 있다. 6가지 회상에 대해서는 Vism 197-228; 그리고 Devendra 1985: pp.25-45를 참조하라.

14 A II 183은 전생에 대한 회상이 사띠를 통해 가능하다고 지적한다. 유사하게 A V 336은 붓다를 회상하기 위해서 붓다를 향한 직접적인 사띠에 대하여 언급한다. Nid II 262는 분명하게 모든 회상을 사띠의 활동으로 이해한다. Vism 197은 다음과 같이 요약한다. "사람은 사띠를 통해서 회상한다."

15 Th 217-8. Th-a II 82는 비구가 붓다를 회상하는 것을 바탕으로 하여 과거의 붓다들을 기억할 수 있는 깊은 집중력이 계발된다고 설명한다. 그 결과 그는 붓다마저도 무상하다는 것을 깨닫게 된다. 이것이 차례로 그를 깨달음으로 이끌었다.

16 예를 들어 M I 356에 나온다.

17 M I 356에 나오는 문장은 다음과 같이 번역될 수 있다. "그는 가장 고도의 분별력 있는 알아차림을 갖고서 집중되어 있(기 때문에) 오래전에 행하고 말했던 것들을 회상하고 기억한다." Ñāṇamoli 1995: p.1252 n.560는 다음과 같이 설명한다. "현재에 대한 깊은 주의집중은 과거에 대한 정확한 기억의 근간을 이룬다." Ñāṇananda 1984: p.28는 다음과 같이 지적한다. "알아차림과 기억은 .... 하나가 예민해지면 자연스럽게 다른 하나 역시 명료해진다.

18 Ñāṇapoṇika 1992: p.9; Ñāṇavīra 1987: p.382; T.W.Rhys Davids 1966: vol.II, p.322. Griffith 1992: p.111는 다음과 같이 설명한다. "*smṛti*의 기본적인 의미와 불교의 기술적 가르침들에서 파생된 의미는 .... 과거 대상들에 대한 자각이 아닌, 관찰과 주의 집중을 통하여 행해야 한다."

재 덕분이다.

지금 이 순간에 대한 자각으로서의 사띠는 *Paṭisambhidāmagga*와 *Visuddhimagga*의 설명들에서도 유사하게 나타난다. 이에 따르면 감각기관(*indriya*)이나 깨달음의 요소(*bojjhaṅga*), 또는 팔정도의 한 요소이거나 깨달음의 순간이든 간에 분명한 사띠의 특성은 "현존(*upaṭṭhāna*)"이다.[19]

그러므로 현존하는 알아차림(*upaṭṭhitasati*)은 그것이 주의깊지 않음(*Muṭṭhassati*)에 직접적으로 대립되는 한, 마음의 현존을 의미하는 것으로 이해할 수 있다. 그 같은 의미에서 마음의 현존이란 사띠를 갖추고 있을 때, 그는 현재에 대해 더 폭넓게 깨어있게 된다는 뜻이다.[20] 그러한 마음의 현존 덕분에 사람들이 하는 언행은 마음으로 명확하게 파악되며, 따라서 이후에 더욱 쉽게 기억될 수 있다.[21]

사띠는 그 순간에 기억해야 하는 것을 완벽하게 받아들이는 데 있어서 뿐만 아니라 나중에 이 순간을 마음에 떠오르게 하는 데 있어서도 필요하다. 그 때 "다시 불러내기(re-collect)"는 오로지 "집중"과 산란함의 부재를 특징으로 하는 마음 상태의 특별한 하나의 사례가 된다.[22] 사띠의 이러한 두 가지 특성은 사람들에게 사띠로 시작하여 붓다의 가르침으로 들어가도록 이끄는 *Suttanipāta*의 몇몇 구절에서도 나타난다.[23] 이 사례들에서 사띠는 지금 이 순간에 대한 알아차림과 붓다의 가르침을 기억해내는 것 모두를 의미한다.

기억의 기능이 잘 특징지어질 수 있는 마음 상태의 종류는 그 범위가 좁은 경우와는 대조적으로 어느 정도 폭이 있는 범위에서 이루어진다. 즉, 마음으로 하여금 지금 이 순간 받아들인 정보와 과거로부터 회상되는 정보 사이에 필요한 연결을 만들어내도록 하는 것이 바로 이 폭이다. 이러한 성질은 우리가 어떤 특정한 실례나 사실을 회상하려고 애쓰지만 마음을 쓰면 쓸수록 기억해 내기가 점점 어려워지는 경우에 더욱 분명해진다. 그러나 만약 문제가 되는 그 사안을 잠깐 옆으로 제쳐놓게 되면 마음이 이완된 수용 상태에 들어

---

19 Paṭis I 16; Paṭis I 116; 그리고 Vism 510.

20 S I 44를 참조하라. 거기에서 사띠는 깨어있음과 연관된다. 관련된 뉘앙스의 용례는 Vism 464에서 볼 수 있는데, 여기에서는 사띠를 강력한 인식(*thirasaññā*)과 관련짓는다.

21 반대의 경우는 Vin II 261에 언급되어 있다. Vin에서 한 비구니는 사띠가 결여되어 있어 계율을 기억하지 못한다.

22 Ñāṇananda 1993: p.47.

23 Sn 1053; Sn 1066; 그리고 Sn 1085.

가 우리가 기억하려고 애썼던 정보가 갑자기 마음속에 떠오르게 되는 것이다.

사띠가 잘 확립된 마음 상태의 특징은 편협한 초점 대신 "폭"을 갖는다는 점이다. 이는 사띠의 부재를 좁은 마음 상태(*parittacetasa*)와 관련짓는 반면 사띠의 현존은 그 폭이 넓거나, 나아가 "경계 없는" 마음 상태(*appamāṇacetasa*)와 관련된다고 언급하는 여러 경전들에서 그 근거를 찾을 수 있다.[24] "마음의 폭"이라는 어감에 근거할 때 사띠는 특정한 상황의 다양한 요소들과 측면들을 마음속에 동시에 간직할 수 있는 능력을 가리키는 것으로 이해될 수 있다.[25] 이것은 기억 기능과 현 순간에 대한 자각 둘 모두에 적용될 수 있다.

3 사띠(sati)의 역할과 위치

사띠에 대해서는 초기불교의 몇 가지 중요 범주에서 그것이 차지하는 역할과 위치를 고찰함으로써 더욱 깊이 이해할 수 있다. (그림 3.1 참조) 사띠는 바른 알아차림(*sammā sati*), 즉 정념(正念)으로서 팔정도의 일부를 구성할 뿐만 아니라, 감관(*indriya*)과 힘(*bala*) 사이에서 중심적인 위치를 차지하고 있으며 깨달음의 요소(*bojjhaṅga*) 가운데 첫 번째 요소가 된다. 이 맥락에서 사띠의 기능은 지금 이 순간의 자각과 기억 둘 모두를 포함한다.[26]

24 S IV 119. M I 266; S IV 186; S IV 189 ; S IV 199는 *kāyasati*와의 관련 속에서 동일한 진술을 하고 있다. 유사하게 Sn 150-1은 사띠의 한 형태로서 모든 측면에 대해 자애(*mettā*)심을 내는 수행과 관련짓고 있으며, 따라서 여기에서 사띠는 자애심과 마찬가지로 "한량없는" 마음의 상태를 나타낸다.

25 Piatigorski 1984: p.150. 또한 Newman 1996: p.28도 참조하라. Newman은 주의집중을 두 가지 차원, 즉 근원적인 것과 이차적인 것으로 구분한다. "나는 내일에 대해 생각할 수 있고 지금 내가 내일에 대해 생각하고 있음을 자각할 수 있다 ... 나의 첫 번째 단계의 자각은 내일에 관한 것이지만, 나의 두 번째 단계의 자각은 지금 일어나고 있는 것에 관한 것이다(즉 지금 나는 내일에 대해 생각하고 있다는 것)."

26 기능면에서 사띠는 염처 수행(S V 196과 S V 200)과 기억(S V 198)의 두 가지로 정의되는데, 후자의 경우는 힘(A III 11)의 측면으로서의 사띠가 정의된 것이다. 깨달음의 요소(覺支)로써 사띠는 다시 두 가지 양상을 갖는다. M III 85에서 염처 수행의 결과로서 산란되지 않은 알아차림은 깨달음의 요소로서의 사띠를 형성한다. (동일한 정의가 S V 331-9에서 여러 차례 나타난다); 반면에 깨달음의 요소인 사띠는 S V 67에서 기억으로 기능을 수행한다. 왜냐하면 여기에서 사띠는 가르침을 회상하고 음미하는 것과 관련되기 때문이다.

감관+힘	팔정도	깨달음의 요소(칠각지)
확신	정견(正見)	사띠
정진	정사유(正思惟)	법의 탐구
sati	정어(正語)	정진
집중	정업(正業)	기쁨
지혜	정명(正命)	고요함
	정정진(正精進)	집중
	정념(正念)	평정
	정정(正定)	

그림 3.1 중요한 범주들에서 사띠의 위치

사띠는 감관(*indriya*)과 힘(*bala*)의 범주에서 중간적인 위치를 차지한다. 여기서 사띠는 과도하거나 부족한 부분을 자각하게 됨으로써 다른 능력과 힘 사이의 균형을 잡고 감시하는 기능을 한다. 능력과 힘 사이에서 사띠가 차지하는 위치와 비슷한 감시 기능은 팔정도 안에서도 찾을 수 있다. 팔정도에서 사띠는 정신적 수련과 직접 관련된 세 가지 요소로 구성된 길에서 중간적인 위치를 차지한다. 그러나 사띠의 이러한 감시적 성격은 바른 노력과 바른 집중에만 한정된 것이 아니다. *Mahācattārīsaka Sutta*에 따르면 올바른 알아차림의 현현은 팔정도의 다른 요소들에게도 필요조건이 되기 때문이다.[27]

팔정도에서 사띠의 앞 뒤 두 부분, 즉 정정진과 정정에 대해 사띠는 또 다른 부가적인 기능을 수행한다. 바른 노력인 정정진(正精進)을 보조하기 위해 사띠는 감각 제어의 맥락에서 불건전한 마음 상태가 일어나는 것을 예방함으로써 이를 보호하는 역할을 하며, 이것은 실제로 바른 노력의 한 측면이 된다. 바른 집중인 정정(正定)과 관련해서 잘 확립된 사띠는 더 깊은 단계의 정신적 고요함을 발전시키기 위한 중요한 토대가 된다. 이 주제에 대해서는 이후 다시 다룰 것이다.

정진(또는 노력)과 집중이라는 두 가지 정신적 특성 사이에서 사띠의 위치는 감관과 힘 사이에서도 마찬가지로 반복된다. 『염처경』의 "정의" 부분 역시 사띠를 여기에서 부지런함

27 M III 73은 올바른 알아차림을 잘못된 생각, 잘못된 말, 잘못된 행위, 그리고 잘못된 생활이 극복될 때, 그리고 그에 반대되는 것들이 확립될 때 나타나는 자각으로 정의한다.

(*ātāpī*)과, 욕망 및 불만족의 부재(*abhijjhādomanassa*)로 나타나는 두 가지 특성과 연결시킨다. 이 모든 맥락에서 정진과 집중 사이에 사띠를 놓는 것은 사띠의 계발에 있어 자연스러운 진행 과정을 반영하는 것이다. 왜냐하면 수행의 초기 단계에서는 산만함과 맞서는데 상당한 정도의 정진이 요구되는 반면, 잘 확립된 사띠는 점점 더 집중되고 고요한 상태로 순조롭게 마음을 이끌어가기 때문이다.

사띠가 감관과 힘 사이에서 중간적 위치를 차지하고 팔정도에서는 마지막 부분에 위치한 것과 대조적으로, 깨달음의 요소인 칠각지에서 사띠는 출발점에 위치한다. 여기에서 사띠는 깨달음을 일으키는 요소들의 바탕이 된다.

감관과 힘, 그리고 팔정도의 요소들과 관련하여 사띠는 그와 연관된 요소들, 즉 정진, 지혜, 집중과는 구별되기 때문에 별도의 목록을 작성해야 할 만큼 분명히 다른 어떤 것이 되어야 한다.[28] 마찬가지로 사띠는 칠각지의 요소인 "법(*dhamma*)의 탐구"와 구별되는 것이기에 법(dhamma)을 탐구하는 일은 자각 활동과 일치하는 것이 될 수 없다. 그렇지 않다면 사띠를 별개의 용어로 소개할 필요가 없을 것이다. 그럼에도 사띠의 활동은 "법(dhamma)의 탐구"와 밀접하게 관련되어 있다. 왜냐하면 *Ānāpānasati Sutta*에 따르면 칠각지는 사띠의 현존에 대한 결과로 일어나는 "법(dhamma)의 탐구"와 더불어 연쇄적으로 일어나기 때문이다.[29]

팔정도의 한 요소로서 올바른 알아차림인 정념으로 돌아가 보면, 여기서 사띠라는 용어가 올바른 알아차림(*sammā sati*)에 대한 정의에서 반복되고 있는 것은 주목할 만하다.[30] 이러한 반복은 단순한 우연이 아니다. 오히려 팔정도의 한 요소로서 "올바른" 알아차림(*sammā sati*)과 일반적인 정신적 요소로서의 알아차림 사이에 존재하는 질적인 차이를 지

28 이것은 *Paṭisambhidāmagga*에서 강조된다. 그에 따르면, 이러한 차이에 대한 분명 한 이해는 "차별적 이해"(*dhammapaṭisambhidañāṇa*)를 구성한다. Paṭis I 88과 90을 참조하라.

29 M III 85; 또한 S V 68을 참조하라.

30 D II 313: "그는 부지런히, 분명한 앎과 알아차림을 가지고, 세상에 대한 욕망과 불만족에서 벗어나 몸... 느낌... 마음... 법(dhammas)을 관찰하면서 머무른다. 이것을 올바른 알아차림이라고 한다." "올바른 알아차림"의 다른 정의는 *Atthasālinī*에서 볼 수 있는데, 여기에서는 단순하게 정확하게 기억하는 것이라고 언급한다(As 124). 한역 아함 경전에서는 또한 바른 알아차림을 정의하는데 있어 사념처를 언급하지 않는다. "그는 알아차리고, 널리 알아차려 명심하여 잊지 않는다. 이것을 바른 알아차림이라고 한다." (Minh Chau 1991: p.97의 번역. 아울러 Choong 2000: p.210도 참조하라).

적하는 것이다. 실제로 수많은 경전이 "그릇된" 알아차림(*micchā sati*)을 언급하면서, 사띠의 어떤 형태들은 올바른 알아차림과 완전히 다를 수 있다고 말한다.[31] 이 정의에 따르면 사띠는 부지런함(*ātāpī*)과 분명한 앎(*sampajāna*)의 도움을 필요로 한다. 욕망과 불만족이 없는 마음 상태로부터 도움을 받아 몸, 느낌, 마음, 그리고 법(dhamma)으로 향해 있을 때 이 두 가지 정신적 특성들의 결합물인 사띠는 올바른 알아차림이라는 팔정도의 요소가 된다.

*Maṇibhadda Sutta*에서 붓다는 사띠 그 자체가 가진 많은 장점에도 불구하고 악한 의지를 뿌리 뽑기에는 충분치 않을 것이라고 지적했다.[32] 이 구절은 염처를 개발하는데 부지런함이나 분명한 앎과 같은 부가적인 요소들이 사띠와 결합될 필요가 있음을 보여준다.

따라서 "올바른 알아차림"을 이루기 위하여 사띠는 다른 다양한 정신적 특성과 협력해야 한다. 그러나 현재 나의 과제이기도 한 사띠에 대한 분명한 정의를 하기 위해서는 사띠의 가장 본질적인 특성들을 분별해내고 다른 정신적 요소들로부터 분리시켜 고찰해야 할 것이다.

---

31 D II 353; D III 254; D III 287; D III 290; D III 291; M I 42; M I 118; M III 77; M III 140; S II 168; S III 109; S V 1; S V 12; S V 13; S V 16; S V 18-20; S V 23; S V 383; A II 220-9; A III 141; A IV 237; A V 212-48에서는 "Micchā sati"(잘못된 사띠)가 등장한다. (A III 328에는 *anussati*의 잘못된 형태 역시 언급되어 있다). 사띠의 "잘못된" 유형들에 대한 많은 수의 참고문헌들은 오직 건전한 정신적 요소(예를 들어 As 250)로서의 사띠에 대한 주석적 설명과는 얼마간 일치하지 않음을 보여준다. 사실상 이러한 주석서들의 설명방식은 실질적인 어려움을 일으킨다. 만약 건전하고 불건전한 정신적 특성들이 동일한 마음의 상태 속에 공존할 수 없다고 한다면, 장애와 관련된 염처와 건전한 요소로서의 사띠를 어떻게 조화시킬 것인가? 하는 문제들이 생기는 것이다. 주석서들은 이러한 모순을 사띠와 결합된 마음의 순간들과 오염의 영향 하에 있는 마음의 순간들 사이를 빠르게 오가는 것처럼 오염된 마음 상태의 염처를 드러냄으로써 이를 해결하려고 한다(예를 들어 Ps-pṭ I 373). 그러나 이러한 설명은 분한 설득력을 갖지 못한다. 왜냐하면 오염되어 있든 사띠가 결여되어 있든 간에 어느 쪽이든 자기 마음속에 있는 오염에 대한 염처 관찰은 불가능하기 때문이다. (예를 들어 장애(번뇌)를 관찰하는 것에 대한 가르침은 분명히 그러한 장애가 염처 수행을 할 때에 드러난다고 언급하고 있다. M I 60: "그는 자신의 마음속에 .... 있다고 안다.") 덧붙여 Gethin 1992:pp.40-3; Ñāṇapoṇika 1985:pp.68-72를 참조하라. 설일체유부 전통에 따르면, 사띠는 쉽게 규정할 수 없는 마음의 요소이다. Stcherbatsky 1994: p.101를 참조하라.

32 S I 208에서 Maṇibhadda는 다음과 같이 제안했다. "알아차림을 갖춘 자는 항상 축복 속에 있으며, 행복하게 살며, 하루하루 더 좋은 날을 살며, 나쁜 의도에서 자유로워진다." 그러자 붓다는 처음 세 구는 반복하였지만, 네 번째 구를 다음과 같이 바로잡는다. "하지만 나쁜 의도로부터 자유로워지지는 않는다." 따라서 붓다의 대답 속에 있는 핵심은 사띠만으로는 나쁜 의도를 완전히 제거하는데 충분치 않다는 것을 강조했다는 점이다. 그러나 이것은 사띠가 나쁜 의도가 일어나는 것을 막을 수 없다는 것을 의미하는 것은 아니다. 왜냐하면 사띠가 있으면 S I 162; S I 221; S I 222; S I 223에서와 같이, 다른 사람들이 자신에게 화를 내고 있을 때에 마음의 고요함을 유지하는데 있어 많은 도움이 되기 때문이다.

4 사띠(sati)의 이미지

사띠라는 용어의 의미와 다양한 뉘앙스는 경전에서 상당히 많은 이미지와 비유들로 나타나고 있다. 이 이미지와 비유들을 검토하여 그것들이 함축하고 있는 의미를 이끌어 낸다면 붓다와 그의 동시대인들이 사띠라는 용어를 어떻게 이해했는지에 대해 더 많은 통찰을 얻을 수 있을 것이다.

*Dvedhāvitakka Sutta*에 나오는 비유는 소가 곡식이 익어가는 들판으로 들어가지 않도록 면밀히 감시하는 소 치는 사람에 대해 묘사하고 있다. 그러나 일단 곡식이 추수되고 나면 그는 긴장을 풀고 나무 아래 앉거나 멀리서 소들을 지켜볼 수 있게 된다. 이처럼 상대적으로 느슨하고 멀리서 지켜보는 태도에 대해 표현할 때 사띠가 사용 된다.[33] 이 비유가 암시하고 있는 특성은 고요하고 초연한 관찰의 유형이다.

이와 같은 초연한 관찰이라는 특성을 뒷받침하는 또 다른 비유는 염처 수행을 높은 단이나 탑을 쌓는 것에 비유한 *Theragāthā*의 한 게송에서도 나타난다.[34] 객관적이고 개입하지 않는 초연함이 내포한 의미는 욕망의 급류에 휩쓸려가는 탑의 이미지와 대비되면서 이 구절의 문맥을 더욱 확실하게 한다. 염처 수행을 야생 코끼리 길들이기에 비유하는 *Dantabhūmi Sutta*에서 이러한 초연함은 다시 한 번 등장한다. 붙잡힌 코끼리가 서서히 야성을 잃어가는 것처럼 염처 수행도 수행자로 하여금 속세의 시절과 연관된 기억과 의지들을 서서히 버리게 할 수 있는 것이다.[35]

또 다른 비유는 사띠를 의사가 환자를 조사(probe)하는 것으로 묘사한다.[36] 치료를 할 수 있도록 환자에 대한 정보를 제공해주는 외과 의사의 조사와 마찬가지로 "조사" 즉, 사띠는 정보를 주의 깊게 모아서 다음 행동을 위한 기초를 마련하는데 활용될 수 있다. 이러한 기초적 준비의 이미지는 사띠를 농부가 사용하는 가축 몰이용 막대기와 쟁기 보습에 연

33 M I 117은 알아차림을 수행하는(*sati karaṇīyaṃ*) 맥락에 대해, 먼저 그가 적극적으로 아주 가까이서 소들을 지켜보는 것을 통하여 농작물을 보호하였다(rakkheyā)고 기술하고 있다. 그러나 이것은 사띠가 다 익은 농작물로 들어가려고 하는 소를 잡아두는 역할을 할 수 없음을 의미하는 것은 아니며, 사실 Th 446에서는 위에서 말한 더욱 편안한 상태의 관찰만이 대상에 대한 있는 그대로의 특징과 수용적인 사띠를 발생시킨다고 언급하고 있다.

34 Th 765.

35 M III 136.

36 M II 260.

관시킨 또 다른 비유에서도 찾아볼 수 있다.[37] 씨를 뿌리기 위해 농부가 먼저 땅에 쟁기질을 하는 것처럼, 사띠는 지혜가 일어날 수 있도록 준비하는 중요한 역할을 하는 것이다.[38]

지혜의 발생을 돕는 사띠의 역할은 코끼리의 몸에서 각 부분들을 정신적 특성과 요소들에 연결시킨 또 다른 비유에서 다시 등장한다. 여기서 사띠는 머리를 지탱하는 코끼리의 목에 비유되는데, 이 비유에서 머리는 지혜를 상징한다.[39] 여기서 코끼리의 목을 선택한 것은 특별히 중요하다. 머리 뿐만이 아니라 몸 전체를 돌려 주위를 돌아보는 것은 코끼리와 붓다의 공통된 특징이기 때문이다.[40] 이 때 코끼리의 목은 사띠의 특성으로서 가까이 있는 대상에 온전히 주의를 기울이는 것을 상징한다.

"코끼리처럼 바라보기"는 붓다만의 특성이지만 가까이 있는 대상에 지속적이고 온전한 주의를 기울이는 것은 모든 아라한의 보편적 특성이다.[41] 이것은 사띠를 마차의 바퀴살에 비유한 또 다른 예에서 드러난다.[42] 여기에서, 구르는 마차는 바퀴살인 사띠의 도움으로 일어나는 아라한의 모든 신체적 활동을 상징한다.

---

37 S I 172와 Sn 77. 이 비유는 쟁기 날이 땅 표면을 갈아엎어 씨앗을 뿌려 작물을 심을 준비를 하는 동안에 소 치는 막대기의 도움으로 농부가 "고랑을 따라" 소를 몰아 계속 쟁기질을 할 수 있음을 보여주는 것이다. 마찬가지로 사띠를 지속하는 것은 명상 대상에 대해서 마음이 "고랑을 따라" 가도록 하며, 따라서 사띠는 현상적으로 드러나 있는 표면을 갈아엎어 감추어진 양상들(세 가지 특징들)을 드러내어, 지혜의 씨앗을 뿌리고 자라나게 할 수 있다. 쟁기 날과 소 치는 막대기가 위의 비유에서 함께 언급되고 있다는 사실은 사띠를 계발하는 균형 잡힌 노력과 명확한 방향성이 결합될 필요성이 있음을 지적한 것이다. 왜냐하면 농부는 동시에 두 가지 일을 해야 하기 때문이다. 즉, 한 손에는 막대기를 쥐고 바른 방향으로 소를 움직여 고랑을 똑바르게 만들어야 하고, 다른 한손으로는 쟁기 날을 적당한 힘으로 눌러 너무 깊지도 너무 얕지도 않게 고랑이 만들어지도록 해야만 하는 것이다.

38 Spk I 253과 Pj II 147은 이 비유의 도입을 통해 오로지 사띠를 통해서 알려졌을 때만이 지혜가 현상들을 이해한다고 설명한다.

39 A III 346. 동일한 비유가 Th 695에도 등장하며, 심지어 Th 1090에서는 코끼리에서 붓다 자신으로 전환되기도 한다.

40 M II 137는 붓다가 뒤를 바라볼 때는 언제나 몸 전체를 돌렸던 것으로 묘사한다. 이러한 붓다의 '코끼리처럼 바라보기'는 D II 122에도 기록되어 있다. 한편 M I 337은 Kakusandha 붓다에 대해서도 동일하게 기술하고 있다.

41 Mil 266에 따르면, 아라한들은 결코 사띠를 잃지 않는다.

42 S IV 292. 여기에 나오는 모든 비유는 원래 Ud 76에 등장한다. 그 주석서인 Ud-a 370에서만은 사띠를 하나의 바퀴살과 관련짓는다. 비록 하나의 바퀴살의 이미지가 낯설게 나타날 수 있을지라도, 이 바퀴살이 충분히 튼튼하면(즉 아라한의 사띠의 현현이 그러하면), 그것은 바퀴의 중심과 테두리 사이에 필요한 관련성을 제공할 수 있다.

지혜의 계발을 돕는 사띠의 역할은 *Sutta Nipāta*에 실린 한 게송에서도 찾아볼 수 있다. 여기에서 사띠는 이 세계의 흐름을 지속적으로 점검하며, 이로 인해 지혜의 기능이 그 흐름을 차단할 수 있게 한다.[43] 이 게송은 지혜의 계발을 위한 토대로서 감각의 문(*indriya saṃvara*)을 제어하는 것과 관련된 사띠의 역할을 특히 강조한다.

"의사의 조사", "쟁기 보습", "코끼리의 목", "흐름에 대한 지속적인 점검" 등의 비유들은 공통적으로 통찰을 위해 준비하는 사띠의 역할에 대한 묘사이다. 이 비유들에 따르면 사띠는 지혜가 일어나도록 해주는 정신적 특성이다.[44]

*Saṃyutta Nikāya*에서 찾을 수 있는 또 다른 비유에서는 사띠를 주의 깊은 마부에 비유하고 있다.[45] 이 비유는 감관 및 힘과 같이 다른 정신적 요소들을 감독하고 조종하는 사띠의 특성을 떠올리게 한다. 이 비유가 상기시키는 특성은 주의 깊고 균형 잡힌 감독이다. 유사한 뉘앙스가 다른 비유에서도 나타나는데, 여기서는 알아차림을 기름이 가득 찬 사발을 머리에 이고 나르는 몸에 비유하고 있으며, 이는 균형을 잡도록 만드는 사띠의 특성을 생생하게 묘사한다.[46]

주의 깊은 감독이라는 특성은 사띠를 도시의 수문장으로 의인화한 다른 비유에서 다시 나타난다.[47] 이 비유는 왕에게 전해야 할 긴급한 소식을 갖고 성문에 도착한 전령에 대해 묘사하고 있다. 수문장의 역할은 전령들에게 왕에게 가는 최단 경로를 알려주는 것일 것이다. 수문장의 이미지는 도시를 지키는 역할과 관련하여 또 다른 곳에서 다시 등장한다. 이 도시는 정진(*viriya*)을 군대로, 지혜(*paññā*)를 방어시설로 삼으며 여기서 수문장인 사띠의 역할은 진짜 주민들을 식별하여 통과시키는 것이다.[48] 이 두 비유는 사띠를 상황에 대해

43 Sn 1035; 이 게송에 대해서는 또한 Ñāṇanada 1984: p.29를 참조하라.

44 지혜와 사띠의 관계는 Vism 464에서도 암시된다. Vism에 따르면 사띠의 특징적 기능은 혼란(asammoharasa)의 결여에 있다.

45 S V 6. 동일한 이미지의 변형된 형태가 S I 33에 나타난다. 여기에서 법(Dhamma) 자체는 마부가 되며, 따라서 사띠는 마차 방석의 쿠션이 되는 것으로 격하된다. 쿠션으로서의 사띠의 이미지는 삶의 "움푹 패인 구덩이"에서 오는 충격에 대해 어떻게 사띠가 수행자에게 "쿠션"의 방식으로 확립되는지에 대해 설명한다. 왜냐하면 자각의 현현은 대개 삶의 우여곡절과 관련해서 일어나는 경향이 있는 그러한 정신적 반응 및 확산과 같은 경향성에 반대로 작용하기 때문이다.

46 S V 170. 이 비유에 대해서는 140쪽에서 더욱 자세히 고찰할 것이다.

47 S IV 194.

48 A IV 110.

정확하게 개관하는 것과 연관시킨다.[49]

또한 두 번째 비유는 감각의 문 제어와 관련된 순수한 사띠의 제어 기능을 분명하게 드러낸다. 이것은 사띠가 이 세계의 흐름을 점검하는 역할을 수행한다고 언급했던 위의 구절을 상기시킨다. 수문장이 자격이 없는 자들의 도시 출입을 금지하듯이 잘 확립된 사띠는 감각의 문에서 건전하지 못한 연상이나 반응이 일어나는 것을 막는다. 이 같은 사띠의 보호적인 역할은 다른 구절들에서도 찾을 수 있는데, 여기서는 사띠를 마음을 지키는 하나의 요소,[50] 다시 말해 생각과 의지에 대한 영향력을 통제할 수 있는 정신적 성질로 소개하고 있다.[51]

*Aṅguttara Nikāya*에 있는 한 경전에서는 소를 방목하기 위한 적당한 목초지를 아는 소 치는 사람의 기술을 염처 수행에 비유하고 있다.[52] 적당한 목초지의 이미지는 해탈에 이르는 길에 있어 성장과 발전을 위한 염처 관찰의 중요성을 강조하는 것이며, 이 비유는 *Mahāgopālaka Sutta*에서 또 다시 등장한다.[53] 다른 경전에서는 사냥꾼이 출몰하는 지역으로 들어가는 것을 피해야 하는 길 잃은 원숭이의 상황을 설명할 때에 동일한 이미지를 사용하고 있다.[54] 원숭이가 안전하기를 소망한다면 적당한 서식지를 떠나지 말아야 하는 것처럼 구도의 길에 있는 수행자는 적절한 목초지, 즉 염처 수행을 이탈하지 말아야 한다. 위의 대목 중 하나는 감각적 즐거움을 부적절한 "목초지"로 설명하고 있다. 그렇기 때문에 염처를 적절한 목초지로 묘사하는 이 이미지들은 유입된 감각 정보에 대해 순수한 자각이 지니는 제어 역할을 가리키는 것이다.[55]

49 Chah 1997: p.10를 참조하라. "명상 중에 일어나는 다양한 요소들을 '살펴보는' 것이 사띠이다."

50 D III 269와 A V 30.

51 A IV 385. A IV 339와 A V 107에도 유사한 형식이 있다. Th 359와 446 역시 마음에 대한 사띠의 영향을 통제하는 것에 대하여 언급한다.

52 A V 352.

53 M I 221.

54 S V 148에서 붓다는 정글(자신의 "목초지")을 떠나 사람들이 드나드는 곳에 들어가서 사냥꾼에게 잡힌 원숭이의 우화를 들고 있다. 자신의 적당한 목초지를 유지해야 하는 필요성은 S V 146에서도 다시 등장한다. 거기에서는 매우 유사한 비유로 매에게서 도망치는 메추라기를 묘사하고 있다.

55 S V 149. 그러나 M I 221과 A V 352(Ps II 262와 Mp V 95)에 대한 주석은 세속과 세속을 초월한 염처 사이의 차이에 대한 이해가 결여되어 있음을 암시하기 위해 "목초지"의 결여에 대하여 설명한다.

여섯 개의 감각기관에 의한 산만함을 안정시키는 알아차림의 안정적인 기능은 여섯 종류의 야생동물들이 묶여있는 하나의 튼튼한 기둥에 관한 또 다른 비유에서 드러난다.[56] 각각의 동물들이 제 힘으로 벗어나보려고 아무리 몸부림을 쳐도 "튼튼한 기둥"인 사띠는 안정되고 흔들리지 않은 상태로 남아있을 것이다. 이렇듯 사띠가 지닌 안정시키는 기능은 염처 수행의 초기 단계와 특별한 관련성을 지니며, 균형 잡힌 자각 속에서 굳건한 토대를 마련하지 않으면 너무나 쉽게 감각적 산만함에 빠지게 된다. 이러한 위험성은 사띠의 확립과 그에 따른 감각 제어가 없는 상태로 탁발에 나서는 비구를 묘사한 *Cātumā Sutta*에 잘 설명되어 있다. 이 경전에는 탁발 중 제대로 옷을 걸치지 못한 여인과의 만남이 마음에 감각적 욕망을 불러일으켜 결국 수행을 포기하기로 마음먹고 파계에 이르는 비구의 모습이 묘사되어 있다.[57]

5 사띠(sati)의 특징과 기능들

『염처경』의 가르침을 자세히 살펴보면 마음에서 일어나는 것들에 절대 적극적으로 개입하지 않도록 명상 수행자를 가르치고 있다. 예를 들어 마음의 장애가 일어났을 때, 염처 관찰의 과제는 장애가 존재한다는 것을 알고, 무엇이 그것을 발생시켰는지, 그리고 무엇이 그것을 소멸시키는지에 대해 아는 것이다. 더욱 적극적인 개입은 더 이상 염처 수행의 영역이 아니며, 오히려 바른 정진(*sammā vāyāma*)의 영역에 속하는 것이다.

붓다에 따르면 관찰하는 첫 번째 단계와 행동을 취하는 두 번째 단계를 분명하게 구별해야 한다. 이러한 구별의 필요성은 그가 가르치는 방법의 본질적인 특징이다.[58] 이러한 접근법을 취하는 이유는 간단하다. 바로 즉각적인 반응을 보이는 것이 아니라 상황을 차분하게 살펴보는 준비 단계만이 사람들로 하여금 적절한 행동을 취할 수 있게 한다는 것이다.

따라서 사띠는 올바른 노력을 현명하게 이어 나가는 데 필요한 정보를 제공해 주며, 대

56 S IV 198. 이 비유는 특히 몸에 대한 알아차림과 관련된다. 이에 대해서는 141쪽에서 더욱 상세하게 논의할 것이다.

57 M I 462. 사실 D II 141에서 붓다는 특히 여성과 접촉하게 되는 비구들에게 사띠를 유지해야 할 필요성을 강조하고 있다.

58 It 33에서 붓다는 자신의 가르침에서 두 가지 연속적인 양상이 갖는 차이를 구별하였다. 즉 첫 번째는 악한 것을 악한 것으로 인식하는 것이고, 두 번째는 그러한 악한 것으로부터 자유로워지는 것이다.

응 행동들이 지나치거나 부족한지를 감독하는 역할도 해준다. 그럼에도 불구하고 사띠는 개입하지 않는 초연한 관찰이라는 객관적 특성을 유지할 것이다. 사띠는 마음의 보다 적극적인 많은 요소들과 상호작용을 할 수 있지만 스스로 개입하지는 않는다.[59]

사띠의 중요한 특성 중 하나는 개입하지 않는 초연한 수용성이다. 이것은 현대의 여러 명상 지도자와 학자들의 가르침에서 중요한 측면을 형성한다.[60] 그들은 사띠의 목적이 대상을 의식하게 만드는 것이지 제거하는 것이 아니라는 점을 강조한다. 사띠는 마치 연극을 보러 온 관객처럼 어떠한 방해도 받지 않고 말없이 지켜본다. 어떤 이는 사띠의 이러한 비반응적 특성에 대해 "선택 없는(choiceless)" 자각이라고 말한다.[61] 이 같은 "선택 없는" 자각의 의미에서 수행자는 치우침 없이 깨어있으며, 좋아하거나 싫어하는 감정으로 반응하지 않는다. 그러한 평온하고 비반응적인 관찰이 때로는 불건전한 것을 억제하기에 충분하며, 그리하여 사띠의 적용은 상당히 유효한 결과를 가져올 수 있다. 그러나 사띠의 활동은 초연한 관찰에 한정되어 있다. 다시 말해 사띠는 경험을 바꾸는 것이 아니라, 단지 경험을 깊게 만드는 것이다.

사띠의 이러한 비개입성은 반응의 형성 및 그 밑에 깔려있는 동기들에 대해 분명히 관찰할 수 있도록 하기 위해 필요한 것이다. 어떠한 형태로든 반응에 개입되자마자 초연한 관찰이라는 유리한 입장은 즉각 잃어버리게 된다. 사띠의 초연한 수용성은 눈앞의 상황에서 한걸음 물러나게 만들어 준다. 즉, 자신의 주관적 상황과 전체 상황에 대해 편견 없는 관찰자가 되게 하는 것이다.[62] 이처럼 분리된 거리는 앞서 언급한 탑에 오르는 비유에서 설명한 특성보다 더욱 객관적인 시각을 허용한다.

염처의 이러한 초연하지만 수용적인 자세는 "중도"를 이루는데, 이는 억압과 반응이라

59 치열한 노력과 사띠의 공존에 대한 한 예가 보살의 고행에서 나타나는데(M I 242), 여기에서는 과도하게 정진하는 동안에도 그는 알아차림을 유지할 수 있었다고 언급하고 있다.

60 Lily de Silva(n.d):p.5; Fraile 1993:p.99; Naeb 1993:p.158; Swearer 1971:p.107; 그리고 van Zeyst 1989:pp.9와 12. 사띠의 이러한 수용성과 비개입적 특성은 Nid II 262에서도 인정되고 있다. 여기서는 사띠를 평온함(peacefulness)과 연결 짓는다.

61 "선택 없는 자각"이라는 표현은 Brown 1986b:p.167; Engler 1983:p.32; Epstein 1984:p.196; Goldstein 1985:p.19; Kornfield 1977:p.12; Levine 1989:p.28; 그리고 Sujīva 2000:p.102가 사용하고 있다.

62 Dhīramvaṃsa 1988:p.31.

는 두 극단을 피하기 때문이다.[63] 억압과 반응이 모두 사라진 사띠의 수용성은 자신의 이미지 속에 내재되어 있는 정서적 개입을 억압하는 일 없이 개인적 결점이나 적절하지 않은 반응이 수행자가 지켜보는 입장에서 펼쳐지도록 한다. 사띠의 존재를 이런 방식으로 유지하는 것은 고도의 "인지적 부조화"를 견딜 수 있는 능력과 밀접하게 연결되어 있다. 자신의 결점을 목도하면 사람들은 일반적으로 지각된 정보를 외면하거나 바꾸는 방법을 통해서 자신의 불만족스런 감정을 줄이려는 무의식적 시도를 하게 된다.[64]

더욱 객관적이고 비개입적인 방향으로의 이러한 관점의 변화는 자기 관찰에 있어 깨어있음(sobriety)이라는 중요한 요소를 도입한다. 사띠의 고유한 성질인 "깨어있음"이라는 요소는 경전에도 등장한다. 경전에는 천상계에 대한 재미있는 설명이 나와 있는데 그곳의 신성한 거주자들은 감각적 탐닉에 너무나 깊이 빠진 나머지 사띠를 모두 잃어버리게 된다. 사띠가 없는 상태의 결과로 그들은 높은 천상계의 지위에서 추락해 더 낮은 곳에서 태어나게 된다.[65] 반대로 하위 세계에 태어난 나태한 수행자가 사띠를 회복하자마자 곧 더 높은 세계로 상승한 사례 역시 다른 경전에 기록되어 전하고 있다.[66] 이 두 가지 사례는 모두 사띠의 교화력과 건전한 영향에 대해 지적하고 있다.

아비담마 논서들의 분석에 의하면 정신적 특성으로서의 사띠는 어떠한 종류의 마음 상태에서도 존재하는 기본적 기능인 주의집중(*manasikāra*)과 긴밀하게 관련되어 있다.[67] 일상적 주의집중이라는 이 기본 능력은 우리가 인식하고, 식별하고, 개념화하기 이전의 대상을 순수하게 인식하는 최초의 찰나적 순간을 특징짓는다. 사띠는 이런 종류의 주의집중에 대한 계발이자 이를 시간적으로 확장하는 것으로서 이해될 수 있으며, 이를 통해 인지적 과정에서 순수한 주의집중이 일반적으로 차지하는 아주 짧은 시간에 명확성과 깊이를

63 이것은 어느 정도 A I 295의 내용과 상응한다. 거기에서는 염처를 관능적 탐닉과 극심한 고행 모두를 떠난 중도로 표현하고 있다.

64 Festinger 1957:p.134를 참조하라.

65 D I 19와 D III 31.

66 D II 272.

67 Abhidh-s 7. 경전들은 M I 53에서 유사하게 "명"(nāma)의 정의에 그것을 포함시킴으로써 주의집중(*manasikāra*)에 중요한 역할을 부여한다. 사띠와 주의집중의 관련성에 대해서는 Bullen 1991:p.17; Gunaratana 1992:p.150; 그리고 Ñāṇapoṇika 1950:p.3를 참조하라.

더해 준다.[68] 사띠와 주의집중은 기능적으로 유사성을 지니고 있다. 이러한 기능적 유사성은 지혜를 갖춘 주의집중(*yoniso manasikāra*)이 염처 관찰의 여러 측면, 예를 들면 장애의 해결로 주의집중하기, 오온이나 육근의 무상함을 자각하기, 칠각지 확립하기, 사성제 관찰하기와 같은 것들과 유사하다는 사실에도 나타나 있다.[69]

사띠의 이러한 "순수한 주의집중"이라는 측면은 흥미로운 잠재력을 가지고 있는데, 왜냐하면 그것은 정신적 메커니즘의 "탈자동화(de-automatization)"로 이끌 수 있기 때문이다.[70] 순수한 사띠를 통하여 우리는 사물을 있는 그대로 볼 수 있으며, 습관적인 반응과 투사로 뒤범벅되지 않을 수 있다. 지각 과정에 자각의 충만한 빛을 비춤으로써 우리는 지각 정보에 대한 자동적이고 습관적인 반응을 의식할 수 있게 된다. 이런 자동적인 반응에 대한 완전한 자각은 해로운 정신적 습관을 바꾸는데 필수적인 준비 단계이다.

순수한 주의 집중으로서의 사띠는 특히 감각의 문(*indriya saṃvara*) 제어와 관련이 있다.[71] 이러한 단계적인 수행의 측면에서 수행자는 모든 감각 정보의 유입에 대하여 순수한 사띠를 계속 유지하도록 격려 받는다. 산란되지 않고 순수한 알아차림이 존재하는 것만으로도 마음은 다양한 경로를 통하여 받아들인 정보를 확대하거나 증식하지 않도록 제어할 수 있는 것이다. 감각을 통해 유입된 정보와 관련된 사띠의 이러한 보호자로서의 역할은 염처가 명상 수행자에게 적합한 "목초지"라고 단언하며, 사띠를 수문장에 빗대어 말하는 비유들 속에 암시되어 있다.

경전들에 의하면 감각을 억제하는 목적은 욕망(*abhijjhā*)과 불만족(*domanassa*)의 발생을 피하는 것이다. 욕망과 불만족으로부터의 자유는 경전의 "정의" 부분에 언급되어 있

68 Ñāṇapoṇika 1986b:p.2. 사띠의 이러한 "순수한" 특성은 Vism 464에서 언급된다. Vism는 대상과 직접적으로 얼굴을 맞대고 있는 것을 사띠의 특징적 현현으로 간주한다.

69 지혜를 갖춘 주의집중(*yoniso manasikāra*)은 S V 105에서는 장애를 치료하는데 적용되고, S III 52에서는 오온의, S IV 142에서는 육처의 무상한 특성에 대해 주의집중을 기울임으로써 깨달음으로 이끌며, S V 94에서는 깨달음의 요소들(7각지)을 확립하도록 하고, M I 9에서는 사성제를 바르게 관찰하게 한다. 또한 A V 115에서 지혜를 갖춘 주의집중은 알아차림과 분명한 앎을 위한 "자양분"으로서 기능하고, 결국 염처(satipaṭṭhāna)를 위한 자양분으로 작용한다.

70 Deikman 1966:p.329; Engler 1983:p.59; Goleman 1980:p.27; 1975:p.46; van Nuys 1971:p.127.

71 예를 들어 M I 273에서 보이는 감관 제어의 표준적인 정의는 감관을 통해서 지각된 것을 평가하고 그것에 반응하지 않는 상태를 말한다. Debvedi 1998: p.18와 p.225 이하를 참조하라.

듯이 염처 관찰의 한 측면이기도 하다.[72] 그러므로 욕망과 불만족의 영향 아래에 있으면서도 반응을 하지 않는 것은 염처 관찰과 감각 억제의 공통된 특징이다. 이러한 사실은 이 두 활동 사이에 상당히 겹쳐지는 부분이 있다는 것을 보여준다.

요약하자면, 사띠는 경계적인 태도를 수반하지만 수용적인 평정 상태에서의 관찰이다.[73] 실제 수행의 맥락에서 보면, 매우 수용적인 사띠는 부지런한(*ātāpī*) 특성을 통해 활기를 띠고 삼매(*samādhi*)를 통하여 유지된다. 이제부터는 사띠와 삼매의 상호 관련성에 대해 더욱 자세히 살펴볼 것이다.

6 사띠와 삼매(samādhi)

잘 확립된 사띠가 지속적으로 존재하는 것은 선정(*jhāna*)을 위한 필수요소이다.[74] *Visuddhimagga*에서 강조하듯이 사띠의 도움 없이 삼매는 선정의 경지에 이를 수 없다.[75] 깊은 삼매 경험에서 나올 때에도, 그 경험의 구성 요소를 검토할 때에도 사띠는 필요하다.[76] 따라서 사띠는 깊은 삼매를 얻는 것, 그 안에 머물러 있는 것, 그리고 그로부터 벗어나는 것 모두와 관련되어 있다.[77]

72 M I 56: "세상에 관한 욕망과 불만족으로부터 자유롭다."

73 현대의 학자들과 명상 지도자들은 사띠의 본질적인 측면에 대한 몇 가지 대안적인 개요를 제시한다. Ayya Khema 1991:p.182는 사띠의 두 가지 적용을 구분하고 있다. 즉, 세속적인 적용은 자신이 무엇을 하고 있는지 자각하도록 돕는 것이고 초세속적 적용은 사물의 참된 성질을 통찰할 수 있도록 하는 것이다. Dhammasudhi 1969:p.77는 사띠의 네 가지 양상에 대해 설명하고 있다. 이는 환경에 대한 자각, 이들 환경에 관한 자기 반응에 대한 자각, 자기 조절에 대한 자각 그리고 고요함("순수한 자각")에 대한 자각이다. Hecker 1999:p.11는 경계, 자기 통제, 깊이, 그리고 확고함을 언급한다. Ñāṇapoṇika 1986b:p.5는 사띠에 있는 네 가지 "힘의 근원"을 열거한다. 즉, 이름을 붙임으로서 정돈하기, 비강압적인 절차, 멈춤과 완화, 그리고 영상(vision)의 직접성이다.

74 M III 25-8은 이러한 필요성이 선정이 높아지는 각 단계에 적용된다고 기록하고 있다. 왜냐하면 그것은 색계의 4선정과 3무색정 성취 단계의 정신적 요소들 가운데 사띠를 포함시키고 있기 때문이다. 4무색정의 성취와 상수멸정의 획득은 둘 모두 요소의 분석(factor analysis)을 받아들이지 않는 마음상태이며 여전히 사띠의 현현과 관련된다(M III 28). 모든 선정(*jhāna*)에서의 사띠의 현현은 Dhs 55와 Paṭis I 35에서도 기록하고 있다.

75 Vism 514.

76 예를 들어 M III 25에서 기술되고 있다.

77 D III 279; Paṭis II 16; 그리고 Vism 129를 참조하라.

사띠는 3선정에 도달했을 때 특히 두드러지게 나타난다.[78] 마음이 비범한 힘을 계발할 수 있을 만큼 숙달되었을 때, 4선정을 성취하게 되고 더불어 사띠 또한 깊은 평정심과의 연관성으로 인하여 고도의 순수함에 도달하게 된다.[79]

몇몇 경전은 염처의 중요한 역할이 선정의 계발과 더불어 연이어 일어나는 비범한 힘을 성취하기 위해 필요한 바탕이 되는 것임을 입증하고 있다.[80] 삼매의 계발을 돕는 염처의 역할은 점진적 수행의 길에 관한 규범에도 반영되어 있으며, 선정으로 이끌어주는 준비 단계인 신체적 활동에 관한 알아차림과 분명한 앎(*satisampajañña*), 그리고 네 번째 염처인 법에 대한 관찰로 장애를 인식하고 제거하는 것을 감독하는 과업 역시 포함한다.

염처에서 선정으로 나아가는 것은 *Dantabhūmi Sutta*에서 중간 단계로 설명되어 있다. 이 중간 단계에서 몸, 느낌, 마음과 법에 대한 관찰은 어떠한 생각을 갖는 것도 피해야 하는 특정 조건 속에서 지속된다.[81] 이 과도기적 단계에 대한 가르침에서 부지런함과 분명한 앎이라는 정신적 특성은 확실히 존재하지 않는다. 이러한 부재는 관찰이 더 이상 적절한 염처가 아니라 단지 과도기적 단계임을 시사한다. 생각을 떠난 이 과도기적 단계는 여전히 염처와 동일한 수용적 관찰의 특성과 동일한 관찰 대상을 공유하지만 그와 동시에 통찰로부터 고요함을 향한 뚜렷한 변화를 나타낸다.

이러한 사례들을 고려할 때, 사띠가 사마타(*samatha*)의 영역에서 수행해야 할 중요한

78 3선정의 표준적인 기술은(예를 들어 D II 313에서) 명백하게 사띠와 명확한 앎의 현현을 언급하고 있다.

79 4선정의 표준적인 기술은(예를 들어 D II 313에서) "평정함으로 인한 알아차림의 순수성"에 대해 언급하고 있다. 또한 그것은 초자연적인 능력을 계발하는데 이용될 수 있다(예를 들어 M I 357). 여기에서 사띠가 평정함에 의해 순수하게 된다는 것은 M III 26과 Vibh 261에서 용례를 확인할 수 있다. 또한 As 178과 Vism 167을 참조하라.

80 염처 수행을 통해 가능한 삼매의 성취는 D II 216; S V 151; S V 299; S V 303; 그리고 A IV 300과 같은 여러 경전에서 기술하고 있다. Ledi 1985:p.59에 따르면, 하루에 한 시간이나 두 시간 동안 중단 없이 염처 관찰을 유지할 수 있을 때에만 삼매를 계발할 수 있다.

81 M III 136. 그에 반해 PTS 판은 염처의 대상(*kāyūpasaṃhitaṃ vitakkaṃ* 등)과 관련된 생각들을 언급하고 있고, 버마와 싱할리 판은 대신 욕망의 대상(*kāmūpasaṃhitaṃ vitakkaṃ*)에 관련된 생각들을 언급한다. 경전 내용의 역동성에서 판단해 보면, 이것은 개연성 있는 해석은 아닌 듯 하다. 왜냐하면 이 문장 다음에 다섯 장애의 제거가 나오고, 이를 통해 다다른 삼매 후에 곧 2선정으로 이끄는 내용이 나오기 때문이다. 상응하는 한역(Ching, *Madhyama Āgama* no.198)은 버마와 싱할리 판의 해석을 지지한다. 또한 그것은 모든 빨리어 판에서 놓치고 있는 첫 번째 선정의 획득에 대해 언급하고 있다.

역할이 있다는 점은 의심의 여지없이 자명하다. 아마도 이런 이유로 *Cūḷavedalla Sutta*에서는 염처를 삼매의 "원인"(*samādhinimitta*)으로 언급하고 있는지도 모른다.[82] 염처와 깊은 삼매 계발의 관계는 붓다의 제자인 아누룻다(Anuruddha)에 의해 드러나는데, 그는 고도의 삼매를 기반으로 다른 존재 영역에 있는 존재들을 보는[83] 비범한 능력을 지닌 비구였다. 그는 자신의 능력에 대한 질문을 받을 때마다 자신의 능력은 염처 수행의 성과물이라고 한결같이 설명했다.[84]

그러나 다른 한편으로 염처를 순수하게 삼매 수행으로 보는 것은 지나치게 앞선 것이다. 이는 삼매 개발의 기초가 될 수 있는 것과 엄격한 의미로 사마티 명상 영역에 속하는 것 사이의 중요한 차이점을 놓치는 것이 된다.[85] 실제로 사띠와 삼매의 특징적인 작용들은 매우 다르다. 삼매가 주의집중의 폭을 제한함으로써 마음의 선택적 작용을 강화하는 것이라면, 사띠는 집중의 폭을 넓힘으로써 기억의 기능을 상승시키는 것이다.[86] 이 두 마음 작용의 양태는 대뇌피질의 두 가지 상이한 조절 기제에 상응한다.[87] 그러나 이 차이는 두 가지가 양립불가능하다는 의미는 아니며, 선정에 있는 동안에는 둘 다 존재하기 때문이다. 그러나 선정에 있는 동안 사띠는 삼매의 강력한 집중력 때문에 고유의 타고난 특성을 어느 정도 잃어버리고 주로 마음의 존재가 된다.

---

82 M I 301. Ps II 363은 이것을 깨달음의 순간과 관련된 것으로 받아들이지만, 주석서에서도 인정하듯이 그 경전이 이 *samādhinimitta*의 계발과 중요성에 대해 말하고 있다는 사실에 부응하기에는 어려움이 있다. 바른 삼매의 계발을 위한 염처의 보완적 역할은 A V 212에 잘 나타나 있으며, 그에 따르면 바른 알아차림은 바른 삼매를 일으킨다.

83 A I 23.

84 S V 294-306; Malalasekera 1995: vol.I, p.88도 참조하라.

85 예를 들어 Schmithausen 1973:p.179을 참조하라. 그는 염처가 원래 순수하게 삼매 수행이었음을 주장한다.

86 또한 Bullen 1982:p.44; Delmonte 1991:pp.48-50; Goleman 1977a:p.298; Shapiro 1980:pp.15-19; 그리고 Speeth 1982:pp.146과 151도 참조하라. Gunaratana 1992:p.165는 다음과 같이 잘 요약하고 있다. "삼매는 배타적이다. 어떤 한 가지 항목에 집중하고 그 외의 모든 것은 무시한다. 알아차림은 포괄적이다. 집중된 포커스에서 물러나 넓은 포커스로 응시하는 것이다."

87 Brown 1977: p.243: "두 가지 주요 대뇌피질 조절 구조는 .... 정보를 선택하고 가공하는 과정을 포함하며 .... 제한된 정보 가공 과정과 결합된 전두엽 체계와, 정보의 보다 넓은 범위의 과정과 결합된 후측두엽 체계가 있다. 두뇌는 광각(wide-angle) 렌즈 혹은 줌렌즈로 사용할 수 있는 카메라에 비유될 수 있을 것이다. 혹은 인지용어에서, 주의 집중은 자극영역(stimulus field)안에서 혹은 전체 영역(the entire field)으로 확장되어 더욱 중요한 세부사항으로 향할 수 있다."

이 둘의 차이점은 *Satipaṭṭhāna Saṃyutta*의 한 구절에 사용된 용어에서 더욱 명백해진다. 이 구절에서 붓다는 만일 염처를 수행하는 동안 산만해지거나 나태해지는 자가 있다면, 그는 내적인 기쁨과 고요함을 계발하기 위해 일시적으로 수행방법을 바꾸어서 고요한(samatha) 명상 대상을 계발해야 한다고 권했다.[88]

이것을 그는 "지향적" 명상 방식(*paṇidhāya bhāvanā*)이라고 칭했다. 그러나 마음이 고요해지기만 하면 "지향적이지 않은" 명상 방식(*appaṇidhāya bhāvanā*), 즉 염처 수행으로 되돌아올 수 있다. 이 경전에서 도출된 "지향적인" 방식과 "지향적이지 않은" 명상 방식의 구별은 이 두 가지 명상 방식이 분명히 다르다는 점을 시사한다. 그러나 동시에 그 경전 전체는 그들 간의 능란한 상호관계와 관련된 내용으로 이루어져 있으며, 그것들이 어느 정도로 차이가 있든 간에 그 두 가지는 서로 관련되어 있으며 서로를 보완해준다는 점을 설명해 주고 있다.[89]

삼매의 특징적인 성격은 다른 모든 것을 배제하고 단 하나의 대상에 집중함으로써 마음을 "지향하게 하고" 그것에 몰두하게 하는 것이다. 따라서 삼매의 계발은 주체와 객체의 이원성이라는 일반적인 경험 구조로부터 일원성의 경험으로 전환됨을 촉진한다.[90] 그러나 삼매는 그로 인해 상황과 그것들의 상호관계에 대한 폭넓은 알아차림을 차단한다.[91] 상황과 상호관계에 대한 알아차림은 경험의 특성을 알아차리는데 필수적이며, 경험의 특성에 대한 이해는 깨달음으로 이어진다. 이런 맥락에서 광범위하게 수용하는 사띠의 성격은 특히 중요하다.

삼매와 알아차림이라는 이 두 가지의 구별된 특성은 정신적 고요함의 형식적 계발을 생략한 채 "메마른 통찰"적 접근을 강조하는 명상 지도자들의 설명 속에서 어느 정도까지

88 S V 156.

89 이 문장의 첫머리에서, 붓다는 잘 확립된 사념처의 상태를 칭찬한다. 따라서 "지향적"이고 "지향적이지 않은" 명상 형태에 대해 이와 같이 설명한 이유는 붓다가 어떻게 사마타 수행이 염처 수행을 위한 보조적 수행으로 작용할 수 있는가를 보여주고자 한 것으로 보인다.

90 Kamalashila 1994:p.96; Kyaw Min 1980:p.96; 그리고 Ruth Walshe 1971:p.104. 아울러 본고의 14장 4절을 참조하라.

91 Brown 1986b:p.180은 각기 다른 명상가들이 행한 로르샤흐 테스트(Rorshach test) 결과의 비교 연구에서 "삼매 상태를 특징짓는 연관 과정의 비생산성과 상대적 결핍"을 결론부에서 기술하고 있다. 반면에 "통찰 그룹의 로르샤흐 테스트는 ... 주로 연계적 사고가 지니는 정교함의 생산성과 풍부함을 증가시키는 것으로 특징지어진다."고 되어 있다.

결합된다. 그들은 때때로 사띠를 벽을 치는 돌에 비유하여 대상을 "공격하는" 것으로 설명한다.[92] 이 단호한 용어들은 "메마른 통찰"적 접근에 따라 깨달음에 이르려 할 때 계발되는, 상대적으로 낮은 수준의 삼매를 보완하기 위해 필요한 많은 노력과 마찬가지로 상당한 정도의 노력이 명상을 하는 동안 필요하다는 것을 의미하는 듯하다. 실제로 이러한 명상 지도자 가운데 일부는 사띠의 순수하고 평정한 성질을 좀 더 진화한 수행 단계로 보기도 하는데, 이는 아마도 대상을 "공격하는" 좀 더 강력한 단계가 그 역할을 끝마치고 정신적 안정의 토대를 마련했을 때일 것이다.[93]

앞에서처럼 사띠를 보는 방식은 사띠를 "들뜨지 않음"과 그럼으로써 "그 대상 속으로 뛰어드는 것"으로 보는 주석서의 정의와 연결 지을 수 있다.[94] 분명히 "들떠 있는 것"의 부재는 산란이라는 관점에서 볼 때 사띠의 특성이다. 그러나 한 대상 속으로 "뛰어드는 것"은 오히려 삼매의 특성처럼 보이기도 한다. 특히 선정으로 나아가는 과정의 삼매가 그러하다. 현대 학자들에 따르면, 사띠에 대한 이러한 주석적 이해는 한 특정한 단어의 오독 또는 오역 때문에 빚어진 것이다.[95] 사실 대상을 "공격"하거나 대상에 "뛰어드는" 것은 사띠 그 자체의 특징적 성격에 부합하지 않으며, 정진이나 삼매와 협력하여 행동하는 사띠의 이차적 역할을 가리키는 것이다.

사띠가 선정의 계발에 있어 중요한 역할을 함에도 불구하고 그것만 놓고 볼 때는 삼매

92 Mahasi 1990: p.23: "마음을 아는 것 ... 벽을 치는 돌의 경우에서와 같이" ; Sīlananda 1990: p.21는 "벽을 치는 돌과 같이 .... 대상을 치는 것은 알아차림이다"라고 하여 그 내용이 일치한다. Paṇḍita(n.d.): p.6는 나아가 "매우 신속하게 ... 격렬함과 속도 혹은 큰 위력을 가지고 ... 망설임 없이 대상을 공격"하는 것으로 염처를 기술하며, 그는 급습으로 적군을 물리치는 군인들에 비유한다.

93 염처 수행의 더욱 진보된 단계는 때때로 "*vipassanā jhānas*"라고 불린다. 이 표현은 경전에서는 보이지 않고 *Abhidhamma* 문헌이나 주석서에서 보인다. Mahasi 1981:p.8를 참조하라. 그리고 더 자세한 설명은 Paṇḍita 1993:pp.180-205에 나오며, 특히 p.199의 "사유하지 않고 단순히 집중하는 것을 두 번째 *vipassanā jhāna*라고 한다."는 내용을 참조하라.

94 이것은 *apilāpanatā*라는 용어로, Dhs 11(자세한 것은 As 147에 설명되어 있다); Vibh 250; Pp 25; Nett 54; Mil 37; 그리고 Vism 464에서 볼 수 있다. 용어에 대해서는 Guenther 1991:p.68 n.2; Horner 1969:p.50 n.5; Ñāṇamoli 1962:p.28 n.83/3; 그리고 C.A.F. Rhys Davids 1992:p.14 n.3을 참조하라.

95 Gethin 1992:pp.38-40은 *apilāpeti*에 대한 주석서의 해석방식은 "뛰어듦"으로 사띠를 기술하는 대신에 오히려 "누군가가 어떤 것을 상기하는 것"을 의미하는 *apilapati*(혹은 *abhilapati*)가 되어야 한다고 제안한다. 또한 Cox 1992:pp.79-82도 참조하라.

와 별개의 정신적 성질이다. 실제로 고도의 선정 달성을 위해서는 대상과 떨어진 통찰이 작용하는 것만으로는 충분하지 않은데, 그 이유는 선정 삼매가 강력한 집중력에 의해 자각의 수동적 관찰이라는 특성을 제한시키는 것과 아마도 상당히 관련이 있을 것으로 보인다. 그러나 이것은 삼매의 계발이 통찰 명상의 맥락에서 중요한 역할을 한다는 사실을 부정하는 것은 아니며, 이 문제는 4장에서 좀 더 자세히 토의해 볼 것이다.

4

삼매와의 관련성

이 장은 "세상에 대한 욕망과 불만족으로부터 벗어남"이라는 표현과 그 함축된 의미에 대한 설명으로 할애될 것이다. "정의"의 마지막 부분에 나타난 욕망과 불만족으로부터 벗어난다는 말은 염처 수행을 할 때 정신적 평정이 계발된다는 것을 가리킴으로, 이 장에서는 통찰 명상에서 삼매의 역할을 알아보고, 깨달음에 요구되는 삼매에 대해 확인해 보려 한다. 그런 뒤에 통찰의 개발에 있어 삼매가 기여하는 일반적 부분과 그것들 간의 상호관련성을 고찰할 것이다.

1 욕망과 불만족으로부터 벗어남

『염처경(*Satipaṭṭhāna Sutta*, 念處經)』의 "정의" 부분은 "세상에 대한 욕망과 불만족으로부터 벗어남"이라는 표현으로 끝을 맺는다.[1] *Nettippakaraṇa*에 따르면 "욕망과 불만족으로부터 벗어남"은 삼매의 능력을 표현하는 것이다.[2] 이 점은 "욕망과 불만족으로부터 벗어남"이 집중된 마음 또는 행복한 경험과 관련되어 있으며, 그러한 "정의"와 그것에 약간의 변화를 준 몇몇 경전에서도 발견된다.[3] 이 구절들은 욕망과 불만족으로부터 벗어나는 것이 정신적 고요함과 만족에 대한 표현임을 보여준다.

주석서들은 나아가 "정의"의 이 부분이 다섯 가지 장애(五障)의 제거와 동일하다고 언

1 M I 56. A IV 430은 "세상"을 다섯 감각기관의 쾌락과 관련된 것으로 설명한다. 이것은 '염처가 다섯 감각기관의 쾌락에 대한 포기로 이끈다.'고 하는 A IV 458과 일치한다. Vibh 195는 "세상"을 염처의 맥락에서 오온을 나타내는 것으로 이해한다.

2 Nett 82.

3 S V 144와 S V 157.

급한다.[4] 이것은 염처 명상을 시작하기 전에 다섯 가지 장애가 제거되어야 함을 의미한다고 할 수 있다.[5] 따라서 그러한 가정이 정당화되기 위해서는 이 표현에 대해 좀 더 세밀한 검토가 요구된다.

빨리어로 "벗어남"은 *vineyya*인데, 이것은 동사 *vineti*(제거하다)에서 파생된 것이다. *vineyya*는 "제거함"으로 번역하는 편이 자연스럽지만, 이것은 염처 수행을 시작하기 전에 욕망과 불만족이 반드시 제거되어야 한다는 것을 의미하지는 않으며, 이러한 활동은 수행과 동시에 일어난다는 것을 의미할 수도 있다.[6]

이러한 이해방식은 경전이 제공하는 전체적인 틀과도 일치한다. 예를 들어 *Aṅguttara*

4 Ps I 244.

5 그 예로 Kheminda 1990:p.109를 참조하라.

6 일반적으로 말해서, *vineyya*라는 단어 형태는 "제거하고서"(이것은 주석서가 이해하는 방식이다. Ps I 244:*vinayitvā* 참조)라고 하는 gerund가 될 수도 있고, 혹은 "제거할 것이다"라고 하는 의미의 3인칭 단수 가능법(예를 들어 Sn 590에서와 같이 파악할 수 있다. Woodward 1980:vol. IV, p.142 n.3 참조) 역시 가능하다. 그러나 한 문장이 문법적으로 상이한 법(法)인 두 개의 정동사(*viharati+vineyya*)를 가지므로, 이 맥락에서 *vineyya*는 가능법 형태로 취할 수는 없다. 보통 gerund형태는 주동사의 행위에 선행하는 행위에 적용되는데, 지금의 경우에서 동사는 제거의 행위가 염처 수행에 앞서 수행되어야 함을 의미한다. 그러나 몇 가지 경우에서 gerund는 주동사에 의해 지시된 행위와 동시적으로 발생하는 행위를 나타낼 수도 있다. gerund로 표현되는 현재 행위의 한 예가 경전에서(예를 들어 M I 38에서) 나타나는데, 자애 수행의 일반적인 기술은 "머물면서"(*viharati*)와 "편만하는"(*pharitvā*)과 같이 동시 발생의 행위들이고, 모두 자애를 발하는 행위를 기술하기 위해서 사용되었다. 동일한 유형의 구조가 삼매의 획득(예를 들어 D I 37에서)과 관련되어 나타나는데, 해당 경전에서는 "머물면서"(viharati)와 "획득하면서"(upasampajja)가 역시 동시적으로 발생한다. 사실 여러 번역가들은 염처 수행의 결과를 묘사하는 방식으로 vineyya를 번역하고 있다. 예를 들어 Dhammiko 1961:p.182:"um weltliches Begehren und Bekümmern zu überwinden", Gethin 1992:p.29:"그는 ... 세상에 대한 불만족과 욕망 모두를 극복한다."; Hamilton 1996:p.173:"이 세상에서 탐욕과 고통으로부터 [스스로를] 구제하기 위해서" ; Hare 1955:vol.IV, p.199:"이 세상에 만연한 갈망과 낙담을 극복하면서"; Hurvitz 1978:p.212:"세상을 향한 나쁜 성향과 질투심을 버리면서"; Jotika 1986:p.1: "정신적 고통과 갈망을 멀리하면서"; Lamotte 1970:p.1122:"au point de controler dans le monde la convoitise cause dans le monde"; Lin Li Kouang 1949:p.119:"qu'il surmonte le déplaisir que la convoitise cause dans le monde" ; C.A.F. Rhys Davids 1978:p.257:"이 세상에서 흔한 갈망과 낙담을 모두 극복하면서" ; Schmidt 1989:p.38:"alle weltlichen Wünsche und Sorgen vergessend"; Sīlananda 1990:p.177:"세상에서 탐욕과 근심을 제거하면서"; Solé-Leris 1999:p.116:"desechando la codicia y la aflicción de lo mundano"; Talamo 1998:p.556:"rimovendo bramosia e malcontento riguardo al mondo";Ṭhānissaro 1996:p.83:"세상과 관련된 탐욕과 근심을 제거하면서"; Woodward 1979:vol.V, p.261:"세상에 있어 탐욕에서 생겨나는 낙담을 억제하면서" 등을 참조하라.

*Nikāya*의 한 구절을 보면 염처 수행은 장애의 극복을 요구하는 것이 아니라 오히려 그러한 결과를 가져온다고 되어있다.[7] 유사하게 *Satipaṭṭhāna Saṃyutta*의 한 경전에서는 염처 수행에서의 기술 부족 때문에 수행자가 삼매를 계발하고 정신적 장애를 극복하는 것이 어려워 진다고 나타나 있다.[8] 만약 삼매의 계발과 정신적 장애의 부재가 염처 수행의 필요조건이라면 위 경전의 표현들은 무의미해질 것이다.

"정의"에 명시되어 있는 두 가지 정신적 성질인 욕망(*abhijjhā*)과 불만족(*domanassa*)은 *Ānāpānasati Sutta*에 설명된 호흡 알아차림을 위한 16단계 도식의 마지막 네 단계와 관련되어 다시 나타난다. 붓다는 이 단계의 수행에 이르면 욕망과 불만족으로부터 벗어나게 된다고 설명한다.[9] 이 설명은 비록 붓다가 처음 세 염처에 해당된다고 설명했음에도 불구하고 이전 12단계의 경우와 같지 않다는 점을 암시한다.[10] 불만족이 스스로 사라지는 것은 『염처경』의 "직접적인 길"의 구절에서도 나타나는데, 여기서는 불만족의 제거가 염처 수행의 목표가 된다.[11] 이 모든 구절들은 욕망과 불만족의 완전한 "제거"가 염처를 위한 전제조건이 아니라, 성공적 수행의 결과로 이루어진다는 것을 분명히 증명하고 있다.[12]

제거되어야 하는 정신적 성질은 욕망과 불만족이다. 주석서들은 이것들을 다섯 가지 장애 전체와 동일시한다.[13] 사실 몇몇 경전에서 "욕망"은 장애의 첫 번째 요소로서 일상적인 감각적 욕망(*kāmacchanda*)을 대변한다.[14] 그러나 불만족이 왜 혐오(*byāpāda*)라는 장

7 A IV 458.

8 S V 150.

9 M III 84.

10 그러나 이것은 수행의 예비 단계에만 적용될 수 있을 것이다. 왜냐하면 처음 세 염처는 깨달음으로 이끄는 것이기 때문에, 욕망과 불만족으로부터의 자유는 필요조건이 된다. M III 84에서는 호흡 알아차림의 마지막 네 단계와의 관련에서 한 번 사용되는데, M III 86에서는 그것과 동일한 표현이 사념처의 각각과 관련하여 깨달음에서의 평정의 요소(평정각지)의 발생으로 나타나고 있다.

11 M I 55:"이것은 .... 불만족 .... 의 사라짐 ... 즉, 사념처 ... 를 위한 직접적인 길이다."

12 Ps I 244는 욕망과 불만족의 성공적인 제거를 수행의 결과로 이해한다. 또한 Debvedi 1990:p.22; Khemacari 1985:p.18; Ñāṇasaṃvara 1961:p.8, Ñāṇuttara 1990:p.280; 그리고 Yubodh 1985:p.9도 참조하라.

13 Ps I 244.

14 D I 72; D I 207; D III 49; M I 181; M I 269; M I 274; M I 347; M II 162; M II 226; M III 3; M III 35; M III 135; A II 210; A III 92; A III 100; A IV 437; A V 207 및 It 118. 경전 속에 등장하는 일반적인 용례에서, *abhijjhā*는 10가지 불건전한 행위 방식 가운데 하나를 나

애에 해당되는지를 이해하기란 쉽지 않다. 경전에서 불만족은 일종의 정신적 낙담을 상징하는데, 이것은 반드시 혐오와 관련된 것이 아니며 그렇다고 동의어도 아니다.[15] 게다가 의문은 남지만 불만족과 혐오를 같은 것으로 받아들인다 해도 나머지 세 가지 장애는 여전히 설명되어야 할 것이다.[16]

만약 사념처 수행에 앞서 다섯 가지 장애를 제거하는 것이 필수적이라면, 『염처경』에 나와 있는 몇몇 명상 수행은 불필요한 것이 된다. 이 수행법들은 불건전한 느낌과 마음상태(세속적 느낌, 욕망과 분노에 휩싸인 마음)에 대한 명상이며, 특히 현상에 대한 첫 번째 명상으로서 오직 이 다섯 가지 장애의 존재를 알아차리는 것이다. 이 염처의 가르침은 욕망이든 불만족이든 아니면 다른 장애든 간에 불건전한 마음 상태가 염처 수행을 못하게 하는 것이 아니라는 점을 분명히 말해준다. 왜냐하면 그것들은 알아차림 명상의 대상으로 효과적으로 전환될 수 있기 때문이다.

이 같은 점에 비춰볼 때 붓다가 다섯 장애의 제거를 염처 수행의 필수적인 전제조건으로 파악하지 않았던 것은 매우 그럴 듯하다. 실제로 만약 붓다가 염처 수행의 필요조건으로 다섯 장애의 제거를 명문화하려고 의도했다면, 그가 선정(*jhāna*)의 계발을 설명할 때 늘 그랬던 것처럼 장애들을 왜 명백하게 언급하지 않았는지 의문스러워질 것이기 때문이다.

붓다가 염처 "정의"에서 언급한 욕망과 불만족이라는 두 가지 정신적 성질은 본격저인 명상에 들어가기 전 단계의 내용인 감관의 제어를 설하는 경전에서 자주 등장한다.[17] 이 단계에서 명상 수행자는 감각이 욕망과 불만족으로 이어지는 것을 피하기 위해 감각의 문을 지킨다. 이 문맥상으로 보면, "욕망과 불만족"이라는 표현은 지각된 것에 대해 "좋아함"과 "싫어함"으로 지칭된다.

타낸다(예를 들어 D III 269). 이 맥락에서는 다른 사람의 소유물을 갖고자 한다는 의미에서 탐욕을 의미한다(예를 들어 M I 287을 참조하라). 또한 van Zeyst 1961b:p.91도 참조하라.

15 D II 306은 *domanassa*를 정신적 고통과 불쾌함으로 정의한다. 다음으로 M III 218는 *domanassa*의 유형을 감각적 불만에서 기인하는 것과 정신적 불만족에서 기인하는 것을 구분한다. M I 304에 따르면 *domanassa*의 유형 가운데 후자는 성냄(irritation)이라는 기본적인 성향과는 전혀 관련이 없다.

16 가르침을 명료하게 나타내기 위한 시도로 어떤 핵심용어(여기서는 *abhijjhā*)를 전체 혹은 표준범주와 관련시켜 생각하는 것은 주석가들의 전형적인 경향이다. 하지만 때때로 이러한 일이 맥락에 대한 충분한 고려 없이 이루어지기도 한다.

17 예를 들어 M I 273에서 일반적 정의는 욕망과 불만족의 급류를 피하기 위해서 감각의 문을 지키는 것이라고 언급되고 있다.

*Ānāpānasati Sutta*의 설명에 따르면, 이러한 욕망과 불만족의 부재는 법관찰을 위해 나열된 비교적 미묘하고 정교한 명상들을 수련하기 위한 중요한 구성 요인이 된다. 이것은 모든 욕망과 불만족이 사라진 상태를 염처의 좀 더 진전된 단계와 관련짓는 것이다. 따라서 모든 욕망과 불만족이 "제거된" 과 같이 완전히 종결된 행위를 나타내는 *vineyya*는 염처가 더욱 진전된 단계를 나타낸다. 여러 경전들에서 흔히 그러한 진전된 염처 관찰의 단계들을 "잘 확립된"(*supaṭiṭṭhita*) 것이라고 표현하고 있다.[18] 염처가 더욱 진전된 이러한 단계들에서 온전한 자각은 아주 확고하게 확립된다(supaṭiṭṭhita). 그때 수행자는 욕망과 불만족에 반응하지 않고 냉철하고 객관적인 관찰을 특별한 노력 없이 지속할 수 있다.

한편, 지금 일어나고 있는 "제거하는" 행위, 즉 동시적 행위로서의 *vineyya*는 염처 수행에 있어 초기 단계의 목적을 나타낸다. 염처수행의 이 초기 단계들을 거치는 동안에 수행되어야 하는 과제는 욕망과 불만족의 접근을 막는 내적 평정을 구축하는 것이다. 이 염처 초기 단계들은 욕망과 불만족을 회피하거나 균형을 잡으려는 의도적 노력을 통해 순수한 사띠(sati)와 결합하는 감관의 제어와 병행된다. 비록 감관의 제어는 정해진 순차적인 구도 속에서 적절한 명상 수행에 들어가기 전에 이루어지지만, 이것이 감관의 제어가 어떤 정확한 시점에서 완성되고, 오로지 그런 다음에야 정식 수행으로 이행한다는 것을 의미하는 것은 아니다.[19] 실제 수행에서 이 두 가지는 상당한 정도로 중첩되어 나타난다. 그렇기 때문에 욕망과 불만족이 아직 완전히 제거되지 않은 단계에서 감관의 제어는 특별히 염처 수행의 일부분으로 간주될 수 있다.

비록 염처 수행의 초기 단계들에서 높은 수준의 집중의 확립, 또는 불건전한 마음 상태의 완벽한 제거가 먼저 이루어지도록 요구되지 않을지는 모르지만 이것들은 깨달음에 도달하는 발전된 수행 단계에서는 필수적이다. 이러한 필요성은 이 장의 나머지 부분에서 비중 있게 다룰 것이며, 삼매와 깨달음을 향한 과정 사이의 관계에 대해 좀 더 자세하게 고찰할 것이다. 이러한 고찰을 위해 먼저 관련 용어들, 즉 삼매(*samādhi*)와 바른 삼매(*sammā*

18 예를 들어 D II 83; D III 101; M I 339; S III 93; S V 154; S V 160; S V 184; S V 301; S V 302; A III 155; A III 386; 및 A V 195의 용례들을 참조하라. 이러한 맥락에서 특별히 관심이 가는 내용은 S III 93의 기술이다. S III 93에서는 이렇게 잘 확립된 염처 수행의 진전된 단계에 머무는 동안 불건전한 생각들은 더 이상 일어날 수 없다고 설명하고 있다.

19 예를 들어 A V 114를 참조하라. 거기에서 염처는 감관의 억제에 의존하며, 차례로 (신념처의 하나인) 알아차림과 분명한 앎에 의존한다. 이것은 실제 수행에서 후자에 대한 전자의 일방적인 의존이라기보다는 감관의 억제와 염처 사이에는 어느 정도 수준의 내적 관계가 있음을 의미한다.

samādhi), 그리고 선정(*jhāna*)이 갖는 함축적 의미들에 대하여 명확히 밝히고자 한다.

2 삼매, 바른 삼매, 그리고 선정

명사 *samādhi*는 불을 붙이기 위해 나무를 모을 때와 같이 "한 곳에 놓다" 또는 "모으다"를 뜻하는 동사 *samādahati*와 관계가 있다.[20] 따라서 *samādhi*는 마음의 평정 또는 통일이라는 의미에서 "모으는" 것을 뜻한다.[21]

경전들에서는 놀랄 만큼 폭넓은 방식으로 "삼매(*samādhi*)"라는 용어를 사용하는데, 예를 들면 걷는 명상과 관련 지어 사용하거나, 혹은 느낌과 인식의 발생과 소멸 관찰, 오온의 발생과 소멸 관찰 등을 들 수 있다.[22] 심지어 *Aṅguttara Nikāya*의 한 구절에서는 사념처를 삼매의 한 형식으로까지 취급한다.[23] 이러한 사례들은 "삼매"라는 용어의 사용이 경전에서 나타나는 것처럼 사마타(*samatha*)의 계발에만 한정되는 것이 아니라 위빠사나(*vipassanā*)의 영역을 가리킬 수도 있음을 보여준다.

"바른 삼매(*sammā samādhi*)"에 대한 용례들을 보면 경전들이 바른 삼매와 네 가지 선정(jhānas)을 종종 동일시했다는 것을 알 수 있다.[24] 이는 상당히 중요한 사실이다. 왜냐하면 "바른" 삼매는 깨달음의 필요조건이기 때문이다. 이 정의를 문자 그대로 받아들이면 "바른" 삼매의 계발은 네 가지 선정을 모두 이루는 능력을 필요로 한다. 하지만 몇몇 경전

20 예를 들어 Vin IV 115를 참조하라.

21 M I 301에서 samādhi는 마음의 통일(*cittassekaggatā*)로 정의된다.

22 A III 30에서는 걷는 수행을 통해 획득된 삼매(*samādhi*)를 말한다. 비록 걷는 수행이 정신을 고요하게 하는데 이용될 수 있다고 하더라도, 보다 깊은 삼매의 상태를 위한 적절한 자세는 아닐 것이다. A II 45는 삼매의 형식으로서 느낌, 인식, 그리고 생각들의 일어남과 사라짐을 관찰하는 것과 오온의 무상한 특성을 관찰하는 것에 대해 언급하고 있다. 이러한 삼매의 폭넓은 의미는 D III 222에서도 기록되고 있다. 거기에서는 삼매를 계발하는 네 가지 상이한 방식을 말하고 있는데, 그것들은 삼매의 결과에 따라 구별된다. 즉, 삼매는 (선정에) 즐겁게 머무는 것으로, (인식의 명확성에 대한 계발을 통해) 앎과 예지로, (느낌, 인식, 그리고 생각들의 생멸을 관찰함으로써) 알아차림과 분명한 앎으로, 그리고 (오온의 생멸을 관찰함으로써) 번뇌의 소멸로 이끈다.

23 A IV 300.

24 예를 들어 D II 313에서 "그는 초선정에 ... 이선정에 ... 삼선정에 ... 사선정에 들어가 머문다. 이것을 바른 삼매라고 한다."는 내용이 있다.

은 초선정을 얻는 능력에만 "오로지" 기초하였을 때 완전한 깨달음을 허락한다.[25] 삼매의 능력이라는 관점에서 보았을 때, 이것은 초선정 만으로도 완전한 깨달음에 충분히 이를 수 있음을 암시한다.[26]

흥미롭게도 *Mahācattārīsaka Sutta*와 몇몇 다른 경전들에서 바른 삼매의 또 다른 정의, 즉 선정 획득을 언급하지 않은 정의를 발견할 수 있다.[27] 현 시점에서 *Mahācattārīsaka Sutta*의 중요성은 이 경전의 머리말에서 한층 강조되는데, 여기서는 바른 삼매에 대한 가르침이 되는 일반적 원칙을 말하고 있다.[28] 여기서 말하는 바른 삼매에 대한 정의는 팔정도 가운데 다른 일곱 가지 요소들과의 상호의존 속에서 마음의 통일(*cittassekaggata*)을 이루는 것을 말한다.[29] 다시 말해 "바른" 삼매가 되는 마음의 통일을 위하여 그것은 팔정도 안에서 이해될 필요가 있는 것이다.[30] 선정 획득을 언급하지 않고 바

25 A IV 422는 초선정에 근거하여 번뇌의 파괴를 자각한다는 것을 언급하며, 또한 M I 350; M I 435; A V 343도 참조하라.

26 사선정 모두는 세 가지 더 높은 지혜(tevijjā, 三明)를 통해 깨달음에 다가가기 위해서만이 필요한 것이다. 예를 들어 M I 357를 참조하라. 사실 S I 191은 아라한들 중 세 명 가운데 두 명은 세 가지 더 높은 지혜(tevijjā)도, 신통(abhiññā)도 무색정(immaterial attainments)도 획득하지 못했음을 기술하고 있다. [역자주 : 참고로 S I 191의 원문을 보면, 삼명(tevijjā), 육신통(chaḷabhiññā), 구분해탈(ubhato bhāgavimuttā)로 기술하고 있다.] 만약 모든 아라한들이 사선정을 획득할 능력을 가지고 있다면, 그들 가운데 더 많은 사람들이 자신을 위해서 혹은 다른 무색정 수행을 위해서 선정을 사용했을 것이다. 그러나 Perera 1968:p.210는 4선정 모두를 깨달음을 위한 필수조건으로 간주하고 있다.

27 D II 217; M III 7; 그리고 S V 21. 또한 D III 252와 A IV 40도 참조하라. 바른 삼매를 정의하는 다른 방식은 M III 289에서도 볼 수 있다. 거기에서 여섯 감각기관의 통찰적 이해는 바른 삼매를 구성한다. 또는 S I 48에서는 바르게 집중하는 상태는 사띠가 확립된 결과이다. 또는 A III 27에서는 바른 삼매를 계발하기 위한 대안으로서 통찰 명상의 한 유형으로 생각될 수도 있음을 언급하고 있다.

28 M III 71:"비구들이여, 나는 성스러운 바른 삼매를 그대들에게 설할 것이다."

29 M III 71:"바른 견해, 바른 의도, 바른 말, 바른 행위, 바른 생활방식, 바른 노력, 그리고 바른 알아차림. 이들 일곱 가지 요소를 갖춘 통일된 마음 상태(unification of the mind)를 성스러운 바른 삼매라고 부른다." 다른 경전을 통해 판단하건대 "통일된 마음 상태"가 말하는 것은 반드시 삼매의 획득을 의미하는 것은 아니다. 왜냐하면 예를 들어 A II 14의 경우 통일된 마음으로 걷고 있거나 서 있는 가운데에서도 가능하다고 하고 있으며, A III 174에서는 통일된 마음이 법을 듣고 있는 중에도 일어난다고 하고 있기 때문이다.

30 Ba Khin 1994:p.69: "바른 삼매는 바른 노력과 바른 알아차림이 없으면 성취될 수 없다" ; Buddhadāsa 1976:p.36:"'건전한 마음이 확고하게 대상에 고정된다' ... '건전한' 이란 용어는 '확고하게 고정된다'는 것보다 더 중요하다. .... 삼매를 수행하는 동기는 반드시 순수해야 하고 ....

른 삼매에 대한 정의를 언급한 것은 아비담마와 몇몇 주석서들에서도 나타난다.[31]

따라서 "바른" 삼매의 자격을 규정하는 결정적 요소는 성취된 삼매의 깊이가 아니라 삼매가 사용되는 목적과 관련이 있다. 특히 바른 삼매의 요소로서 바른 견해가 필수적으로 존재해야 하는 것이다.[32] 붓다의 스승들이었던 알라라 깔라마(Āḷāra Kālāma)와 웃다까 라마뿟따(Uddaka Rāmaputta)는 깊은 삼매의 성취에도 불구하고 바른 견해가 없었기 때문에 "바른" 삼매를 이루지 못했다.[33] 이것은 선정을 얻는 능력만으로는 바른 삼매를 완성시키지 못한다는 것을 보여준다.

"바른"을 뜻하는 *sammā*라는 단어 속에 유사한 뉘앙스가 있다. *sammā*는 문자 그대로는 "함께 함", 또는 "하나 속에 연결되어 있음"을 뜻한다.[34] 따라서 네 가지 선정 또는 마음의 통일을 "바른" 삼매라고 말하는 것은 단순히 이것들은 "옳고" 나머지는 "틀리다"고 간주하는 것이 아니라, 삼매의 계발을 팔정도에 통합시킬 필요성이 있다는 것을 가리킨다.

이러한 규정은 수행과의 관련성이 없이는 있을 수 없다. 왜냐하면 비록 선정이 욕망과 오감에 대한 집착을 감소시키는 강력한 도구임에도 불구하고, 그 모든 것은 너무나 쉽게 "마음의 문"에 대한 욕망과 애착을 자극하기 때문이다. 욕망으로 오염되지 않은 삼매만이 고통(*dukkha*)의 소멸로 이끌 수 있고, 완벽하게 제 구실을 하여 팔정도의 요소로서 기능할 수 있는 것이다. 삼매의 달성을 바른 삼매로 만들어주는 것은 성취된 삼매의 깊이가 아니라 바로 이 특성에 의한 것이다.

요약하면 "바른" 삼매는 단지 선정을 얻을 수 있느냐의 문제가 아니다. 왜냐하면 삼매를 "올바른" 것으로 기술할 수 있는 결정적 기준은 그것이 팔정도의 다른 요소들과의 관계

통찰과 바른 견해에 근거해야만 한다." ; Weeraratne 1990:p.45: (M III 71의 번역과 마찬가지로) "바른 삼매는 ... 앞의 7단계의 길을 계발함으로써 성취된 마음의 일경성(one pointedness)이다.

31 Vibh 107은 바른 삼매를 단순히 "마음의 확고함"(Abhidhamma의 설명에서 나타남; 그러나 Vibh 106에 나오는 경전의 설명은 사선정을 열거하고 있다)으로 정의한다. Vism 510 역시 바른 삼매를 "통일된 마음"으로 정의한다.

32 A III 423은 순수하고 바른 견해 없이는 바른 삼매를 계발하는 것이 불가능하다는 것을 지적하고 있다.

33 알라라 깔라마 및 웃다까 라마뿟따와 보살의 만남은 M I 164를 참조하라.

34 Monier-Williams 1995:p.1181을 참조하라. 모니엘 윌리엄스는 상응하는 산스끄리뜨 용어 samyak을 "완전한", "전체의", "전부의"로 번역한다. T.W. Rhys Davids 1993:p.655는 "한 지점을 향하여"로 번역한다. Gruber 1999:p.190도 *sammā*를 "바른"으로 번역하는 것이 부적절함을 지적하고 있다.

속에서 발전되었는가의 여부에 있기 때문이다.

jhāna(선정)라는 단어는 "명상하다"라는 뜻을 가진 동사 *jhāyati*에서 왔다.[35] *jhāna*는 대개 깊은 선정의 달성을 가리키지만 때때로 이 단어는 명상이라는 본래 의미를 갖는다. 예를 들어 *Gopakamoggallāna Sutta*에서는 장애물이 여전히 마음을 사로잡고 있는 선정(*jhāna*)의 한 형태에 대해 언급하고 있다.[36] 그러한 "*jhāna*"는 진정한 선정의 특징인 장애의 부재라는 특징이 결여되어 있기 때문에 명상적인 선정으로 인정받지 못한다.

진정한 선정 상태의 실제 의미들을 정확하게 평가하기 위해서 초선정에 대한 간단한 검토가 필요하다. 초선정을 이해하는 데 있어서 문제는 그것의 두 가지 정신적 요소인 최초의 정신작용(*vitakka*)과 지속된 정신작용(*vicāra*)[37]이 다르게 해석되어 왔다는 사실이다. *vitakka*는 사고와 논리적 추론을 나타내는 따까(*takka*)와 어원적 관계가 있기 때문에 일부 학자들은 개념적 사고가 초선정 단계에서 계속되는 것으로 결론짓는다.[38] "건전한 의도들의 중단" 이나 "성스러운 침묵"을 제 2선정이라고 명명한 이래로 몇몇 경전들에서는

35 두 단어사이의 관계는 여러 번 나타난다. 예를 들어 D II 239; D II 265; M I 243; Dhp 372; Sn 1009; 그리고 Thī 401에서 볼 수 있다.

36 M III 14는 붓다가 인정하지 않았던 선정의 한 유형으로서 다섯 가지 장애의 영향 아래에 있는 것에 대해 말한다. 다른 예는 "*jhāna*에 태만하지 말라"(*anirākatajjhāna*)는 훈계로, M I 33과 It 39에서 아마도 "명상"의 일반적인 의미에서 두 가지를 모두 포괄하는 "정신적 고요함에 전념된 상태" 그리고 "통찰이 부여된 상태"와 함께 사용된다. 유사하게 자주 볼 수 있는 가르침 가운데 *jhāyatha bhikkhave*(예를 들어 M I 46에서)는 "비구들이여, 삼매를 획득하라"보다는 "비구들이여 명상하라"라는 것으로 더 잘 번역된다. 다른 예는 "*jhāna*를 결여하지 않은"(*arittajjhāno*)이라는 표현인데, A I 39-43에서 염처(satipaṭṭhāna), 무상성에 대한 관찰, 혹은 여섯 가지 회상과 같이 그 자체로는 삼매를 산출하지 못하는 여러 가지 명상 수행과 결합되어 나타난다. 경전에서 jhāna의 가장 일반적인 용례는 삼매에 속한다. 이런 종류의 용례는 *jhāna*가 보통 "첫 번째", "두 번째" 등으로 분류되는 곳에서 쉽게 볼 수 있다.(A V 133는 예외이다. 거기에서 "*jhāna*"는 처음에 특정되지 않은 채 사용되지만, 경전의 결론부에서 이 *jhāna*는 삼매의 첫 번째 단계로 나타난다.)

37 예를 들어 D I 73에서 볼 수 있는 표준적인 정의는 초선정을 "최초의 그리고 지속적인 정신작용을 지닌"(*savitakkaṃ savicāraṃ*. 역주 : vitakka는 한역으로 覺, vicāra는 觀으로 번역함. 보통 각은 거친 심리 작용이나 생각, 관은 미세하고 안정된 심리 작용이나 생각을 가리킨다.) 것으로서 설명한다. 여러 경전에서도 최초의 정신작용은 없지만 지속적인 정신작용을 지닌 삼매의 단계를 언급한다.(D III 219; D III 274; M III 162; S IV 360; S IV 363; A IV 300) 결과적으로 사선정을 나타내는 다섯 가지 형식은 Abhidhamma에서 더욱 두드러진다. (상세한 것은 As 179에 설명되어 있다.) Stuart-Fox 1989: p.92는 위에서 인용된 것들 중 일부가 상응하는 한역 경전에는 누락되어 있음을 지적하고 있다.

38 Barnes 1981:p.257; Bucknell 1993:p.397; Kalupahana 1994:p.35; Ott 1913:p.348; 그리고 Stuart-Fox 1989:p.94.

이 입장을 선뜻 지지하는 것처럼 보인다.[39]

이러한 관점은 선정의 본질을 이해하는 데 상당히 타당하다. 간단히 말해서 지금 문제는 초선정이라는 것이 오랜 수행과 은둔 후에 얻어지는 깊은 삼매 상태인가, 아니면 명상에 깊이 숙달되지 않고도 누구나 도달할 수 있는 이완되고 행복한 숙고 상태인가 하는 것이다.

후자의 가정은 선정 이전에 계발되는 여러 단계들에 대해 자세하게 기술해 놓은 주석서의 설명과는 모순되는 것이다.[40] 이러한 근거들은 초선정에 이르기 위해서는 명상이 상당한 정도로 발전될 것을 요구하며, 사전에 계발되어 있어야 한다고 언급한 사례가 있다. *Upakkilesa Sutta*에서 붓다는 초선정에 들어가기 위해 자신이 얼마나 고군분투했는지에 대하여 자세하게 설명하고 있다.[41] 이 구절을 통해 볼 때, 붓다가 이미 청년시절에 초선정을 한 번 경험한 적이 있음에도 불구하고 다시 초선정에 이르려고 할 때 상당한 어려움을 겪었다는 사실을 알 수 있다.[42]

*Upakkilesa Sutta*는 아누룻다(Anuruddha)와 그와 비슷한 어려움에 처해있던 일련의 비구들이 전한 것이다. 또 붓다는 목갈라나(Moggallāna)를 초선정에 이르도록 도와주기도 했다.[43] 훗날 삼매에 드는 능력에서 다른 모든 제자들보다 탁월했던 아누룻다와 목갈라나가[44] "단지" 초선정을 달성하기 위해 붓다의 직접적 개입을 필요로 했다는 사실은 주목할 만하다. 이러한 예들은 초선정을 얻기 위해서는 상당한 명상 숙련도가 요구된다는 사실을 암시한다.

39 M II 28은 제 2선정을 "건전한 의도들"의 소멸과 관련짓는다. 반면에 S II 273은 제 2선정을 "성스러운 침묵"으로 언급하고 있다. 동일한 표현이 Th 650과 999에서도 보인다. (주석서 Th-a II 274는 이것을 제 2선정과 동일시하지만 Th-a III 102는 나아가 제 4선정으로 표현하기도 한다.)

40 대응관계 표시의 계발에 대해서는 Vism 125를 참조하라. 그리고 들숨과 날숨을 통해 획득된 집중적 특징에 근거한 삼매의 계발에 대해서는 Vims 285를 참조하라.

41 M III 162은 모든 정신적 장애를 계속해서 극복한 뒤(상세한 내용은 p.199의 각주 73번을 참조하라), 그는 초선정을 얻을 수 있었다고 기록하고 있다. A IV 439에서도 선정을 계발할 수 있도록 하기 위해서 감각적 욕망을 극복하기 위한 투쟁을 잘 묘사하고 있다.

42 M I 246. 아마도 이 특별한 순간에 그렇게 간단하게 초선정에 들어갈 수 있었던 것은 유년시절에 닦았던 사마타(samatha)와 관련되어 있을 것이다. 혈기 넘치는 젊은 시절 감각적 즐거움을 탐닉하면서 상실된 능력을 그는 다시금 계발했던 것이다.

43 S IV 263.

44 A I 23을 참조하라.

경전에 의하면 초선정에 들어간 사람은 더 이상 말을 할 수 없게 된다고 한다.[45] 이것은 초선정이 단순하게 고요한 정신 상태의 반영이 아니라는 것을 뜻한다. 더 깊은 선정 상태에서는 말하기는 물론 듣기도 일어나지 않는다. 실제로 소리는 초선정에 도달하는데 있어 주요한 장애물이다.[46]

초선정의 경험은 "출세간적" 경험이다.[47] 이것은 심리학이나 우주론적 견지에서 또 다른 세계를 구성한다.[48] 초선정에 도달하는 것은 "최고로 비범한 상태"에 도달하는 것이다.[49] 초선정은 마라(Māra)의 눈을 가린다. 이 상태에 들어가는 순간 마라의 시야에서 벗어나는 것이 된다.[50]

이러한 구절들은 초선정이 단순한 숙고과 개념적 사고를 넘어선 마음의 깊은 몰입 상태라는 것을 뒷받침한다. 그러므로 선정의 요소인 최초의 정신작용(*vitakka*)과 지속된 정신작용(*vicāra*) 상태에서 사고활동이 활발하게 일어나지 않는다고 가정하는 것은 이치에 맞는다. 오히려 그것들은 최초의(정신작용) 지속된 주의 작용을 가리키는 것이다. 이러한

45 S IV 217; S IV 220-3에서도 동일한 내용이 등장한다. Kv 200은 이 문장을 거칠고 미세한 정신 작용을 지닌 jhāna가 언어 활동과 관련된다는 (잘못된) 견해를 반박하기 위해서 사용한다. 이 견해는 M I 301에서 이것들에 대해 언어적 형성으로 정의했기 때문에 발생한 것이다.

46 A V 135. Brahmavaṃso 1999:p.29에 따르면, "어떤 선정에 있는 동안 외부의 소리를 듣거나 어떤 생각을 하는 것은 ... 불가능하다"고 한다. Kv 572에서도 역시 선정 상태에서 소리를 들을 수 있다는 견해를 반박한다. Vin III 109에서 몇몇 비구들은 목갈라나가 선정에 대해서 잘못된 주장을 한다고 비난하고 있다. 왜냐하면 그가 "부동의 삼매"(즉 제 4선정 혹은 무색정)에 있는 동안 소리를 들었다고 진술했기 때문이다. 이것이 비구들로 하여금 잘못된 주장을 하는 그를 비난하게 했다는 사실은 깊은 삼매에 있는 동안 소리를 들을 수 없다는 것이 일반적으로 비구들 사이에 널리 받아들여졌음을 보여준다. 그러나 붓다는 만약 그 삼매 성취가 순수하지 않았다면(*aparisuddho*), 그러한 깊은 단계의 선정에서조차도 소리를 들을 수 있음을 설명하면서, 목갈라나에게 잘못이 없음을 밝혀주었다. Sp II 513은 그가 완전하게 삼매상태에서 장애를 극복하지 못했기 때문에, 목갈라나가 성취한 삼매는 불안정하며, 따라서 소리는 삼매가 불안정한 순간에 발생했다고 설명하고 있다.

47 A IV 430은 초선정을 성취한 비구를 세상의 끝에 도달한 것(동일한 경전에 '세상'은 다섯 가지 감각적 즐거움과 동일시된다)으로 말하고 있다. 선정 경험의 뚜렷한 특징에 대한 다른 설명은 초선정에서 기능하는 인식의 종류인데, D I 182에서는 이를 "미세하지만 사실적인" 인식(*sukhumasaccasaññā*)이라고 한다. 이 표현은 일상세계에서 인식되는 방식과는 달리 삼매에서 발생하는 인식은 약화된 것임을 의미한다.

48 이것들은 물질성과 비물질성의 요소들(D III 215)로, 존재의 색계와 무색계(S V 56)에 상응하며, 욕계의 요소와는 구별된다.

49 M I 521.

50 M I 159와 M I 174.

주의 작용은 사고 및 언어적 의사소통 영역에서도 일어날 수 있다. 이 때 최초의 정신작용이 생각하거나 말해야 하는 쪽으로 마음을 이끌어가는 반면, 지속된 정신작용은 특정한 연속적 사고나 언어의 일관성을 유지하게 한다. 그러나 선정의 맥락에서 봤을 때 이 같은 활동은 집중의 대상으로 향해진 주의의 의도적 전개와 다르지 않다.

*vitakka*를 "최초의 정신작용"으로 번역하는 근거는 "바른 생각"의 동의어 목록에 *vitakka*와 더불어 "마음의 작용(*cetaso abhiniropanā*)"을 포함시키고 있는 *Mahācattārīsaka Sutta*에서 근거를 찾을 수 있기 때문이다.[51] *vitakka*를 최초의 정신작용으로 이해하는 것은 아비담마와 주석서들, 그리고 많은 현대의 명상 지도자와 학자들의 주장에 근거를 두고 있다.[52]

이러한 이해방식은 앞에서 언급된 구절들에도 적용할 수 있다. 이 구절들은 처음에 개념적 사고가 초선정 단계에서 지속되는 것처럼 보인다. 왜냐하면 이 구절들이 제 2선정에서 일어나는 "건전한 의도의 단절"을 "성스러운 침묵"으로 표현하고 있기 때문이다. 비록 초선정의 한 요소인 최초의 정신작용이 추론하는 사고와는 분명히 다르다. 그럼에도 불구할 지라도 최초의 정신작용은 이 문맥에서 "의도"의 일종이며, 따라서 매우 미묘한 수준의 의도적인 정신활동을 수반한다. 이러한 정신활동의 마지막 흔적이 사라지고 삼매가 완벽하게 안정되는[53] 제 2선정에 들어서야만 마음은 미묘한 "건전한 의도들" 마저 뒤로하고 완벽한 내적 고요함 ("성스러운 침묵")에 도달하게 된다.

지금까지 검토된 구절들에 근거하여 볼 때 "선정(*jhāna*)"은 상당한 수준의 명상에 숙달된 뒤에 얻을 수 있는 깊은 집중의 심오한 경험을 가리킨다고 볼 수 있을 것이다.

51 M III 73.

52 "마음의 작용"(*cetaso abhiniropanā*)은 Vibh 257과 Vism 142에서 *vitakka*의 정의로 나타난다. *vitakka*에 대한 유사한 이해가 Ayya Khema 1991:p.115; Bodhi 2000:p.52, 1993:p.82; Chah 1992:p.53; Cousins 1992:p.153; Eden 1984:p.89; Goenka 1999:p.93; Ledi 1986a:p.52; Pa Auk 1999:p.17; C.A.F. Rhys Davids 1922:p.8 n.1; Shwe 1979:p.238 n.1; Stcherbatsky 1994:p.104 그리고 Sujīva 1996:p.10에서도 볼 수 있다.

53 제 2선정의 일반적인 기술(예를 들어 D I 74에서)에서는 "삼매에서 생겨난"(*samādhija*) 기쁨과 행복의 경험과 "마음의 통일성"(*cetasa ekaodibhāva*)이라는 표현이 나타난다.

3 선정과 깨달음

수 없이 많은 경전들이 "있는 그대로 알기" 위한 필수 요소로서 삼매의 계발을 권장하고 있다.[54] 삼매는 완전한 깨달음을 위한 필수조건이며,[55] 이 삼매는 "바른" 삼매가 되어야 한다.[56] 이러한 설명은 선정 삼매가 완전한 깨달음의 필수조건임을 뜻한다. 그러나 이때 예류에게도 같은 조건이 요구되는가 하는 질문이 제기될 수 있다. 비록 예류에서 경험하는 열반(*nibbāna*)의 강력한 영향력 덕분에 마음의 통일된 상태(cittassekaggatā)가 순간적으로 삼매에 필적할 만한 수준에 도달할 수는 있다고 하더라도, 이것이 고요한 명상 대상을 지닌 삼매의 사전 계발을 얼마만큼 요구할 것인지는 알 수 없다.[57]

경전에서는 예류의 깨달음을 얻기 위해서는 꼭 필요한 것으로서 삼매 획득에 관련된 능력에 대해서는 명기하고 있지 않다.[58] 깨달음을 얻은 예류자의 특성에 대한 설명에서도 이러한 능력은 전혀 언급되어 있지 않다.[59]

경전들에 따르면 예류를 얻기 위해 필요한 조건은 다섯 가지 장애로부터 완전히 벗어

54 예를 들어 S IV 80을 보라.

55 A III 426은 삼매(*samādhi*)없이 깨달음을 얻는 것은 불가능하다고 지적하고 있다.

56 A III 19; A A III 200; A III 360; A IV 99; A IV 336; A V 4-6; 그리고 A V 314는 바른 삼매 없이는 해탈을 얻을 수 없음을 설명하고 있다. A III 423은 다시 바른 삼매는 족쇄(번뇌)를 제거하고, 열반(*Nibbāna*)을 얻는데 필수적임을 강조하고 있다. 이러한 대부분의 경우에서 바른 삼매의 결여는 윤리적 행위의 결여에 기인한다고 되어 있는 점은 매우 흥미롭다. 그래서 반대의 경우(예를 들어 A III 20을 참조)에서 "바른" 삼매는 윤리적 행위(즉 팔정도의 세 번째, 네 번째, 다섯 번째 요소)의 결과임을 밝히는 진술을 볼 수 있다. 이것은 위에서 논의된 바른 삼매를 다른 팔정도 요소들과의 상호관계 속에서 마음의 통일성으로 달리 정의한 것을 떠올리게 한다.(이것은 현재 논의 중인 예에서, 빨리어 *upanisā*의 용례를 통해 확인된다. *sa-upanisā*라는 표현이 M III 71에서 마음의 통일이라는 의미로 바른 삼매의 정의에 사용되었다는 것은 잘 알려져 있다.)

57 여기에서의 구별은 주석가들이 "출세간"과 "세간"의 삼매로 일컫는 것과 관련된다. (Vism 85에 나오는 정의를 참조할 것).

58 S V 410은 예류자의 깨달음을 위한 필수조건으로써 존경할 만한 사람들과의 교류, Dhamma의 청문, 지혜를 갖춘 주의집중(*yoniso manasikāra*)의 계발, 그리고 Dhamma에 따른 수행의 필요성을 열거하고 있다.(S II 18은 특히 Dhamma에 따른 수행을 평정의 계발을 통해서 무지를 극복하는 것과 관련해서 설명하고 있다.) 예류자의 필수 조건에 대해서는 M I 323도 참조하라.

59 우리는 보통 예류자의 네 가지 특성 가운데 이 능력이 언급될 것으로 기대하지만, 오히려 완벽한 윤리적 행위와 더불어 붓다, 가르침, 상가에 대한 온전한 신뢰만으로 국한된다. S V 357에서 붓다는 이 네 가지를 예류자의 특성으로 정의하고 있다.

난 자유로운 마음의 상태이다.[60] 장애를 제거하는 간단한 방법은 선정의 계발이지만, 이것이 유일한 방법은 아니다. *Itivuttaka*의 한 경전에 따르면 선정에 들기에 부적절한 걷기 명상 중에도 장애는 제거될 수 있고, 마음이 집중될 수도 있다.[61] 사실 붓다의 가르침(*Dhamma*)에 귀를 기울일 때나 심지어 형식적인 명상에서도 장애들이 일시적으로 사라질 수 있다고 다른 구절들에서도 말한다.[62]

이 대안은 수많은 경전에 나와 있듯이 예류가 달성되었는가에 의해 확증된다. 여기에 해당되는 사람은 삶에서 규칙적인 명상조차 하지 않았을 수 있고, 선정을 얻기에 턱없이 부족한 사람일 수도 있다.[63] 그러나 이러한 보고들은 통찰이 일어나기 전에 장애가 제거된다고 확실하게 주장한다.[64] 이 모든 사례들에서처럼 장애는 붓다가 베푼 단계적 가르침에 주의 깊게 귀를 기울인다면 결과적으로 모두 사라지게 된다.

사실 저명한 현대 명상 지도자들 상당수가 깨달음을 위한 선정 능력 없이 예류에 들었다는 것은 이러한 가르침에 바탕을 둔다.[65] 그들에 따르면 마음이 예류에 들어 열반의 경험으로 순간적으로 "삼매에 들기" 위해서는 세속적 삼매의 능력이 필요치 않다고 한다.

60 예를 들어 A III 63. M I 323도 참조하라. 여기에서 장애에 사로잡히지 않은 것들 가운데, 예류에게 필요한 여러 가지 특성들이 언급된다.

61 It 118.

62 S V 95.

63 D I 110과 D I 148은 왕실 소유의 토지를 관리하는 행정가로 매우 바쁜 일상을 보내는 부유한 바라문들을 묘사하는데, 이들은 특별히 선정 수행을 하지 않았지만 붓다의 설법을 듣는 가운데 예류의 깨달음을 얻었다. M I 380과 A IV 186은 붓다와 대화하는 중에 신실한 자이나교도들이 예류가 되었음을 전하고 있다.(S IV 298에 따르면, 자이나의 지도자는 심지어 제 2선의 존재를 의심하기까지 한다. 이것을 고려하면, 자이나 신자들의 경우 선정 능력(jhānic abilities)이 없었을 것은 당연할 것이다. 이러한 생각은 Tatia 1951:pp.281-93에게서 확인할 수 있다.) A IV 213에서 술에 취한 재가신자는 처음으로 붓다를 만나자 그 충격으로 술이 깨고, 붓다의 점차적인 가르침(次第說法)을 듣는 가운데 예류의 깨달음을 얻었음을 기록하고 있다. Ud 49도 유사하게 가난하고 애처롭고 비참한 사람으로 묘사된 나병환자가 붓다의 가르침을 듣는 가운데 예류의 깨달음을 얻었다는 내용을 전하고 있다. 사실 이 나병환자는 붓다의 설법을 듣는 군중들을 무료급식을 받는 사람들로 오해하고, 먹을거리를 얻고자 다가갔던 것이다. 마지막으로 Vin II 192에 따르면, 몇몇의 청부살인업자들-이들 중 한 사람은 붓다를 살해하도록 사주 받은 사람이었다-이 붓다의 점차적인 가르침을 듣고서는 임무를 완수하는 대신에 모두 예류자가 되었다고 전한다. 이들 예에서, 예류의 깨달음을 얻은 그들이 일반적인 명상 수행이나 선정 수행을 했다고는 도저히 생각되지 않는다.

64 위에서 인용된 모든 예들은 명백히 장애들로부터 자유로워진 마음에 대해 언급하고 있다.

65 Visuddhacara 1996는 해당 문제에 대해서 유명한 몇몇 명상 지도자들의 언급을 개괄하고 있다.

문제는 깨달음의 다음 단계 즉, 일래(一來)에서 더욱 분명해진다. 일래자들은 "이 세상"(*kāmaloka*)[66]에 한 번 더 태어날 것이기 때문에 그렇게 불린다. 다른 한편 마음대로 선정에 이를 수 있는 능력을 키우고 이러한 능력을 잃어버리지 않은 이들은 다음 생에 "이 세상"에 돌아오지 않을 것이다.[67] 그들은 더 높은 하늘세계(*rūpaloka* 또는 *arūpaloka*)에 다시 태어날 것이다. 분명히 이것은 예류자 또는 일래자들이 선정 능력을 가질 수 없음을 의미하는 것이 아니다. 그러나 그들 모두가 선정에 든 사람이라면 "한 번 돌아오는 사람, 즉 일래자"라는 개념은 필요치 않을 것이다. 한 번 돌아온 사람은 결코 "이 세계"에 돌아오지 않을 것이기 때문이다.

경전들에 따르면 "한 번 돌아오는" 깨달음과 "돌아오지 않는" 깨달음의 차이는 삼매 능력의 수준과 관계가 있다. 몇몇 구절들은 불환자와는 대조적으로 일래자는 삼매의 발전이 아직 완전하게 이루어지지 않았음을 강조한다.[68] 이러한 점에서 볼 때 선정의 달성은 돌아오지 않는, 즉 불환의 깨달음과 관련된다. 사실, 몇몇 경전들은 깨달음의 높은 두 단계인 불환과와 아라한과를 향한 진전을 초선정 이상의 경험과 연결한다.[69] 그 이유는 통찰력 있는 선정 상태의 관찰이 욕망의 마지막 흔적들을 완전히 극복하는데 있어 중요한 역할을 하기 때문이다. 따라서 불환의 깨달음이나 완전한 깨달음으로 나아가는데 있어서 선정이 이

66 예를 들어 M I 226을 참조하라. 일래자가 "이 세상"에 돌아온다는 사실은 A III 348과 A V 138에 기록되어 있다. 거기에서 일래자는 욕계의 낮은 천계로 삼매 성취에 상응하는 존재의 수준에 훨씬 못 미치는 도솔천(Tusita heaven)에 다시 태어난다. 유사하게 A IV 380에 따르면 예류자에 대한 더 발전된 형태는 삼매 능력을 통해 보다 많은 번뇌가 제거된 인간 존재로 다시 태어나게 될 것이라고 한다.

67 A II 126에 따르면, 초선정을 계발한 사람은 범천(Brahmā)의 세계에 다시 태어난다. 보통 사람은(*puthujjana*) 얼마간의 시간이 지난 뒤 더 낮은 세계에 다시 태어나게 되지만, 성인(*ariya*)은 그곳에서 최후의 열반(*Nibbāna*)을 이루게 된다.(이 문장은 죽음의 순간에 실제 삼매를 성취한 사람만이 아니라 선정을 획득할 능력을 가진 사람이라면 누구에게나 해당된다.) 유사한 문장이 무색정의 성취와 재생에 관하여 A I 267에서 보이고, 천계의 거주와 재생에 관해서는 A II 129에서 볼 수 있다.

68 A IV 380에 따르면, 불환자와 대조적으로 일래자는 완벽한/완성된 삼매를 획득하지 못한다. A I 232와 233에서 유사한 문장을 볼 수 있다. Dhammavuddho 1994:p.29와 Ñāṇavīra 1987:p.372도 참고하라.

69 M I 350과 A V 343는 어떻게 초선이나 그 이상의 선정을 획득한 비구가 루(influxes, 漏)의 파괴 혹은 불환에 도달할 수 있는지를 기술하고 있다. M I 434-5는 상위 두 계위의 깨달음을 위해 필수적인 것으로서 선정의 획득을 아주 명확하게 규정하고 있다. 유사하게 A IV 422는 불환의 획득 혹은 완전한 깨달음의 성취를 위한 필수적 조건으로서 선정 능력을 언급한다.

것들을 용이하게 해준다고 할 수 있다.[70]

『염처경』의 결론 구절 즉, "예지(prediction)"는 얼핏 보면 이와 모순되는 것처럼 보인다. 왜냐하면 그것은 어떠한 추가 조건 없이도 성공적인 염처 수행 덕분에 완전한 깨달음이나 불환의 깨달음을 실현할 것이라고 예견하기 때문이다.[71] 이것은 더 높은 깨달음을 얻는데 있어서 선정 능력이 없어도 된다는 것을 뜻하는 것일 수 있다. 그러나 이러한 가정은 최소한 초선정의 필요성을 명확하게 언급하고 있는 경전들의 다른 증거와 비교 검토될 필요가 있다.[72] 『염처경』에서는 선정 능력을 직접적으로 언급하지는 않았지만 경전들이 제시하는 전체적인 모습은 깨달음의 더 높은 두 단계를 위해 최소한 초선정에 드는 능력이 요구된다고 시사하고 있다. 그렇지 않다면 왜 붓다가 완전한 깨달음에 이르는 팔정도 해설에서 선정을 언급했는지를 이해하는 것이 어려울 수 있다.

『염처경』의 결론 구절을 검토할 때, 이 구절은 깨달음의 전제조건으로서 특정한 수준의 삼매의 필요성이 아니라 수행의 결과물과 관계된다는 점을 이해할 필요가 있다. 사실 그것은 엄격한 수행에 따른 깨달음의 핵심인 더 높은 두 가지 결과만을 언급하고 있다. 폭넓은 명상 수행을 이 두 가지 깨달음과 연결하는 *Bojjhaṅga Saṃyutta*의 20개 경전들에서도 같은 이야기를 하고 있다.[73] 이 사례들 역시 선정 능력의 존재나 부재에 관한 것이 아니라 오히려 각각의 명상 수행의 잠재력에 중점을 두고 있다. 더구나 *Madhyama Āgama*(『중아함경』)와 *Ekottara Āgama*(『증일아함경』) 둘 모두 염처에 대한 설명의 일부분으로 선정 달성을 언급하고 있다.[74] 이것은 염처가 돌아오지 않거나 완전한 깨달음으로 가는 능력을 확실히 증명하려면 선정의 계발이 필요하다는 점을 나타낸다.

70　A II 128에서 삼매의 통찰적 관찰은 불환(Suddhāvāsa heaven, 즉 정거천에서 다시 태어나는 것)으로 이끈다. 주석서(Ps II 61)에 따르면 비구 마하나마(Mahānāma)는 일래자였는데, 이런 그에게 M I 91에서 붓다는 더 높은 수준의 선정 수행을 권하는 내용이 나온다. 참고해 비교해 볼 것.

71　M I 62: "만약 누구라도 사념처를 닦으면 ... 두 가지 과보 가운데 하나가 기대된다. 즉, 지금 여기에서 최후의 지혜를 얻든가, 집착이 남아 있으면 불환을 성취한다."

72　M I 434는 오하분결(five lower fetters, 五下分結)을 끊기 위해서 취해야 하는 수행도가 있는데, 이 수행도가 선정의 성취(jhāna attainment)라고 언급하고 있다.

73　S V 129-33.

74　몸에 대한 관찰의 부분은 *Madhyama Āgama*에서, 법(dhammas)에 대한 관찰의 부분은 *Ekottara Āgama*에서 등장한다(Minh Chau 1991:pp.89 및 90; 그리고 Nhat Hanh 1990:p.154 및 176을 참조하라.)

이 주제와 관련된 또 다른 용어는 "마음의 정화"(*cittavisuddhi*)이다. 이 표현은 *Rathavinīta Sutta*에서 언급되는데, 여기서는 정화의 연속적인 일곱 단계를 열거하고 있다.[75] 경전은 각 단계의 정화를 두 지점을 연결하는 마차들의 이어달리기에 비유한다. 이 일련의 장면에서 마음의 정화는 선행하는 윤리적 행위의 정화와 뒤따르는 견해의 정화 사이에서 중간 위치를 차지한다. 마음의 정화가 견해의 정화에 선행한다는 사실은 선정이 깨달음의 필수적인 기초가 됨을 암시한다.[76]

그렇지만 이 경전에서 전차를 비유로 들어 이끌어내는 질문은 깨달음의 필요조건과는 전혀 관련이 없다. 오히려 *Rathavinīta Sutta*에서 다루는 주제는 초기 불교 승가에서 비구나 비구니로서 살아가는 목표이다. 그 핵심은 각각의 정화가 깨달음의 길에서 필요한 단계이기는 하지만 궁극적 목표에 이르기에는 부족하다는 것이다. 이를 예증하기 위해 마차 비유가 도입된 것이다. 궁극적 목표에 도달하기 위해서 정화의 각 단계들을 넘어야 할 필요성이 있으며, 이것들이 사실상 경전에서 반복되는 주제들이다.[77]

*Rathavinīta Sutta*에 나오는 전차의 비유는 다양한 단계들 사이의 조건적 관계를 함축하고 있다. 하지만 통찰의 계발로 옮겨가기 전에 선정이 달성되어야 함을 명시한 것으로 받아들이기에는 다소 무리가 있다. 글자 그대로 해석하면 윤리적 행위, 삼매, 지혜

75 M I 149. 이 특별한 "길(path)"의 구조는 *Visuddhimagga*의 기본 구조를 형성한다. 그것은 Brown(1986a)이 제시하는 다른 종교전통과 비교되어 왔다. 그는 *Mahāmudra*와 *Yoga Sūtras*에 나오는 기술을 길(path)와 관련짓는다. 그리고 Cousins(1989)는 그것을 테레사 수녀의 "내부의 성(interior Castle)"과 비교한다. 이 길의 구조와 관련하여 비록 그것이 주석서들과 대부분의 현대 위빠사나 학파들에게는 규범적인 역할을 해오고 있을지라도, 이 7가지 정화가 단지 경전에서는 D III 288에서 딱 한 번 더 나오는데, 거기에서는 9단계로 이루어져 있음을 지적하는 것은 의미가 있을 것이다. 이 문장은 붓다고사(*Buddhaghosa*)가 제시하는 7단계 모델과는 맞지 않는데, 왜냐하면 붓다고사에 따르면 정화의 최종 7번째 단계가 이미 성취된 것에 대해 순차적 단계 마지막에 두 개의 부가적 단계를 덧붙인 것이기 때문이다.(Vism 672를 참조하라.) 이 용례로 판단하건대, M I 195와 M I 203에서, 7번째 정화에 사용된 용어인 "앎과 예지(Knwledge and vision)"는 단계를 위로 이끄는데 필요한 것일 뿐이지, 깨달음과 동일시되는 것은 아니다. 이러한 인상은 *Rathavinīta Sutta* 자체에서도 확인된다. 여기서는 "앎과 예지"에 의한 정화를 "집착이 남은" 것으로 보고, 따라서 최종적 목적에는 부족한 것으로 간주한다.(M I 148) 따라서 붓다고사가 말하는 정화의 7번째 단계에 대한 해석이 경전에서 사용된 동일한 용어의 의미와는 다소 모순된 것처럼 보인다.

76 A II 195에 근거하면 아마도 마음의 정화는 사선정을 획득하는 것과 관련된 것으로 보인다. 깨달음의 필수적인 기본요소로서 삼매를 획득하는 능력은 예를 들면 Kheminda 1980:p.14에 의해서 지지된다.

77 M I 197과 M I 204를 참조하라.

의 확립을 엄격한 선형적 연쇄과정으로 이해해야 한다. 그러나 실제 현실에서 이 세 가지는 공생적인 특성을 가지고 있어서 각각이 다른 것을 증진시키고 뒷받침해준다. 이것은 *Soṇadaṇḍa Sutta*에서도 나오는데, 여기서는 윤리적 행위와 지혜의 상호관련성에 대하여 마치 두 손이 서로를 씻어주는 것과 같다고 비유하고 있다.[78]

이밖에도 *Aṅguttara Nikāya*에 나오는 두 경전에 따르면 먼저 정화된 바른 견해, 즉 견해의 정화 없이는 삼매의 정화, 즉 마음의 정화는 불가능하다는 것이다.[79] 이 말은 마음의 정화가 견해의 정화에 선행한다는 *Rathavinīta Sutta*와 정확하게 반대되는 순서를 제시한다.

경전들을 더 살펴보면 그것들이 궁극적인 깨달음에 이르는 다양한 접근 방법들을 설명하고 있음을 알게 된다. 예를 들면, *Aṅguttara Nikāya*의 두 구절은 삼매의 숙달이 부족하더라도 깊은 지혜를 얻을 수 있는 수행자를 묘사하고 있다.[80]

*Aṅguttara Nikāya*의 또 다른 경전은 완전한 깨달음에 이르는 다른 두 가지 접근법에 대해 이야기하고 있다. 그 하나는 선정이라는 유쾌한 접근법이고 다른 하나는 몸의 불쾌함을 바라보는 다소 덜 유쾌한 접근법이다.[81] 거기에 더해(*Aṅguttara Nikāya*에 있는) *Yuganaddha Sutta*에서는 먼저 삼매나 통찰 중 하나를 계발하고 그런 뒤에 다른 것을 계발함으로써 깨달음을 얻을 수 있다고 말하고 있으며, 또는 그 둘을 함께 계발할 수도 있다고 말한다.[82] 이 경전에서 어떤 수행자들은 먼저 삼매를 이룬 뒤에 통찰로 옮겨가지만 또 다른 수행자들은 그 반대 순서를 밟을 수 있음을 분명히 보여준다. 만약 삼매의 계발이 반드시 통찰의 계발에 선행해야 한다고 가정하면서 깨달음의 방법을 이러한 과정들 중의 하나로 한정한다면 이 구절들은 정당성을 잃어버리게 될 것이다.

78 D I 124. Chah 1998:p.9와 Goleman 1980:p.6도 참조하라.

79 A III 15 와 A III 423.

80 A II 92-4와 A V 99.

81 A II 150.

82 A II 157; Tatia 1992:p.89도 참조하라.

4 통찰의 발달에 대한 선정의 기여

많은 경전들에서 붓다는 선정의 계발이 깨달음으로 가는 길이라고 강조하였다.[83] 깊은 삼매의 계발은 마음을 높은 수준에 머물도록 만들어준다.[84] 삼매의 획득은 장애를 일시적으로 제거할 뿐만 아니라 나중에 장애들이 마음에 침범하는 것을 쉽게 막아준다.[85] 깊은 삼매상태에서 나타나는 마음은 "유연하고", "유동적이며," "꾸준한" 것이 된다.[86] 그래서 쉽게 바로 대상을 "있는 그대로" 볼 수 있게 된다. 뿐만 아니라 고요하고 유연한 마음에 의해 대상이 실재하는 대로 보이는 순간 이것이 마음의 심층에 영향을 미친다. 그러한 관찰은 피상적인 지적 이해를 뛰어넘는다. 마음의 수용성과 유연성에 힘입어 통찰은 마음의 깊은 곳으로 뚫고 들어가 내적 변화를 일으키는 것이다.

선정 삼매 계발의 혜택은 그것이 통찰 명상 수행을 위해 안정적이고 수용적인 마음의 상태를 만들어주는 것에 한정되지 않는다. 선정의 경험은 순수하게 정신적인 방법으로 얻어진다. 따라서 물질적 대상에 의해서 일어나는 어떤 기쁨보다도 더 큰 강렬한 기쁨과 행복감을 주는 것이다. 그러므로 선정은 이전의 매력적이고 감각적인 욕망으로부터 벗어나게 하는 강력한 해독제의 역할을 한다.[87] 실제로 *Cūḷadukkhakkhandha Sutta*에 따르면 지혜만으로 감각을 극복하기는 불충분하며, 선정의 경험을 통해 강력한 지원을 받아야 한

83 예를 들어 D III 131; M I 454; S V 308을 보라. 초기불교에서 선정의 중요성은 Griffith 1983:p.57와 C.A.F. Rhys Davids 1927a:p.696가 지적하고 있으며, 두 사람 모두 빨리 *Nikāya*에서 *jhāna*라는 용어의 용례에 대해 개괄하고 있다.

84 A IV 34.

85 M I 463은 선정 경험을 한 사람의 마음은 더 이상 장애에 의해 압도되지 않는다고 설명한다. 반면에 그럼에도 불구하고 만약 감각적 욕망이나 전도된 견해가 일어나게 되면, 그들은 심지어 불건전한 것일지라도 어떤 하나의 대상에 마음을 집중시킬 수 있는 고양된 능력 때문에, 놀라울 정도의 열정을 나타낼 수 있음을 지적해 둘 필요가 있다. 이러한 예는 여러 Jātaka 이야기(예를 들어 Ja I 305의 no.66, Ja II 271의 no.251, 그리고 Ja III 496의 no.431)에서 볼 수 있다. 이들 이야기에서는 고행자로서의 보살의 전생을 이야기 하고 있다. 깊은 수준의 삼매를 성취할 수 있고 초인적 능력을 소유하고 있음에도 불구하고, 각각의 경우에서 이 고행자는 우연찮게 속이 비치는 얇은 옷을 입은 여성을 보고서는 감각적 욕망에 완전히 사로잡히고 말았다.

86 이것은 사선정에서 나타나는 가장 표준적인 정신 상태를 나타낸 것이다.(예를 들어 D I 75 참조)

87 M I 504에서 붓다는 감각적 즐거움에 대한 무관심을 훨씬 뛰어난 유형의 즐거움을 경험할 수 있는 능력과 관련짓는다. 또한 A III 207과 A IV 411도 사마타(*samatha*)의 목적을 성적 욕망을 극복하기 위한 것이라고 설명한다. Conze 1960:p.110는 "우리의 상식적 세계의 일들이 기만적이고 현혹적이며 현실과 동떨어진 꿈과 같은 것으로 나타나는 것은 일상적인 몰아적 수행의 당연한 결과이다."라고 설명한다. Debes 1994:pp.164-8와 van Zeyst 1970:39도 참조하라.

다고 한다.[88] 붓다 자신도 깨어있음을 추구하는 동안 선정을 계발함으로써 감각적 욕망에 의해 야기되는 장애를 극복하였다.[89]

깊은 삼매는 내적 안정과 통합을 촉진한다.[90] 이렇게 함으로써 깊은 삼매의 경험은 높은 단계의 통찰 수행에서 직면할 수 있는 경험의 불안정한 상황을 극복하게 해주고 그 능력을 강화시켜주는 중요한 역할을 한다.[91] 이러한 경험을 극복하게 해주는 고요하고 통합된 마음이 없다면, 수행자는 관찰에 대해 균형 잡힌 입장을 잃어버리게 되어 두려움, 근심 또는 우울감에 압도당하게 된다. 따라서 정신적 고요함의 계발은 통찰의 계발을 유지하는 기반이 되어 건강한 수준의 자아 통합이 이루어지도록 한다.[92]

통찰의 계발이 사마타(*samatha*)의 계발에 의해 지원되고 균형을 이룰 때 많은 혜택을 얻을 수 있는 것은 분명하다. 보다 나은 형태의 행복의 경험과 이것에 수반하는 개인적 통

88 M I 91.

89 M I92; S IV 97과 A IV 439도 참조하라. A IV 56은 그가 깨달음을 얻을 수 있었던 것은 무엇보다도 감각적 욕망의 극복에 있었음을 강조한다. 붓다의 삼매 성취는 호흡에 대한 알아차림에 근거한 것일 수도 있다. S V 317에 따르면, 붓다는 깨달음을 얻기 이전에 자주 이것을 수행했다고 전한다. 선정의 다양한 수준을 통한 점진적 진전은 M III 162와 A IV 440에서 기술되어 있다. 그리고 그 때가지 붓다는 유년시절의 선정 경험을 이용하지 않았음을 분명히 보여주고 있다. 알라라 깔라마와 웃다까 라마뿟다와의 만남은 점진적 진전 이후에 놓여야 할 것이다. 왜냐하면 사선정의 계발 없이 그는 어떤 사무색정도 성취할 수 없었을 것이기 때문이다.(이에 대한 근거는 D III 265에 기록되어 있는데, 거기에서 사선정은 무색정의 성취에 앞선다.) 그러나 Ps IV 209는 붓다가 깨달음을 얻는 밤 초경에 사선정을 닦았다고 주장한다. 이것은 붓다가 깨닫기 이전 사마타를 수행한 것이 "신족통"(*iddhipādas*, A III 82를 참조하라)의 수행과 천계의 다양한 양상을 알 수 있는 삼매 능력을 계발하는 것(A IV 302), 게다가 정신적 장애물들을 극복한 뒤에 사선정을 성취한다는 것(M III 157; A IV 440은 분명히 붓다가 각 선정을 얻기 위해서 다양한 장애들을 극복했음을 보여준다.), 그리고 사무색정의 획득(A IV 444)을 또한 포함한다는 사실에서 볼 때 납득하기 어렵다. 붓다의 사마타 수행의 광범위하면서도 점진적인 과정은 하룻밤에 가능한 일이 아니다.

90 Alexander 1931:p.139에 따르면, "삼매의 범위는 잘 수행된 분석의 발생도에 상응한다." Conze 1956:p.20도 참조하라.

91 Ayya Khema 1991:p.140; Epstein 1986:pp.150-5.

92 Engler 1986:p.17는 통찰명상을 계발하기 위한 기반으로서 잘 통합된 인격의 필요성을 다음과 같이 적절하게 정리하고 있다. "너는 네가 보잘 것 없는 사람이 되기 전에 필요한 사람이 되어야 한다." Epstein 1995:p.133(통찰 명상에 대해서 언급하면서)은 다음과 같이 설명한다. "심리 분석적 관점에서 이러한 자아를 요구하는 것과 같은 경험은 대개는 엄청나게 불안정해질 수 있는 것을 유지하거나 통합할 수 있다. 사람은 두려움 없는 공포와 집착 없는 즐거움을 경험하려 한다. 어떤 의미에서 명상이란 것은 유연하고, 분명하며 그러한 경험을 가능하게 할 만큼 충분히 균형 잡힌 자아를 계발하는 일이다." 난관에 봉착한 경우, 비감각적인 내적 평화를 가능하게 하는 것과 관련해서는 Th 351과 Th 436에 나타나 있다.

합의 단계는 분명 혜택이다. 그것은 사마타의 계발이 깨달음의 길로 나아가는데 상당한 기여를 한다는 사실을 말해준다. 이러한 중요성은 붓다와 그의 가르침을 존경하는 사람이 자연스레 깊은 삼매에 든다고 한 경전들에서 생생하게 표현되어 있다.[93] 반면, 삼매의 계발을 소홀히 하는 사람은 불안정한 마음을 가지게 된다고 한다.[94]

그럼에도 불구하고 붓다가 깊은 삼매 상태에서의 문제점 또한 날카롭게 의식하고 있었음을 말할 필요가 있다. 선정의 달성이 자만이나 집착의 대상이 되는 경우 깨달음의 길에 있어서 장애물로 변할 수 있기 때문이다. 선정 상태에서 경험되는 만족감이나 즐거움은 세속적 즐거움을 포기하는 일을 쉽게 만들지만, 깨달음에 도달하기 위한 완전한 포기에 필요한 불만족과 각성을 일으키는 것을 더 어렵게 할 수도 있는 것이다.[95]

*Māra Saṃyutta*에서도 심지어 삼매 명상의 문제점을 설명하고 있다. 한 비구가 삼매를 안정적으로 이루는데 여러 번 실패하자 자살을 감행하는 장면이 나온다.[96] 다른 곳에서는 한 비구가 몸의 질병으로 인해 삼매를 잃을까봐 슬퍼하는 장면이 나온다. 이때 붓다는 그러한 반응은 삼매를 삶과 수행의 본질적인 요소로 여기는 사람들의 특징이라고 말한다.[97] 그리고 나서 붓다는 그 비구에게 오온의 무상성을 바라보라고 가르치고 있다.

93 A IV 123.

94 A II 31. S II 225에서는 집중의 계발에 대한 경시는 참된 법(Dhamma)이 소멸했기 때문이라고 한다. Thate 1996:p.93는 "삼매가 필요하지 않다고 생각하는 사람들은 아직 삼매를 체험하지 못한 사람들이다. 그들이 삼매의 이익을 볼 수 없는 이유는 바로 그 때문이다. 삼매를 획득한 사람들은 결코 다시는 그것에 대해서 말하지 않을 것이다."라고 말한다.

95 A II 165에서 붓다는 삼매 중 경험한 희열과 행복감에 대한 집착을 한 움큼의 나뭇가지를 잡고 있는 것에 비유한다. 왜냐하면 그러한 집착 때문에 사람들은 자신의 개성과 경험의 모든 양상을 완전히 포기하고자 하는 영감을 상실하기 때문이다. 그리고 M I 194에서 붓다는 나무의 속껍질을 심재(心材)로 잘못 알고 가져간 사람의 예를 들어 그러한 집착을 설명했다. M III 226에서도 그러한 선정 경험의 집착을 "심적으로 꽉 막힌" 것으로 언급한다. Buddhadāsa 1993:p.121는 심지어 "깊은 삼매는 통찰 명상의 주요한 장애 가운데 하나이다."라고 까지 말한다.

96 S I 120에 따르면, 비구 고디까(Godhika)는 "일시적인 마음의 해탈"을 얻었다가 잃어버리기를 여섯 차례나 반복하자 자살했다. Spk I 182에 따르면 어떤 삼매 성취는 "세속적인" 성취라고 한다. 주석서는 그의 반복적인 삼매의 상실은 병 때문이었다고 설명한다. 그 사건 이후 붓다의 설명에 따르면 고디까는 아라한이 되어 죽었다고 한다. 주석서는 그는 죽음의 순간에 깨달음을 성취했다고 언급한다.(M III 266, S IV 59에 나오는 찬나(Channa)와 S III 123에 나오는 왁깔리(Vakkali)의 자살에 대한 주석서의 설명도 유사하다.)

97 S III 125.

5 집중과 통찰

집중과 통찰의 관계를 살필 때 중요한 점은 균형의 필요성이다. 집중된 마음은 통찰의 계발을 지원하고, 다시 통찰에 따른 지혜의 존재는 더 깊은 수준으로 삼매의 발달을 촉진시킨다. 그렇기 때문에 집중(*samatha*)과 통찰(*vipassanā*)은 숙련된 협력 속에서 계발될 때 정점에 이를 수 있다.[98]

이러한 관점에서 볼 때, 특정한 수준의 깨달음을 얻기 위해 선정이 반드시 필요한가 그렇지 않은가 하는 논쟁은 어느 정도 잘못된 전제를 바탕으로 하고 있다. 이러한 논쟁은 집중 명상의 목적이 통찰의 계발을 위한 디딤돌로서 선정에 드는 능력을 얻는 데 있다고 해도 되고 하지 않아도 되는, 일종의 예비적 임무로 볼 수 있기 때문이다. 그러나 경전들은 다른 관점을 갖는다. 여기에서는 집중과 통찰이 정신적 계발의 두 가지 상호보완적 측면들이다. 그리고 통찰 명상만 수련해도 문제는 일어나지 않는다고 한다. 왜냐하면 집중 명상의 중요한 기능은 그 자체의 수련 만으로서도 통찰 명상과의 관계 속에서 결코 보조적인 역할로 축소되지 않기 때문이다.

깨달음의 길에서 집중과 통찰의 필요성은 또 다른 주제를 이끌어낸다. 일부 학자들은 심지어 집중과 통찰이 목적지가 다른 두 곳으로 인도하는 명상의 두 측면으로 이해하고 있다. 그들은 사마타의 길이 선정이 깊어짐에 따라 생각과 느낌의 소멸을 획득하는 것으로 본다. 이와 대조적으로, 순수한 지적 사고 과정으로 오해되기도 하는 통찰의 길은 질적으로 다른 목적지인 무지(無知)의 소멸에 이르는 것으로 상정한다.[99]

*Aṅguttara Nikāya*의 한 구절은 실제로 사마타 수행을 갈애의 파괴와, 위빠사나 수행을 무지의 파괴와 연관시킨다.[100] 이 둘은 "마음의 해탈(*cetovimutti*)"과 "지혜에 의한 해탈

98 Nett 43은 사마타와 위빠사나 모두 계발될 필요가 있다고 설명한다. 왜냐하면 사마타는 갈애를 치유하며, 위빠사나는 무지를 치료하기 때문이다. A I 61에 따르면, 사마타와 위빠사나 모두를 계발하는 것은 지혜(vijjā)의 획득에 필요하다. A I 100은 두 가지 모두 탐진치를 제어하는데 필요한 것으로 규정한다. 이들 두 가지의 상호 협조적 효과에 대한 자각은 Th 584의 주된 내용을 이루고 있는데, 그 게송에서는 올바른 때에 사마타와 위빠사나 모두 수행할 것을 제안한다. 두 가지의 균형 잡힌 수행의 필요성은 Cousins 1984:p.65; Gethin 1992:p.345; 그리고 Maha Boowa 1994:p.86를 참조하라.

99 Vallée Poussin 1936:p.193; Gombrich 1996:p.110; Griffith 1981:p.618, 1986:p.14; Pande1957:p.538; Schmithausen 1981:pp.214-17과 Vetter 1988:p.xxi를 참조하라. Kv225는 두 가지 유형의 소멸(*nirodha*)을 포함하는 "잘못된 견해"와 다소 유사한 것을 논박한다.

100 A I 61.

(paññāvimutti)”로 표현된다. 그러나 이 두 표현은 깨달음과 관련해 단순히 동등한 가치를 지니는 것은 아니다. “지혜에 의한 해탈”이 열반(*Nibbana*)의 깨달음을 가리키는 반면, “마음의 해탈”은 “흔들림 없는(*akuppa*)”것 이상을 의미하지 않는다. “마음의 해탈”은 또한 사선정의 달성이나 (사)무량심(brahma vihāra)의 계발과 같은 정신적 해탈의 일시적 경험을 포함할 수 있다.[101] 따라서 이 구절은 깨달음에 대한 두 가지 다른 접근법이 아니라 명상의 두 측면을 설명하는 것이며, 그 한 측면만으로는 깨달음을 얻기에 충분치 않다는 것이다.[102]

관련된 다른 경전으로는 *Susīma Sutta*가 있는데 여기에는 깨달음을 얻었다고 선언한 여러 비구들에 대한 보고가 있다.[103] 이 비구들은 모두 초자연적인 힘을 얻었지만 그것을 부정했다. 그래서 때때로 이 구절은 지적 숙고만으로 완전한 깨달음을 얻을 수 있음을 의미하는 것으로 이해되었다.[104] 그러나 실제로 오직 “지혜에 의해 자유로워졌다”고 한 비구들의 이 선언은 비물질적 명상법을 터득한 것이 아니다. 이것은 그들이 전혀 명상을 하지 않고 순수하게 지적인 접근법을 통해 깨달음을 얻었음을 뜻하는 것 또한 아니다.[105]

유사한 문제가 *Kosambi Sutta*에서도 종종 나타난다. 여기서는 한 비구가 비록 아라한은 아니지만 연기(*paṭicca samuppāda*)의 깨달음을 자신이 직접 얻었다고 선언한다.[106] 이

101 예를 들어 M I 296을 참조하라. Lily de Silva 1978:p.120를 보라.

102 사실 Vism 702는 상수멸(*saññāvedayitanirodha*)의 성취는 사마타만으로는 얻을 수 없고, 최소한 불환자 수준의 통찰을 요구한다고 설명하고 있다. 비록 이것이 경전에서는 직접적으로 언급되고 있지는 않지만, M III 44에서 결국 8가지 선행하는 삼매의 성취는 선하지 못한 사람이 성취한 것인지 선한 사람(*sappurisa*)이 성취한 것인지에 따라서 구별된다. 일단 상수멸의 성취가 일어나면 더 이상 선하지 못한 사람은 언급되지 않는다. 그렇기 때문에 상수멸의 성취는 오로지 선한 사람(다른 곳 예를 들어 M I300에서는 “성스러운(noble)”과 같은 의미로 사용된다)의 영역을 의미한다. 이것은 분명히 상수멸의 성취가 단순히 삼매가 숙달된 결과가 아니라, 통찰의 계발 또한 요구함을 보여주는 것이며, “지혜를 가지고 보면서, 모든 번뇌가 소멸된다.”(M I 160에서) 라는 관용적 표현을 통해 알 수 있는 사실이다. A III 194에서는 특히 상수멸을 아라한과 및 불환과와 관련지어 나타난다.

103 S II 121.

104 Gombrich 1996:p.126.

105 이 맥락에서 A IV 452는 “지혜를 통해 해탈한” 다른 유형의 아라한들을 열거하는데, 그들은 모두 선정을 성취할 수 있음을 말하고 있다.

106 S II 115. de la Vallée Poussin 1936:p.218과 Gombrich 1996:p.128를 참조하라.

비구를 "단지" 일래자라는 해석에 따른다면 쉽게 이해할 수 있을 것이다.[107] 여기에서의 핵심은 연기의 법칙을 개인적으로 깨달았다는 것이 아니라 이미 깨달음의 예류 상태에 들어가 있다는 것이다.

이런 문장들은 깨달음을 향한 두 가지 상이한 길 사이에 놓인 "말로 표현되지 않는 모호한 긴장감"을 표현하고 있는 것이 아니라, 기본적으로 하나의 접근법에 관한 다른 측면들을 기술하고 있는 것으로 이해하는 편이 좋다.[108] 사실, 완전한 깨달음은 마음의 생각이라는 측면과 정서적 측면 모두를 정화함으로써 가능하다. 비록 이론적 검토에서 이 두 측면은 다르게 보일지 모르지만 실제 수행에서 이 둘은 수렴되면서 서로 보완하는 경향이 있다.

이러한 점은 *Paṭisambhidāmagga*에 잘 요약되어 있다. 여기서는 기능적인 면에서 집중 명상과 통찰 명상이 본질적으로 비슷하다는 점에 대해서 제대로 알아보는 일의 중요성을 강조하고 있다.[109] 수행자는 여러 번에 걸쳐 더 높은 단계에 이르는 하나 또는 다른 측면을 계발해 나갈 수 있다. 그러나 수행의 마지막 단계에서 집중과 통찰은 궁극적 목표인 완전한 깨달음, 즉 열정과 무지 모두를 소멸하기 위해 결합되어야 할 필요가 있다.

---

107 Spk II 122.

108 "두 가지 길 이론"에 대한 비판적 평가는 Gethin 1997b:p.221; Swearer 1972:pp.369-71 그리고 Keown 1992:pp.77-9에서 볼 수 있다. Keown은 p.82에서 다음과 같이 결론짓고 있다. "명상 기술의 두 가지 유형은 엄밀하게 .... 존재한다. 왜냐하면 최후의 완벽함은 오직 심리적 기능의 두 가지 차원-정서적이고 지적인-이 순수해질 때 성취되기 때문이다.

109 Paṭis I 21. 설일체유부(Sarvāstivāda) 전통에서 보이는 양자의 내적 관계에 대해서는 Cox 1994:p.83를 참조하라.

5

염처 “정형구”

지금까지『염처경(*Satipaṭṭhāna Sutta*)』의 “정의”에 대해 충분히 살펴보았다. 이제 경전에서『염처경』의 “방식(modus operandi)”으로 불리는 부분을 고찰해 보도록 하겠다.[1] 내가 “정형구”라고 부른 이 부분은 경전에서는 각각의 명상 수행 이후에 등장하며, 염처의 네 가지 핵심적인 측면들을 나타낸다.[2] “정형구”의 역할은 올바른 수행을 위해 필수적인 양상들로 주의를 돌리도록 하는 것이다. 그러므로 “정형구”의 함의에 대한 이해는『염처경』에 설명되어 있는 명상 기술(이에 대해서는 6장에서 설명하겠다)에 필수적인 바탕을 형성하는 것이며, 첫 번째 염처에서 “정형구”는 다음과 같이 설명되어 있다.

> 이와 같은 방식으로 몸에 관하여 그는 몸을 내적으로 관찰하며 머무르거나, 몸을 외적으로 관찰하며 머무르거나 또는 내적으로 외적으로 함께 관찰하며 머무른다.
> 그는 몸에서 발생의 본성(nature of arising)을 관찰하며 머무르거나, 몸에서 소멸의 본성(nature of passing away)을 관찰하며 머무르거나 또는 몸에서 발생과 소멸의 본성을 함께 관찰하며 머무른다.
> 온전한 앎과 지속적인 알아차림을 위해 필요한 정도로 ‘몸이 있다’라는 알아차림이 그에게 확립된다.
> 그리고 그는 세상의 어떤 것에도 집착하지 않고, 의존하는 바 없이 머무른다.[3]

1 이 표현은 W.S. Karunaratne 1979:p.117가 제안한 것이다.

2 Ṭhānissaro 1996:p.79는 그 대신에 세 단계의 기본적 패턴을 이루는 “정형구”에 대해서 언급한다.

3 M I 56. 다른 염처의 경우는 위의 구조에서 “몸”대신에 “느낌”, “마음”, “법”을 각각 대입시켜야 한다.

내적 / 외적
(ajjhatta/bahiddhā)

발생 / 소멸
(samudaya/vaya)

온전한 앎 + 지속적인 알아차림
(ñāṇamattāya paṭissatimattāya)

의존하는 바 없이, 집착 없이
(anissito ca viharati, na ca kiñci loke upādiyati)

그림 5.1 염처 정형구의 핵심 측면들

"정형구"는 염처 수행의 범위가 내적 · 외적 현상을 모두 포함하고 있는 것과 더불어, 특히 주의를 기울여야 할 "발생"과 "소멸"은 그러한 현상의 본성임을 보여준다. "정형구"는 내적 현상과 외적 현상을 모두 포함함으로써 그 관찰의 시각을 넓히고 있다. 무상한 본성에 대한 관찰을 언급함으로써 "정형구"는 경험의 시간적 축, 즉 시간의 흐름을 알아차리게 한다. 따라서 이러한 가르침을 통하여 "정형구"는 각 염처 수행의 공간적 축과 시간적 축을 따라 그 범위를 넓히고 있는 것이다. 경전에서 명확히 지적하듯이, 올바른 염처의 수행을 위해서는 이 두 측면이 요구된다.[4] 또한 "정형구"는 관찰할 때의 올바른 태도에 대해서도 설명하고 있는데, 관찰은 단지 자각과 이해의 확립을 위한 목적으로 실행되어야 하며 집착에서 벗어난 상태에 머물러야 한다.

"정형구"와 더불어 염처 수행은 관찰되는 현상들의 일반적인 특성들을 향해 있다.[5] 수행의 이 단계에서, 경험의 특정한 내용에 관한 자각은 관찰 속에서 염처의 일반적 본성과 특징에 대한 이해로 이끌어 준다.

특정한 경험의 개별적 내용에서 그 경험의 일반적 특징들로의 알아차림의 변형은 통찰의 계발에 있어 매우 중요하다.[6] 여기서 사띠(sati)의 역할은 관찰 대상의 표면을 넘어 꿰

4 S V 294에 따르면 내적으로 외적으로 관찰하는 것은 염처를 수행하기에 적절한 방법이다.

5 이것은 "정형구"라는 단어가 쓰인 방식에서 추론할 수 있다. 왜냐하면 현재의 집중이 특별한 경우(예를 들어 "세간적인 즐거운 느낌"과 같은)에서 일반 영역("느낌들"과 같은)으로 바뀌기 때문이다.

6 내용에서 일반적 과정으로의 이전에 대한 중요성에 대해서는 Brown 1986a:p.233; Goldstein 1994:p.50; 그리고 Kornfield 1977:p.19를 참조하라. Engler 1986:p.28에 따르면, 서양의 명상가들이 동양의 명상가들보다 더 천천히 진전을 보이는 경향을 나타내는 이유 가운데 하나는 "그 과정에 지속적으로 참여하기보다는 깨달음의 내용에 더 열중하는 경향은 .... 모든 심리적 육체적 사건들의 본질적 특성들에 집중하기 보다는 개인의 사상, 이미지, 기억, 감각 등

뚫어보는 것이자 모든 조건 지어진 현상과 공유하는 특성을 드러내는 것이다. 사띠의 더 일반적인 특징으로의 이동은 무상, 고, 무아에 대한 통찰을 야기한다. 이러한 개관적인 종류의 알아차림은 진전된 단계의 염처에서, 즉 명상가가 노력 없이도 알아차림을 유지할 수 있을 때에 나타난다. 이 단계에서는, 즉 사띠가 잘 확립되었을 때에는 어떤 감각적 상황이 오더라도 자동적으로 관찰의 일부가 된다.[7]

상좌부(Theravāda) 전통에 있어서 당대에 가장 유명한 위빠사나 선원들 중 두 선원에서는 모두, 통찰 명상의 단계로 나아가면서 어떠한 감관에서 그 어떠한 것이 발생하더라도 그에 대한 알아차림을 계발하는 것의 중요성을 인지하고 있었다는 점은 주목할 만하다. 마하시 사야도(Mahasi Sayadaw)와 우 바 킨(U Ba Khin)의 기록으로 판단해 보면, 그들의 특별한 명상 기술들은 모든 감관에 대해 그러한 알아차림을 아직 수행할 수 없는 초보자들을 위한 방편적 수단들이었다.[8]

에 더 몰두되어 있다. 어떤 내용이든지 명상을 심리요법과 혼돈하는 경향과 단순하게 그것을 관찰하는 대신 정신의 내용을 분석하는 경향 ... "때문이라고 한다. 동일한 문제에 대해서 Walsh 1981:p.76를 참조하라. 염처가 계발될 때, 무상, 고, 무아의 일반적 특성들을 관찰해야 할 필요성은 *Abhidharmakośabhāṣyam*에도 나타난다(Pruden 1988:p.925).

7 Jumnien 1993:p.279은 주로 이 수행 단계를 다음과 같이 기술한다. "어떤 지점에서 마음은 매우 명확해지고 균형 잡힌 상태가 되어 무엇이 일어나든지 간에 어떠한 간섭도 없이 순수한 상태로 보게 된다. 그는 그 어떤 특정 내용에 대해서도 집중하게 되며, 모든 것은 단순히 마음과 물질이고, 일어나서 사라지는 공허한 과정으로 보이게 되어 ... 아무런 반응이 없는 완벽한 마음의 균형 상태가 되며 ... 더 이상 그 무엇도 행할 필요가 없다 ..."

8 Mahasi 1990:pp.17과 21를 참조하라. : "위빠사나 명상에서 수행법은 ... 보고 듣는 등 여섯 감관의 문에서 연속적으로 일어나는 것에 대해 ... 관찰하는 것이다. 그러나 모든 연속적인 사건들이 일어나는 대로 그처럼 수행하는 것은 초보자에게는 불가능할 것이다. 왜냐하면 그의 알아차림, 집중, 그리고 앎이 아직은 매우 약하기 때문이다. ... 초보자가 닦기에 더 간단하고 쉬운 형식은 다음과 같다: "배가 나오고 들어가는 움직임에서 일어나는 모든 호흡을 관찰하는 것이다. 초보자는 이 움직임을 알아차리는 연습으로 시작해야 한다." Mahasi 1992:p.75는 다음과 같이 말한다: "우리는 집중력을 지닌 요기수행자들에게 여섯 감관에서 일어나는 모든 것을 알아차릴 수 있는 명상법을 익히도록 가르쳤다." Ba Khin 1985:p.94은 "사실 여섯 감관 중 그 어떤 것을 통해서도 무상(*anicca*)에 대한 이해를 계발시킬 수 있다. 그러나 수행에 있어서 ... 접촉에 의한 느낌은 ... 느낌의 다른 유형보다 더 다루기 쉽기 때문에 위빠사나 명상의 초보자는 몸의 느낌을 통해서 보다 쉽게 무상을 이해할 수 있게 된다.... 이것이 우리가 무상의 빠른 이해를 위해 하나의 수단으로서 몸의 느낌을 선택한 주된 이유이다. 그것은 다른 방법을 택하려는 사람에게도 열려 있지만 나는 다른 유형의 느낌을 통해서 시도하기 전에 몸의 느낌을 통해서 무상의 이해를 확고히 할 수 있으리라고 생각한다."고 설명한다.

1 내적 · 외적 관찰

"정형구"의 첫 부분에서는 "내적인"(*ajjhatta*)과 그에 대한 보충적 의미로서 반대되는 "외적인"(*bahiddha*)이라는 두 표현이 사용되었다. 이 두 표현의 중요성은 『염처경』에서는 자세히 설명되어 있지 않았다. 아비담마와 주석서들은 내적인 것은 개인적인 것과, 외적인 것은 다른 사람들에게서 나타나는 현상과 관련짓는다.[9] 한편 현대 명상지도자들은 몇 가지의 다른 해석들을 제안해 왔다. 내적 · 외적인 염처가 가질 수 있는 함축성을 폭넓게 탐구하기 위해서 나는 먼저 아비담마와 주석서들의 해석을 보고자 한다. 그 후 몇 가지의 대안적인 해석들에 관해 조사할 것이다.

아비담마와 주석서들의 해석에 의하면, "내적"이고 "외적"인 염처(satiphaṭṭhāna)는 자신과 타인에게서 일어나는 현상들을 아우르고 있다. 이러한 방식으로, 염처의 올바른 수행은 타인의 주관적인 경험에 대한 알아차림까지도 포함한다. 타인의 몸을 관찰하는 경우에는 가능한 일이겠지만 타인의 느낌이나 마음 상태를 직접 경험하는 것은 일견 초능력을 요구하는 것으로 보인다.[10] 물론 이것은 "외적"인 염처 수행의 가능성을 상당히 제한한다.

*Satipaṭṭhāna Saṃyutta*에서 붓다는 "염처 계발의 세 가지 방법"으로서 내적, 외적, 동시적이라는 세 가지 방식을 소개하였다.[11] 이 구절은 그 세 가지가 각각 염처 수행의 관련 양상을 구성한다는 것을 증명한다. 이와 같은 사례는 상대적으로 초기 빨리 아비담마에 속하는 *Vibhaṅga*에서 내적인 것과 외적인 것의 구분을 염처경의 "정형구" 부분에서 "정의" 부분으로 이동시키고 있다는 사실로부터,[12] 내적 · 외적 관찰을 '올바른' 알아차림을 구성

9 Dhp 187; 각각의 온(蘊) 대해서는 Vibh 2-10에서도 마찬가지이다. 또한 Vism 473도 참조하라.

10 사실 이는 D II 216의 설명에서 나타난다. 거기에서는 내적 염처 관찰은 삼매를 초래하고, 그러면 외적 관찰을 할 수 있게 된다고 되어 있다. 또한 S II 127에서 다른 사람의 마음 상태에 대한 관찰은 깊은 삼매의 성취단계 중 일부분을 형성하며, 여기서도 또한 그러한 삼매는 초능력의 수행으로 이해되는 것을 제시한다. Ṭhānissaro 1996:p.76도 참조하라.

11 S V 143. 유사하게 S V 294; S V 297; A III 450에서는 세 가지 방식을 뚜렷한 차이를 갖는 괄찰로 다루고 있다. 여러 경전들은 느낌들, 장애들, 깨달음의 요소, 그리고 오온에 대해 내적인 것과 외적인 것을 구별하여 적용한다.(예를 들어 M III 16; S IV 205; S V 110을 참조하라.) 이 구절들은 "정형구"에 나타나는 모든 염처들에 대해 "내적인 것"과 "외적인 것"의 적용이 단순히 무의미한 반복이 아니라, 각 경우에서 어떤 중요성을 갖고 있는 것임에 틀림없음을 보여준다. Gethin 1992:p.54도 참조하라.

12 Vibh 193(이는 *Suttanta* 해설에도 등장한다.) Vibh의 연대에 대해서는 Frauwallner 1971:vol.15, p.106; 그리고 Warder 1982:p.xxx를 참조하라.

하는 것으로 포함시키고 있다는 것을 추론할 수 있다. 이 아비담마에서의 변형과 앞에서 인용한 경전에서는 모두 사띠가 내적 · 외적인 것 두 가지 모두에게 적용된다는 사실의 중요성을 지적한다. 사실 *Vibhaṅga*는 사띠의 외적 적용이 내적 적용 만큼이나 깨달음으로 이끌 수 있다는 사실을 특별히 지적하여 서술한다.[13] *Bojjhaṅga Saṃyutta*의 경전 역시 내적 · 외적 알아차림(*sati*)이 깨달음의 요소로 작용할 수 있다고 지적하고 있다.[14]

이 명백한 중요성을 제대로 다루기 위한 실행가능한 해결책은 아마도 그들의 외적 징후를 주의 깊게 관찰함으로써 타인의 느낌과 정신적 상태를 알아차리도록 계발하는 것일 것이다. 느낌과 마음 상태는 사람들의 얼굴 표정, 목소리의 어조, 몸짓 등의 외부적인 형태에 영향을 미친다.[15]

타인의 마음 상태를 아는 네 가지 방법은 몇몇 경전들에 나와 있는데, 보는 것에 바탕을 둔 방법, 듣는 것에 바탕을 둔 방법, 들은 것을 숙고하여 더욱 깊이 반영하는 방법, 그리고 마지막으로 마음을 읽는 독심술의 도움을 받는 방법이 그것이다.[16] 독심술을 제외하고 이 방법들은 초능력을 필요로 하지 않으며 단지 자각과 약간의 상식만을 요구할 뿐이다. 이러한 방식을 이해하면, 『염처경』에서 상세하게 기술되었던 다양한 수행들과 관련된 자각의 "외적" 적용은 실현 가능한 가능성을 가지게 된다.

이와 같이 외적 염처는 느낌과 마음 상태를 알 수 있는 지표로서 타인의 몸동작, 표정, 어조에 대한 알아차림을 관장함으로써 수행될 수 있었다. 이러한 방식으로 타인에 대한 외적 염처를 행하는 것은 마치 정신 분석가가 환자의 마음상태를 가늠하기 위해 그들의 행동과 관련 증상을 관찰하는 방식과 유사하다. 따라서 알아차림의 외적 적용은 오히려 일상생활에서 수행되기에 적절한 것이다. 왜냐하면, 대부분의 현상들은 아마도 명상을 위해 공식

13 Vibh 228. 사실 염처 주석은 명백하게 "외적인 것"에 각 염처 기법을 적용하는데, Ps I 249에서는 호흡에, Ps I 252에서는 좌법에, Ps I 270에서는 신체적 활동에, Ps I 271에서는 신체의 부분에, Ps I 272에서는 원소들에, Ps I 273에서는 묘지 수행에, Ps I 279에서는 느낌들에, Ps I 280에서는 마음에, Ps I 286에서는 장애들에, Ps I 287에서는 온들에, Ps I 289에서는 육처(六處)에, Ps I 300에서는 칠각지에, 그리고 Ps I 301에서는 사성제에 적용한다.

14 S V 110.

15 Khemacari 1985:p.26.

16 D III 103과 A I 171. 참고로 M I 318에서는 붓다의 정신적 순수성에 접근할 수 있도록 초능력이 없는 비구들을 위하여 보고 듣는 방식을 통해 조사할 것을 제안하고 있다. 한편 M II 172에서는 비구의 신체와 언어 행위를 관찰하는 것이 그의 마음이 탐진치에 물들어 있는지 여부를 판단할 수 있는 기준이 된다.

적으로 앉아 있는 상태에서는 일어나지 않을 것이기 때문이다.

타인의 행동과 정신적 반응에 대한 이러한 "외적" 관찰은 해당하는 사람의 성격 및 특징에 대한 더욱 깊은 평가를 이끌어 낼 수 있다. 이러한 평가에 도움이 되는 정보들이 주석서들에서 발견되는데, 여기서는 인간의 각기 다른 특성과 그에 상응하는 행동 양식들에 대해서 설명하고 있다.[17] 이에 따르면, 분노 혹은 탐욕과 같은 정신적 기질은 예를 들면 특정 승려의 식습관과 법복을 입는 모습을 관찰하는 것으로 추론할 수도 있다. 특성의 차이는 비질을 하는 것처럼 단순한 작업을 행하는 방식의 차이에서도 드러나는 것이다.

"정형구"에서 제시된 가르침에 따르면 "내적" 관찰은 그 대구를 이루는 "외적" 관찰에 선행하는 것이다. 이는 첫 단계인 내적 관찰이 두 번째 단계인 외적 관찰을 하는 동안 타인에게서 나타나는 유사한 현상을 이해하기 위한 기초 작업이 된다는 것을 시사한다. 실제로 자신의 느낌과 반응을 알아차리는 것은 타인의 느낌과 반응을 더욱 쉽게 이해할 수 있도록 해주는 것이다.[18]

자각의 균형 잡힌 계발을 위해, 내적인 것에서 외적인 것으로의 이러한 이행은 상당히 중요하다. 내적으로만 수행되는 자각은 자칫 자기중심적인 상황에 빠질 수 있는 것이다. 그는 자신의 내부에서 일어나는 것에 대해 지나치게 관심을 가지게 될 수 있으며, 한편 동시에 자신의 행위와 행동이 타인들에게 어떤 영향을 끼치는지에 대해서는 알지 못한 채 남겨지게 된다. 내적 · 외적 염처를 함께 수행하는 것은 그와 같이 한쪽으로 기울어지는 것을 방지하고, 내향성과 외향성 사이에서 능숙한 균형을 이루게 한다.[19]

"정형구"에 나타난 이 측면의 세 번째 단계에서는 "내적으로 외적으로 함께" 관찰하도록 가르친다. 주석서에서 사람은 어떤 대상에 대해 내적 · 외적으로 동시에 관찰할 수 없기

---

17 Ehara 1995:pp.58-61; Vism 101-10. 또한 Mann 1992:pp.19-51도 참조하라.

18 Mann 1992:p.112은 "다른 사람들 속에 작용하는 힘들은 우리 자신의 행동을 유발하는 힘들과 같은 것"임을 깨닫는 것이라고 말한다. 마찬가지로 외부 대상을 관찰하는 동안 획득된 통찰은 결국 내부 대상을 관찰하는데 도움을 줄 것이다. 예를 들어, 다른 사람들에게서 특별한 반응의 근원적인 동기를 알아내는 것은 비교적 쉽다. 반면에 같은 동기가 만약 자기 자신에게서 일어난다면 알아채지 못하고 지나칠 수 있다. 또한 Bullen 1982:p.32; Khemacari 1985:p.23; 그리고 Ñāṇapoṇika 1992:p.58는 "많은 것들이 자기 자신보다는 다른 사람들 혹은 외부 대상들이 관찰될 때 보다 더 잘 이해될 수 있다"고 설명한다.

19 또한 Ñāṇapoṇika 1951:p.35를 참조하라.

때문에 이 가르침은 두 가지 중 하나를 택해야 한다는 것을 암시한다고 설명한다.[20] 이 주석의 설명은 수행의 이전 두 단계에 어떠한 새로운 내용도 추가되지 않는데, 왜냐하면 외적이거나 내적인 것 중 하나로 관찰하는 것은 이미 양자택일의 의미를 포함하고 있기 때문이다. *Vibhaṅga*에서는 더욱 설득력 있는 관점을 제공하고 있다. 여기서 내외적으로 함께 관찰하는 것은 그와 같이 관찰된 대상에 대해 자신이나 타인들의 주관적 경험의 일부로 간주하지 않고서 있는 그대로 이해하는 것을 가리키기 때문이다.[21] 이러한 수행은 염처 관찰을 더욱더 "객관적"이고 분리된 입장으로 변모하게 한다. 그로부터 관찰된 현상은 그것들이 자신에게서 일어나는지 혹은 다른 사람에게 일어나는지는 별개로서, 그 자체로 경험된다.

자신과 타인을 뜻하는 의미로 "내적인 것"과 "외적인 것"을 해석한 아비담마 및 주석적 해석은 초기 경전에서 등장하는 다른 몇몇 구절들과도 부합된다. 예를 들어 *Sāmagāma Sutta*에서 두 용어는 행위의 여러 불건전한 특성과 미숙한 형태를 열거하면서 이들이 자신에게서(*ajjhatta*) 일어나는지 타인에게서(*bahiddhā*) 일어나는지를 결정할 때 사용된다.[22] 또한 *Janavasabha Sutta*에서는 염처와 직접적으로 관련된 맥락에서 "외적인 것"이 타인의 몸, 느낌 등으로 명확히 언급되어 있다.[23] 이 구절은 "외적" 염처의 본성에 대해 부가적인 정보를 제공하는 유일한 경전이기 때문에 현재의 논의와 관련하여 주목할 만하다.

2 내적 · 외적 관찰의 대안적 해석

현대 명상 지도자들은 내적 · 외적 염처에 대해 다양한 대안적 해석을 제안해 왔다. 어떤 사람들은 "내적인 것"과 "외적인 것"을 문자 그대로 받아 들여 그것을 공간적인 개념인 내부와 외부로 받아들인다. 예를 들어 외적인 몸의 느낌은 피부에서 관찰된 것(bahiddhā)으로, 내적인 몸의 느낌은 몸 내부의 깊은 곳에서 일어나는 것(ajjhatta)으로 여기는 것이

---

20 Ps I 249.

21 이것은 각각의 관찰들이 Vibh 195에서 표현된 방식 속에 포함된다. 이에 따르면, 내적으로 "나는 즐거운 느낌을 느낀다."고 이해하고, 외적으로는 "그/그녀는 즐거운 느낌을 느낀다."고 이해하며, 내적 그리고 외적으로 "즐거운 느낌"을 이해한다. 동일한 내용이 Vibh 197에서는 마음에 대해서 반복되고, Vibh 199-201에서는 법(dhammas)에 대해서 반복된다.

22 M II 246.

23 D II 216.

다.[24]

"내적인(ajjhatta)"은 『염처경』에서는 말 그대로 외부 대상에 대비되는 여섯 가지 내적 감관을 뜻하는 바, 분명하게 공간적 의미로 언급된다. 하지만 이 맥락에서 외적 감각 대상으로 사용되는 빨리어는 bahiddhā가 아니라 bāhira이다.[25] 반면 "정형구"에서 언급되는 특성으로서의 "내적인"(ajjhatta)과 "외적인"(bahiddhā)이라는 말은 그러한 공간적 구분을 의미하지는 않는 듯하다. 예를 들어 감각 영역(12處, sense-sphere)을 관찰하는 경우에 "내적", "외적"의 공간적 이해는 의미 있는 수행 방식을 만들어내지 못한다. 왜냐하면 "정형구"에 따르면 내적 감각과 외부 대상으로 구성되는 전체 감각 영역은 내적인 동시에 외적으로 관찰되어야하기 때문이다. 공간적 구분을 표현하기 위해 "내적인 것"과 "외적인 것"을 취하는 데서 오는 어려움은 대부분의 염처 관찰로 확장된다. 주석서의 해석을 받아들여 "외적인 것"을 다른 사람에게서 일어나는 마음의 상태, 장애, 또는 깨달음의 요소를 언급하는 것으로 받아들이지 않는 한, 마음의 상태 뿐 아니라 장애 또는 깨달음의 요소인 법(dhamma)까지도 공간적으로 내적인 발생과 외적인 발생 사이의 구분과는 쉽게 들어맞지 않는다.

다른 지도자들은 내적인 관찰과 외적인 관찰의 구분은 표면적 · 궁극적 진리 사이의 구별을 암시하는 것이라고 제안한다.[26] 수행이 진전됨에 따라 현상들의 더욱 진정한 본성을 관찰하게 되는 것은 분명하다. 그러나 표면적 · 궁극적인 진리 사이의 구별이 『염처경』에서의 "내적인 것"과 "외적인 것"의 본래 의미에 상응할 가능성은 상당히 적다. 그 이유는 첫째로, 두 용어 모두 경전에서 함축성을 가진 적이 없다는 점 때문이고, 둘째로는 단순히 진리의 이 두 수준 사이의 구별이 후기 경전시대에 속하는 후대의 논의이기 때문이다.[27]

24 Goenka 1999 : p.54; Solé-Leris 1992:p.82; 그리고 Thate 1996:p.44. 이러한 "내적"그리고 "외적" 이해 방식은 Th 172의 내용에서도 그 근거를 찾을 수 있을 것이다. 즉 "내적" 그리고 "외적"인 것은 모두 화자의 자기 몸과 관련하여 사용된 것으로, 여기에서도 역시 동일하게 신체의 내적이고 외적인 부분들에 관련된 것으로 보인다.

25 M I 61: *ajjhattikabāhiresu āyatanesu*.

26 Dhammadharo 1993:pp.263-6; 그리고 Ñāṇasaṃvara 1961:p.27.

27 Jayatilleke 1980:pp.361-8; Kalupahana 1992:p.107; Karunadasa 1996:p.35; 그리고 W.S. Karunaratne 1988:p.90를 참조하라. *paramattha*라는 용어는 Sn 68; Sn 219; 그리고 Th 748에 나온다. 다른 곳에서는 이와 관련하여 A III 354에서 *paramañāṇa*, M III 245에서 *paramapaññā*와 *parama ariyasacca*, M I 480, M II 173, 그리고 A II 115에서 *paramasacca*, 그리고 Dhp 403에서 *uttamattha*와 같은 관련 용어들이 나온다. 이 모든 실례들은 열반(*Nibbāna*)

또 다른 해석은 내적인 정신과 외적인 몸으로 구분하려는 시도이다. "느낌"의 경우를 예로 들어 설명하자면 정신적 느낌(*ajjhatta*)과 몸의 느낌(*bahiddhā*)을 구분하는 것이고, 또 다른 예로 "마음"을 들자면, 순수하게 정신적인 경험(*ajjhatta*)과 감각적 경험(*bahiddhā*)과 관련된 마음의 상태를 구분하는 것이다.[28]

이와 같이 "내적인 것"과 "외적인 것"을 이해하는 방식은 *Iddhipāda Saṃyutta*에 나와 있는 한 구절에서 살펴볼 수 있다. 여기서 내적 수렴은 나태 및 무기력과 연관 짓는 한편, 그 외적으로 산란된 대응부는 오감에 의한 감각적 교란이 된다.[29] 이와 관련된 다른 구절은 *Bojjhaṅga Saṃyutta*에 나와 있는데, 여기서는 장애인 감각적 욕망, 혐오, 의심을 내적 · 외적 발생으로 분화시킨다.[30] 이 구절은 이 장애의 발생이 마음 속에서 발생하는 것(*ajjhatta*) 때문이거나 감관을 통해 들어오는 것(*bahiddhā*) 때문이라고 언급하는 것일 수 있다.

한편 "내적인" 자질이 장애와 깨달음의 요소를 잘 관찰하기 위한 주요 지침의 일부로서 『염처경』에 나와 있다. 이 용례는 마음의 문을 통한 경험과 다섯 감관을 통한 경험 사이의 구분에 관련 되어 있는 것으로는 보이지 않지만, 장애 혹은 깨달음의 요소가 "내 안에" 존

을 위해서만이 언급되는 것들이다. Abhidh-s에서 121가지 유형의 정신 상태, 52가지 유형의 정신 요소 그리고 28가지 유형의 물질이 궁극적 실재라는 의미에서 "*paramattha*"라고 간주될 수 있다는 가정은 초기 경전에서는 발견되지 않는 후대에 발전된 개념이다. 이 *paramattha*에 대한 설명은 Bodhi 1993:pp.6 및 25; 그리고 Ledi 1996b:p.99를 참조하라.

28 Dhammadharo 1987:pp.20과 25, 그리고 Maha Boowa 1994:p.101는 내적이고 외적인 것 사이의 구별을 각각 정신적인 것과 육체적인 느낌과 관련짓고, 마음의 경우에서는 오직 (내적인) 마음과 외계 대상과 관련된 마음으로 배대한다. Fessel 1999:p.105은 "내적인 것"을 내적인 정신적 경험 및 내향성과 관련하여 이해하고, "외적인 것"을 외적인 영향 및 대상-지향적 활동으로 표현한다. Tiwari 1992:p.82 또한 "내적인 것"을 정신과 "외적인 것"을 육체적 느낌과 관련짓는다. 마찬가지로 *Mahāprajñāpāramitāśāstra*(『대지토론』)은 내적인 느낌과 마음의 상태를 마음의 문의 사건들과 관련된 것으로 본다. 반면에 상응하는 외적인 느낌들은 다른 다섯 감각기관들과 관련된 것으로 본다(Lamotte 1970:pp.1173-5). Ñāṇasaṃvara 1974:pp.28과 71는 이러한 이해방식을 호흡이 "외적인 것"이란 측면에서, 호흡에 대한 알아차림에 적용한다. 반면에 호흡의 알아차림은 "내적인 것"에 적용한다. 그러나 이것은 의미 있는 대안적 수행법을 만들어내지는 않는다. 왜냐하면 호흡과 알아차림의 존재는 "내적"인 것과 "외적"인 관찰을 요구하기 때문이다.

29 S V 279.

30 S V 110. 그러나 동일한 경전에서 비록 이들 장애들이 마음의 문이나 다섯 가지 감관의 경험에서 일어나는 것이기는 하지만, 혼침과 졸음 혹은 들뜸과 회한에 대한 이러한 차이를 두지 않는다는 점은 주목해야 한다.

재한다는 의미를 강조하는 듯 하며, 이는 "내적인 것"을 자신과 관련된 것으로 보는 주석적 이해와 부합된다고 할 수 있다.[31]

경전의 다른 부분에서는 이 마음의 문(*ajjhatta*)은 단독으로 쓰일 때 대개 경험의 정신적 유형의 의미에서 내적인 것을 나타낸다. 그러한 용례의 전형적인 예는 제 2선정(*jhāna*)이며, 그 표준적 설명들은 "내적인" 평정 상태의 성격을 지닌다.[32] "정신적인" 이라는 뜻으로 "내적인"이라는 말이 사용된 용례는 또한 *Uddesavibhaṅga Sutta*에 언급되어 있는데, 여기서는 마음의 "내적으로 몰두된"상태를 "외적으로 산란된" 의식의 상태와 대비시키고 있다. 그러나 여기에서 '외적'이라는 말은 앞선 해석에서 오감으로만 사용된 것과는 달리 여섯 가지 감관(六根) 모두를 일컫는 것이다.[33] 이와 유사하게 다른 경전에서는 "내적인" 것은 순수하게 마음에서 일어난 사건들을 의미할 뿐만 아니라 때로는 여섯 감관 모두와 관련된 것으로 기술하고 있다.[34]

이 구절들은 "내적인" 것과 "외적인" 것을 각각 마음과 다섯 가지 감관에서 발생하는 것들로 이해하는 것이 항상 적절한 것은 아님을 보여준다. 동일한 내용이 다양한 염처 관찰과의 관련 속에서도 적용된다. 예를 들어, 여섯 감각의 영역들 가운데 마음과 신체적 감관 사이의 구분은 쉽게 지어질 수 있다. 그러나 여섯 감관 전체에 대해 먼저 내적으로, 즉 순수하게 정신적인 관점에서 관찰을 행한 다음에 외적으로, 즉 다섯 감관의 관점에서 관찰을 행하는 방식은 좀처럼 상상하기 어렵다.

요컨대, 비록 내적이고 외적인 염처를 이해하는 대안적 방식이 수행적 가치를 지니고 있다 하더라도, "내적인 것"을 자기 자신에 관한 것으로 "외적인 것"을 타자에 관한 것으로 이해하는 것은 관찰의 수행 가능한 형태를 보여주며, 더욱이 경전과 아비담마 및 주석서들

31 M I 60:"그는 '내 안에 혐오가 있다'고 안다."(*atthi me ajjhattaṃ*); 혹은 M I 61:"그는 '내 안에 염각지가 있다'고 안다."(*atthi me ajjhattaṃ*). 이러한 가르침은 단지 마음의 문에서 발생하는 사건들과의 관련 속에서 일어나는 장애 혹은 칠각지에만 적용되는 것 같지는 않다.

32 예를 들어 D I 74를 참조하라. 다른 예들로는 M I 213에서 마음의 "내적인" 고요, 혹은 M III 233에서 (선정을 언급하는) "내적인" 행복이 있다.

33 M III 225: "눈에 보이는 대상을 보면서 ... 정신적 대상을 인식하면서 ... 의식은 밖으로 산란된다." 그러나 "마음의 내적으로 몰두된 상태"라는 구절은 정신적 경험, 즉 선정의 기쁨에 집착된 것을 암시한다.

34 예를 들어 M I 346에서는 내적인 행복감을 여섯 감각기관(六根) 전체와 관련짓는다.; S IV 139는 육근과의 관련 속에서 내적인 욕망, 분노 그리고 무지를 말한다. ; S V 74는 내적으로 확고한 마음을 육근과 관련짓는다.

이 지지하고 주장하는 바이다.

마지막으로, 어떤 해석을 받아들이든 일단 내적이고 외적으로 함께 관찰을 수행하면 이는 포괄적 수행으로 전환된다.[35] 이 단계에서는 "나"와 "타인" 또는 "내적"이거나 "외적"인 경계를 넘어서게 되고, 그 어떤 소유 관념마저도 떠나 현상 그 자체에 대한 포괄적 시야로 인도된다. 이러한 보다 광범위한 시각은 자신이나 타인에 대한 명상 또는 내적인 것과 이에 대응하는 외적인 것에 대한 관찰을 아우른다. 따라서 앞서 논의한 "내적인 것"과 "외적인 것"을 이해하는 방법은 궁극적으로 관찰 중인 현상에 대해 보다 포괄적인 판단을 할 수 있도록 해준다.[36] 현상에 대한 보다 포괄적인 이러한 관점을 바탕으로, 염처 수행은 "정형구"에 언급된 다음 측면인 그들의 무상한 본성에 대한 자각으로 진행된다.

3 무상함

"정형구"에서는 명상가에게 "발생의 본성", "소멸의 본성", 그리고 "발생과 소멸의 본성"에 대해서 관찰할 것을 가르치고 있다.[37] 내적이고 외적인 관찰에 대한 가르침과 함께, 이 가르침의 세 부분은 현상의 발생 양상을 관찰하는 것에서부터 소멸에 집중하는 것에 이르도록 이끄는 시간적인 진행과정을 보여주고, 결국은 그러한 무상성에 대한 통합적 관점에 이르게 한다.

경전에 따르면, 현상의 발생과 소멸을 볼 수 없는 것은 단순히 무지(無知)하기 때문이

35 이는 *Sutta Nipāta*에 나오는 몇 가지 게송에서 확인되는데, "내적"이고 "외적"인 것은 포괄성의 의미를 나타내는 표현인 "무엇이 존재하든"의 의미와 함께 나온다. Sn 516; Sn 521; Sn 527; 그리고 Sn 738을 참조하라. 그러한 포괄성에 대한 필요성은 단지 염처수행의 특징일 뿐만 아니라 M III 112에서 기술된 공성의 관찰에서 나타나는 특성이기도 하다. M III 112에서는 마찬가지로 "내적인 것"에서 "외적인 것"으로 진행하며 결국은 "내적이고 외적인 것을 함께" 관찰하는 것으로 종결된다.

36 오온에 대한 통찰이 어떻게 계발되는지에 대한 가장 표준적인 기술에서는 포괄성으로의 유사한 변화가 특징을 이루며, 각각의 온에 관한 세밀한 검토 후에 획득된 통찰은 그에 관한 가능한 모든 예시들에 적용된다(예를 들어 M I 138 참조).

37 이와 같은 방식으로 복합어를 번역하는 것은 S III 171의 용법으로 뒷받침되며, 여기서는 분명히 "생성과 소멸의 본성(nature of arising and passing away)"으로 언급되어 있다. Ñāṇatiloka 1910:p.95 n.1)는 *samudayadhamma*를 "생성의 법칙(the law of arising)"(das Enstehungsgesetz)으로 번역하고 있으며, Ñāṇamoli 1994:p.53는 *vayadhamma*를 "소멸의 본성을 지니고 있는 것(having the nature of fall)"으로 번역한다.

며, 반면에 모든 현상이 무상하다고 인식하는 것은 지혜와 이해로 이끈다고 한다.[38] 오온 또는 여섯 감각 영역의 무상함에 대해서 통찰하는 것은 "올바른 관점"이며 따라서 바로 깨달음에 이를 수 있다.[39] 따라서 무상함에 대한 직접적인 경험은 실로 명상적 지혜에 있어 '힘'의 측면을 나타낸다.[40] 염처 "정형구"의 이 부분에서는 이러한 구절들은 모든 현상의 무상한 본성에 대한 직접적인 경험을 계발하는 것이 중요하다는 것을 분명히 보여준다. 깨달음에 있어서 핵심이 되는 것은 발생하고 소멸하는 현상에 대한 이해이다. 동일한 내용이 깨달음으로 가는 동안 맞닥뜨리게 되는 핵심적인 경험들에 대해 자세히 밝히는 통찰적 지혜에 대한 주석에도 반영되어 있는데, 여기서는 현상의 발생과 소멸을 파악하는 단계가 가장 중요한 것으로 나타나 있다.[41]

조건 지어진 존재의 또 다른 두 특성은 고(*dukkha,* 불만족함)와 무아(*anattā,* 자아의 부재)이다. 이 둘은 직접적인 경험의 결과와 이로 인한 무상함의 진리에 대한 실질적인 이해의 결과로서 그 관계가 명확해진다. 경전들은 종종 세 가지 특성 간의 상관관계를 강조하는데, 무상한 것에서 고(불만족함)의 본성을 인정함(*anicce dukkhasaññā*)으로써 무상함에 대한 자각(*anicasaññā*)을 가지는 것부터, 고에서 무아의 본성에 대한 이해(*dukkhe anattasaññā*)까지를 점진적 진행의 형태로 나타내고 있다.[42] 동일한 형식이 *Anattalakkhaṇa Sutta*에 잘 나타나 있는데, 거기서 붓다는 그의 첫 번째 제자들에게 오온의 측면에서 설명되는 주관적 경험의 각 양상에 대해 무상함의 본성을 명확히 알아차리도

38 S III 171 및 S IV 50.

39 S III 51 및 S IV 142.

40 A III 2. 통찰의 핵심적인 측면으로서의 무상함은 또한 Fleischman 1986:p11; Ledi 1999a:p.151; Ñāṇapoṇika 1992:p.60; Solé-Leris 1992:p.82; Than Daing 1970:p.62 에서 강조되었다.

41 Ledi(n.d):p.233에 따르면, 생성과 소멸에 관한 통찰은 통찰지의 핵심적 측면이며, 깨달음의 네 단계의 과정, 즉 사선정에 모두 관계한다고 한다. 통찰지에 관한 탁월한 해설은 Mahasi 1994:pp.8-36 및 Ñāṇārāma 1993:pp.19-62에서 볼 수 있다.

42 D III 243; D III 251; D III 290; D III 291; S V 132; S V 345; A I 41; A III 85; A III 277; A III 334; A III 452; A IV 46; A IV 52; A IV 148; A IV 387; A IV 465; A V 105; A V 309 (문자 그대로 번역하면 정형구는 다음과 같다: "무상의 인식, 무상함 속에서 고의 인식, 고 속에서 무아의 인식") 이러한 정형구는 또한 "고라는 무상함은 무엇이며, 무아라는 고는 무엇인가" 라는 문장에 반영되어 있다. 그 예로, S III 22; S III 45; S III 82; S IV 1; S IV 153이 있다. 또한 Bodhi 2000:p.844를 참조하라. Ñāṇananda 1986:p.103는 "'*sukha*'와 '*attā*'에서 우리는 영원함에 대한 정서적이고 능동적인 반응들을 가진다"고 설명되어 있다.

록 할 것을 가르치고 있다. 이러한 설법에 의거하여 그는 무상한 것은 결코 지속되는 만족을 줄 수 없으며 따라서 "나", "나의", 또는 "나 자신"으로 간주될 만한 것이 없다는 결론을 내렸다.[43] 각 온에 관해 설명가능한 모든 예시들을 적용시켜 보인 후에, 이에 관한 이해는 붓다의 첫 번째 다섯 제자들이 완전하게 깨달음에 이르도록 하였다.

이 경전에서 붓다의 교의 이면에 있는 것은 무상함에 대한 통찰이 고(*dukkha*)와 무아(*anattā*)를 깨닫는 데 중요한 토대로 작용한다는 점이다. 이 형태의 내부적인 역동성은 무상함에 대한 명확한 자각으로부터 (*dukkhasaññā*에 해당하는) 각성의 정도가 증장하는 방향으로 진행되며,[44] 이는 사람의 마음속에 내재되어 있는 (*anattasaññā*에 해당하는) "나"의 형성과 "나의 것"이 형성되는 것을 점진적으로 감소시킨다.[45]

*Saṃyutta Nikāya*의 *Vibhaṅga Sutta*에서는 현상의 발생과 소멸에 대한 통찰력 계발의 중요성이 매우 강조되어 있는데, 그에 따르면 이 통찰은 염처의 단순한 확립과 그것의 완전한 "계발"(*bhāvanā*)을 구분하고 있다.[46] 이 구절은 염처의 올바른 계발을 위해 "정형구"의 중요성을 강조한다. 사념처 아래 나열된 다양한 대상들에 대한 단순한 자각은 꿰뚫는 수준의 통찰을 계발하기에는 충분하지 못할 것이다. 여기에 부가적으로 요구되는 것은 무상에 대한 포괄적이고 냉정한 관점으로 이행해 가는 것이다.[47]

43 S III 67.

44 A III 443과 A III 447은 무상의 자각을 일반적인 각성과 연결 짓는다. 반면 A IV 51은 이를 세속적 이득에 대해 초연한 것과 특별히 관계 짓는다.

45 A IV 53에 따르면, 불만족이라는 공성에 대한 자각은 나 또는 내 것이라는 모든 개념을 극복하는 것으로 이끈다. A IV 353; A IV 358; Ud 37에서 무상에 대한 자각에 기반한 무아에 대한 통찰은 모든 자만심을 근절시켜 깨달음으로 이끈다고 되어 있는 것을 참조 하라.

46 S V 183 에서는 단순한 염처(satipaṭṭhāna)로부터 염처의 "계발"(*bhāvanā*)로의 변형이 생성과 소멸에 관한 삼매에 있다고 설명한다. 그러나 이 담론은 한역 *Āgamas*(『다함경』)에는 빠져 있다. Akanuma 1990: p.247를 참조 하라.

47 사실, M I 62는 최상의 깨달음으로 이끌기 때문에 염처(satipaṭṭhāna) "계발(develop)"의 필요성에 대해 다음과 같이 언급하고 있다. "만일 누군가가 이 사념처를 계발해야 한다면... 두 가지 결과 중 하나가 그에게 생겨날 수 있을 것이다". 이는 S V 183에서의 "계발"(bhāvanā)에 대한 언급을 연상시키는 표현이다. 빨리어 원전들에서 무상에 대한 관찰을 강조하는 것에 반해 염처 "정형구"의 *Madhyama Āgama* 판본에서는 전혀 언급되고 있지 않는다는 사실은 주목할 만하다. 그러나 *Ekottara Āgama* 판본에서는 적어도 느낌, 마음, 그리고 법에 관한 관찰과 관련하여 그 부분이 보전되고 있다(Minh Chau 1991:p.88; Nhat Hanh 1990:pp.173, 175, 177을 참조 하라). 사념처와 관련하여 "발생"과 "소멸"에 대한 숙고 명령은 또한 *Samudaya Sutta*(S V 184)와 대응하는 *Saṃyukta Āgama*에서도 나타난다. Hurvitz 1978: p.215에서의 번역을 참조 하라.

모든 것이 변한다는 사실에 대한 직접 경험이 만일 개인의 모든 측면에 적용된다면, 이는 그의 마음이 지니는 습관적인 양상을 크게 변화시킬 수 있다.[48] 이는 왜 무상함에 대한 알아차림이 오온의 관찰에 있어 중요한 역할을 하는지 알려주며 "정형구"에서 언급된 것과 더불어 주요 교의의 일부를 이루어 왔다.[49]

무상함에 대한 자각을 지속적으로 계발하는 것은 그의 정신적 상태에 실제로 영향을 미칠 경우 그것은 매우 핵심적인 것이 된다.[50] 무상에 대한 지속적 관찰은 실재를 경험하는 데 있어 지각하는 사람과 지각 대상의 시간적 고정성을 암묵적으로 받아 들였던 그때까지의 일반적 방식에 변화를 가져다 준다. 한번 그 둘 모두가 변화과정으로서 경험이 되면 모든 고정된 존재와 실재성의 개념이 허물어지게 되고, 그를 통해 그의 경험의 틀은 근본적으로 재구성된다.

무상함을 관찰하는 것은 통합적으로 이루어져야 한다. 왜냐하면 경험의 어느 한 측면이라도 영원하다는 것을 받아들이게 되면 깨달음은 불가능하기 때문이다.[51] 무상함에 대한 통합적인 깨달음은 예류과(預流果)의 독특한 특징이다. 이는 예류과에 든 사람이 그 어떤 현상도 영원할 것이라고 받아들이지 않게 되는 경우를 말한다.[52] 무상함에 대한 이해는 완전한 깨달음의 완성에 도달하는 것이다.[53] 아라한(arahant)에게 있어 외부로부터 오는 모든 감각의 무상한 본성을 알아차리는 것은 그들의 경험으로부터 오는 자연스러운 특징이다.[54]

무상함에 대한 알아차림을 고무시키는 것과는 별개로, "정형구"의 이 부분은 또한 주석적 견해에 따르면 관찰된 현상의 발생과 소멸을 조건짓는 법을 언급하는 것으로 이해될 수

48 Goenka 1994a: p.112.

49 M I 61: "그러한 것은 물질적 형상...느낌...인지...의지들...의식, 그러한 그것의 일어남, 그러한 그것의 사라짐이다." 더욱 자세한 것은 p.213을 참조 하라.

50 무상함에 대한 자각의 지속성은 A IV 13과 A IV 145에 언급되어 있다. 또한 Th 111을 참조하라.

51 A III 441.

52 A III 439.

53 A IV 224와 A V 174.

54 A III 377; A IV 404; A III 379; Th 643을 참조 하라.

있다.[55] 이러한 법들은 *Samudaya Sutta*에서 다루어지고 있다. 여기서는 각 염처의 "발생"과 "소멸"을 각각의 조건들과 연관 짓는데, 예컨대 몸에 대해서는 사식(四食)과, 느낌의 경우에는 접촉과, 마음에 대해서는 명색, 법에 대해서는 의도와 각각 연관된다.[56]

초기 불교철학의 체계에서 보면, 무상함과 조건성은 대단히 중요하다. 붓다가 깨달음을 얻는 과정에서 전생에 대한 기억과 더불어 소멸되고 다양하게 환생하는 다른 존재들에 대한 통찰이 가능했던 것은 개인적 혹은 우주적인 규모에 따른 무상함과 조건성의 진리를 그가 절실하게 느꼈기 때문이다.[57] 이러한 두 가지 측면은 과거불 위빠시(Vipassī)의 깨달음에서 비롯되었는데, 그가 연기(緣起)에 대해 상세히 검토한 후, 오온의 무상한 본성을 염처관찰 함으로써 깨달음에 이르렀던 때를 말한다.[58] 그러므로 나는 철학적이며 역사적인 맥락에서 붓다의 연기에 대한 가르침을 개관함으로써, 염처 "정형구"의 이 부분에 대해 위의 부가적 관점, 즉 조건성에 대해 고찰하고자 한다.

4 연기법(PAṬICCA SAMUPPĀDA)

붓다 시대에 인과(因果)에 대한 다양한 철학적 입장이 인도에서 유행했다.[59] 몇몇 가르

55 Ps I 249.

56 S V 184. (그러나 여기에서 사용된 용어는 "사라짐"(disappearing, *atthagama*)이며『염처경』에서 쓰인 것과 같은 "소멸"(passing away, vaya)이 아니기 때문에 이 구절은 완전히 "정형구"와 들어맞지는 않는다.)

57 M I 122; M I 248; A IV 176. S II 10과 S II 104는 연기에 대한 그의 깨달음을 기록하고 있다. 무상과 인과의 실례와 같은 처음 두 가지의 높은 지혜의 중요성은 Demieville 1954:p.294과 Werner 1991:p.13에 의해 주목된 바 있다. 또한 Lopez 1992:p.35를 참조 하라. 위의 구절들 이외에도, 그 담론들은 붓다의 지혜의 증장을 다양한 시각으로, 즉 쾌락에 대한 관찰, 내재적 난점, 원소들과 관계된 회피(S II 170), 오온(S III 27; S III 29; S III 59), 육처(S IV 7-10, S V 206), 느낌들(S IV 233), 능력들(S V 204), "세계"(A I 258), 사성제(S V 423)과 관련하여 거론하고 있다. 이러한 각각의 담론들은 직접적으로 붓다가 얻은 완전한 깨달음에 대한 통찰과 각각 연관되며, 이 각각의 통찰들은 그의 종합적인 깨달음의 특정한 양상으로 생각될 수 있다.

58 D II 31-5, 고(*dukkha*)에서부터 의식과 명색 사이의 상호관계에 이르는 조건적 연결에 관한 자세한 연구는 깨달음을 이끄는 그의 오온에 대한 염처 집중 수행으로 이어져 있다. 집중의 맥락에서 무상과 조건성이 어떻게 밀접하게 연관되는지에 관한 실질적 사례 역시 S IV 211에서 찾을 수 있으며, 이는 몸의 무상한 본성에 관한 세 유형의 감정들에 관한 연기와 관련된다; (접촉에 관하여 S IV 215도 마찬가지이다).

59 Kalupahana 1975:p.125를 참조 하라.

침은 우주가 전지전능한 신이거나 자연에 내재한 원리이거나 하는 외부적인 힘에 의해 통제된다고 주장했다. 또 어떤 철학은 인간이 독립적인 행위자이며 행위를 즐기는 자라는 입장을 취하였다. 또 어떤 철학은 결정론을 선호한 반면에 그 어떤 인과법칙도 완전히 부정해 버리는 이들도 있었다.[60] 그들의 그와 같은 차이에도 불구하고 이 모든 입장들은 단 하나의, 혹은 제 1원인의 존재(혹은 부재)라는 의미에서 형성된 절대 원리에 대한 인식에 있어서는 의견 일치를 보였다.

다른 한편 붓다는 연기법(paṭicca samuppāda)을 인과에 대한 "중도(中道)"적 설명으로 제시했다. 붓다의 이러한 연기법 개념은 당시 통용되었던 인과의 개념들과 동떨어진, 매우 과단성 있는 것이어서 붓다는 그 인과법을 설명했던 당시의 네 가지 방식 모두를 부정하게 되었다.[61]

이러한 경전들은 종종 연기에 대해 12가지 연결고리의 형태를 띠고 있는 것으로 묘사하고 있다. 이러한 과정에 따르면 고(*dukkha*)의 발생은 무명(無明, *avijjā*)에까지 거슬러 올라간다. *Paṭisambhidāmagga*에 따르면 이러한 12연기는 잇따른 개인의 삼생(三生)에 이른다.[62] 삼생에 적용되는 12연기는 영속하는 주체 없이 환생을 설명하는 방법으로서 불교사상의 역사적 발전과 더불어 점차적으로 중요하게 여겨졌다.[63] 비록 일련의 12연기가 종종 경전에 나타나지만 상당히 변형된 형태들도 발견된다. 이러한 변형 가운데 어떤 것은 세 번째 연결, 즉 식(識)으로 시작되는데, 이는 또한 다음 단계인 명색(名色)과 상호 연관

60 특히 D I 52에서 뿌라나 깟사빠(Pūraṇa Kassapa)와 막칼리 고살라(Makkhali Gosāla)의 경우. 또한 Bodhi 1989:p.7을 참조 하라.

61 이에 관한 전형적 예시는 S II 19에서 찾을 수 있는데, 붓다는 고(*dukkha*)가 자신, 다른 이들, 둘 모두, 혹은 그 누구에 의해서도 아닌 것으로부터(즉 우연적으로) 기인하는 것인지에 관한 질문을 받았다. 붓다는 질문자에게 넷 모두 아니라고 하자 질문자는 네 가지 서술방식이 고(*dukkha*)의 원인으로서 모두 부정되는 것에 놀라고, 붓다가 단순히 고(*dukkha*)의 존재를 인지하거나 받아들이지 않는 것은 아닌가 하는 의구심을 가졌다. 즐거움(*sukha*)과 괴로움(*dukkha*)에 관한 유사한 대화가 S II 22에서 발견된다. 붓다의 입장이 가지는 참신함은 또한 연기(*paṭicca samuppāda*)라는 용어가 인과에 관한 그의 이해를 표현하기 위해 명백히 그 자신에 의해 만들어 졌다는 사실에서도 볼 수 있다. Kalupahana 1999:p.283를 참조 하라. 그러나 C.A.F.Rhys Davids는 빨리 경전에 대한 자신의 창의적인 해석들에서 인과에 관한 초기 불교 이론이 붓다에 의한 것이 아니라 앗사지(Assaji)에 의한 것이라고 주장한다(1927b:p.202).

62 Paṭis I 52. Bodhi 2000:p.741 n.50은 삼세의 근본이 되는 네 가지 시제관계(과거의 원인, 현재의 결과, 현재의 원인, 미래의 결과)가 이전 모델이 있었다는 것을 S II 24에서 지적한다.

63 Jayatilleke 1980:p.450.

되어 있다.[64] 이 변형과 더불어 또 다른 변형은 삼생에 바탕을 둔 설명 방식이 연기법을 이해하는 유일한 접근방법이 아니라는 것을 암시하고 있다.

사실, 12연기는 연기법의 일반적 구조 원리에 있어 특별하게 빈번히 사용되는 방식이다.[65] *Saṃyutta Nikāya*의 *Paccaya Sutta*에서 붓다는 12연기의 일반적 원리와 그 적용 간의 중요한 차이에 대해서 언급하였다. 이 경전에서는 의존적으로 일어나는 현상으로서 12연기를 말하고 있는 반면, "연기법(*paṭicca samuppāda*)"은 그들 사이의 관계, 즉 원리에 관해 언급하는 것이다.[66]

이러한 원리와 그 적용으로서의 12연기의 구별은 상당히 실질적인 관련성을 갖는다. 왜냐하면 인과의 완전한 이해는 예류과(預流果)가 되어야만 얻을 수 있기 때문이다.[67] 원리와 적용의 구별은 인과를 이해하는 데 있어서 12연기에 대한 개인적 경험이 필수적으로 요구되는 것은 아님을 시사한다. 즉, 전생에 대해 기억하는 능력을 계발하고, 그를 통해 아마도 과거 생에 속했을 12연기의 요소들을 직접적으로 경험하지는 않더라도, 우리는 여전히 개인적으로 연기법을 깨달을 수 있는 것이다.

64 D II 57, 육처의 연결 관계 뿐 아니라 첫 번째 두 연결 관계인 무명과 행 역시 누락되어 있으며, 식은 명색과 상호 관계로 나타나 있다. 식과 명색의 동일한 상호관계는 D II 32; S II 104; S II 113에서 발견된다. Sn 724-65는 각각의 연결 관계가 별도로, 그리고 독립적으로 고(dukkha)와 관련된다(일반적인 12연기 공식의 이러한 변형들에 관해서는 또한 Bucknell 1999: pp.314-41을 참조 하라). S II 31은 무명에서 생으로, 그러나 그 후에 기쁨, 삼매, 그리고 깨달음으로 이어진다. 갈애로부터 계속되는 또 다른 과정이 또한 S II 108에서 보인다. 뿐만 아니라 D II 63에서 식은 초기 단계, 즉 수태 단계에서 평생 동안에 명색으로 조건 지어 나타나며, 하나의 방식이 삼세의 적용이라는 문맥에서만 환생으로 국한되는 것처럼 보이지는 않는다. 혹은 S III 96에서는 행이 과거의 경험이 아닌 무명의 결과로서 존재하지만 현 시점에서 현현한다. 또한 W.S.Karunaratne 1988b:p.30을 참조 하라.

65 Collins 1982:p.106은 "조건성이라는 보편적 발상과 열두 가지 연쇄 사이를 구별하는 것은 매우 중대한 문제이다."라고 지적한다. 또한 W.S.Karunaratne 1988b:p.33; Ñāṇavīra 1987:p.31을 참조 하라. Reat 1987:p.21에서는 "*paṭicca samuppāda*...라는 용어는 필요조건들과 충분조건들에 의존하는 그 어떤 결과들에도 적절히 적용될 수 있을 것이다."라고 설명하고 있다.

66 S II 26. 이 동일한 구분은 연기의 "12가지 관계" 적용이 종종 담론들에서 소개되는 가운데 표준화된 방식으로부터 추리될 수 있으며, 원리의 공식("이것이 ...이 될 때") 이후에 열두 가지 연결은 빨리어 표현 "다시 말해"(*yadidam*)와 함께 진행되며, 이는 열두 가지 연결들이 서술된 그대로 하나의 예증임을 보여준다(실례로 S II 28을 참조 하라).

67 A III 439에서는 예류과의 자질은 그 혹은 그녀가 인과와 현상의 기원을 이해하는 것이라고 설명한다.

12연기의 12가지 전체 항목들과 비교하여 연기법의 기본 원리는 직접적인 관찰을 통해서 훨씬 더 쉽게 이해될 수 있다. 예를 들자면 *Nidāna Saṃyutta*의 경전은 "연기법"을 접촉과 느낌의 조건적 관계에 적용한다.[68] 원리를 주관적인 경험에 적용하는 그와 같은 직접적인 응용은 연기법을 일심(一心)의 순간에 연관시키는 *Vibhaṅga*에서도 나타난다.[69]

조건적 원리의 직접적인 적용의 또 다른 예가 *Indriyabhāvanā Sutta*에서도 발견된다. 그런데 여기서는 여섯 가지 감관에서 일어나는 쾌락과 고통이 의존적으로 일어나며(*paṭicca samuppanna*), 전생이나 내생과는 관련되어 있지 않다고 한다.[70] 같은 예가 *Madhupiṇḍika Sutta*의 지각 과정에 대한 상세한 분석에서도 나타난다.[71] 이 경전은 세 가지 접촉이 "함께(*saṃ*)" 와서 감관과 감각대상에 "의존하여(*paṭicca*)" 식의 "일어남(*uppāda*)"을 묘사한다. 이 구절은 다른 생이나 12연기 전체 항목의 연결 없이도 "의지하여", "함께", "일어남"이라는 *paṭicca samuppāda*라는 용어의 각 부분들에 대해서 더 깊은 의미를 드러낸다. 그러므로 개인의 주관적인 경험 안에서 단지 현재 순간의 조건에 의한 작용을 목격함으로써 단순히 연기법을 깨달을 수 있는 것이다.

5 연기법의 원리와 실제적 적용

연기에 대해 말하는 것은, 특정한 사건들과 관련된 특정한 조건들에 대해서 말하는 것이다. 그 "특정한 조건"(*idappaccayatā*)은 다음과 같은 방식으로 설명할 수 있다.

68 S II 96, 깨달음으로 이끄는 집중. 유사하게 S II 92에서는 붓다가 연기의 심오함과 중요성을 열두 가지의 모든 연결 관계보다 더욱 직접적인 경험으로 쉽게 받아들일 수 있는 마지막 다섯 가지 연결들(갈애 이후의 연결 관계)을 통하여 보여주었다. 열두 가지 연결 관계 전체가 집중을 위해 반드시 의도되지 않는 다는 사실 역시 S II 81에서 제시되는데, 여기서 붓다는 지적인 숙고의 형태를 가리키는 용어 유형을 사용하여 열두 가지 관계에 대해 "숙고"(*parivīmaṃsati*)할 것을 권장하였다. 이는 명상을 통하여 얻어지는 원리의 직접 경험이 지적 숙고의 방식으로 열두 가지 연결 관계에 적용될 수 있음을 시사하는데, 이것은 과거 혹은 미래의 작용을 직접 경험할 필요 없이 과거에 작용했던 동일한 원리가 미래에도 작용할 것임을 고려한 것이다.

69 Vibh 164-92. 이 구절에서 또한 Bodhi 1998:p.46 n.4; 및 Gethin 1997a:p.195를 비교해 보라. Buddhadāsa 1992:p.98에 따르면, "12연기의 모든 연결은 작용한다...순식간에...그...12가지 조건들은...모두 발생할 것이며, 자신들의 기능을 일으키고 사라질 것이며, 너무 빨라서 우리는 그에 대해 완전히 지각하지 못할 것이다."라고 언급하고 있다.

70 M III 299.

71 M I 111.

A가 있으면 → B가 있게 된다. A가 일어나면 → B가 일어난다.

A가 없으면 → B가 없게 된다. A가 사라지면 → B가 사라진다.[72]

연기법의 작용은 시간적으로 엄격한 직선적 상황으로 사건의 연결이 국한되지 않는다. 오히려 연기는 마치 사건들이 서로 얽혀 있는 거미줄로 구성되어 있는 것처럼 현상의 조건적 상호연관을 뜻하며, 각 사건은 다른 사건들과 원인과 결과로 연계되어 있다.[73] 각각의 조건 짓는 요소들은 동시에 조건 지어지며, 따라서 어떤 요소도 독립적이거나 초월적일 가능성은 배제된다.[74]

이처럼 얽혀있는 형태 안에서 주관적인 경험의 관점에서 보았을 때, 중심적으로 중요한 특정 조건은 의지이다. 미래의 활동이나 사건에 결정적인 영향을 주는 것은 현재 순간의 정신적 의지인 것이다.[75] 의지 자체는 특정한 사건을 어떻게 경험하는가에 영향을 주는 버릇, 성격의 특성 및 과거의 경험 등과 같은 다른 여러 조건의 영향 하에 있다. 그럼에도 불구하고 각각의 의지가 대안들 중에서 하나를 선택하는 결정을 수반하는 점을 고려하면, 현재 순간의 의지적 결정은 개인적인 간섭과 조정을 처리할 수 있을 정도로 매우 중요한 것이다. 매 순간의 결정은 앞으로 할 결정의 맥락을 형성하는 그 사람의 버릇, 성격적 특성, 경험 및 관념적 메커니즘을 구체화한다. 이 때문에 마음의 체계적인 훈련은 반드시 필요한 것이다.

72 그 예로, M III 63에서는 "이것이 존재하면, 저것이 존재하게 된다; 이것이 생겨나면, 저것이 생겨난다. 이것이 존재하지 않으면, 저것이 존재하지 않게 된다; 이것이 소멸하면, 저것이 소멸한다."라고 되어 있다. 구체적인 조건성에 관해서는 또한 Bodhi 1995:pp.2,9; Ṅāṇamoli 1980: p.161을 참조 하라.

73 현상의 조건적 관계의 복잡성은 빨리어 Abhidhamma의 Paṭṭhāna에서 조건들의 24가지 유형과 더불어 다양한 시각으로 나타나고 있다. 따라서 예를 들면, A에서 B로 이행되는 조건의 영향은 시간적 관점에서 보았을 때, A가 B보다 먼저 생겨나는 것(*pirejātapaccaya*) 뿐만 아니라, 두 가지가 동시에 생겨났을 때(*sahajātapaccaya*), 혹은 A가 B보다 나중에 생겨났을 때(*pacchājātapaccaya*)에도 발생한다. 이는 A의 존재(*atthipaccaya*) 뿐만 아니라 부재(*natthipaccaya*) 역시 B를 조건 지을 수 있다는 것이 된다. 더욱이 A와 B가 상호적 조건을 통해(*aññamaññapaccaya*) 서로 연관되었을 때 A는 능동인(*kammapaccaya*)이 되거나, 그자신이 이숙과(*vipākapaccaya*)일 때에도 조건적 영향을 행사할 수 있으며, 혹은 A는 원인과 결과 모두가 될 수 있는 것이다.

74 Tilakaratne 1993:p.41.

75 A III 415에서 의지는 신, 구, 의의 활동을 행하는데 책임이 있는 요인이라고 설명하고 있다.

『염처경』에서는 법을 관찰하는 동안에 명상 수행에 대한 조건성의 좀 더 특정한 적용이 분명하게 드러난다. 여기에서 다섯 가지 장애(五蓋)와 관련해 명상가가 해야 할 일은 그 조건들의 발생과 소멸을 관찰하는 것이다.[76] 여섯 가지 감각 영역과 관련됐을 때, 관찰은 지각의 과정이 감관에서 어떻게 정신적 속박이 일어나게끔 원인을 제공하는지를 밝혀야 한다.[77] 깨달음의 요소와 관련해서는, 그들의 일어남과 더욱 깊은 발전을 위한 조건들을 인식해야한다.[78] 사성제와 관련된 법의 마지막 관찰은 조건성, 즉 고통과 고통의 근절을 위한 조건들의 설명이다. 이렇게 연기의 원리는 사념처 적용 범위의 바탕을 이룬다.[79]

연기법에 대한 명상적 깨달음의 개발은『염처경』의 "직접적인 길" 구절에 암시되어 있다. 왜냐하면 거기에서는 염처의 목적 중 하나로서 "방법(ñāya)"의 터득을 열거하고 있기 때문이다.[80] 이 '올바른 방식'은 경전에서 종종 예류과(預流果)나 더 높은 단계의 깨달음에 도달한 사람의 특성으로 나타난다.[81] 몇몇의 경우에는 "고귀한 방법(Noble method)"를 예류과 깨달음의 결과로서 언급하고 있다.[82] 이러한 맥락으로 보았을 때, "고귀한 방법"은 연기법의 깨달음을 의미한다.[83] 깨달음으로의 과정을 위한 연기법의 관련성은 다른 몇 개의

76 M I 60: "일어나지 않은 감각적 욕구가 어떻게 일어날 수 있는지를 아는 자, 이미 일어난 감각적 욕구를 어떻게 제거하는지를 아는 자, 그리고 제거되었으나 앞으로 일어날 수 있는 감각적 욕구를 어떻게 방지할 수 있는지를 아는 자."

77 M I 61: "그는 눈을 알고, 형상을 알고, 두 가지 모두에 의존하여 일어나는 속박을 알며, 일어나지 않은 속박이 어떻게 일어나는지를 알고, 이미 일어난 속박을 어떻게 제거하는지를 알며, 제거되었으나 앞으로 일어날 수 있는 속박을 어떻게 방지할 수 있는지를 안다."

78 M I 62: "그는 일어나지 않은 칠각지가 어떻게 일어날 수 있는지를 알고, 이미 일어난 칠각지를 계발을 통해 어떻게 완전해질 수 있는지를 안다."

79 *Mahāprajñāpāramitāśāstra*에 따르면, 조건성은 실로 법에 대한 관찰의 독특한 특징이다. Lamotte 1970:p.1169를 참조 하라.

80 M I 55: "이것이 직접적인 길이다... 진정한 방법을 얻기 위한... 즉, 사념처이다."

81 고귀한 제자들의 공동체가 일반적으로 기억하는 바에 따르면(예를 들면 A II 56) 그들은 올바른 방식을 소유한 자들이다(ñāyapaṭipanno).

82 S II 68; S II 71; S V 389; A V 184는 "고귀한 방법"을 예류과의 자질로 언급한다.

83 S V 388; 또한 A V 184를 참조 하라. "고귀한 방법"은 또한 A II 36에 등장하는데, 여기서 건전한 특징(*kusalahammatā*)으로서 더욱 자세히 설명되어 있으며 이 또한 연기를 시사할 수 있는 언급인데, 왜냐하면 주석 Mp III 74는 이 언급을 통찰의 방법과 연관 짓기 때문이다. T.W.Rhys Davids 1993:p.394는 연기가 고귀한 방법으로 언급되고 있다는 것을 분명히 해주고 있다. 그러나 "방법"이라는 용어는 어디서든 다른 함축성을 지닐 수 있는 것이다. 왜냐하면 M I 522에서 그 용어가 사선정과 세 가지 높은 지혜의 성취라는 의미를 포함하는 것으로 등장하며, 한편 M II 182에서

구절에서도 확인된다. 이에 따르면 연기법을 아는 자는 불사(不死)의 통로에 서 있는 것과 같다고 한다.[84] 비록『염처경』에서 "방법"이라는 표현이 특별히 고귀하다고 특징지어지지는 않지만, 그러한 용례가 연기의 원리 혹은 "방법"에 대한 직접적인 깨달음이 염처 수행의 목적들 중 하나일 것이라고 간주하는 것은 그렇게까지 설득력 없는 가정은 아닌 듯하다.

6 단순한 알아차림과 집착을 벗어남

"정형구"가 규정하듯이, 몸, 느낌, 마음, 법에 대한 알아차림은 오직 지혜와 지속적인 알아차림을 위해서만이 생겨나야 한다.[85] 이러한 지침은 연대관계나 반응에 끌려가지 않는 객관적인 관찰의 필요성을 강조하는 것이다. 주석에 따르면, 이것은 특히 어떠한 형태의 분별도 피해야 한다는 것을 의미한다.[86] 분별로부터 자유로워지면 개인의 주관적인 경험의 모든 측면을 단순한 현상이라고 여기고 어떠한 형태의 아상이나 애착으로부터도 자유로워지는 것이 가능해 진다.

이 가르침이 표현된 방식은 정신적 라벨링(표식)을 사용하도록 제안한다. '몸(, 느낌, 마음, 법)이 있다'고 하는데서 알아차림은 성립된다. 현재 문맥 속에서 직접화법에 사용된 빨리어 불변화사 '*iti*'는 정신적인 기록의 형태를 제안한다. 이것은 사실『염처경』에서 권장되어진 것만이 아니다. 경전 상에 나타난 가르침의 대부분은 알려져야 할 부분을 공식화하

는 그것이 열 가지 유해한 행위 방식들의 극복과 연관되고 있기 때문이다(또한 M II 197에서 자세하지는 않지만 재가자나 승려에 의해 계발되는지 아닌지에 따라 구별되는 것을 참조 하라).

84 S II 43; S II 45; S II 59; S II 79; S II 80; 각각 연기에 대한 이해가 "불멸의 문턱에 서있는 것"과 관계된다. 열반의 깨달음에 선행하는 연기에 대한 이해와 더불어 시간의 연속은 S II 124에서 "법의 확고함에 대한 지혜"(*dhammaṭṭhitiñāṇa*)가 깨달음에 선행한다고 설명하고 있는 붓다의 언급에 함축되어 있는 것으로 생각되는데, 왜냐하면 S II 60에서 그러한 "법의 확고함에 대한 지혜"가 연기를 언급하는 것이기 때문이다. 이러한 주장은 S II 25에서 더욱 자세하게 뒷받침되며, 이 부분은 "법의 확고함"(*dhammaṭṭhitatā*)으로서 특정 조건성에 대해 밝히고 있다. 또한 Choong 1999:p.50을 참조 하라.

85 M I 56:"'몸이 있다'고 하는 알아차림은 가장 기본적인 지혜와 계속적인 알아차림을 위해 필요한 정도까지 그의 내부에 확립된다." 필자는 *sati*에 덧붙여진 접두사 *paṭi*가 *sati*앞에서 시간의 경과가 존재하지 않음, 즉 연속성을 가리키는 의미로 현 맥락에서는 "다시(again)" 또는 "반복하여(re-)"라는 그 시제적 뉘앙스를 채택한다.

86 Ps I 250; 또한 Ariyadhamma 1995:p.5; Debes 1994:p.130; Dhammiko 1961:p.189; Ṭhānissaro 1993:p.101을 참조 하라.

기 위하여 직접화법을 사용한다.[87]

이 방식은 특히 개념들이 정신적인 기록을 위한 라벨링 도구로써 사용될 때 염처의 문맥 속에서 기술적으로 사용될 수 있다는 것을 보여준다.[88] 따라서 염처 수행은 언어적인 지식의 모든 형식들에 대해 완전히 포기할 것을 요구하지 않는다.[89] 사실 개념들은 그 인식하고 이해하는 능력이 정신적 언어의 미묘한 수준에 의지하기 때문에 본질적으로 인지(*saññā*)와 연관된다. 염처를 관찰하는 동안 라벨링의 능숙한 사용은 명확한 인지와 이해를 강화하는 데 도움이 된다. 동시에 라벨링은 누군가의 기분과 감정들에 부호를 붙여서 그에 대한 동일시를 감소시키기 때문에 내적으로 올바른 분리를 일으킨다.

*Brahmajāla sutta*에서 잘못된 관점에 대한 붓다의 견해에 따르면, 실재에 대한 잘못된 해석은 이론적인 추정에서 뿐만이 아니라 종종 명상 경험에 기초할 수도 있다고 한다.[90] 그러한 오해를 막기 위해 법(Dhamma, 붓다의 가르침)에 대한 확고한 지식은 명상의 바른 과정을 위한 중요 요인이 된다. 하나의 예로 붓다는 법에 대한 바른 지식에 대해 요새를 방어하는 검과 창에 비교했다.[91] 분명 붓다에게 있어서 개념들의 단순한 결여는 명상 수행

87 그 예로 M I 56: "그는 '내가 계속 호흡한다'는 것을 안다"; M I 56: "그는 '내가 걷고 있다'는 것을 안다"; M I 59: "그는 '내가 즐거운 감정을 느낀다'는 것을 안다"; M I 59: "그는 욕망에 가득 찬 마음이 '욕망에 가득 차 있는' 것을 안다"; M I 60: "그는 '나에게 감각적 욕구가 있다'는 것을 안다"; M I 61: "그는 '내 안에 칠각지가 있다'는 것을 안다"; M I 62: "그는 '이것이 고통이다'라는 것을 실제 있는 그대로 안다".

88 라벨링에 대해 Fryba 1989:pp.130-2; Mangalo 1988:p.34; Ṅāṇaponika 1986b:p.13을 참조 하라.

89 Earle 1984:p.398; Tilakaratne 1993:p.103. Epstein 1995:p.94는 단순히 "정신적 활동과 생각을...몰아내는 것"에 대해 경고하는데, 왜냐하면 "이러한 오해를 지닌 사람들은 성공적인 명상을 위해 필요한 자아의 기능들마저 버리"기 때문이다. 그는 p.99에서 "이러한 오해를 지닌 사람들은... 개념을 떠나 '마음을 비우는 것'에 대해 과대평가하는 경향이 있다. 이러한 경우 생각 그 자체는 자아와 동일시되며, 그러한 사람들은 일종의 지적 공허함을 일으키는 것으로 보이며, 이 비판적 생각의 부재는 궁극적인 성취로 보이게 된다."고 설명하고 있다. Ṅāṇananda 1985: p.60에서는 "개념들 그 자체가 초월적이 되는 지혜의 계발이라는 더 높은 목적을 위해 개념들을 결집시키는 것"이라고 말한다.

90 D I 12-39, 더 자세한 것은 45쪽 각주 4번과 181쪽의 각주 34번을 참조 하라.

91 A IV 110, 법(Dhamma)에 대한 지혜를 부여받았기 때문에 제자는 해로운 것을 극복하고 이로운 것을 계발할 수 있을 것이다. Th 1027은 그 담론들에 대한 지혜를 성스러운 삶을 살기 위한 기본으로서 권하고 있다. 유사하게 M I 294에서는 깨달음으로 이끄는 올바른 관점을 위해 갖추어야 하는 다섯 가지 요소들 중 두 가지로서 그 담론들과 관계 논의들에 대한 지혜가 나열되어 있다. (다른 요소들은 윤리적 행위와 사마타(samatha) 및 위빠사나(vipassanā)의 수행이다.)

의 최종 목표를 이루는 것이 아니다.[92] 개념들이 문제가 되는 것이 아니라, 문제는 개념들이 어떻게 사용되는가 하는 것이다. 아라한은 항상 개념들을 사용하되 그것들에 묶여 있지 않다.[93]

한편, 염처는 단순한 지적인 숙고와는 분명히 구분되어야 한다. "정형구"의 이 부분이 가리키는 것은 개념들과 라벨들이 통찰 명상의 맥락 안에서는 적절하다는 것이다. 이는 "지혜와 지속적인 알아차림을 위해 필요한 정도"로만 최소화 되어야 한다.[94] 라벨링은 오직 목적을 위한 수단일 뿐 그 자체는 목적이 아니다. 지혜와 알아차림이 잘 성립되면 라벨링은 생략될 수 있다.

깨어있도록 이끌지만 순전히 이론적인 접근법에 불과한 무능력함은 경전 속에서 반복되는 주제이다.[95] 이것은 법에 대해 지적으로만 고려하면서 시간을 허비하고, 그것 때문에 실제 수행을 게을리 하면 분명 붓다의 경책(警責)을 받게 된다. 붓다에 따르면, 단순히 생각에만 붙잡혀 있는 사람은 법의 수행자라고 할 수 없다고 했다.[96]

사띠는 생각과 연상 속에서 심리적으로 방황하는 일 없이 현상에 대한 단순한 알아차림이다[97]. 염처의 '정의'에 의하면, 사띠는 분명한 앎(*sampajāna*)과 결합되어 작용한다.

---

92 비상비비상처정(*nevasaññānāsaññāyatana*)이라고 할지라도, 일상적 경험의 영역 속에서 개념과 동떨어져 있을 수 있는 만큼의 깊은 명상적 경험은 여전히 깨달음에 미치지 못한다. Hamilton 1996: p.60을 참조하라.

93 It 53에 따르면, 아라한은 그들의 개념들과 언어적 표현들을 관통하는 이해로 인해 그것들에 전혀 사로잡히지 않고서 자유로이 사용할 수 있다. 또한 Ñāṇananda 1986:p.103가 "단순히 개념들이나 이론들을 허물어뜨려 버리는 것에 의해 그것들 위에 군림할 수 있다고 믿는 것은 문제의 가장자리에 멈춰서 버리는 것이다"라고 하는 것을 참조하라.

94 M I 56. Kalupahana 1992:p.74는 염처를 위해 사용된 개념들이 "지혜의 발생을 위해서만(*ñāṇa-matta*) 추구되어야 하는 것들이며, 그 이상이 아니다, 왜냐하면... 개념들은 자신들의 한계를 넘어서까지 실체론자들을 형이상학으로 이끌 수 있기 때문이다"라고 설명한다.

95 S I 136에서 붓다는 자신의 깨달음을 단순한 이론적 탐구를 넘어서서 도달하는 것으로 묘사하였다. 또한 Dhp 19; Dhp 20; Dhp 258; Dhp 259에서 정말로 중요한 것은 법(Dhamma)을 수행하는 것임을 강조하고 있는 것을 참조 하라. A V 162에서는 법에 대한 이론적 이해에 대하여 과도한 강조를 하여 심지어는 몇몇 승려들이 이를 깨달음이라고 잘못 주장하도록 이끌었다. 또한 W.S. Karunaratne 1988a:p.83를 참조하라.

96 A III 87. 그러나 동일한 묘사가 A III 178에서 붓다가 단언적으로 그러한 이론적 탐구를 거부하지 않았으며, 그의 비판은 수행에 대한 부정에 관한 것이었음을 주장하면서 법에 대해 숙고할 것을 권하는 부분에서 나타난다.

97 3장 참조.

동일한 지혜의 현현이 또한 '그가 안다'(*pajānāti*)라는 표현의 바탕에 깔려 있는데, 이는 개별적 염처 관찰에서 빈번하게 등장한다. 그러므로 '안다'는 것 혹은 '분명한 앎'을 관찰하는 것은 의식적인 관찰에 근거하여 현상에 대한 명확한 인지를 하기 위해서 요구되는 개념적 투입을 의미하는 것으로 받아들일 수 있다.[98]

명확히 아는 것이나 '그가 안다'는 표현의 특성에 내재된 이러한 인지적 측면은 정신적 기록의 수행을 통해 더욱 깊어지고 발전될 수 있다. 이해를 불러일으키는 것은 바로 마음의 이 '아는' 특성이다. 그러므로 염처 명상은 지성화된 사변에서 벗어나 고요하고 주의 깊은 정신 상태에서 발생하는 동안에도 더욱 깊은 지혜와 알아차림을 위해 필요한 정도까지는 개념을 적절히 사용할 수 있다.

이러한 방식으로 행해지는 관찰이 알아차림을 향상시키고 이해하는 유일한 목적을 지니고 있다는 사실은 목표 지향적 수행으로부터의 중요한 변화를 가리키는 것이다. 이러한 비교적 진전된 단계에서의 염처는 그 자신을 위해 수행된다. 이러한 태도의 변화로 명상의 목적과 수행은 하나로 합쳐지게 되는데, 왜냐하면 알아차림과 이해는 결국 더욱 진전된 알아차림과 이해를 계발하기 위해서만이 증장되기 때문이다. 염처 수행은 "노력 없는 노력"이며, 이는 곧 목적 지향성과 기대를 떨쳐 버리는 것을 의미한다.

이러한 관찰 방식은 "정형구"의 마지막 부분에 규정되어 있는 것처럼 경험의 "세상속에서 어떠한 것에도 집착하지 않고" 의존하는 바 없이 차례로 나아갈 수 있게 한다.[99] 몇몇 경전에서는 "의존하는 바 없이 머무름"이라는 규정은 깨달음 직전에 나타난다고 되어 있다.[100] "정형구"의 이 부분은 염처 관찰이 깨달음의 발생을 위해 요구되는 정신적 특성의 집합을 점차적으로 형성해 주는 것을 제시해 준다. 주석에 의하면, "의존하는 바 없이 머무름"은 욕망과 사색적인 견해에서 벗어나는 것을 뜻하고, "세상의 어떠한 집착"에서도 벗

98 이러한 제의는 주석에 의해 어느 정도 뒷받침되는데, Ps I 250에서는 "정형구"의 이 부분을 알아차림과 더불어 분명한 앎과 연관 짓는다.

99 M I 56: "그는 의존하는 바 없이, 세상의 그 어떠한 것에도 집착하지 않고 머무른다."

100 D II 68; M I 251; M III 244; S II 82; S IV 23; S IV 24; S IV 65; S IV 67; S IV 168; A IV 88. 유사하게 M III 266은 의존성의 부재를 고(*dukkha*)의 극복과 연관 짓는다. 또한 A V 325에서는 한 숙련된 명상가가 물질적 혹은 비물질적인 원소들, 혹은 어떤 개념적 경험의 측면에 대한 "의존하는 바" 없이 명상할 수 있다는 것을 지적하고 있다. Spk V 79는 열반(*Nibbāna*)의 경험과 결부시킨다.

어남은 오온의 어떤 것과도 동일시되지 않는 것을 의미한다.[101]

이 진전된 단계의 수행을 하는 동안 모든 의존과 욕망에서부터 벗어나게 되고, 명상가에게는 이 모든 현상이 공(空, empty)하다는 본성에 대한 깨달음을 더 깊게 해 준다. 이러한 독립과 평형의 상태 즉 "나" 혹은 "나의 것"의 부재로 특정 지어지는 비의존적이고 평정한 상태로, 염처의 직접적인 길은 점차 최고점에 도달하게 된다. 이러한 마음의 균형 상태에서, 즉 "나"를 형성하거나 "나의 것"을 형성하는 것에서 벗어남으로써 열반(*Nibbāna*)의 깨달음을 얻게 된다.

101 Ps I 250.

6

몸

1 몸 관찰

이 장을 시작하면서 나는『염처경(*Satipaṭṭhāna Sutta*)』에 제시된 실제 명상 수행들을 살펴볼 것이다. 염처의 첫 번째 수행은 몸 관찰, 호흡의 자각, 몸 자세의 자각, 몸의 활동에 대한 분명한 앎, 해부학적 부위에 따른 몸 분석, 몸을 4대 원소에 따라 분석하는 것, 그리고 시체의 부패를 9단계로 관찰하는 것이다. 나는 몸 관찰에 대한 일반적인 개론적 평가를 한 후에 이런 명상 수행의 각각을 고찰할 것이다.

몸 관찰에 대한 일련의 과정은 몸에 대한 매우 명확하고 기본적인 측면에서 시작하여 계속해서 몸에 대한 아주 상세하고 분석적인 이해로 점차 진행하게 된다. 이러한 패턴은 만약에 호흡에 대한 알아차림을 첫 번째에서 세 번째로 바꾸게 되면 더욱 분명해 지는데, 한역 *Madhyama Āgama*(『중아함경』)와 염처의 다른 두 가지 버전에서 주장하는 바에 따르면 먼저 자세에 대한 자각이 있은 뒤에 다양한 몸의 활동에 관한 분명한 앎이 있게 된다(그림 6.1 참조).[1] 위치의 변화를 통해 몸 자세에 대한 자각과 몸의 활동에 대한 분명한 앎은 빨리어 버전에서 제시된 것과는 달리 호흡에 대한 알아차림 이전에 놓이게 될 것이다.

1 *Madhyama Āgama*의 판본에 대해서는, Minh Chau 1991:p.88과 Nhat Hanh 1990: p.138을 참조하라. (Schmithausen에 의하면) 다른 판본이란 *Pañcaviṃśatisāhasrikā Prajñāpāramitā*와 *Śāriputrābhidharma*이다. 이들과는 대조적으로『염처경』(D II 291과 M I 56)과 *Kāyagatāsati Sutta*(M III 89)에서는 '호흡의 알아차림(mindfulness of breathing)'을 몸 관찰의 첫 단계에 놓는다.

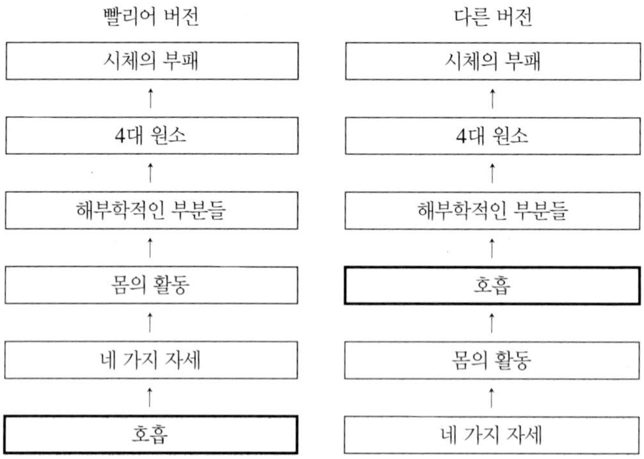

그림 6.1 몸 관찰

네 가지 자세에 대한 자각과 활동에 대한 분명한 앎은 다른 몸 관찰보다 간단한 형태의 명상으로 성격 지워질 수 있다. 그것들이 지니는 보다 기본적인 특성들을 고려해 보면, 그것들을 사띠에 있어서 기초를 세우기 위한 편리한 방법으로서, 염처 계발의 처음에 놓는 것이 일견 타당하게 보인다. 그러나 이것은 실제 수행에서 호흡의 알아차림에 항상 자세의 알아차림과 다양한 몸의 활동에 대한 분명한 앎이 선행한다는 것을 의미하는 것은 아니다. 왜냐하면 호흡에 대한 알아차림이 자세와 신체 활동에 대한 알아차림보다 앞설 수도 있기 때문이다.

몸의 자세에 대한 자각과 몸의 활동에 대한 분명한 앎은 대부분 몸 동작과 관련된다. 이에 반해서 다른 수행들은 신체를 더 정적인 방식으로, 신체를 해부학적, 물질적, 시간적 관점에서 (사후 몸이 분해되는 과정에 초점을 맞춤으로써) 구성요소로 분석하면서 관찰한다. 이러한 맥락에서 호흡에 대한 알아차림은 일시적인 역할을 갖게 되는데, 왜냐하면 비록 전통적으로 그것은 안정된 좌법을 통해 수행된다고 하더라도, 여전히 몸의 활동적 양상, 즉 호흡의 진행과 관련되어 있기 때문이다. 호흡에 대한 알아차림은 세 번째 위치로 바뀔 때, 주로 앉아서 이루어지는 일련의 수행 과정에서 첫 번째가 된다. 사실 올바른 좌법에 대해서는 호흡에 대한 알아차림을 위한 지침에서 상세히 기술되어 있다. 네 가지 자세에 대한 알아차림과 몸의 활동에 대한 명확한 앎은 다른 자세들에서 일어나는 관찰의 방식이기 때문에, 앉는 자세를 호흡에 대한 알아차림과 관련 있을 때에만 설명하는 것은 당연하다. 호흡에 대한 알아차림과 나머지 수행을 위한 경우, 비교적 미세한 성격의 내용들은 매우 안정적인 자세를 요구하고, 결과적으로 수행자로 하여금 더 깊은 단계의 명상을 가능케 한다. 호흡에 대한 알아차림을 세 번째 위치로 바꿈으로써, 앉는 자세에 대한 기술 또한 몸 관찰을 하는데 가장 편안한 위치로 옮겨진다.

몸 관찰은 신체적 자세와 활동에 관련된 두 가지 수행과 호흡에 대한 알아차림의 처음 두 단계에 대한 "앎"(*pajānāti*, *sampajānakāri*)의 강조로 시작된다. 다음에 이어지는 수행들은 다소 다른 명상법을 소개한다. 호흡에 대한 알아차림 수행의 세 번째와 네 번째 단계는 "훈련"(*sikkhati*), 두 가지 신체에 대한 분석은 "관찰"(*paccavekkhati*),[2] 그리고 부패하고 있는 시체에 대한 명상은 "비교"(*upasaṃharati*)와 관련된다. 이러한 동사 선택의 변화는 비교적 단순한 관찰에서 보다 정교한 분석 방법으로 진행됨을 분명히 보여준다. 여기에서 다시 호흡에 대한 알아차림은 신체 자세와 활동의 두 가지 명상의 특징을 지닌 첫 번째 단계와 함께 일시적인 역할을 담당하는데 반해, 세 번째와 네 번째 단계는 다른 세 가지 명상과 함께 묶일 수 있다.

몸의 활동에 대한 명확한 앎과 네 가지 자세에 대한 알아차림을 제외하고, 각각의 몸 관찰은 비유로 설명된다. 이런 비유들은 호흡 알아차림을 선반 돌리는 것으로, 몸 내부의 관찰은 곡물이 가득 찬 자루로, 몸의 네 원소(4대-地,水,火,風)는 암소를 도살하는 것으로 각각 비유된다. 마지막 수행은 육체가 부패해 가는 여러 단계를 이미지화 하는 것이다. 비록 이 소멸의 단계가 단순한 비유로서 여겨질 수 없다고 하더라도, 정신적 이미지의 용례는 다른 세 가지 수행에서 주어진 비유들과 아주 유사하다. 이런 비유들과 정신적 이미지들은 호흡에 대한 알아차림과 마지막 세 가지 몸 관찰 사이의 밀접한 관련성을 가리킨다. 따라서 일련의 몸 관찰의 과정에서 호흡에 대한 알아차림을 세 번째 위치로 이동시킴으로써 그들 모두를 나타내는 이러한 발상은 더욱 지지될 수 있다.

몸 내부를 관찰하는 가르침에서는 '부정한'(*asuci*) 이라는 말을 쓰는데, 이것은 이런 유형의 수행이 가지는 가치기준에 위배된다는 의미를 나타낸다.[3] *Aṅguttara Nikāya*의 한 구절에서, 신체를 해부학적 부분으로 관찰하는 것과 부패해 가는 시체를 관찰하는 것은 '상

---

2 Ps-pṭ 1 365에서는 "관찰"을 반복적이고 분석적이며 주의 깊은 감시와 연관된 것으로 설명한다.

3 M I 57: "그는 이 몸을 온갖 부정함이 가득한 것으로 간주한다."

기(*anussati*)'의 범주에 포함된다.[4] 이것은 사띠라는 말이 함축하고 있는 기억의 의미를 떠올리게 하며, 이들 두 가지 관찰은 순수한 알아차림만으로는 국한되지 않는 수행의 어떤 형태를 보여준다.

염처로서의 몸 관찰의 범위는 한역 *Madhyama Āgama*(『중아함경』)에서 더욱 폭 넓게 나타나 있으며, 그리고 *Madhyama Āgama*는 빨리어 경전에 기술된 것에 몇 가지 명상법들을 추가하고 있다. 놀랍게도 *Madhyama Āgama*는 몸 관찰로서 사선정을 닦을 수 있다고 주장한다.[5] 그러나 몸 관찰에서 사선정의 위상은 빨리어 경전 가운데 *Kāyagatāsati Sutta*와 유사하다. *Kāyagatāsati Sutta*는 자각을 사선정이 몸에 대해 갖는 효과로 본다.[6] 따라서 몸 관찰의 목적으로서 선정 상태에서 경험되는 육체적 행복감이 불가능한 것은 아니다. 그럼에도 불구하고 *Madhyama Āgama*에서 추가한 몇 가지 명상법은 "몸 관찰"에는 적합하지 않고, 오히려 이 주제에 속한 다른 수행법들이 점진적으로 동화된 결과로 보인다.[7]

한편 한역 *Ekottara Āgama*(『중아함경』)에서는 오직 몸에 대한 네 가지 관찰만 말하고 있다. 신체 내부, 4대 원소, 부패하는 시체에 대한 알아차림, 그리고 몸에서 배출하는 불결한 액체와 함께 몸에 있는 여러 구멍들을 관찰하는 것이 그것이다.[8] 심지어 빨리어 *Vibhaṅga*요약본에서는 이 염처에 속한 해부학적인 구조에 대한 명상만을 열거하고 있

4 A III 323.

5 Minh Chau 1991:p89와 Nhat Hanh 1990:p154에서는 이것들이 몸 관찰의 여섯 번째, 일곱 번째, 여덟 번째, 아홉 번째의 단계에 해당한다. 이 단계들은, 빨리어 경전에서도 발견되는 일련의 동일한 직유법들의 도움으로, 4선정(*jhanas*)들 각각이 갖게 되는 신체적인 결과에 대해 기술하고 있다. (4개의 비유들은 비누가루로 덩어리 비누를 반죽하는 것, 안에서 솟아오른 물이 모인 호수, 물에 잠긴 연꽃, 완전히 흰 옷을 입은 사람이다)

6 M III 92.

7 예를 들어, 이 판본에서는 불건전한 사유들을 취급하는 여러 방식이 몸 관찰의 세 번째와 네 번째 단계에서 다루어지는 것으로 기록되어 있다. (이와 병기될 수 있는 빨리어 경전의 수행으로는 M I 120에서 언급된 불건전한 사유에 대한 해독제들 가운데 첫 번째와 마지막 것이 그것이다) 그 밖에 이 판본의 몸 관찰 열 번째와 열한 번째의 단계는 '뛰어난 지각'과 '관찰된 이미지를 잘 기억하는 능력'을 계발하는 것과 연관된다. 이것은 빨리어 경전들 여러 곳에서 발견되는 삼매의 특징(*samādhi-nimitta*)과 인식의 명료함(*āloka-saññā*)에 상응할 수 있다. Minh Chau 1991:pp.88-90과 Nhat Hanh 1990:pp.153-6을 참조하라.

8 Nhat Hanh 1990: p.169.

다.[9] 이 같은 "생략"의 이유에 대해서는 여러 가지로 추정해 볼 수는 있지만, 모든 상이한 판본에서 공통적으로 인정하는 것은 몸 관찰의 핵심은 어디까지나 몸의 해부학적 구조에 대한 철저한 관찰이다. 비록 그것이 어느 정도의 평가를 포함하기 때문에 전형적인 염처 수행의 접근법과는 다른 것으로 보이더라도, 이것은 이 수행법을 상당히 강조한 것으로 생각된다.[10]

2 몸 관찰의 목적과 이익

비록 몸의 본성을 관찰하는 것이 부정적인 특징에 초점이 맞추어져 있지만, 수행의 목적은 몸을 괴물처럼 묘사하는 것이 아니다. 확실히 간혹 경전에서는 인간의 몸을 부정적인 용어들로 묘사하는 것이 사실이지만,[11] 요점은 문제의 화자들이 몸에 대한 모든 집착을 극복했다는데 있다.[12] 반면에 *Kāyagatāsati Sutta*는 삼매 상태에서 느끼는 육체적 행복감을

9 Vibh 193, 주석서 Vibh-a 252에서는 이것을 해부학적인 부분들과 연관시켜 좀 더 심도 있게 네 가지 부분으로까지 확장을 시킨다. Bronkhorst 1985:p.311는 주석에서 *Vibhaṅga*의 이 언급을 근거로, 해부학적인 부분들까지 확장되는 이런 분석이, 몸을 관찰하기 위한 가장 오래되고 원형에 가까운 접근을 구성한다고 암시한다. 또한『염처경』이 좀 더 원형에 가까운 *Kāyagatāsati Sutta*를 정교하게 다듬은 것이라고 주장하는 Lin Li-Kouang(1949:pp.122-7)을 참조하라. 이와 유사한 견해가 Schmidt 1989:p.41 n.3에게서도 발견된다.

10 이러한 강조는 *kāyagattāsati*(몸에 대한 알아차림)라는 말이 원래 경전의 용례에 따르면 *kāyānupassanā*(몸에 대한 관찰)라는 말과 동의어이지만, 주석서들에서는 해부학적인 부분들에 대한 관찰만을 암시하는 것으로 바뀌었다는 사실에서도 발견된다. 또한 Bodhi 2000:p.1453 n.366와 Upali Karunaratne 1999a:p.168를 비교하라. 이러한 의미상의 변화가 있었기에 몸 관찰의 일환으로 해부학적 부분에 대한 관찰을 하는 것이 중요해 질 수 있었다.

11 M I 500;M I 510;S I 131; A IV 377; AIV 386; Sn 197-9; Sn 205; Th 279; Th 453; Th 567-9; Th 1150-3; Thī 19; Thī 82-3; Thī 140; and Thī 466-71의 예를 참조하라. 이런 언급들은 몸에 대한 일말의 부정적인 태도들이(Hmilton이 1995b:p.61에서 암시한 것처럼) 단지 주석서들 때문만은 아니라는 것을 보여준다. 그러나 반대로 몸 관찰의 목적으로서 "몸에 대한 강렬한 혐오("ungestumer Ekel an allem Leiblichen")"를 언급했던 Heiler 1922:p.18는 그 표현이 너무 지나친 듯하다.

12 예를 들어 S I 131에서의 위자야(Vijayā); A 377에서의 사리뿟따((Sāriputta); 그리고 Thī 140에서의 케마(Khemā)에 대해 보면, 그들은 각각 자신들의 몸 자체에 대한 혐오와 수치심에 대해 언급한다. 그러나 이런 특정한 표현은 그 각각의 경우 처했던 상황 때문에 생겨나는 것일 뿐이다. 예를 들어, 사리뿟다(Sāriputta)는 몸으로 다른 비구에 대한 존경을 충분히 표하지 않았다는 비난에 대해서 변론한 반면(Mp IV 171을 참조하라), 비구니 위자야와 케마(Khemā)의 경우는 자신들을 유혹하려는 사람을 설득하고자 노력했다. 사실 동일한 표현이 Vin III 68과 S V 320에서도

몸 관찰을 위한 대상으로써 취한다. 이 구절은 명백히 몸 관찰이 반드시 증오와 혐오에만 관련된 것이 아님을 보여준다.

몸의 특성을 관찰하는 목적은 몸의 부정적인 특성들을 관심의 중심으로 삼고자 하는 것이다. 그러므로 먼저 몸의 매력적인 특성들을 강조해 두는 것은 전체적인 문맥을 균형감 있게 보이게 한다. 목적은 몸에 대한 균형감 있고 공정한 태도이다. 그러한 균형감 있는 태도를 취하게 되면, 몸은 단순히 조건들의 산물일 뿐 자신과 동일시할 필요가 없게 된다.[13]

경전에서는 다양한 비유로 몸을 관찰하는 방법과 그에 따른 이익을 설명한다. 이러한 비유가운데 머리위로 기름이 가득 찬 통을 이고 아름다운 소녀가 노래하고 춤추는 것을 보고 있는 군중들 속을 지나가는 남자를 묘사하는 비유가 있다.[14] 그의 뒤에는 만약 기름 한 방울만이라도 엎지르면 당장이라도 목을 칠 준비가 되어있는 칼을 든 다른 남자가 뒤따르고 있다. 기름을 나르는 그 남자는 살기 위해서는 소녀를 둘러싼 소란스러움에 정신을 빼앗기지 않으면서, 발걸음과 움직임 하나하나에 온 집중을 기울여야만 한다.

기름을 나르는 남자의 조심스런 행동은 현재 몸에 대한 알아차림이 잘 갖추어진 수행자의 신중한 행동을 예시하고 있다. 특히 머리 위의 사물을 옮기는 이미지는 사띠를 통해 실행되는 몸의 활동이 수반하는 균형과 중심을 강조하는 것이다. 이 비유가 갖는 또 다른 중요한 특징은 몸 활동의 지속적인 알아차림이 감관의 제어와 관련된다는 것이다. 이렇게 이 비유는 생생하게 몸에 근거한 알아차림을 계발하는 것의 중요성을 설명한다. 왜냐하면 비유 속에서 묘사된 상황은 몸에 근거한 감관의 제어가 소란과 위험 속에서 목숨을 보존하는 수단이 됨을 잘 보여주기 때문이다.

감관의 제어는 또 다른 비유에서도 나오는데, 몸에 대한 알아차림을 단단한 말뚝에 묶여있는 여섯 마리의 야생동물과 비교하고 있다.[15] 동물들이 탈출하기 위해 더욱 발버둥 칠수록 동물들은 말뚝에 단단히 묶여있기 때문에 그들은 점점 더 말뚝 가까이에 앉거나 누울

나타난다. 거기에서는 한 무리의 비구들이 자살을 감행할 정도의 열정을 가지고 몸의 부정한 특성에 대한 관찰에 정진하고 있었다. 그러나 이것은 이 수행의 올바른 방식이 아니다.

13 S II 64에서 붓다는 몸이 자기 자신도 아니며, 다른 것에 속한 것도 아니며, 단지 조건의 산물이라고 설명했다.

14 S V 170.

15 S IV 198.

수밖에 없다. 마찬가지로 몸에 대한 알아차림은 육감을 묶을 수 있는 단단한 말뚝이 될 수 있다.

이 비유는 감각적인 즐거움을 찾아 헤매는 불안한 정신 상태를 서로 다른 방향으로 도망가는 야생동물에 비유한다. 일단 몸에 대한 알아차림이 확고하게 확립되면, 마치 동물들이 묶여있는 말뚝 가까이에 다가와 눕는 것과 같이 감관들은 예외 없이 고요해진다. 이 비유는 몸에 대한 알아차림을 통해 지금 이 순간의 경험에 닻을 내린 혹은 근거한 상태가 갖는 이점을 보여준다.[16] 몸에 근거한 그러한 알아차림이 결여되면, 애착과 집착이 쉽게 일어날 수 있다.[17]

유사한 함축적 의미가 *Kayāgatāsati Sutta* 속에 제시된 일련의 비유들의 기저를 이루는데, *Kayāgatāsati Sutta*에서는 몸에 대한 알아차림을 정신적 번뇌들을 의인화한 마라(Māra)를 극복하기 위한 중요한 요소로 표현한다.[18] 마치 무거운 돌로 만들어진 공이 진흙 더미를 통과할 수 있듯이, 혹은 마른 나무에서 불이 날 수 있듯이, 혹은 빈 주전자에 물을 가득 채울 수 있듯이, 그와 같이 마라는 몸에 대한 알아차림이 잘 확립되지 않은 사람들을 압도할 수 있는 기회를 찾게 될 것이다. 하지만 마치 실 뭉치로는 단단한 나무로 된 문을 뚫을 수 없듯이, 젖은 나무에서는 불이 날 수 없듯이, 가득찬 물주전자에는 더 이상 물을 담을 수 없듯이, 그와 같이 마라는 몸에 대한 알아차림을 계발하고 기르는 사람들을 압도할 수는 없을 것이다.

*Kayāgatāsati Sutta*는 『염처경』과 몸 관찰의 순서는 동일하지만, *Kayāgatāsati Sutta*의 "정형구" 부분은 분명한 차이를 보인다. 거기에서 몸 관찰은 세속적인 생각의 극복과 집중의 계발에 관련된다.[19] 이것은 몸 관찰이 갖는 또 다른 이점을 가리킨다. 즉 몸의 본성에 대한 올바른 평가를 통해 격정적인 감각적 탐닉을 극복하게 된다. 그러한 격정적인 감

16 Fryba 1989:p.111는 "현실에 닻을 내리는 전략들"에 대해 적절하게 말한다. Tart는 1994:p.44에서 "당신이란 존재를 휩쓸고 가버리는 모든 생각들 대신, 당신은 당신의 몸을 통하여 지금 그리고 여기에서 닻을 내리게 되는 것이다"라고 설명한다. 또한 Nett 13과 비교하라. 여기에서는 몸에 대한 알아차림은 감각적 산만함으로부터 보호하는 것이라고 지적한다.

17 M 266에 의하면, 몸에 대한 알아차림을 소홀히 한다는 것은 감각적 기쁨과 그것에 대한 애착으로 귀결된다고 한다.

18 M III 95.

19 M III 89.

각적 탐닉에 대한 경감은 감각적인 것들에 의해 방해받지 않는 삼매의 계발을 용이하게 한다. *Kayāgatāsati Sutta*에서는 또 다른 비유를 보여주고 있다. 물 주전자가 엎어지면 마실 물이 쏟아지듯이, 둑이 무너지면 저수지 물이 쏟아지듯이, 숙련된 마차꾼이 그가 좋아하는 곳이면 어디든지 마차를 끌고 갈 수 있듯이, 그와 같이 몸에 대한 알아차림은 쉽게 깊은 삼매의 계발로 이끌 것이다.[20]

그래서 몸 관찰은 사마타 계발을 위한 기초가 되거나, 『염처경』에 나와 있는 것처럼 느낌과 정신적 현상에 대한 사띠의 적용으로 이끌 수 있다.[21] 몸에 대한 확고한 알아차림은 고요와 통찰을 계발시키기 위한 중요한 기초를 제공한다는 사실이 아마도 사념처 가운데 몸 관찰이 경전과 주석서에서 가장 폭넓고 자세하게 논의되는 이유일 것이다.[22] 몸 관찰에 대한 이러한 강조는 상좌부 전통의 위빠사나 학파들 사이에서 오늘날까지 지속되고 있다. 그들 학파에서 몸에 대한 알아차림은 기초적인 염처 수행으로써 중심적인 위상을 갖는다.

경전에서는 반복적으로 몸 알아차림이 지니는 가치가 얼마나 큰지를 강조한다.[23] 경전에 따르면, 몸 알아차림을 수행하지 않은 사람들은 "불사(不死)를 얻지" 못한다고 한다.[24] 몸에 대한 알아차림은 즐거움의 근원이자,[25] 최상의 벗으로 간주될 수 있다.[26] *Theragāthā*에서는 심지어 수행자가 만약 단 하나의 소망이 이루어지도록 할 수 있다면, 온 세상은 몸

20 M III 96.

21 Ledi는 1983:p.38에서 사마타수행을 위해서든 위빠사나 수행을 위해서든 이 수행들을 위해서 몸 관찰을 할 경우 그 기초의 중요성을 역설한다. 그는 어느 쪽을 수행하든, 몸에 대한 알아차림에 근거하지 않고 수행하려는 시도를 코뚜레 없이 길들여지지 않은 수송아지가 끄는 소달구지를 모는 것에 비교한다. 또한 사마타 수행의 발전을 위해 몸 관찰이 얼마나 중요한지에 대해서는 Ps I 301에서도 보인다. 여기서는 호흡, 해부학적 부분들, 죽음 이후의 몸의 해체에 대한 자각이란 곧 특별히 집중의 발전에 적합한 염처관찰이라고 지적한다.

22 예를 들어 *Majjhima Nikāya*에서는 몸 관찰의 여러 측면들이 독립적인 경전처럼 개별적으로 자세히 설명된다(*Ānāpānasati Sutta*, M iii 78; *Kāyagatāsati Sutta*, M III 88). 마찬가지로 『염처경』의 주석서들도 몸 관찰에 할당된 양이 나머지 세 염처를 다루는 양과 거의 같다. : Ps I 247-74, Ps I 274-301 각각 27페이지.

23 M III 94-9; A I 43; Dhp 293.

24 A I 45.

25 A I 43. 또는 D III 272과 S II 220을 참조하라.

26 Th 1035(이러한 언급은 붓다의 열반 후 아난다에 의해 이루어졌다).

에 대한 깨지지 않는 알아차림을 즐길 수 있게 되는 것이라고 말하고 있다.[27]

비록 몸을 관찰하는 명상 수행이 고대의 기원을 가진 것으로 보이고, 이미 붓다와 동시대의 고행자 집단과 명상 집단에서 알려져 있었다고 하더라도,[28] 주석가들은 붓다의 분석적이고 포괄적인 접근은 분명히 새로운 특징을 보여주었음을 지적한다.[29]

3 호흡 알아차림

고대와 오늘날에 있어서 호흡 알아차림은 몸 명상에서 가장 널리 사용되고 있는 방법일 것이다. 붓다는 자주 호흡 알아차림에 몰두하였으며,[30] 그는 그것의 실천을 '고귀'하고 '신성'한 방법이라 불렀다.[31] 붓다의 말에 따르면 심지어 그의 깨달음은 호흡 알아차림에 기초하고 있다고 한다.[32]

경전에서는 호흡에 대한 알아차림을 다양한 방식으로 제시하고 있다. 『염처경』에서는 4단계의 수행을 기술하고 있고, *Ānāpānasati Sutta*는 4단계에 12 단계를 더해 16단계를 만들어 냈다. 경전의 또 다른 부분에서는 호흡에 대한 알아차림을 인지(saññā)와 삼매 수행으로 설명한다.[33] 이러한 다양한 설명은 명상 대상으로서 호흡의 과정이 지닌 다기능적 특징을 보여준다. 수행을 통해 얻을 수 있는 이점이 이만큼이나 다양하게 기록되어 있으며, 거기에는 통찰과 깊은 삼매가 포함되어 있다.[34]

---

27 Th 468.

28 Lin Li-Kouang 1949:p.124; Schmithausen 1976: p.254. 몸 관찰이 고대 인도에서도 알려졌다는 흔적은 *Kāyagatāsati Sutta*(M III 88)의 도입부분에서도 어느 정도 확인된다. 그곳에서 비구들은 붓다가 몸 관찰이 여러 가지 이익을 가져올 것이라는 식으로 설하신 것을 찬탄했다. 만약 몸 관찰이란 행위가 그 자체로 새로운 것이라면, 분명 명시적으로 찬탄 받을 만한 것이다.

29 Ps I 247과 Ps-pṭ I 348에서는 붓다만큼 완벽하게 몸 관찰 수행을 가르치지 않는다고 주장한다.

30 S V 326.

31 S V 326.

32 S V 317.

33 *(Mahā-) Satpaṭṭhāna Suttas*(D II 291, M I 59)에서 네 단계의 염처, *Ānāpānasati Sutta* M III 79에서는 16단계의 수행, A V 111에서는 *saññā* 그리고 S V 317 *Ānāpāna saṃyutta*에서는 *ānāpānasatisamādhi*; *Vajrañāṇa* 1975:p.227을 참조하라.

34 SV 317-19에서는 세속적인 의지와 호오(好惡)를 극복하고, 네 가지 선정과 무색정의 성취를 얻어 실현하는 것이, 호흡을 알아차림으로써 얻을 수 있는 잠재적인 이익이라고 기록한다.

명상 수행의 한 방법으로써, 호흡에 대한 알아차림은 평화로운 특성을 가지며 몸의 자세와 마음을 안정감으로 이끈다.[35] 호흡에 대한 알아차림을 통해 초래되는 정신의 안정성은 특별히 주의산만과 논변적 사유를 치유하는데 효과적이다.[36] 호흡에 대한 자각은 또한 죽음의 순간에 평온을 유지하게 하는 요소가 되며, 나아가 최후의 호흡에 대한 알아차림을 가능하게 한다.[37]

『염처경』에 따르면, 호흡에 대한 알아차림 수행은 다음과 같은 방식으로 행해져야 한다.
이제, 그는 숲이나 나무의 뿌리나 비어있는 오두막집에 가서 앉는다:
그는 다리를 가부좌하고, 몸은 곧추 세우고, 면전에 알아차림을 확립하고 들숨과 날숨에 주의 집중한다.
길게 들이 쉬면서 그는 "나는 길게 들이 쉰다."는 것을 알고, 길게 내쉬면서 그는 "나는 길게 내쉰다."고 안다.
짧게 들이쉬면서 그는 "나는 짧게 들이쉰다."고 알고, 짧게 내쉬면서 그는 "나는 짧게 내쉰다."고 안다. 그는 이와 같이 수행한다: "나는 몸 전체로 경험하며 숨을 들이쉴 것이다." 그는 이와 같이 수행한다: "나는 몸 전체로 경험하며 숨을 내쉴 것이다." 그는 이와 같이 수행한다: "나는 몸의 구조를 고요히 하며 숨을 들이 쉴 것이다." 그는 이와 같이 수행한다: "나는 몸의 구조를 고요히 하며 숨을 내쉴 것이다."[38]

호흡 알아차림을 위한 가르침은 적절한 외부의 환경과 적합한 몸의 자세를 포함한다. 수행을 위한 세 가지 종류의 추천되는 장소들은 숲, 나무의 뿌리와 비어있는 오두막집이다. 경전에서 이 세 가지는 보통 공식적인 명상 수행을 위한 알맞은 조건들을 지시하고,[39]

35 S V 321과 S V 316.

36 A III 449; Ud 37; It 80. *Abhidharmakośabhāṣyam*에서는 호흡의 알아차림이 특히 산만한 사유를 저지하는 것에 적합하다고 설명한다. 왜냐하면, 호흡이란 색과 형상이 없는 무미건조한 명상의 대상이기에 그 자체로 마음의 구상(構想)적인 경향을 자극하지 않기 때문이다(Pruden 1988: p.917).

37 M I 426.

38 M I 56.

39 M 118에서, 외따로 있는 나무들을 단지 쳐다보는 것만으로도 왕이 그 나무들로부터 명상수행을 연상하게 되고, 급기야 부처님을 떠오르게 한다고 할 만큼, 세 가지 가운데 나무의 뿌리는 특별히 명상수행과 밀접한 연관이 있다. 이와 유사하게, 나무의 뿌리가 차지하는 공간은 명상가가 자

호흡에 대한 알아차림(혹은 다른 명상 수행들)을 위해 요구된 적절한 수준의 한정처(閑靜處)를 나타낸다.[40] 그러나 현대의 명상가들에 의하면 호흡 알아차림은 줄에 서 있거나 대합실에 앉아 있는 동안 등과 같이, 그 어떤 상황에서도 계발될 수 있다고 한다.[41]

외부 환경에 대한 설명뿐만 아니라『염처경』에서는 적합한 좌법에 대해서도 상세히 설명하고 있다. 즉, 등은 곧게 하고 다리는 가부좌를 해야 한다.[42] 여러 경전에서, 명상을 위한 적절한 자세에 대한 이러한 기술은 호흡에 대한 알아차림에서만이 아니라, 여러 다른 명상 수행의 맥락에서도 나타난다.[43] 비록 명상이 앉는 자세에 한정되어야 하는 것을 의미하지는 않지만, 그럼에도 불구하고 이러한 내용이 나온다는 것은 마음을 계발하는데 있어서 공식적인 좌법의 중요성을 강조한 것이다.

자세가 갖추어지면 알아차림을 "면전"에 확립시킨다. "면전(*parimukhaṃ*)"이라는 훈

신의 수행으로 퍼질 수 있고, 뒤덮을 수 있는 영역을 가늠하기 위한 기준으로 작용할 수 있다(M III 146을 참조하라). 또한 거주할 수 있는 장소로서의 나무뿌리는 비구 혹은 비구니에게 승단에서 요구하는 가장 기본적인 네 가지의 요건(걸식한 음식, 헌옷, 의약품으로는 소의 오줌과 더불어)중의 하나를 충족시킴으로써, 살아가는 데 있어 가장 최소한의 필요를 만족시켜준다는 뉘앙스를 전한다. 예를 들어 D 17에서 '숲'과 '나무뿌리'라는 말은 공식적인 명상을 소개하기 위해 사용되는 표준적인 표현의 일부이다. '나무뿌리'와 '빈 오두막'이란 말은 부처님이 명상을 강력하게 권고하는 가운데 언급이 된다. 이 세 가지 종류의 장소는 호흡의 알아차림을 유도하는데 뿐만 아니라, 다른 여러 가지 명상수행들과도 연관되어 나타난다: M I 297에서는 공성에 대한 반추와 관련; M I 323에서는 장애의 극복과 관련; M I 333에서는 단절의 성취; M I 335에서는 신의 거주처와 관련; M I 336에서는 몸의 추함, 음식에 대한 혐오감을 알아차리는 것, 세계에 대한 미망으로부터의 각성, 무상함에 대한 관찰; 그리고 A V 109에서는 온(蘊)들과, 감각의 영역, 몸의 다양한 질병, 열반의 기억과 관련되어 있다.

40 Ps I 247. Ps I 248과 비교하라. Ps 1248에서는, 시끄럽고 마음이 산란한 곳에서는 호흡의 알아차림을 수행한다는 것이 쉽지 않다고 강조한다. 이와 유사하게 Vibh 244는 숲과 나무뿌리는 인적이 없고 조용한 장소이기에 명상을 위한 은둔처로 적절한 장소라고 말한다.

41 Gunaratana 1981:p.10; Khantipāla 1986:p.11.

42 경전에서 "다리를 가부좌 한다"는 표현은 상세히 설명하지 않는다. 주석서는 그것을 연화좌를 표현한 것으로 여기지만, 현대적인 수행의 관점에서는 등을 똑바로 세우고 통증 없이 오랜 시간 동안 유지할 수 있는 어떤 형태의 가부좌든 포함시키는 것이 적당해 보인다.

43 앉는 자세에 대한 설명은 점진적인 수행에 대한 표준적인 해설의 일부로서, 장애를 극복하고 삼매를 발전시키는 것과 연관되어 나타난다. 예를 들어 D 17에서; D III 49; A I 183에서는 사무량심(*brahmavihāras*)을 수행하는 문맥에서; M I 421에서는 오온(五蘊)에 대한 명상과 관련; A I 184; Ud 46; Ud 60; Ud 77에서는 획득된 통찰력의 수준과 깨달음을 기억하는 문맥에서, Ud 27과 Ud 77에서는 몸 관찰과 관련; Ud 43에서는 대체로 명상의 문맥에서 나타난다.

령은 문자 그대로 또는 비유적으로 이해될 수 있다.[44] 문자 그대로 이해하면 "면전"은 들숨과 날숨들에 대해 가장 잘 자각할 수 있는 콧구멍 근처를 가리킨다. 다른 하나로 "면전"에 대한 이해는 사띠의 견고한 확립을 암시한다. 사띠는 명상 상태의 평정과 주의집중이라는 의미에서 정신적 "면전"에 존재한다.[45]

*Abhidhamma*와 주석서 모두 "면전"(*parimukhaṃ*)을 명확한 해부학상의 위치로 받아들인다.[46] 하지만 경전에서 "면전"은 장애의 극복 또는 사무량심(*brahmavihāra*)의 계발과 연관되는 것과 같은 다양한 문맥에서 나타난다.[47] 호흡을 알아차리는 것의 도움으로 장애

44 이런 애매함은 *mukha*가 의미의 다양성을 가질 수 있기 때문에 생긴다. 그런 의미들 가운데에는 입, 얼굴, 또는 앞쪽, 꼭대기라는 것이 있다(T.W. Rhys Davids 1993:pp.533-4를 참조하라).

45 Patis(I 176)는 사띠(*sati*)라는 말이 (부주의함의) '해결책(way out)'을 '제공'한다는 것을 의미하는 *parimukham*이라는 말의 속성을 지닌다고 설명한다. Fessel 1999:p.79은 그 말을 산스끄리뜨어인 *bahir mukha*(얼굴을 돌리다, 외면하다)와 비교하면서, 결론적으로 *parimukham*이란 즉자적인 환경에 직접적으로 몰입된 정신의 현전을 의미한다고 암시한다. T.W. Rhys Davids, 1993는 "스스로를 마음의 경계로 둘러싸는 것(p 672)", "자신의 알아차림을 방심하지 않는 것"이라고 한다. 중국의 아함경에 이와 상응하는 구절이 쓰여 있다: "생각을 잘 통제하여 정도에서 벗어나지 않는다"(Minh Chau 1991:p.99). 사실 몇몇 경전에서 "알아차림을 면전에 확립시켰다"("정면에 확립된 정신집중")라는 표현은 붓다가 앉아서 명상에 들어 있는 상태를 기술하기 위해 분명 명상에 익숙하지 않았던 사람들이 사용했던 것이다. (S I 170에서는 그의 황소를 찾고 있는 바라문, S I 179에서는 목세공인, 그리고 S I 180에서는 몇몇 바라문 학생들). 이런 사람들이 단지 붓다가 앉아 있는 것을 보기만하고도, 그가 그의 콧방울에 지각을 집중하고 있다는 것을 알아차린다는 것을 상상하기는 어렵다. 이런 경우에 대한 보다 개연성 있는 설명은 그들이 "알아차림을 면전에 확립시켰다"("정면에 확립된 알아차림")라는 표현을 사용한 까닭은 단지 붓다가 명상자세로 앉아 있었다는 가시적인 사실을 표현하기 위해서라는 것이다.

46 Vibh 252는 그것을 코끝 또는 윗입술과 연관하여 설명한다; Paṭis 171에서도 동일하다; 그리고 Ehara 1995:p.157과 Vism 283은 코끝은 좀 더 긴 코를 가진 명상가를 위해 관찰하기 적절한 부분이라고 설명한다. 반면에 윗입술은 좀 더 짧은 코를 가진 명상가에게 동일한 기능을 한다.

47 D III 49; M I 274; A IV 437은 "면전"에 확립시킨 알아차림을 장애를 극복하는 것과 연관시킨다; A I 183은 신의 거주처와 연관시킨다. 다른 경우 "면전에 확립시킨 알아차림"이란 표현은 깨달음을 얻을 때까지 자세를 바꾸지 않겠다는 결단을 형성하는 맥락에서, 혹은 자신과 타인들의 이익을 바라는 마음을 개발하는 것과 연관하여, 혹은 자신은 마음에서 온갖 더러움이 제거되어 버렸다는 성찰적 인식으로 정신을 집중할 때, 혹은 명상에서 영감에 충만해진 비구가 행하는 시적묘사의 한 부분으로 등장한다. Udāna의 몇몇 구절에서 그것은 가부좌를 하고 앉아있는 명상가의 동일한 설명에서 빠져있기 때문에 "면전"의 조건은 전형적인 형식의 부분 이상인 것으로 보인다는 것은 지적할만한 가치가 있다. 또한 "면전"이란 말이 단순히 표준적인 공식의 한 부분 이라기보다는 그 보다 더한 의미가 있는 것처럼 보인다는 점을 지적할 가치가 있다. 왜냐하면 Udāna의 여러 곳에서 가부좌를 하고 명상을 하는 명상가에 대한 동일한 묘사가 나오는데, 다른 경우라면 동일하게 같은 표현(면전)을 썼을 텐데 그러한 표현이 보이지 않기 때문이다(Ud 21; Ud 42; Ud 43; Ud 46; Ud 60; Ud 71; Ud77).

를 극복하는 것이 나타날 수 있을지라도 이것이 꼭 그 경우는 아니다. 실제로는 장애를 극복하는 것에 대한 표준적 지침은 호흡을 언급하지 않는다.[48] 비슷하게 경전은 신성한 장소의 계발을 어떤 식으로든 호흡을 알아차리는 것과 연관 짓지 않는다.[49] 하지만 호흡을 알아차리는 것을 떠나서 알아차림이 콧구멍 근처를 가리킨다는 것은 말이 안 된다. 장애를 극복하는 것과 연관 짓든 사무량심을 계발하는 것과 연관 짓든 간에 말이다. 그러므로 적어도 이러한 맥락에서 "면전"의 비유적인 의미는 사띠의 굳건한 확립이 더욱 의미 있는 선택이 될 것이다.

비록 "면전"을 이해하는 데 콧구멍 근처를 가리키는 것이 호흡 알아차림과 연관하여 이치에 맞을지라도, 용어를 좀 더 비유적인 이해에 기초하여 이루어진 수행의 대안적 방법은 범주적으로 제외될 수는 없다. 실제로 몇몇 현대 명상가들은 콧구멍 근처와 관계없이 호흡의 알아차림에 대한 성공적 접근을 이루어 냈다. 예를 들어 어떤 이들은 제자들에게 가슴 부분에서 호흡을 경험하도록 조언하고, 다른 이들은 배에서 바람의 요소를 관찰하도록 제안하며, 한편 어떤 이들은 어떤 특정한 부위에 초점을 맞추지 않고 호흡 그 자체의 활동에 직접적인 알아차림을 갖도록 요구한다.[50]

적당한 환경과 자세를 설명하면서 『염처경』은 명상가들에게 주의 깊게 들이쉬고 내쉬

48 표준적인 해설(D III 49; M I 274; M III 3; S V 105)에 의하면 각각의 장애에 대한 해결방법은 다음과 같다: 몸이 가진 비매력적인 것에 대한 집중, 사랑스런 친절함, 인식의 명확성, 정신적 평정, 통합적인 상태에 당황하지 않는 것. 특히 이 문맥에서 흥미 있는 것은 M I 421이다. 여기서 라훌라(Rāhula)는 온(蘊)들에 대해 명상하기 위해서 "면전"의 알아차림을 확립하기 위해 앉았다. 그러나 호흡의 알아차림에 대한 가르침을 받은 것은 (앉아 있고 난 이후인) 나중에서였다. 이것은 그가 호흡의 알아차림에 대한 가르침을 이전에 받지 않았다는 것을 암시한다. 그러므로 그가 이전에 배웠던 온에 대한 명상동안에 그의 콧방울에 집중했을 것이라고는 추정하기 어렵다.

49 그 가르침은 일종의 방사의 형태(M II 207)에 대해 기술하고 있는데, 그것은 호흡의 알아차림과는 연관이 없는 것처럼 보인다.

50 Dhammadharo 1987:p.16, Maha Boowa 1983:pp.14-16는 처음엔 코에 집중하지만 가슴으로 이동하고 이후엔 태양신경총 영역으로 이동시키도록 가르친다. Kamalashila 1994:p.168는 몸(코)에서 보다 위쪽에 있는 호흡을 관찰함으로써 느슨한 정진를 보완할 것을 제안한다. 반면에 과도한 정진의 경우에는 보다 낮은 지점(복부)에 있는 것을 사용함으로써 가라앉힐 수 있다. Brahmavaṃso 1999:p.17는 호흡을 몸의 어느 부분도 정하지 말 것을 제안한다. 반면에 Kassapa 1966: p.242는 복부에서의 호흡의 움직임을 관찰하는 것에 대한 Mahasi 전통을 날카롭게 비평한다. 그러나 주석서의 설명과 모순되는 것을 피하기 위해서, Mahasi 전통은 자신들의 주된 명상수련법을 호흡에 대한 자각의 형태가 아니라, 바람의 요소(네 가지 요소를 명상하기 위한 가르침에서 언급된 원소들 중의 하나로서)를 관찰하는 형태를 제시하는데 주의를 기울여왔다.

는 것을 가르친다.[51] 다음으로 명상가는 매 호흡마다 "길다" 혹은 "짧다"라고 길이를 알아차려야 한다. 여기에서 중요한 것은 길고 짧은 호흡을 알아차리는 것이지 의식적으로 호흡의 길이를 통제하는 것이 아니다. 그럼에도 불구하고 긴 호흡을 아는 것으로부터 좀 더 짧은 호흡을 아는 것으로의 진전은 정신적, 육체적 고요함이 증가함에 따라 관찰이 계속되면서 더불어 호흡이 자연스럽게 짧고 정교해진다는 사실을 반영한다.[52]

경전은 이 과정을 숙련된 선반공이 온통 주의를 집중하여 선반을 길게 혹은 짧게 돌리려고 하는 것에 비유한다.[53] 선반공의 비유는 호흡의 알아차림을 수련하는 데 있어서 더욱 정제되고 미묘해지는 것을 암시한다.[54] 선반공이 선반을 점차적으로 더욱 정교하고 더욱 섬세하게 깎는 것과 꼭 마찬가지로 관찰은 비교적 길고 굵은 호흡에서 짧고 미세한 호흡으로 나아간다. *Paṭisambhidamagga*는 호흡 알아차림의 이 점진적인 정교함을 징을 친 후 점진적으로 희미해지는 소리에 비유한다.[55]

세 번째와 네 번째 단계에서는 관찰의 과정을 기술하는데 다른 동사, 즉 "그는 안다"(*pajānāti*) 대신에 이제 "그는 훈련한다"(*sikkhati*)라는 표현을 사용한다.[56] *Ānāpānasati Sutta*에서 이 "훈련한다"라는 말은 "안다"와 관련된 처음 두 단계에 더하여 14단계 전체에 걸쳐 있다. "훈련한다"라는 단어의 쓰임은 이 단계들에서 어려움의 정도가 증가하기 때문에 명상가 역시도 노력을 배가시켜야 함을 나타낸다.[57] 이러한 훈련은 알아차림의 종류를 더 넓게 만드는 것으로 보이며, 또한 호흡 그 자체보다는 현상들을 포함하고 있다.

*Ānāpānasati Sutta*에서 설명된 체계에서 지각은 16단계를 통해 이동하는데, 호흡의

51 Chit Tin 1989: p.44에 의하면 이러한 가르침은 특히 들숨과 날숨 사이를 명확히 구분하는 것과 관련이 있다.

52 보다 짧은 호흡이 어느 정도의 집중으로 발전할 수 있는지에 대한 상관관계는 Dhammadharo 1996:p.19; Dhīravaṃsa 1989:p.46; Goenka 1999:p.29, Khatipālo 1981:p.30가 지적하였다.

53 D II 291과 M I 56.

54 Ariyadhamma 1995:p.3는 선반공의 비유에 대해 주의력의 고정을 가리키는 것으로 설명한다

55 Paṭis I 185는 호흡 자각의 세 번째 단계에 관해 언급한다.

56 Buddhadāsa 1976:p.63에 의하면 처음 두 단계는 예비단계이며, 실제수행은 이러한 "훈련"으로 시작한다.

57 실제로 호흡의 알아차림에 대한 붓다 자신의 수행에 대해 기록한 S V 326는 "그는 훈련 한다"의 모든 언급은 "나는 안다"로 대체된다. 이것은 열여섯 단계를 거쳐 앞으로 나아가기 위해서 노력을 하는 보통의 수행자들과는 달리, 명상의 기술을 가진 붓다는 대단한 노력 없이 할 수 있었다는 것을 의미한다.

신체적 현상에서 느낌으로, 정신적 사건으로, 그리고 통찰의 계발로 진행된다. 이 16단계의 범위를 고려하면 호흡 알아차림은 호흡 과정상의 변화에 한정되지 않고 주관적 경험과 관련된 측면까지 포함한다. 이 방식을 따르면 호흡 알아차림은 자기 관찰의 유용한 도구가 된다.[58]

호흡 알아차림의 세 번째와 네 번째 단계는 *Ānāpānasati Sutta*와 『염처경』에서 모두 유사하게 "몸 전체"(*sabbakāya*)을 경험하는 것과 "몸 구조"(*kāyasaṅkhāra*)를 고요하게 하는 것에 관련된다. 현재의 맥락에서 "몸 전체"는 글자 그대로 육체적 몸 전체를 의미하는 것으로 받아들여질 수 있다. 이 방식으로 이해되면 가르침은 알아차림의 확장, 즉 하나의 호흡에서 몸 전체로 효과가 전환됨을 강조하는 것이 된다.[59] 하지만 주석서에 따르면 "몸 전체"는 더욱 비유적으로 호흡의 "몸"을 의미하는 것으로 이해되어야 한다. 전체적으로 호흡하는 몸으로서 "몸 전체"를 이해함으로써, 가르침은 매 호흡의 처음, 중간, 그리고 마지막 단계에 대한 충분한 알아차림을 가리키게 되는 것이다.[60] 이런 해석은 같은 *Ānāpānasati Sutta*로부터 근거를 찾을 수 있다. 왜냐하면 붓다는 여기에서 호흡을 몸 중의 "몸(kāya)"이라고 했기 때문이다.[61] 하지만 이런 해석에 반대하는 논의, 즉 호흡의 길이에 대한 충분한 알아차림의 계발은 이전 두 단계의 과업이었고, 이미 명상가에게 길거나 짧은 호흡을 알면서 매 호흡을 처음부터 끝까지 알아차리도록 요구된 것이었다는 논의가 있을 수 있다.[62] 그러므로 그 과정에서 다음 단계는 분명하게 새로운 관찰의 특성, 예를 들면 육체적 몸 전체를 포함한 알아차림의 전환과 같은 것을 가리키는 것으로 기대되는 것이다.

58 Kor 1993:p.35; van Zeyst 1981:p.94; Vimalo 1987:p.158; Shapiro 1984:p.588는 심리학적 관점에서 보았을 때, 호흡을 자각한다는 것은 사람으로 하여금 자의식이 있다는 것을 가르친다는 것을 암시한다고 지적한다. 호흡의 관찰은 실제로 자아관찰을 위한 적절한 도구이다. 왜냐하면 감정적인 변화는 사람이 지루해서 하품하거나, 슬픔으로 한숨 쉬거나, 화가나 콧방귀를 뀌는 것처럼 호흡에 반영된다. 게다가 호흡은 무심코 또는 고의로 일어날 수 있는 과정이기 때문에 몸과 마음에 관한 한 하나의 특정한 조건적 입장에 서있다. 그러므로 호흡은 신체와 마음의 현상 사이에 있는 조건적인 상호관계성을 명상하는데 편리한 기회를 제공한다. Govinda 1991: pp.27, 100를 참조하라.

59 Buddhadāsa 1989:p.38; Debes 1994:p.105, Goenka 1999:p.29; Kor 1993:p.38; Solé Leris 1992:p.80.

60 Vism 273.

61 M III 83.

62 Nhat Hanh 1990:p.42.

훈련의 다음 단계는 "몸 구조(*kāyasaṅkhāra*)"를 고요하게 하는 것이다. 다른 경전에서는 "몸 구조"를 들숨과 날숨으로 정의한다.[63] 이것은 "몸 전체"를 호흡의 전체 길이로 파악했던 두 번째 해석과 꼭 들어맞는다.[64] *Paṭisambhidāmagga*와 *Vimuttimagga*에서는 호흡 알아차림의 이 네 번째 단계가 움직이려는 경향을 진정시킨다는 의미에서 고요하고 안정된 자세의 유지를 의미한다고 말한다.[65] 따라서 "몸 구조"를 고요하게 한다는 가르침은 "몸"을 해부학적으로 이해하고 위에서 언급한 첫 번째 해석에 들어맞는 일반적인 몸의 고요함을 증장시키는 것도 포함한다. 결국 호흡을 고요하게 하는 것이 자연스럽게 증가된 몸의 평온을 이끄는 것과 그 역의 의미도 마찬가지이기 때문에 두 해석은 중첩되는 부분을 가진다.[66]

이렇게 호흡과 몸을 고요하게 하는 것은 염처 수행에 수반하여 나타나는 것처럼 몸의 내적 성질에 대한 알아차림을 계발하는 기초가 될 수도 있고, 16단계에서처럼 느낌과 정신적 과정의 알아차림으로 이끌 수도 있다.[67] 두 경우 모두 이것은 몸의 고요함 속에서 기초를 닦는 것이 관찰의 미세한 측면으로 나아가게 하는 알아차림을 가능하게 하는 자연스런 과정을 이루도록 한다. 나는 이제 『염처경』으로부터 잠깐 벗어나 *Ānāpānasati Sutta*에서 기술된 16단계의 체계를 좀 더 살펴봄으로써 이 미세한 측면들을 검토하고자 한다.

63 M I 301, S IV 293(Ñāṇamoli 1982a p.6 n.1).

64 신체적으로 구성된 것(들숨과 날숨으로 말하자면)의 평정은 네 번째 선정이 달성되는 것과 함께 정점에 이른다(D III 270, A V 31을 참조하라). 왜냐하면 이러한 달성이 이루어지는 동안 호흡이 완전히 멈추기 때문이다(S IV 217을 참조하라). Pa Auk 1995:p.15은 "네 번째 선정(*jhāna*)을 달성하면서 호흡은 완전히 정지하게 된다고 설명한다. 이것은 호흡하는 몸을 평온하게 하면서, *ānāpānasati*의 발전과정의 네 번째 단계를 완성시킨다. 그러나 그렇게 완전하게 호흡을 평정시킨다는 것이 16단계의 일부를 구성하지는 못한다. 왜냐하면, 즐거움(*pīti*)과 행복(*sukha*)을 경험하기 위해, 다시 말하자면 네 번째 선정(*jhāna*)을 획득했을 때 뒤에 남겨지는 정신적인 속성들을 경험하기 위해, 이후에도 계속 진행되어야 하는 과정과 조화롭기가 어렵기 때문이다. 사실, 일단 숨이 완전히 정지한다면, 몸을 안정시키는 동안에 숨을 들이쉬고 내쉬는 것을 실천하기는 불가능하다.

65 Paṭis I 184; Ehara 1995:p.161.

66 Vism 274에 의하면 몸과 마음을 가라앉히게 되면 뒤이어 호흡도 가라앉게 된다고 되어 있다. Jayatilleke 1948:p.217는 호흡이란 것이 일반적으로는 신체적인 반사 신경내의 신체적 구성물들이라는 것에 대한 하나의 구체적인 증거가 될 수 있다고 주장한다. 사실 '몸 구조'란 말은 일반적으로 '신체적 행동'이란 말로 여러 번 등장한다(A I 122; A II 231-6). 이러한 용례는 비단 호흡에만 국한 되지 않는다(Schumann 1957:p.29를 참조하라).

67 M III 82. 또는 Kor 1993:p.38을 참조하라.

4단계 호흡명상 다음으로, *Ānāpānasati Sutta*의 명상 계획은 즐겁고(*pīti*) 행복한(*sukha*) 경험을 알아차리도록 하는 것이다. 이 두 가지는 선정을 위한 요인이기 때문에, 16단계에서 그것들의 발생은 *Visuddhimagga*에서 이러한 과정이 완전한 선정의 경지에 도달하게 한다는 가설로 이끈다.[68] 이러한 가설로 인해 심지어『염처경』에서는 호흡명상의 처음 4단계까지는 선정수행과 동일한 것으로 간주되었다.[69]

여기에서 짚고 넘어갈 것이 있는데, *Ānāpānasati Sutta*의 수련 5단계와 6단계로서 즐거움(*pīti*)과 행복함(*sukha*)의 발생은 필연적으로 선정의 수련을 필요로 하지는 않는다는 것이다. 왜냐하면 이 두 가지 감정은 그러한 성취와는 다르기 때문이다.[70] 예를 들어

68 Vism 277, 287-90에 의하면, 두 번째와 세 번째의 터트레드(tetrads, 4가지가 한 세트로 되어 있는 수행)는 오직 선정(*jhāna*)을 획득한 자만이 수련할 수 있다(Ehara 1995:p.161; Ledi 1999c:p.27, 29를 참조하라). Vism은 두 가지의 다른 대안을 제시하는데, 하나는 선정을 실제적으로 발전시킬 수 있는 자, 다른 하나는 선정에서 출현한 후에 통찰력 있는 명상을 할 수 있는 자이다. 그렇지만 이 두 가지 모두는 선정에 들어갈 수 있는 사람만이 수행할 수 있다. 선정에 도달할 수 없는 사람에게는 호흡의 알아차림에 대한 붓다의 설명 상당부분이 힘이 미치지 않는다는 것이 최종적인 결과라고 할 수 있다. 이러한 이유 때문에 집중하는 능력에 뛰어나지 않은 사람들을 위해 호흡을 세는 것과 같은 추가적인 방법이 나타났다(상세한 가르침에 대해서는 Vism 278-83을 참조하라). 이러한 종류의 가르침은 붓다의 경전 어디에서도 찾아지지 않는다. 비록 호흡을 세는 것이 신참자가 호흡을 알아차리는데 도움이 될지 모르지만, 그것은 이러한 명상의 분위기에 어느 정도 변화를 만들어낸다. 왜냐하면 계속 수를 세는 것은 마음을 무디게 할 수 있으며, (이것은 불면증을 극복하기 위해 수를 세는 훈련을 하라는 전통적인 충고에 깔려 있는 이유이기도 하다) 마음을 평온하게 하기 보다는 오히려 마음의 구상적인 활동을 자극하는 경향이 있다.

69 Kheminda 1992:p.5: 알아차림의 네 가지 기초가 사마타(samatha)에서 시작한다. 즉 이것은 명상의 주체로, 들숨과 날숨의 알아차림이다(Soma 1995: p.36). 두 개의 주요한『염처경』의 바로 첫 시작부분에 *Ānāpānasati Sutta*의 첫 번째 터트레드가 위치해 있다는 것은, (명상의 완성을 위해) 최소한 가장 필요한 것이 바로 첫 번째 선정(*jhāna*)이라는 것을 명확하게 지적해준다. 그러나 Ps I 249는『염처경』에서 호흡의 알아차림은 단지 사마타(명상의 대상)일뿐이라고 말하는 것이 아니라, 호흡에 기초하면 선정(*jhāna*)을 얻을 수 있을지도 모른다고 암시할 뿐이다. 이러한 분위기는 후대에 (발견된)『염처경』의 하위문헌의 해설서(Ps-pṭ I 340)에서, 호흡의 알아차림에 대한 외적인 발전이 몰입이란 달성을 산출해낼 순 없다는 주장을 강조한다는 사실로 더욱 보완된다. 이러한 현상은 주석가들의 관점에서 보면,『염처경』맥락에서 나오는 호흡명상이란 몰입 달성과는 다른 것이며, 독립적인 것으로 간주되었다 점을 시사한다.

70 사실, 이 맥락(Paṭis I 187)에서 기쁨에 대한 정의를 보면, 선정의 달성에만 국한되지 않는 일련의 표현들을 (모두) 사용하고 있다. 마찬가지로, M II 203에서도 첫 두 가지 선정에서 오는 기쁨은 감각을 통한 기쁨과는 대조적으로 (기술하고), 선정의 달성 동안에 경험될 수 있는 기쁨과는 확연히 다른 유형의 기쁨들을 문서화 해서 보여주고 있다(Buddhadāsa 1989:p.51을 참조하라).

*Dhammapada*에 따르면, 즐거움은 통찰명상의 결과로 발생할 수 있다.[71] 그러므로 호흡 중간중간 느껴지는 즐거움과 행복함에 대한 알아차림은 선정 성취에서 발생하는 것에만 한정될 필요가 없으며, 그러한 성취 전의 고요한 명상 단계에서만 얻어지는 것이다.

비록 호흡은 의심의 여지없이 집중의 계발을 위해 사용하지만 16단계 전반에 걸쳐서 그 수행들은 명백히 숨을 들이쉬고 내쉬는 것을 알아차리는 데에 바탕을 두고 있다. 이러한 특징의 중요한 목적은 호흡의 무상한 본성을 알아차리는 것이다. 16단계 동안 알아차림에서 오는 어떠한 신체적, 정신적인 현상들도 모두 무상성을 상기시키는 들숨과 날숨의 변화무쌍한 리듬을 통해서 경험할 수 있다(그림 6.2 참조).[72]

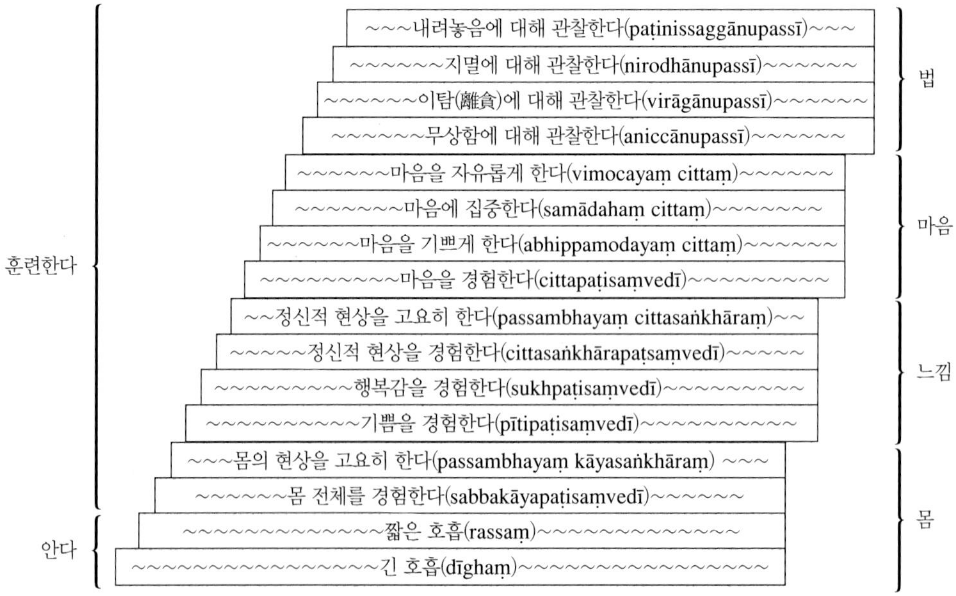

각 단계를 이루는 호흡에 대한 알아차림에 관하여 안팎으로 설명하고 있다

그림 6.2 16단계의 호흡 알아차림 개관

71 Dhp 374.

72 그와 마찬가지로, 무상함에 대한 통찰로 발전할 수 있는 하나의 수단으로 호흡을 사용하는 용례는 A306, A319에서도 언급된다. 여기(A306, A319)에서 죽음에 대한 예측불가능성과 필연성에 대한 성찰은 다음에 올 숨에 대한 예측불가능성과 연관되어 설명된다. 또한 S V 319를 참조하라. 여기서는 호흡명상의 16단계를 수련하게 되면 느낌들이 갖는 덧없는 속성을 깨달을 수 있게 된다고 한다.

그러므로 16단계를 자세히 관찰함으로써, 우리는 무상함의 바탕이 되는 것을 주관적으로 경험하는 것에 대한 미묘한 측면이 점점 증장해 가는 점진적 패턴을 밝힐 수 있다.[73] 반대로, 삼매 성취의 경험에 접근하면서는 점점 더 하나로 통합이 되는데, 이렇게 되면 더 이상 들숨과 날숨의 구별, 또는 그와 관련된 현상들의 차이를 명확히 알아차리지 못하게 된다.

사마타 수행으로서의 호흡 명상과 위빠사나 수행으로서의 호흡 명상 간의 기본적인 차이는 호흡을 바라보는 관점에 있다. 왜냐하면 정신적으로 호흡의 존재를 아는 것을 강조하는 것은 아주 깊은 집중단계에 들어가게 할 수 있기 때문이다. 반면에 호흡 과정과 관련된 다양한 현상을 강조하면 경험을 통합된 유형으로는 이끌지 못하고, 다양하고 감각적인 경험의 영역에 머무르게 되므로, 깊은 통찰의 계발로 이끌게 된다. 이것은 16단계가 오로지 삼매 수련만이 아니라, 호흡 알아차림을 계발함으로써 통찰의 견지를 알려줄 수 있다는 것이다.

*Ānāpānasati Sutta*에서 배우는 16단계의 내용을 수행하는 것은 다음과 같은 가정을 지지해 준다. 경전의 서론 부분에 따르면 붓다 설법의 이론적 설명들은 (아마도 삼매 수련을 위해) 이미 명상을 위해서 호흡을 이용하며, 염처로 계발하는 방법을 아는 수행자들에게 설명하는 것이다.[74] 즉, 붓다는 어떻게 사띠가 자연스럽게 호흡 명상에서 시작하여 느낌, 마음, 법을, 그리고 더 나아가 모든 염처의 계발과 칠각지까지도 완전히 깨닫는 단계까지 갈 수 있는지를 설명하기 위해서 호흡을 명상의 대상으로 사용하였다.[75] 따

73 예를 들어 Th 548에서 그것은 고유한 점진적인 특성에 대한 명확한 자각을 설명하면서 "올바른 순서"로 호흡 명상의 수련을 언급한다. 하나의 독립된 수련으로써 16단계에 대한 상세한 해설은 Buddhadāsa 1989:pp.53-89에서 알 수 있다. 또한 예를 들어 Th 548과 비교해보라. 여기서는 내면의 일관되고 진보적인 속성에 대해 분명하게 깨닫고 있다는 증명을 제시하며, "올바른 순서"로 호흡의 알아차림에 대해 수련할 것을 권고하고 있다. 16단계 수행을 하나의 통합된 단일한 수행체계로서 상술하는 저술들은 Buddhadāsa, 1989:pp.53-89에서도 발견할 수 있다. 또한 Gethin 1992:p.59; Levine 1989:p.32-6; Ṭhānissaro 1993:p.67; Vimalo 1987:p.158를 참조하라.

74 M III 78. 또한 S V 315를 참조하라. 여기에서, 붓다는 자신의 수행을 좀 더 심화시키기 위해, 일종의 호흡의 알아차림을 16단계로 수행하고 있던 한 비구를 소개했다. Debes 1994:p.197를 참조하라.

75 M III 83에서 붓다는 16단계로 이루어진 수행체계에서 각각의 터트레드를 특정한 염처와 연관 지워 설명하지만, M III 87에서는 특정한 염처와 연관 짓지 않고 이것을(각각의 터트레드를) 깨달음의 요소들과 관련지어 설명한다. S V 323-6에서도, 이와 동일하게 둘 사이의(각각의 터트레드와 깨달음의 요소들 사이의) 상호연관성이 언급된다. 더욱이 S V 312에서는 호흡의 알아차림과 각각의 깨달음의 요소를 하나씩 연관 지어 설명한다.

라서 붓다가 설명하는 바의 주요 목적은 신체적 현상인 호흡에 대한 알아차림으로부터 느낌, 마음, 법에 대한 알아차림까지 호흡 알아차림의 범위를 넓히는 것이다. 그리고 이러한 방식으로 통찰력을 얻기 위한 방법으로써 호흡을 사용한다.[76] 이러한 관점에서 본다면, *Ānāpānasati Sutta*에 묘사된 호흡 명상 16단계의 목적과『염처경』호흡 명상의 4단계의 목적은 단순히 집중력을 높이는 것에만 한정된 것이 아니라 오히려 평안함과 통찰력을 위한 것이라고 볼 수 있다.

5 자세와 행동

염처 명상으로 되돌아가면, 네 가지 자세를 인식하는 것과 행동에 따른 분명한 앎에 관한 경전에 설명된 다음의 두 가지 수행법은 모두 몸을 들여다보는 것과 관련되어 있다. 네 가지 자세를 관찰하는 가르침은 다음과 같다.

> 걸을 때 '나는 걷고 있다'는 것을 알고 있다; 서 있을 때, '나는 서 있다'는 것을 알고 있다; 앉아 있을 때 '나는 앉아 있다'는 것을 알고 있다; 누워 있을 때, '나는 누워 있다'는 것을 알고 있다; 따라서 그는 그의 몸이 어디에 놓여져 있는지를 알고 있는 것이다.[77]

위의 가르침에서 네 가지 자세의 열거는 적극적인 걷기에서부터 비교적 순화되고 제한되며 수동적인 자세로 나아가고 있다.[78] 여기에서의 가르침은 자극에 반응하는 알아차림의 어떠한 형태를 암시하는 듯한 이러한 각각의 자세들에 대해서 '안다'는 것이다.[79] 다른 경

76 Paṭis 95에는 16단계 중 어떤 단계에서도 잠재되어 있는 통찰력에 대하여 기술하고 있는데, 어떤 단계라도 깨달음에 이를 수 있다고 지적한다. Paṭis 178-82에서는, 이 잠재력이 호흡의 알아차림에 대한 첫 단계(긴 호흡)와 감각, 인지 그리고 인식의 부침에 대한 경험을 연관시키는 것을 보여준다. 그리고 (첫 단계와) 깨달음의 요소들을 연관 짓는 것을, 그리고 마지막으로 (이 첫 단계와) 열반(*Nibbāna*)의 경험을 연관시키는 것을 보여준다.

77 M I 56.

78 M I 120과 비교하라. 여기에서, 빠른 보행에서 느린 보행으로, 다시 서있는 것으로, 다시 앉아 있는 것으로, 마지막으로 눕는 것으로 진행되어가는 매 순간마다, 이런 식의 진행 속에서 '거친 형상'이 '섬세한 형상'으로 대체되어 간다는 설명이 항상 병기되어 나온다. 또한 Fessel 1999:p.111을 참조하라.

79 자기수용이란 자신의 몸과 그 부분들이 자신의 위치, 장소, 운동을 감지할 수 있는 능력을 말한다.

전에서는 이러한 네 가지 자세가 종종 '어느 때'나 무엇인가를 한다는 의미를 나타낸다.[80]

염처의 문맥에 따르면, 이러한 방법은 생활 속에서 몸 알아차림이 계속 되도록 해준다. 사실, 위의 가르침에 따르면 이 관찰법은 단순히 네 가지 자세에만 국한된 것이 아니라, 신체가 취할 수 있는 어떠한 자세이든 포함하고 있다. 그러므로 이 특별한 관찰법은 말하자면 일반적인 의미에서 몸에 대해 알아차리는 것이다. 그리고 이는 또한 수행하는 동안 여러 가지 생각들에 이끌려가는 대신에 자연스러운 활동을 하는 동안 몸과 '함께' 하는 것이며 따라서 정신이 육체에 닻을 내리게끔 하는 것이다.

이 특수한 수행은 몸에 대한 알아차림의 확고한 기반이 되는 역할을 잘 충족시키는 염처 관찰의 일부를 구성한다. 이러한 본질적인 역할로 인하여 염처의 한역본인 *Madhyama Āgama*의 해설에 따르는 것과 이것을 몸에 대한 알아차림의 시작점에 두는 것은 합리적인 선택이라 할 수 있다. 염처 수행을 시작하는 사람에게는 수행자의 자세에 관계없이 몸을 알아차리는 이 간단한 수행이 사띠를 유지시키는데 도움을 준다. 가장 사소한 몸의 움직임까지도 의식적이면서 신중한 자세로 행위 함으로써, 가장 세속적인 활동을 정신적인 발전으로 전환시킬 수 있다. 이 명상에 대한 부지런한 연습은 산만해지는 마음을 상당히 잘 다스릴 수 있기 때문에 이러한 방법으로 수련된 알아차림은 보다 체계적인 명상의 중요한 기초를 구성한다.

네 가지 자세에 대한 알아차림이 알아차림을 증진하는 유일한 방법은 아니지만 이 네 가지 신체의 자세가 통찰력 있는 탐구의 대상이 될 수는 있다. 예를 들면, *Theragāthā*의 한 게송에는 네 자세 중 어느 한 자세를 취할 수 있는 능력을 그 자세에 해당하는 육체의 뼈와 근육의 상호작용으로 설법하고 있다.[81] 현대의 명상 지도자들이 관심 있어 하는 신체적인 활동의 이면에 있는 역학적 현상에 대해서 이 게송은 이렇게 신체에 대한 관찰의 관점에서 언급하고 있다.[82] 하나의 자세를 취하거나 움직임에 포함되는 역학적 현상은 우리의 동작으로 인해 앞서 발생한 선득적 인지로부터 탈피하는 것이다. 특히, 주석서에서는 보행을 연구하는 실질적인 사례가 있는데 여기서 보행의 과정은 한 걸음의 연속적인 단계

80 예를 들어 A IV 301.

81 Th 570.

82 상세한 수련의 가르침은 Mahasi 1991:pp.9-16에서 알 수 있다. 또한 Debes 1994:p.113; Lily de Silva n.d.:p.13를 참조하라.

로 세밀히 분석하며, 사대(四大)와도 서로 연결 지을 수 있다고 되어 있다.[83]

위에서 언급한대로, 경전에서 말하는 명상의 네 가지 자세는 '어느 때'이든 행해져야 하는 것을 가리키는 방식으로서 종종 사용된다. 이러한 방법으로 그것들은 공포, 불건전한 생각, 또는 다섯 가지 장애의 극복 등 다양한 정신적인 사건들과 결부되기도 한다.[84] 이 구절들은 명상의 네 가지 자세 각각을 현재 마음상태에 대한 알아차림과 결부시키기도 한다. 예를 들면, 불건전한 생각의 제거를 격식을 갖춘 좌식명상으로만 하는 것이 아니라 어떠한 자세와 환경 하에서도 할 수 있어야 한다는 것을 의미한다. 명상을 반드시 좌식으로 하지 않아도 되며 명상 수행자 각자의 특성에 따라서 다른 자세를 택할 수 있다고 *Vimuttimagga*와 *Visuddhimagga*에서도 언급하고 있다.[85]

명상의 네 자세와 다양한 마음의 상태를 결부시키는 사실로 제기되는 또 다른 가능성은 마음 상태와 걷기, 앉아 있기 등을 수행하는 방법 간의 상관관계를 관찰하는 것이라고 경전에서는 제시하고 있다. 이러한 관찰을 통해서 우리는 어떻게 특별한 마음의 상태가 우리의 신체적 자세를 통해서 표출되는지, 혹은 몸의 상태, 위치 및 동작이 마음에 영향을 주는지를 알 수 있게 된다.[86] 육체적인 자세와 정신의 상태는 태생적으로 맞물려 있으며,

83 Vism 622: 지(地)와 수(水)는 하강을 관장하며 화(火)와 풍(風)은 상승을 관장한다. Sīlananda 1995:p.7를 참조하라.

84 M I 21은 네 가지 자세를 두려움을 극복하는 것과 연관 시킨다; M III 122는 욕망과 불만족을 피하는 것과 연관 시킨다; A II 13과 It 116은 해로운 생각을 묵인하지 않는 것과 연관 시킨다; A II 14와 It 118은 다섯 가지 장애를 극복하는 것과 연관시킨다.

85 Ehara 1995:p.61에 의하면, 서는 것과 걷는 자세는 특히 탐욕스러운 성질(*rāgacarita*)을 가진 사람에 적합하며, 앉는 것과 기대는 자세는 화를 잘 내는 성질(*dosacarita*)을 가진 사람에게 적합하다. Vism 128은 집중력을 키우는 것을 (수행자가) 선택한 것이라면, 어떤 자세도 효과가 있을 것이라고 덧붙인다. 『염처경』의 주석서, Pt I 264에 의하면, 몸의 이완과 수축에 대해 명확히 안다는 것은, 즉, 다음 몸의 명상에 대한 한 측면에 대해 명확히 안다는 것은 그러한 수행을 실천해야할 명확한 때를 안다는 것을 의미한다. 왜냐하면, 불편한 자세를 너무 오랫동안 유지함으로써 생길 수 있는 감정이 아마도 명상이 진전되는 것을 방해할 수도 있기 때문이다. Chah 1993:p.40는 "몇몇 사람들이 좀 더 오래 앉아 있을수록 더 많은 지혜가 생길 수 있다고 생각하지만 ... 지혜란 모든 자세 속에서 평정을 유지하는 것으로부터 생긴다." 이와 유사하게 Vimalaramsi 1997:p.47는 "불편하고 고통스러운 감각을 갖고 앉아 있는 것 보다는 마음속에 일어나고 있는 것이 무엇인지를 관찰하는 것이 훨씬 더 중요하다 ... 바닥에 그저 앉아만 있다고 기적이 생겨나는 것이 아니라, 명징하고 평정한 마음에서만 기적은 일어난다."고 말하고 있다.

86 Dhammiko 1961:p.188와 Fryba 1989:p.125는 심지어 의도적으로 불안하고 걱정 많은 사람의 자세를 가장하여 취해보고, 자기 확신을 표현하는 자세 쪽으로 변화를 꾀하기도 하면서, 이런 식으로 여러 자세들과 다른 감정들이 맺는 관계들에 대해서도 실험해 볼 것을 제안한다. Van Zeyst

하나의 상태를 명확하게 인식하는 것은 본질적으로 다른 하나의 상태에 대한 인식을 증진시킨다. 이러한 방법으로 네 자세에 대한 명상은 육체와 마음의 조건적 상호관계에 대한 탐구로 이끌 수 있다.

이 특수한 관찰로 네 가지 자세의 동질성에 대한 의문이 제기될 수도 있다.[87] 주석서들은 단순한 걷기와 염처로써 보행명상의 결정적인 차이가 "누가 가는가? 여기 가는 것은 누구의 것인가?" 라는 질문을 명상가 스스로 마음에 새기고 있다는 것이라고 언급하며 이러한 제시에 대해 현실적인 윤곽을 잡아 준다고 할 수 있다.[88]

통찰의 계발에 대한 또 다른 관점은 경미한 자세의 조정에 알아차림을 돌리는 것이다. 이 같은 조정의 주된 이유는 같은 자세를 오랫동안 취했을 때에 발생하는 육체적인 고통을 피하기 위한 것이다. 보다 면밀하게 관찰해 보면 명상 자세에 대한 대부분의 어느 정도 의식적인 조정은 육체를 지닌 존재에게 내재되어 있는 통증을 완화시키기 위한 지속적인 노력임을 알 수 있다.[89]

경전은 이 네 가지 명상의 자세 중에서 보행과 옆으로 누운 자세가 알아차림의 계발과 관계있다고 언급하고 있다. 보행 명상은 수행자 주거지에 접근하는 방문자가 수행자들이 개방된 상태로 보행 명상을 하고 있는 것을 본다는 상황으로 경전에 나타난다.[90] 몇몇 법

1989:p.31는 "수행자는 (마음의 움직임을) 지긋이 바라봄으로써 그것들이 어떻게 사람의 정신적인 태도를 표현한 것인지를 깨닫게 된다고 가르친다: 예를 들면 걷거나 도망을 치는 것은 '공격적인 마음'을, 누워있는 것은 '좌절된 마음'을 표현한 것이고, 당황하거나 기대에 차있을 때는 '서있는 자세'를, 만족스럽거나 공포에 눌려 있을 때는 '앉아 있는 자세'를, 즐거운 쾌락을 위해서는 '산뜻한 행동'을, 화가 났거나 좌절했을 때는 '거친 행동을' 취하고 ... 의심이나 두려움에 싸여 있을 때는 거의 움직이지 않는다는 것을 알 수 있게 된다."

87 예를 들어 S III 151과 비교하라. 여기에서는 '자아(self)'에 대한 세속적인 이해가 네 가지 자세 중 어떤 자세를 (몸에) 익히는 것과 얼마나 상호 밀접하게 상관되어 있는지를 기술해놓고 있다. Ñāṇaponīka 1992:p.64에 의하면, "자세들에 집중을 하게 되면 신체가 갖는 비인격적인 성질에 대한 최초의 자각을 깨닫게 될 것이다." 라고 한다.

88 Ps I 251, 이런 방식으로 행동하면 자아라는 관념이 극복될 수 있기 때문이다. Ps I 252에서는 이것은 어떤 자세에도 적용될 수 있다고 덧붙인다.

89 Vism 640은 고(*dukkha*)의 성질은 네 가지 자세에 의해 감추어져 있다고 설명한다. Naeb 1993:p.143는 설명하길, 그것은 매번 자세를 바꿀 것을 강제하는 고통이며 ...우리는 고통을 치유하기 위하여 자세를 변화시키고 ... 그것은 지속적인 아픔을 치유하는 것과 같은 것이고 ,,, 모든 자세에 고통이 있다고 한다. 비슷한 제안이 *Mahāprajñāpāramitāśāstra*(Lamotte 1970:p.1157) 및 Ñāṇārāma 1997:p.29에 나타난다.

90 그 예로 D 189; M I 229; M I 332; M II 119; M II 158; A V 65; Ud 7.

문들은 붓다와 그의 상좌 제자들이 걷기 명상을 했음을 알려준다.[91] 이것은 수행의 경지가 높은 수행자들도 걷기 명상을 수련할 가치가 있다고 생각했음을 보여준다. 경전에 따르면 걷기 명상은 신체적인 건강과 소화에 유익하며 집중의 유지를 증장시켜 준다.[92] 주석서들은 걷기 명상의 통찰 잠재력에 대해서 완전한 깨달음에 도달한 수행 사례와 함께 기록하고 있다.[93]

오늘날의 통상적인 걷기 명상 수련 방법과는 다르게, 경전에서 제시된 걷기 명상의 표준지침은 정신적인 현상의 관찰을 핵심 목적으로 두고 있다. 걷기 명상에 대한 지침들은 수행자의 자세 또는 걷기의 동적 특성에 대해서 알아차릴 것을 언급하지 않고, 폐쇄적 상태(obstructive states)로부터 마음을 순수하게 할 것에 대해서 말하고 있다.[94] 좌식 명상에 대해서도 동일한 표현이 사용되고 있는데 이는 앞서 설명한 것과 동일한 명상을 다른 자세이기는 하지만 앉은 자세에서도 계속할 것을 의미한다.

*Aṅguttara Nikāya*에 있는 경전에서는 걷기 명상을 졸음에 대한 해결방법으로 권장하고 있다. 그러나 이 지침들은 표준지침과 다르다. 표준지침에 의하면 명상 수행자는 걷는 경로에 대해 집중해야 하며, 감각을 멀리해야 하며, 마음이 외부로 흩어지는 것을 방지해야 한다.[95]

눕는 자세를 통한 알아차림을 개발하기 위해서 수행자는 일어날 시간을 마음 속에 늘 생각하며 한밤중에 주의집중을 해 오른쪽으로 누워야 한다.[96] 알아차리며 잠드는 것에 대

91 붓다는 D I 105; D III 39; D III 80; S I 107; S I 179; S I 212; Th 480, Th 1044에서 걷기 명상을 했다고 한다. 붓다의 걷기 명상은 밤 동안(S I 107), 낮 동안(S I 179, S I 212)에 행해졌다. S II 155는 걷기 명상에 참여한 모든 선배 수행자들은 각자 일군의 다른 비구들과 동행했었다고 기록한다.

92 A III 29. 걷기 명상의 혜택으로서 건강과 소화의 증진이 Vin II 119에 상세히 기록되어 있다. 걷기 명상의 수련에 대해서는 Khantipālo 1981:p.95; Kundalābhivaṃsa 1993:pp.75-8; Ṭhitavaṇṇo 1988:pp.120-2를 참조하라.

93 Ps I 257은 지속적인 걷기 명상으로 20년간 지속적으로 걷기 명상을 한 후에 아라한과를 깨달은 비구의 이야기를 언급한다. Ps I 258은 16년간 걷기 명상을 한 후에 또 다른 비구가 동일한 깨달음을 얻은 사실을 알려준다.

94 M I 273: "걷거나 앉아있는 동안 우리는 폐쇄적 상태에 있는 우리의 마음을 정화할 것이다." "폐쇄적의 상태"란 다섯가지 장애와 유사한 의미이다(S V 94를 참조하라).

95 A IV 87.

96 M I 273. ("사자의 자세"로)오른쪽으로 잠을 자라고 권고 하는 것은 (불쾌한 꿈을 유발할 수도 있는) 왼쪽으로 자는 방식보다 수면하는 동안 심장이 체중의 부담을 덜 받아 부드럽게 움직일 수

한 가르침은 주로 예정된 시간에 일어나는 것과 연관 짓는다.[97] 다른 경전에 따르면, 알아차리며 잠에 드는 것은 그 사람의 잠의 질을 향상하며 악몽과 몽정에서 벗어나도록 도와준다.[98]

네 가지 자세와 연관 지어 발전하는 이러한 다양한 관점에도 불구하고 결론적으로 명심해야 되는 것, 즉『염처경』의 가르침은 전체적이고 일반적인 신체와 공간에서의 위치에 대해 항상 알아차리라는 것이다.

네 가지 자세에 대한 알아차림이 몸 자각의 기초가 되면 그 사람은 다음 명상, 즉『염처경』에 나타난 신체적 움직임의 영역에서의 분명한 앎(sampajāna)으로 넘어갈 수 있다.[99] 분명한 앎에 대한 가르침은 다음과 같다.

> 앞으로 나가거나 뒤로 물러설 때에 그는 분명한 앎으로 행동한다. 앞을 향해 보거나 눈을 돌리거나 할 때에 그는 분명한 앎으로 행동한다. 그는 그의 팔다리를 굽히거나 펼칠 때에 그는 분명한 앎으로 행동한다. 그는 옷을 입을 때 그리고 그의 겉옷과 그릇을 들 때에 그는 분명한 앎으로 행동한다. 먹을 때에, 마실 때에, 음식을 먹을 때에 그리고 맛 볼 때에 그는 분명한 앎으로 행동한다. 배변을 할 때에나 소변을 볼 때에도 그는 분명한 앎으로 행동한다. 걸을 때에, 섰을 때에, 앉을 때에, 잠에 들었을 때에, 깨어 있을 때에, 말할 때에 그리고 조용히 있을 때에도 그는 분명한 앎으로 행동한다.[100]

있다는 사실에서 비롯된 것임을 알 수 있다.

97 Ñāṇavīra 1987:p.158.

98 Vin I 295, A III 251.

99 A III 325를 참조하라. 네 가지 자세에서 어떤 깨달음을 얻는가에 따라서, 알아차림과 분명한 앎에 대한 기초가 형성된다.

100 M I 157. 이 경전에서 대부분의 빨리어 동사형태가 과거분사라는 것과, (이 동사들이) 명상 상태에서의 (능동적인) 활동들에 대해 묘하게 수동적인 뉘앙스를 안겨준다는 것은 주목할 만한 일이다. Kalupahana 1999:p.283에 따르면, 부처님께서 "자아가 아닌 것(not-self)"의 특성을 강조하기 위하여, 교육적인 목적으로 수동형을 사용한 것이라고 한다. 또한 앞서 언급했던 훈련자세들이 현 맥락에서도 되풀이 되어 드러난다고 하는 점 역시 주목할 만하다. 주석서 Ps 269에서는 자세들을 명상하는 가운데서 진행되는 앉기, 서기, 걷기에 대한 관찰과, 현재 (반복되어 드러나는 앉기, 서기, 걷기에 대한) 명상과의 차이점은, 현재 진행되는 명상이 비교적 짧게 지속된다는 점에 있다고 설명한다. 주석서에서 강조하려고 한 점은, 분명한 앎(clear knowledge)이라고 하는 것은 수행자가 어떤 특정한 자세를 (목적과 적절성, 기타 등등을 고려해서 선택된 특정한 자세를) 의도적으로 취하는 바로 그 특별한 순간과 연관이 있는 반면, 자세에 대한 자각(postural awareness)은 그 자세

『염처경』의 몸 관찰과는 별개로, 이 수행은 '알아차림과 분명한 앎(satisampajañña)'으로 일컫는 점진적 수행에 있어 특별한 단계이다.[101] 이 점진적 수행의 순서에서, 몸 활동에 관한 알아차림과 분명한 앎은 예비적 계발과 실제적인 좌식 명상 사이에서 과도기적 위치를 차지한다.[102] 더 상세하게 말하자면 알아차림과 분명한 앎은 윤리적 행위, 억제, 그리고 만족과 같은 예비적 단계를 완성한다. 또한 장애를 극복하기 위해 한 사람이 한적한 장소로 갈 때, 삼매의 단계에 도달하여 깨달음을 얻기 위한 본격적인 명상 수행의 시발점을 형성한다.[103] 그러므로 알아차림과 분명한 앎의 계발은 『염처경』에서 설명하고 있는 나머지 관찰들과 같은 본격적인 명상의 기초가 된다.[104]

를 취하는 수행자에게 보다 유리하게 응용하기 위해 마음을 쓰는 것과 같다는 점이다.

101 D I 70의 예를 보라.

102 여러 경전(D I 63-84; M I 179-84; M I 271-80; M I 354-7)에 묘사되어 있는 것처럼, 서서히 진행되는 훈련이 갖는 공통적인 성질을 기초로 해서 이 패턴을 5개의 주요단계 아래에 모을 수 있다: 1. 최초의 확신과 앞으로 계속 나아가는 단계, 2. 윤리적인 행동과 만족감 속에 있을 때의 기초적 훈련단계, 3. 감각통제와 알아차림 및 몸이 활동과 관련하여 분명한 지식을 아는 단계, 4. 장애를 버리고 삼매를 발전시키는 단계, 5. 깨달음의 단계. 이 다섯 단계들은 어느 정도 다섯 가지의 능력/힘을 말하는데, 1.확신, 2.정진, 3.알아차림 4.삼매 5. 지혜를 의미한다. Crangle 1994:p.163을 참조하라. 그러나 다섯 가지 능력과 힘은 단지 순차적으로 발전되는 것이 아니라 함께 생기게 되어야 할 것을 부가해야 한다. Barnes 1981:p.237는 마치 두 개의 별도의 단계처럼, 한 편에는 감각통제를 두고, 다른 한편에는 알아차림과 분명한 앎을 두어 이 둘을 구별함으로써, 6단계로 된 또 다른 수행체계를 제시한다.

103 여러 경전(M I 181; M I 269; M I 346)에서, "활동에 관하여 분명히 아는 것"이 이어지는 공식적 좌선명상을 위한 선결조건이란 점을 명시적으로 언급한다. 이 중요한 역할은 Ps I 290, Ps-pṭ I 380에서 되풀이 된다. 그것은 활동과 관련해서 분명하게 안다는 것은 각지로서의 "사띠(sati)"를 발달시킬 수 있는 기초라고 권장한다. 또한 Bronkhorst 1985:p.311; Bucknell 1984:p.29을 참조하라.

104 (신체적인) 활동에 대해 명징한 지식을 얻는 것과 이후 몸 관찰 명상 사이에 드러나는 성질의 차이를 근거로, Schmithausen 1976:pp.253-5은 다음과 같은 결론에 이르게 된다. "해부학적인 부분과 요소들과 시체에 대해 명상을 한다는 것은 그 성격 면에서 몸의 자세 및 활동과 연관된 명징한 지식을 추구하는 깨달음을 얻기 위한 유형의 명상과는 다르기 때문에, 아마도 이후에 첨부된 것일 수 도 있다." 그러나 여러 경전(D II 94; A V 119)에서 신체활동에 대한 명징한 지식을 4개의 염처들과는 분리된 것으로 언급하는 것을 보면, 이 둘 모두 독립적으로 함께 존재했었다고 볼 수 있다. 이러한 점들로 미루어, 만약 후대에 첨가가 된 것이 있다면, 아마도 염처의 체계에 덧붙여진 몸의 활동과 연관된 분명한 앎일 것이다.

"알아차림과 분명한 앎"의 결합된 표현은 앞서 언급된 행동을 알아차리는 것에 부가적으로 "분명한 앎"의 현현이 중요한 역할을 하고 있음을 가리킨다. "분명한 앎"은 그 자체로도, 또한 사띠와 결합된 모습으로도 경전에서 다양하게 나타나며, 그 의미 범위 역시 매우 넓기 때문에,[105] 다양한 행동에 따른 "분명한 앎"의 함축적인 의미에 대한 의문이 생기게 된다.

『염처경』과 점진적인 방식에 대한 해설 모두 더 상세한 정보를 제공하지 않는다. 주석서들은 "분명한 앎"에 대한 상세한 분석을 네 가지 측면으로 나타냄으로써 이를 만회한다(그림 6.3 참조). 아래 그림에 따르면 분명한 앎은 행동의 목적과 타당성에 부합해야 한다. 또한 이 행동과 명상 수행("목초지(pasture)")을 어떻게 연관시켜야 되는지를 정확하게 이해해야 된다. 또한 진리의 진정한 본성을 명확히 이해해서 "산란되지 않음"을 계발해야 한다.[106] 경전을 더욱 세밀하게 조사하면 주석적 설명을 더욱 분명히 하고 지지하는 여러 부분들을 발견하게 된다.

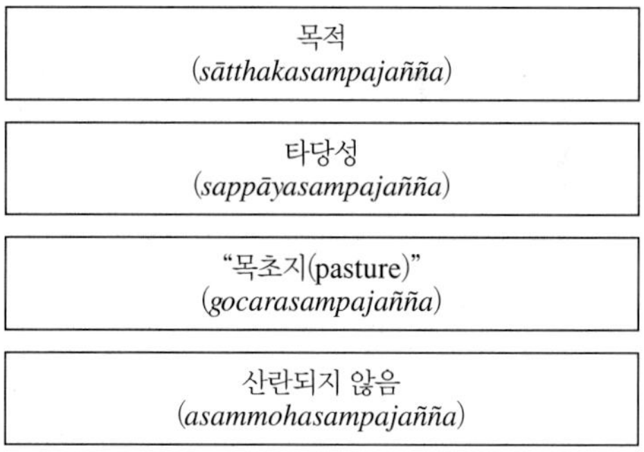

그림 6.3 주석서에 나타난 '분명한 앎'의 4가지 양상

*Mahāsuññata Sutta*에 따르면 이미 나아간 사람에게 적절하지 않은 주제를 말하는 것도 삼가함으로써 분명한 앎을 수행할 수 있다.[107] 여기서 "분명히 아는 것"은 만족, 격리,

105 55페이지를 참조하라.

106 Ps I 253-61.

107 M III 113.『염처경』의 주석서, Ps-pṭ 364에서도 이와 유사한 설명이 병기되어 있는데, (그 주석서는) 말하는 것과 연관된 분명한 앎을 계발하는 것과 대화에 적절치 않은 주제를 삼가는 것을 상호연관지어 설명하고 있다.

삼매, 지혜 등과 관련된 주제를 의논하는 것을 의미한다. 이러한 대화는 수행의 길에 있어 수행자의 진전과 관련되어 "목적성을 갖는" 것이기 때문이다. 이 사례는 주석서에서 언급한 분명한 앎의 첫 번째 양상과 방향이 같으며 이는 행동의 목적과 관련되어 있는 것이다.

"앞으로 갔다가 돌아오는 것", "앞을 보고 뒤돌아보는 것", "사지를 굽히고 펴는 것", "가사를 입는 것, 그리고 상착의(上着衣) 발우를 나르는 것"과 같은 행동에 대한 것이 『염처경』의 이 부분에 나열되어 있으며 이러한 것들은 경전의 여러 곳에 나타나 있다.[108] 이 예들은 분명한 앎을 명확히 언급하지 않지만 적절한 행동에 관해 수행자들에게 하는 지시들이다. 이 행동들에 관해 경전에서 강조하는 것은 그 행동들이 품위를 지키면서 기쁜 마음으로(*pāsādika*)으로 수행되어야 한다는 것이다.[109] 신체 활동들에 관한 분명한 앎을 수행할 때도 한역 *Madhyama Āgama*에서와 같이 수행자의 "위엄이 있고 차분한 행동"에 대해 말한다.[110] 이 같은 구절들로 판단컨대 이러한 특정 활동들은 신중하고 위엄 있는 행동 방식이며, 이는 비구 또는 비구니로서 살고 있는 사람에게 적절한 것으로 간주된다.

그러한 모범적 행위의 기준들을 유지할 것을 요구하는 내용은 승가에서 통용되는 다수의 훈련 계율들 속에서 그 표현을 찾을 수 있다. 이 계율들은 매우 세세하게 일상 행위의 여러 양상들을 규제한다.[111] 고대 인도에서 외적 행위에 대한 중요성이 *Brahmāyu Sutta*에 뚜렷하게 나타나 있는데, 거기서는 붓다의 일상적 행위에 대한 정밀한 검사가 그의 정신적 성취를 평가하려는 시도의 일부를 형성하고 있음을 보여준다.[112] 신중하고 위엄 있는 태도로 행동해야 하는 비구와 비구니를 위한 이 같은 요구는 행동의 적합성과 관련된 주석서에

108 M I 460, A II 123은 한 비구에게 이러한 신체적인 활동을 적절하게 수행하는 방법을 가르치는 부분이다. A169에서는 적절한 행동을 위해 참고해야 할 모든 경전이 다시 등장하는데, 여기서는 한 나쁜 비구가 적절한 외적인 행동 뒤에 숨으려고 노력하는 이야기가 나온다.

109 A II 104, A V 201에 예가 있다; 또한 Th 927, Pp44를 참조하라. Th 591은 네 가지 자세에 대해 동일한 자격을 갖는다. Law 1922:p.81는 이 문맥에서의 *sampajañña*를 "신중히"로 번역한다.

110 Minh Chau 1991: p.83.

111 이것들은 특히 75가지 훈련과 관련된 중학(衆學, *sekhiya)*법들이다(Vin IV 184-206). Collins 1997:p.198와 Holt 1999:p.102는 그러한 외부로 향한 행동의 중요성을 주목하고는, "중학법은 단지 사회적인 에티켓을 넘는 그 이상의 것으로, 그것은 비구가 처한 정신적 중학법에 대한 편리한 해제는 Ṭhānissaro 1994:pp.489-510에서 찾아볼 수 있다.

112 M II 137은 걷기, 관찰, 앉는 것 등과 같은 다양한 행동을 수행하는 붓다의 방식에 대한 상세한 설명을 한다.

서 제시하는 분명한 앎의 두 번째 양상과 일치한다.

*Aṅguttara Nikāya*의 한 구절은 분명한 앎을 보는 것과 연관시킨다. 이 구절에서는 특히 탐욕스러운 성격으로, 어떤 곳을 볼 때에도 욕망과 불만(*abhijjhādomanassa*)이 일어나는 것을 피하기 위해 모든 노력을 기울였던 수행자인 난다(Nanda)를 이야기 하는데,[113] 이 경우에 사용된 용어는 분명히 아는 것에 대한 이 형태가 감각제어와 관계가 있다는 것을 보여준다. 이와 비슷한 뉘앙스의 용례가 *Mahāsuññata Sutta*에서 나타나는데, 그것은 감각제어를 위한 네 가지 자세들과 분명한 앎을 연결 짓고 있다.[114]

위의 두 구절은 모두 주석서에서 말한 분명한 앎의 세 번째 양상과 일치하며, 이것을 "목초지"라고 언급한다. 같은 표현이 사띠 형상화와 관련해서 더 앞쪽에 등장한다. 여기서는 부적당한 목초지가 감각적인 마음의 산란함을 표현하는 반면 수행자의 적당한 목초지로서 염처를 묘사하고 있다.[115] "목초지"에 대한 분명한 앎이 특히 감각제어를 의미하는 것이라고 제안하고 있는 것이다.

주석서에서 언급한 네 번째 양상은 몸 관찰의 맥락을 넘어선 어리석음의 부재(*asammoha*)에 따른 분명한 앎을 연관 짓는다. 진리의 진정한 본성에 대한 분명한 이해는 일반적인 "정의"에 따르면 모든 염처 명상과 함께 계발되어야 할 필요가 있는 특질인 분명한 앎(*sampajāna*)이라는 과제를 말한다.

분명한 앎에 내재된 네 번째 양상의 주석적 설명은 점진적인 순서를 따르는 것으로 보이는데, "적절한" 행위와 일치되기 위한 바탕을 확립시키는 목적(깨달아가는 과정)에 대한 분명한 앎은 감각 제어와 명상 개발을 용이하게 하고 진리의 진정한 본성에 대한 통찰을 발현시키는 것이다. 이러한 방법으로 활동에 대한 분명한 앎의 계발을 위한 염처 수행은 통찰의 기초를 확립하기 위해 감각 제어와 목적 있고 위엄 있는 행위를 결부시킨다. 사실 적당한 행위와 감각 제어는 어느 정도 겹쳐지는 부분이 있다. 비구와 비구니들의 행동 규범이 가지는 몇 가지 측면은 감각제어를 용이하게 하기 위한 의도가 있는데, 한편 만일 그러한 감각적 산란의 부재를 통해 정신적 평온이 어느 정도 확립되면 신체 활동은 좀 더 품위 있고 위엄 있게 되기 때문이다.

113 A IV 167.

114 M III 113.

115 A V 352, S V 149; 또는 페이지 72를 참조하라.

네 가지 자세 관찰과 비교해서 활동에 따른 분명한 앎은 추가적인 요소를 소개하고 있다. 전자는 단지 자연스런 자세나 움직임에 대해 온전히 알아차리는 것만으로 이루어진 반면, 후자는 자제되고 위엄 있는 행동을 의도적으로 수용하고 있다.

6 해부학적인 부분과 원소들

『염처경』에 나열된 다음의 두 수련, 즉 몸의 해부학적 구성에 대한 관찰과 사대(四大)로서의 몸을 관찰하는 것은 신체 구성에 대한 분석을 올바르게 알아차리도록 하기 위함이다. 두 분석적 명상이 첫 번째로 제시하는 것은 몸의 다양한 해부학적 부분들, 장기들, 유동체들로 구성된 것들을 살피는 것이다.[116] 본문은 다음과 같다.

> 그는 이 같은 몸을 발바닥에서부터 위로, 정수리에서부터 아래로, 피부로 감싸진, 많은 종류의 불순한 부분들을 다음과 같이 검토한다: "몸에는 머리털, 몸에 있는 털, 손톱, 치아, 피부, 살덩이, 힘줄, 뼈, 골수, 콩팥, 심장, 간, 횡경막, 비장, 폐, 창자, 장간막, 배의 내용물, 배설물, 담즙, 가래, 고름, 피, 땀, 지방, 눈물, 기름, 침, 콧물, 관절의 기름, 소변 등이 있다."[117]

다른 경전에서도 이러한 해부학적 부분에 대해서 "그리고 존재하는 나머지 다른 부분

116 각 부분에 대한 상세한 설명은 Ehara 1995:pp.171-7, Vism 248-65에서 찾아볼 수 있다. 해부학적인 부분에 대한 *Madhyama Āgama* 목록은 빨리어 판본(Minh Chau 1991: p.90; Nhat Hanh 1990: p.157)과 완전히 일치한다. 반면에 *Ekottara Āgama*에는 단지 24개의 부분만이 있다(Nhat Hanh 1990: p.170). Hayashima 1967:p.272에 따르면, 이 염처(Satipaṭṭhāna) 관찰의 산스끄리뜨 판본은 36개 부분을 모두 언급한다. 실제로 Bendall 1990:p.202이 인용한 *Ratnamegha*의 구절은 몸 관찰을 위한 36개의 해부학적인 부분을 열거한다. 『염처경』에 열거된 해부학적인 부분이 31개라는 사실은 추가적으로 특별한 의미를 갖는다. 왜냐하면 불교의 우주론에서도 존재의 영역이 동일한 수로 이루어 졌기 때문이다. 즉, 소우주적 차원에서든 대우주적 차원에서든 물질적인 존재에 대한 기술이 유사한 패턴 위에서 만들어지고 있는 것이다. 『염처경』에 열거된 해부학적인 부분들 중 일부는 *Maitrī Upaniṣad*(1.3.)에서 찾을 수 있다. 비록 이 구절은 빨리 경전보다 시기적으로 이후에 나타난 것이지만, 그럼에도 불구하고 이러한 형태의 몸 관찰이 불교 수행자들만의 전유물은 아니었음을 보여준다.

117 M I 57.

들은 어디든지"라는 표현을 따르고 있다.[118] 이는 이 염처 목록이 철저하지 않으며 관찰할 수 있는 신체 부분의 예들만 보여주고 있다는 것을 시사한다. 사실 다른 구절에서는 이 같은 목록에서 빠진 몇몇 신체상의 부분이나 유동체들, 즉 뇌, 남근, 귀지에 대해서 말하고 있으며, 염처 목록에서는 고대 인도의 인체 해부학적 지식에 대해서 속속들이 설명하고 있지는 않다.[119]

『염처경』에 나오는 해부학적 부분들은 고체와 외부적인 부분에서부터 내부적인 장기들을 지나 장기 속에 있는 액체까지 자연스러운 순서를 따른다. 이러한 순서는 알아차림을 점진적으로 관통해 가는 것을 나타낸다. 가장 쉽게 알아차림에 도달할 수 있는 것을 먼저 언급하는 반면, 뒤에 나열된 몸의 양상들에 대해서는 순차적으로 더 깊은 범위의 알아차림과 섬세함을 요구한다. 순차적이라는 것을 달리 본다면 몸의 각 부분을 차례차례 분리하면서 하는 심상 수련과 상응될 수 있다.[120]

*Visuddhimagga*는 이 수행이 각각의 해부학적 요소들에 주의를 기울이는 것에서부터 그들 모두에 대해 알아차리게 되는 것까지 진행된다고 언급하고 있다.[121] 이는 관찰이 더욱더 진전된 단계로 나아갈수록 개별적인 부분들은 그 중요성이 엷어지고, 알아차림은 합성물로 되어 있고 아름답지 못한 몸의 본성으로 향한다는 것을 말한다. *Sampāsadanīya Sutta*에 의하면 관찰은 해부학적 요소에서부터 골격만이 있는 것으로 진전될 수 있다고 설명하고 있다.[122]

염처 가르침과 유사한 진행패턴은 *Sutta Nipāta*의 *Vijaya Sutta*에서도 찾아 볼 수 있다. 여기에 따르면 몸에 대한 철저한 분석은 외부의 해부학적 부분들에서부터 내부에 있는

118 M I 421, M III 240.

119 Sn 199는 뇌를 언급한다. 뇌는 사실 Paṭis 17의 염처 목록에 부가되었다. 또한 이와 상응하는 것이 한역 *Madhyama Āgama*에서도 언급된다.(Minh Chau 1991: p.90). Vism 240에서 뇌는『염처경』에 열거되지 않는다. 왜냐하면 그것은 이미 "골수"에 의해 덮여있기 때문이라고 설명한다. 남근은 D I 106, Sn 1022에 언급된다. 염처의 목록에서 남근이 생략되는 것은 놀라운 일이 아니다. 왜냐하면 가르침은 남성과 여성 명상가 모두가 수련할 수 있어야 하기 때문이다; 그러나 Van Zeyst 1982:p.80는 "빅토리아조의 신중함에서 성에 대한 생각은 제거되었거나 간과되었다."고 생각한다. 귀지에 대해서는 Sn 197에 나타난다.

120 Debes 1994:p.124.

121 Vism 265.

122 이것들은 네 가지 "예지의 성취(attainment of vision)" 중 처음 두 가지 이다(D III 104에 나타난다). 또한 S V129를 참조하라. 그것은 뼈의 관찰이 다양한 이익을 갖는다는 것을 지적한다.

기관과 액체에 이른다고 되어 있다.[123] *Vijaya Sutta*에서는 몸에 대한 분석을 수사적 의문으로 결론을 맺는다. "통찰의 부족을 제외하고 어떻게 단지 그러한 몸 때문에 자신을 높이거나 다른 이들을 깔볼 수 있는가?"[124] 이러한 결론은 관찰의 목적이 몸에 대한 애착을 줄이는 데에 있음을 보여주며, 이것은『염처경』에서도 동일하게 나타난다.

한역 *Ekottara Āgama*에서는 몸 부분에 대한 관찰과 관련된 내용들을 나열하고 있다. 이 수행은 신체 구멍, 즉 각각의 구멍에 따른 배설물의 불쾌한 성질을 올바르게 알아차리는 것과 연관된다.[125] 똑같은 수행이 빨리 *Nikāya*의 다른 곳에도 나타난다.[126] 이 수행과 해부학적인 명상의 가장 중요한 목적은 자신의 몸과 다른 이들의 몸 또한 본래부터 매력적이지 않음을 깨닫게 하기 위한 것이다.[127] 이와 비슷한 뉘앙스의 용례가 '아래와 같이, 위도 그러하고, 위와 같이, 아래도 그러하다'고 시작하는 신체 해부적 관찰을 언급하는 다른 경전에서도 찾아볼 수 있다.[128] 이는 몸에 대한 다양한 분리 관찰이 모두 같은 자연적 성질을 갖고 있다는 이해를 이끌어 주는 것을 나타내 준다. 진정한 본성을 명확히 파악하게 되면 신체의 어느 특정한 부분, 예를 들어 눈, 머리 그리고 입술 등이 본래부터 아름답지 않다는 것은 명확해 진다. *Therīgāthā*에서는 만약 한 비구니가 몸 안에 있는 것을 밖으로 드러내면 심지어 그 어머니조차도 그것을 혐오하고 그 악취를 견뎌낼 수 없을 것이라고 지적하며 이 같은 통찰을 세세히 묘사하고 있다.[129]

『염처경』의 가르침에 따르면, 몸의 비매력적인 본성에 대한 관찰은 자기 자신의 신체에 대한 것이 우선이다.[130] 자신의 신체에 아름다움이라는 것이 없다는 것을 아는 것은 특히

123 Sn 193-201. 또한 이 경전에서 말하는 과정은『염처경』에 열거된 몸 관찰의 과정과 유사하다. 왜냐하면 그것은 네 가지 자세에 대한 직접적인 알아차림에서 시작하여 펴고, 구부리고, 종국에는 동물에 먹힌 시신에 대한 기술로 끝나기 때문이다.

124 Sn 206.

125 Nhat Hanh 1990: p.170.

126 Sn 197, A IV 386.

127 A V 109에 따르면, 해부학적인 부분에 대한 관찰은 "비매력적인 것(*asubha*)"과 관계가 있다. 그것은 It 80 욕망에 대항하는 목적을 갖는다고 설명한다.

128 S V 278. 이 부분을 잘 이해하기 위해서는 신체 가운데 낮은 부분보다 보다 더 위에 있는 부분을 존중하는 전통적인 인도인의 관습을 고려할 필요가 있다.

129 Thī 471.

130 또한 Vibh 193을 참조하라. 그것은 분명히 해부학적인 부분에 대한 관찰은 다른 사람에게 적용되기 이전에 먼저 스스로에게 적용하여 계발해야 한다.

자만심에 대한 대책으로 여겨진다.[131] 따라서 염처 정형구에 나타나 있듯이 똑같은 관찰이 타인의 신체에 대해서도 "외적으로" 적용된다. 이러한 외적인 적용은 감각적 욕망의 강력한 해독제가 된다.[132] 육욕에 대한 대책으로서의 이러한 관찰이 가지는 잠재력은 불교도의 수계의식에도 포함이 되어, 초보 비구 또는 비구니로 하여금 염처 가르침에 있는 다섯 해부학적 부분을 관찰하게 한다.

이러한 이점에도 불구하고 이 수행은 잠재적인 위험이 있다. "불결함"에 대해 과도하게 관찰하는 것은 혐오와 반감을 불러 올 수 있다. 자신 또는 타인의 신체를 혐오하는 것은 단지 좌절된 욕망의 표현이기에 이 수행이 의도하는 욕망의 평정과 맞지 않는다. 경전에서는 이 특정한 명상의 과도하고 현명하지 못한 사용에 대한 극단적인 묘사가 있다. 붓다가 승가에게 이 수행을 지시한 뒤 고요히 물러나자 수행자들은 의욕적으로 자신의 신체에 대해 해부학적으로 관찰했다. 수행자들은 자신의 신체에 대해 부끄러움과 역겨움을 강하게 느꼈으며 결국에는 상당히 많은 이들이 자살을 시도하였다.[133]

균형된 태도의 필요성은『염처경』의 다음 부분에서 비유로 예시되어 있다. 여기서는 해부학적 명상을 곡식과 콩이 가득 찬 자루를 검사하는 것과 비교한다.[134] 곡식과 콩을 검사하는 것이 어떠한 정서적 반응을 자극하지 않는 것처럼, 신체의 해부학적 명상 역시 균형 있고 집착하지 않는 태도로 이루어져야 하며, 그 결과는 욕망을 식히는 것이 되어야 하지

131 이것은 M I 336에 나타난다. 거기서 과거의 까꾸산다(Kakusandha) 붓다는 비구들이 재가자들로부터 받고 있었던 과도한 존경과 숭배로 인해 생길 수 있는 자만심을 가능한 상쇄하기 위해서 비구들에게 (해부학적인 부분들의) 비매력성에 대한 관찰을 권고했다.

132 A III 323은 해부학적인 부분에 대한 명상을 욕망의 제거와 연관 시킨다; A IV 47은 성에 대해 혐오감을 개발하는 것과 연관시킨다. Bodhi 1984:p.92는 "명상은 성적 충동(sexual urge)이 가지고 있는 '인식적인 토대(cognitive underpinning)'와 '몸의 지각(perception of the body)'을 '음란한 미끼(sensually alluring)'로 간주하고, 성적 충동으로부터 이것들을 빼앗아 버리는 식으로 성적 욕망을 약화시키는 것을 목적으로 한다. 또한 Khantipālo 1981:p.98 및 Mendis 1985:p.44를 참조하라. 추가적인 외적인 적용이 Vism 306에서 설명된다. 거기서 신체의 부분에 대한 목록은 누군가 다른 사람의 머리카락, 피부, 뼈 등으로 화가 나는지 나지 않는지를 성찰함으로써 화를 조절하기 위해 사용된다.

133 Vin III 68, S V 320. 이 구절에 관해서는 Mills 1992:p.74를 참조하라.

134 Schlingloff 1964:p.33 n.10에 따르면, 이 "두 개의 입을 가진" 자루(*ubhatomukhā mutoḷī*)는 파종하기 사용되는 천 조각으로, 위쪽 주머니는 안쪽에 씨앗을 넣어 두기 위해 사용되는 곳이고, 아래쪽 주머니는 씨앗을 파종하기 위해 사용된다. 이러한 직유는 음식을 안으로 넣기 위한 "위쪽 구멍(입)"과 배설물의 배출을 위한 "아래쪽 구멍(항문)"을 가진 신체의 특징과 "두 개의 입을 가진" 자루가 다소 비슷하기 때문에 제안되었을지도 모른다.

반감이 자극되도록 하는 것은 아니라는 것이다.

만약 적절한 태도가 확립되도록 충분한 예방조치가 취해진다면, 신체의 비매력성에 대한 현명하고 균형 잡힌 관찰은 깨달음으로 이끌 수 있는 잠재력이 있다. *Therīgāthā*에서는 두 비구니가 자신의 신체에 대한 해부학적 명상을 통해 완전한 깨달음을 얻었다는 것을 전한다.[135]

몇몇 경전들은『염처경』에 있는 31가지에 해당하는 해부학적 부분 전체를 일반적인 사대의 설명에 따라 지(地)와 수(水)에 포함되는 것으로 분류한다.[136]『염처경』에 나타나는 다음 수행 즉, 몸을 사대로 분석하는 수행은 관련된 관찰의 유형을 이루고 있음을 시사한다. 이 관찰에 대한 지침은 다음과 같다.

> 어떻게 자리를 잡든지, 어떻게 배치되든지 그는 같은 신체를 다음과 같은 구성요소를 포함하는 것으로 관찰한다. "이 신체는 지, 수, 화, 풍의 요소가 있다."[137]

여기에서 언급된 고대 인도인들의 사대 요소는 물질의 네 가지 기본 성질을 나타내는데, 고체, 액체(또는 응집력), 온도 그리고 운동이 바로 그것이다.[138] 31가지에 해당하는 해부학적 명상이 주로 처음의 두 가지를 다루고 있기 때문에, 사대의 분석은 보다 광범위한 접근을 수반하여 알아차림을 온도 및 운동의 특성을 결정짓는 인체의 여러 측면까지 확장시킨다. 따라서 이 수행은 신체의 분석을 더 포괄적이고 세밀한 수준까지 계발하게 한다.[139]

신체의 지(地)와 수(水) 요소와 관련 있는 특성에 대한 관찰은 고체 및 액체의 신체 부분에 대한 물리적 감각을 관찰하면서 시작할 수 있다. 화(火)의 특성에 대한 알아차림은

135 Thī 33, Thī 82-6.

136 M I 185; M I 421; M III 240. Vism 348에 따르면, 이러한 경전에서 요소에 관한 상세한 설명은 다소 이해가 느린(우둔한) 수련자들을 위한 것인 반면,『염처경』에서 비교적 짧은 가르침은 이해가 빠른 사람들을 위한 것이다.

137 M I 57.

138 A III 340을 참조하라. 그것에 따르면, 나무줄기는 4대 요소 각각이 현현한 것으로 볼 수 있으며, 그것들 각각은 동일한 나무의 성질일 뿐이다.

139 Vism 351에 따르면, 4대 요소에 대한 분석은 이전의 명상을 세련되게 만든 것이다.

신체 온도의 변화를 느끼면서 계발될 수 있으며, 일부는 소화 및 노화의 진행과정을 알아차리는 방향으로도 계발할 수 있다. 운동의 특성을 의미하는 풍(風)은 유기체 내에서 발생하는 피의 순환이나 호흡의 주기와 같은 여러 가지 다른 움직임에 대한 알아차림에 집중함으로서 가능하다.[140] 이 동일한 기본적인 특질은 4대 요소가 신체의 각 부분의 특성이거나 신체의 부분이라는 것을 알아차림으로써 한 가지의 관찰로 통합될 수도 있다.

이 특별한 명상의 효과를 설명하기 위해 팔기 위해 소를 도축하고 분해한 도살자의 비유를 들어 묘사하기도 한다. 주석에 의하면 도살자는 도축 후에 더 이상 "소"라는 의미로 생각하지 않고 "고기"라는 의미로 생각하기 때문에 그 도살자의 비유는 인식(*saññā*)의 변화를 의미한다.[141] 이와 비슷한 인식의 변화는 명상가가 신체를 기본적인 요소로 분리할 때 나타난다. 즉, 신체를 더 이상 "나" 또는 "내 것"으로 경험 하지 않고 단지 4대 요소의 집합체로 보는 것이다.

자신을 물질적 특성의 집합체로 보는 것에 대한 경험은 자기 신체를 외적 환경과 연관시키며 그 특성적 동일성을 깨닫는 것이다.[142] 이렇게 함으로써 건강한 분리가 계발되어 종국에는 물질적 특성의 집합체일 뿐인 몸에 대해 집착하는 것까지 중화시킬 수 있다. 명상가가 관찰을 계속해 가면 보기에는 견고하고 탄탄한 물질적인 몸이지만 (심지어 전체 물질적 세상까지도) 그 안에는 완전히 핵심이 없다는 것을 알아차릴 수 있게 된다.[143] 단지 다

---

140 M I 188; M I 422; M III 241은 화(火)와 풍(風)의 요소가 신체적으로 현현된 것에 대해 설명한다. 실제적인 가르침은 Fryba 1989: p.123 및 Pa Auk 1996:p.17에서 알 수 있다. 또한 Ehara 1995:pp.197-205와 Vism 351을 참조하라. 또 다른 맥락에서 사대요소로 된 구조는 '공(空)'의 요소와 '의(意)'의 요소를 포함하면서 다섯 가지 혹은 여섯 가지 요소들을 갖는 구조로 확장된다(M iii 240). 이 육대 요소는 *Madhyama Āgama* 판본에 있는 염처 교리의 일부분을 구성하는데, *Ekottara Āgama* 판본에서는 『염처경』에 나오는 것과 동일한 4대 요소들만 나온다(Nhat Hanh 1990: pp.140, 158, 170을 참조하라). M III 242에 따르면, "공(空)"의 요소는 신체의 비어있고 움푹 들어간 면을 말한다.

141 Ps I 127, Vism 348. 또한 M I 364에 백정이야기가 나온다. 거기서 한 마리의 개가 이 비유의 중요한 측면을 의미하는 "배고픔을 만족시킬 수 있는 것"은, 뼈에 아무런 살점도 남겨있지 않도록 뼈를 발라 낼 수 있는 그 기술 때문이라는 이야기가 나온다.

142 M I 186은 자신과 외적인 환경 모두에 사대 요소 명상을 확장하여 적용한다; 또한 Debes 1994:p.139; King 1992:p.39을 참조하라. Ñāṇananda 1993:p.10는 "공공의 자원(즉 지, 수, 화, 풍)을 잘못 전유하는 것"을 '아만'이라고 말하면서 이런 유형의 관찰 효과를 적절하게 유도한다.

143 Sn 937은 세계는 완전히 본질이 없다는 것을 지적한다. 또한 M III 31을 참조하라. 그것에 따르면, 사대 요소에 자성이 없다는 것을 깨닫는 것이, 완전한 깨달음의 결정적 특징이다.

른 정도의 딱딱함과 부드러움, 축축함과 건조함, 뜨거움과 차가움 및 (최소한 아원자亞原子 수준에서) 약간의 운동성이 있을 뿐이다. 사대 요소에 대한 관찰은 물질적 실재의 비실체적이며 무아적 본성에 대한 통찰력 있는 깨달음으로 이끌 수 있는 잠재력이 있다.[144]

경전들은 사대 요소의 개요를 오직 인간의 몸 뿐만 아니라 일반적 의미의 물질적 존재에도 관련시킨다. *Mahāhatthipadopama Sutta*는 무상한 본성을 깨닫기 위해 개인의 "내적인" 사대 원소와 이들 "외적인" 해당 대상의 사대원소 사이의 유사점을 이끌어 내고 있다. (옛 인도의 우주론에 따르면) 어떠한 시점에 전체 행성은 파괴를 맞이할 것인데, 동일한 요소로 이루어진 이 대수롭지 않은 축적물인 "몸"에 그 어떤 영원성이 존재할 수 있겠는가 하는 주장을 펼치고 있다.[145] 이처럼 모든 물질 현상의 무상성을 식별하는 것은 물질적 즐거움에 대해 추구하는 것을 제어한다. 물질 현상에 대한 각성을 통해 욕망을 포기하는 것은 사대 요소에 의하여 야기된 속박으로부터 자유롭게 되도록 이끈다.[146]

*Mahārāhulovāda Sutta*에서 발견할 수 있는 사대에 대한 추가적 관점은 자애(*mettā*)와 연민(*karuṇā*)의 정신적인 특질을 계발하기 위해 사대를 자극제로 사용하는 것이다. 마치 여러 폐기물이 던져져도 지구가 분노하지 않듯이 명상가들도 분노로부터 마음을 비워야 한다.[147] 이렇게 하여 분노가 없는 마음을 유지하면 그는 불리한 상황에서도 자애와 연민으로 대응할 수 있다.[148]

이러한 구절들은 사대 요소들에 대한 관찰이 사람의 몸의 본성을 모든 물질적 환경의 구성물과 연관시키거나 이 물질적 특성들을 건전한 정신적 태도를 발전시키기 위해 이용

144 M I 185, M I 421은 사대요소에 대한 명상과 무아에 대한 통찰을 연결시키고, 무아에 대한 통찰을 타자에게 억압받고 이용당하는 상황에 적용시켜 가는 동일한 경전이 이어진다. A II 164는 유사하게 사대요소의 명상을 무아에 대한 통찰력과 연결되고, 이런 식으로 완전한 각성에 이를 수 있다. 또한 Vism 640을 참조하라.

145 M I 185. Ledi 1986b:p.72를 참조하라. 그는 이러한 특별한 수행을 기초로 하는 통찰력 명상을 시작할 것을 제안한다. 왜냐하면 그것은 무상성에 대한 이해를 빠르게 개발하도록 도울 것이기 때문이다.

146 S II 170은 무상하여 불만족스러운 성질은 사대 요소에 의존해 일어나는 쾌락과 기쁨에 기대어 서있는 것이라고 지적한다. 그러므로 이러한 장애를 벗어나는 유일한 길은 그런 성질들에서 초연해질 수 있는 길을 개발하는 것뿐이다.

147 M I 423.

148 자신의 마음은 이 땅이 자신에게 던져진 쓰레기에 분노하지 않듯이, 분노로부터 자유롭다고 반응했던 사리뿟다가 이것을 A IV 374에 예시해 놓고 있다.

함으로써 다양한 형태로 사용될 수 있었음을 보여주고 있다.

7 시체의 부패와 죽음에 대한 명상

몸 관찰 중 마지막 명상 수행은 어느 정도의 시각화 혹은 적어도 반영성과 관련이 있는데, 이는 명상가들이 자신을 묘지에 있는 것과 비교해야 하기 때문이다.[149] 이러한 비교를 위한 지침은 다음과 같다.

> 그는 마치 묘지 한쪽에 버려진 시체를 보게 된 것과 같이 한다. - 죽은 지 하루나 이틀 또는 사흘 된 시체가 부풀고 검푸르게 되고 문드러지는 것... 묘지에 버려진 시체를 까마귀가 마구 쪼아 먹고, 솔개가 마구 쪼아 먹고, 독수리가 마구 쪼아 먹고, 개가 마구 뜯어먹고, 자칼이 마구 뜯어먹고, 수없이 많은 갖가지 벌레들이 덤벼들어 파먹는 것... 묘지에 버려진 시체가 해골이 되어 살과 피가 묻은 채 힘줄로 얽히어 서로 이어져 있는 것... 해골이 되어 살은 없고 피만 엉긴 채 힘줄로 얽히어 서로 이어져 있는 것... 해골이 되어 살과 피는 없고 힘줄만 남아 서로 이어져 있는 것... 뼈들이 흩어져서 사방에 널려있는 것... 뼈가 조개껍질 색깔같이 하얗게 백골이 된 것...해골이 되어 풍상을 겪어 단지 뼈 무더기가 되어 있는 것... 해골이 되었다가 다시 삭아서 티끌로 변한 모습-그는 자신의 몸을 그것에 비추어 바라본다. "이 몸도 또한 그와 같은 본성을 지니며, 그와 같이 될 것이며, 그에서 벗어나지 못하리라."[150]

고대 인도에서 시체들은 묘지 밖에 방치되어 있어 썩거나 야생 동물에 의해 먹혀 없어지곤 하였다.[151] 위의 구절은『염처경』에서 나타나는 시체의 부패를 아홉 단계로 명확하게

---

149 Ñāṇamoli 1995:p.1191 n.150: "*seyyathāpi*는 이러한 명상은 ... 실제의 시체와 마주하는 것에 근거할 필요가 없으며 ... 단지 상상만으로도 행해질 수 있다는 것을 제안한다." Vism 180은 명상가가 묘지에서 썩은 시체에 대한 첫 번째 비전을 얻을 수 방법과 연이어 그의 숙소에서 명상하는 동안 이러한 비전을 개발할 수 있는 방법을 상세히 묘사한다. Ledi(n.d):p.58에 따르면, 이 명상은 (자신을 포함하여) 아프거나 다친 사람들에 근거해서 혹은 대상으로서 죽은 동물을 가지고 유사하게 개발될 수 있다고 한다. 또한 Thate 1997: p.11을 참조하라.

150 M I 58.

151 T.W. Rhys Davids 1997: p.80.

나누어 묘사한다.[152] 티벳어 자료에 의하면 붓다 스스로 전생에 보살이었을 때 묘지 주변의 시체들을 관찰했다고 한다.[153]

이 수행은 두 가지가 핵심이다. 첫 번째는 부패하는 동안 나타나는 신체의 불쾌한 본성이고 두 번째는 살아있는 모든 존재에게 있어 죽음은 피할 수 없다는 것이다. 전자는 신체의 해부적 관찰 수행과 연결되며 그것은 감각적 욕망을 제거하기 위한 부수적 도구로서 작용한다.[154] 이것은 *Mahādukkhakkhandha Sutta*에서 근거를 찾을 수 있는데, 거기에 따르면 물질적 신체가 타고난 "약점"(*ādīnava*)을 명상하는 방법으로써 같은 용어를 사용한다.[155] 비록 사람이 이성의 아름다운 육체의 "이점"(*assāda*)에 끌릴지라도, 같은 신체가 노년기로 접어들고, 병에 걸리고, 마지막으로 죽음에 이르듯 이전의 아름다웠던 바로 그 신체는 위의 설명과 같이 너무도 명백히 "약점"이 되고 부패의 단계를 밟게 된다. 이 구절은 부패한 시체에 대한 관찰의 주된 목적이 감각적 욕망을 제거하는 데 있다는 것을 보여준다.

『염처경』의 가르침에 의하면 부패하는 신체의 영상 혹은 기억은 그 자신의 몸에 적용되어, 자신의 신체도 동일한 부패 단계를 밟게 된다고 생각하게 된다. 따라서 이러한 종류의 관찰은 자만심을 제거하기 위한 수단을 이룬다.[156] "정형구"에 있듯이 동일한 이해방식이 살아있는 다른 신체들에도 적용된다. 여기서도 위에 언급한 해부학적 관찰에 관한 예방책이 적용된다. 즉, 수행할 때는 혐오감 또는 우울감에 휩싸이지 않아야 한다.[157]

*Theragāthā*에는 실제적인 염처 수행이 묘지에서 이루어지는 기록이 있다. 두 수행자는 각각 여성의 시체를 관찰하였으나 다른 결과가 나왔다. 한 명은 통찰력을 얻을 수 있었던 반면 다른 한 명은 시체의 몸을 보고 감각적 욕망을 일으켜 관찰을 발전시키지 못하였

152 M III 91, A III 323은 네 가지 주요 단계- 부푼 몸, 동물에 먹힌 몸, 해골, 뼈 -라는 표제하에 동일한 기술을 포함하고 있다. *Madhyama Āgama*는 다섯 단계로 동일한 과정의 명상을 설명한다. 반면에 *Ekottara Āgama*는 모두 여덟 단계를 제시한다(Nhat Hanh 1990: pp.158, 170).

153 Rockhill 1907:p.23.

154 Dhp-a III 108에서 붓다는 자신의 제자들에게 감각적 쾌락의 대응책으로 아름다운 매춘부 시리마(Sirimā)의 썩어가는 시체를 볼 것을 명하였다. As197은 썩은 시체에 대한 명상은 욕망의 성질이 우세한 사람들을 위해 추천한다.

155 M I 88.

156 A III 323에 따르면, 시체에 대한 명상은 아만심에 대항한다.

157 Ṭhānissaro 1993:p.55.

다.[158] 이성의 시체를 이용한 위험함은 주석에도 나와 있다.[159] 초보 명상가들에게 관찰 대상으로 이성의 시체를 추천하는 것은 바람직하지 않지만, 만약 성공적으로 명상에 이르면 감각적 관능성에 특히 강한 해독 작용을 기대할 수 있다.[160] 실제로 *Theragāthā*에는 노래 부르며 춤추는 아름다운 여성 앞에서의 관찰에 성공한 예가 설명되어 있다.[161] 그는 이 영상을 좋은 의도로 사용하여 이 시각적 충격에 슬기롭게 대처해 아라한이 되었다.

이 명상 수행들을 통하여 얻어지는 또 다른 대안은 죽음의 불가피성이다. 시체의 부패 단계는 그 어떤 사람도 '나' 혹은 '나의 것'을 형성화하여 매달릴 수 있는 시간이 매우 짧다는 사실을 생생하게 보여 준다. 비록 이것이 관찰에서 함축하고 있는 당연한 결과로 보일지라도 경전에서는 시체의 부패 단계를 굳이 언급하지 않고도 죽음에 대해 상기시키는 것을 종종 설명한다. 붓다에 의하여 특별히 추천된 죽음을 상기시키는 접근방식은 먹고 숨을 쉬는 것과 관련이 있다. 즉, 다음 한 입을 먹거나 다음 숨을 들이마시는 일이 꼭 일어나리라고 확신할 수 없다는 사실을 떠올리는 것이다.[162] 실로 숨의 존재 혹은 부재는 삶과 죽음을 의미하기 때문에, 호흡 알아차림 역시 죽음을 상기시키기 위해 사용할 수 있는 가능성이 있다. 어느 접근방법을 결정하든 죽음을 상기시키는 것은 불건전한 것을 피하고 근절시키기 위한 노력을 돕고, 또한 궁극적으로 불멸의 깨달음에 이르게 한다.[163]

죽음에 대한 상기는 또한 죽음이 다가왔을 때 좋은 준비가 된다. 신체 관찰을 마무리하는 수행으로서, 죽음에 대한 지속적 상기는 자신을 자신의 신체와 동일시했을 때만이 죽음을 두려워한다는 깨달음으로 인도한다.[164] 몸 관찰의 도움으로 사람은 몸의 진정한 본성을

158 Th 393-5, Th 315-16. 공동묘지에서 명상하는 비구의 또 다른 예는 Th 151-2에서 알 수 있다.

159 Ps I 254.

160 실제로 Ledi (n.d):p.59는 위빠사나(vipassanā)의 목적을 위해 이성의 시체를 권한다. 반면에 동성의 시체는 사마타(samatha)의 개발에 적합하다. 사마타의 수행으로써 시체를 관찰하는 것에 관해서는 Vism 178-96을 참조하라.

161 Th 267-70.

162 A III 306, A IV 319.

163 A III 308, A IV 320은 죽음에 대한 성찰을 악에 대항하기 위한 노력을 부추기는 것과 연관짓는다; A III 304, A IV 317은 동일한 수련을 불사의 깨달음과 관련시킨다.

164 Debes 1994:p.51 및 Kor 1993: p.18. 실제명상이 진행되는 동안, (수행자가) 어느 정도 신체와 탈동일화 되는 것은 사실 마지막 세 관찰(해부학적 부분들, 요소들, 시체들)에 대한 가르침에 직접적으로 함축되어 있다. 그 가르침에서 자신의 몸이 "이 동일한 몸(M I 57-8)"이라고 언급되는데 이 표현은 의도적으로 비인칭적 방식으로 나타낸 것처럼 보인다.

깨달을 수 있고 이로 인해 그에 따른 모든 구속을 이겨낼 수 있다. 신체의 구속에서 해방되면 신체적인 죽음에 대한 그 어떤 두려움으로부터도 해방될 수 있다.[165]

165 Th 20을 참조하라. 거기서 아라한은 자신은 죽음을 두려워하지 않으며, 주의 깊게 자신의 몸을 놓을 수 있다고 말한다. 또한 A IV 48에서는 그것은 삶에 대한 집착의 부재를 반복적으로 죽음을 상기하는 것과 관련짓는다.

7

느낌

1 느낌 관찰

빨리어로 "느낌"은 *vedanā*이다. 이는 동사 *vedeti*로부터 파생한 말로 "느끼는 것"과 "아는 것" 모두를 의미한다.[1] 경전에서의 용법을 살펴보면 *vedanā*는 몸과 마음의 느낌 둘 모두를 포함한다.[2] *vedanā*라는 말의 의미 범위 안에 "감정"은 포함되지 않는다.[3] 감정은 처음에 느낌이 제공하는 정보에 따라 일어나지만, 순수한 느낌 그 자체보다는 좀 더 복합적인 정신적 현상이므로, 다음 염처의 영역인 마음관찰에 오히려 더 가깝다.

느낌 관찰에 대한『염처경(*Satipaṭṭhāna Sutta*)』의 가르침은 다음과 같다.

> 즐거운 느낌을 느낄 때, 그는 "나는 즐거운 느낌을 느낀다."고 안다.
> 불쾌한 느낌을 느낄 때, 그는 "나는 불쾌한 느낌을 느낀다."고 안다.
> 무덤덤한 느낌을 느낄 때, 그는 "나는 무덤덤한 느낌을 느낀다."고 안다.
> 세간적인 즐거운 느낌을 느낄 때, 그는 "나는 세간적인 즐거운 느낌을 느낀다." 고 안다. 출세간적인 즐거운 느낌을 느낄 때, 그는 "나는 출세간적인 즐거운 느낌을 느낀다." 고 안다. 세간적인 불쾌한 느낌을 느낄 때, 그는 "나는 세간적인 불쾌한 느낌을 느낀다."고 안다. 출세간적인 불쾌한 느낌을 느낄 때, 그는 "나는 출세간적인 불쾌한 느낌을 느낀다."고 안다. 세간적인 무덤덤한 느낌을 느낄 때, 그는 "나는 세간적인 무덤덤한 느

1 Hamilton 1996:p.45; C.A.F. Rhys Davids 1978:p.299.

2 예를 들어 M I 302와 S IV 231을 참조하라. 또한 C.A.F. Rhys Davids 1978:p.300를 참조하라.

3 Bodhi 1993:p.80; Padmasiri de Silva 1992b:p.33; Dhīravaṃsa 1989:p.109; Ñāṇapoṇika 1983:p.7.

낌을 느낀다."고 안다. 출세간적인 무덤덤한 느낌을 느낄 때, 그는 "나는 출세간적인 무덤덤한 느낌을 느낀다."고 안다.[4]

위 가르침의 첫 부분은 즐거움, 불쾌함, 무덤덤함의 세 가지 기본적 느낌의 종류를 구별하는 것이다. 경전에 따르면 이 세 가지 느낌에 관한 이해와 분리를 계발하는 것은 고(*dukkha*)의 속박에서 벗어나도록 이끌 가능성이 있다.[5] 이러한 이해는 염처 수행을 통해 얻을 수 있기 때문에[6] 느낌 관찰은 상당한 잠재력을 가진 명상수행이다. 이 잠재력은 현재 순간의 경험에 대한 느낌이 "즐거운" 것인지 "불쾌한" 것인지, 아니면 그 어느 것도 아닌지(무덤덤함)를 분명히 명시함으로써, 좋아함과 싫어함이 일어나는 바로 첫 단계에 알아차림을 가능하게 하는 단순하고 독창적인 방법에 바탕을 두고 있다.

느낌을 관찰하는 것은 말 그대로 어떻게 느끼는지 아는 것을 의미한다. 이것은 너무나 찰나적인 것이어서 자신이 어떻게 느끼는지에 관한 반응, 투사, 정당화가 일어나기 전에 알아차림의 빛이 나타나야 하는 것이다. 느낌 관찰이 이런 식으로 일어나면 느낌이 제공하는 초기의 정서적 정보에 바탕을 두고 있는 사람의 태도와 반응이 놀라울 정도로 부각된다.

이렇게 즉각적인 앎을 체계적으로 계발하면 어떤 상황이나 다른 사람에 대한 감수 능력이라는 측면에서 보다 직관적인 통각 양식을 강화시킬 수 있다. 이 능력은 관찰과 숙고와 같은 보다 이성적인 방식으로 얻은 정보를 보완함으로써 일상생활에서 유용하고 새로운 정보원이 되어줄 것이다.

『염처경』은 이 세 가지 느낌에 대한 알아차림이 다시 세간적(*sāmisa*)이고 출세간적(*nirāmisa*)인 하위 느낌들로 세분화된다고 가르친다.[7] *Aṅguttara Nikāya*의 한 구절에 따

4 M I 59.

5 A V 51. 또한 S II 99.

6 S V 189에 따르면, 느낌의 세 가지 유형을 예리하게 이해하기 위해서는, 사념처를 개발해야만 한다. 이 구절에 따르면 느낌을 완벽하게 이해하기 위해 사념처가 모두 필요하다고 한 점은 주목할 만하다.

7 *Madhyama Āgama* 한역본에서는 이 관찰과 관련하여 욕망에 닿아 있는 느낌과 (욕망에 닿아 있지 않은 느낌), 음식과 관련된 느낌을 추가적으로 기술하고 있는 반면, *Ekottara Āgama*에서는 한 가지 유형의 느낌이 나타나면 다른 두 가지 유형의 느낌이 배제된다는 사실에 주목한다(Minh Chau 1991:p.93; Nhat Hanh 1990:pp.161, 173). D II 66에 보면, 이 후자와 비슷한 암시가 빨

르면, 이 여섯 가지 분류는 느낌의 다양한 범위를 표현하는 것이다.[8] 그리하여 이 여섯 가지 분류표를 통하여 느낌 관찰은 "느낌"이라는 현상의 다양성을 광범위하고 포괄적으로 조사한다. (그림 7.1 참조)

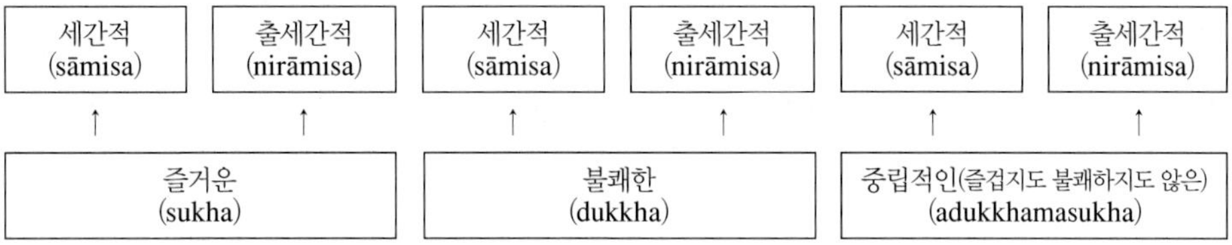

그림 7.1 느낌의 세 가지와 여섯 가지 유형

세간과 출세간적 느낌의 구분은 "육체"(*āmisa*)와 결부된 느낌과 금욕과 결부된 느낌의 차이와 관련되어 있다.[9] 이 추가적인 관점은 느낌의 정서적 성격이 아니라 느낌이 일어나는 윤리적 상황에 근거한 평가에 초점을 맞춘다. 여기에서 도입되는 기본적 관점은 특정한 감정이 수행하는데 있어서 전진하는 것과 연관되는지 후퇴하는 것과 연관되는지를 알아차리는 것이다.

리어 본으로도 나와 있다. 또한 Paṭis II 233에서 느낌에 대한 추가적인 범주가 발견되는데, (이 범주에는) 느낌관찰 수행 시 6감각에 따라 분화되어 생겨나는 느낌들이 포함된다. 사실, M I 398에 따르면, 위에서 언급한 염처경전 내의 6가지 분류 체계는 6감각을 도입하면서 뿐만 아니라, 과거, 미래 그리고 현재에 발생하는 느낌들 즉 모두 합해 108가지 유형의 서로 다른 느낌들을 구별하는 과정을 통해서 확대될 수 있다고 한다. Mogok Sayadaw(Than Daing 1970:p.90)는 또 하나의 대안으로 느낌관찰을 위한 3겹 체계를 개발했는데, 5감관의 느낌을 "외부에서 오는 방문자들"로, 정신적 느낌을 "내면에 있는 방문자들"로, 그리고 들이쉬고 내쉬는 호흡과 관련된 느낌을 "주인 격인 방문자"로 구별하고 있다.

8 A III 412.

9 Ps 279는 세속적으로 즐거운 느낌이란 다섯 가지 감각적 쾌락과 연관된 것인 반면, 비세속적으로 이에 상응하는 등가물은 금욕과 연관된 것이라고 설명한다. 또한 S IV 235와 비교해 보라, 여기에서는 세속적 기쁨 또는 행복(관능), 비세속적 기쁨 또는 행복(선정), 그리고 완전히 비세속적 기쁨 또는 행복(깨달음)을 확실하게 구별한다. 경전에서 *āmisa*는 종종 "물질적인"이라는 의미로 사용되곤 하는데, "법(dhamma)"와는 정반대의 말이다. 예를 들어 M I 12와 A I 73에서는 "승려들이 붓다의 가르침(Dhamma)보다 "물질적인 것"들을 더 선호한다"는 용례가 나오고, It 98에서는 "물질적" 선물이라는 용례도 등장한다. Goenka 1999:p.53, Soni 1980:p.6에 따르면, 동일한 두 용어(āmisa와 dhamma)가 현재 인도에서도 채식주의자 식단과 비채식주의자 식단을 구별하기 위해 사용된다고 한다. Nhat Hanh 1990:p.71은 이 두 용어가 느낌을 유발하는 생리적 심리적 원인사이의 차이를 드러낸다고 본다. Maurice Walshe 1987:p.591 n.658, n.659는 이 두 용어의 번역어로 "육체적"(carnal), "영적(spiritual)"이라는 어휘를 제시한다.

동시대의 고행주의와 다르게 붓다는 모든 즐거운 느낌들을 무조건적으로 거부하지는 않았으며, 정화 효과를 위해 불쾌한 경험을 무조건 권하지도 않았다. 대신에 붓다는 모든 유형의 느낌에 따르는 정신적이고 윤리적인 결과를 강조했다. 여섯 가지 분류표의 도움을 받을 때 이 윤리적 관점은 분명해지는데, 삼독심(三毒心)인 탐(貪), 진(瞋), 치(癡)로 향하는 잠재된 정신적 경향성(*anusaya*)의 활성화와 느낌들이 갖는 관계가 특히 잘 드러난다.[10] *Cūḷavedalla Sutta*는 이러한 잠재적인 경향성의 발생이 주로 세 가지 세간적 유형의 느낌과 관계있다고 지적한다. 이에 반해 깊은 삼매 중에 일어나는 출세간적으로 즐겁거나 중립적인 느낌 또는 자신의 정신적 불완전함에 대한 불만족에서 비롯되는 출세간적 불쾌한 느낌들은 이러한 잠재된 경향성을 자극하지 않는다.[11]

느낌들과 이러한 정신적 경향 사이에서 나타나는 조건적 관계는 매우 중요하다. 잠재된 경향성을 활성화시킴으로써 느낌은 불건전한 정신적 반응을 일으킬 수 있기 때문이다. 같은 원리가 12 연기법(*paticca samuppāda*)에 상응하는 부분에도 깔려있다. 거기에서 느낌은 갈애(*taṇhā*)가 일어나도록 이끄는 조건을 형성한다.[12]

욕망과 느낌에 대한 정신적 반응의 중요한 조건적 의존성은 아마도 느낌이 사념처의 한 가지가 된 핵심적 이유일 것이다. 더욱이 즐겁고 불쾌한 느낌이 일어나는 것은 알아차리기가 상당히 쉽기 때문에 느낌은 명상의 손쉬운 대상이 된다.[13]

느낌의 두드러진 특징은 그 무상한 속성이다. 느낌의 덧없고 무상한 본질을 지속적으로 관찰하는 것은 그에 대한 각성을 계발하는 강력한 도구가 될 수 있다.[14] 무상함에 대한

10 세 가지 유형의 느낌이 자신들 각각의 내부에 잠재해 있는 지향성과 맺는 관계로 인해 *Ratnacūḍa Sūtra*에서 나와 있는 느낌 관찰 수행의 다양한 변이들이 일어난다(Bendall 1990:p.219에서 인용됨). 그 책의 가르침으로는, "만약 사람이 유쾌한 느낌을 경험하면 반드시 열정에 빠져있는 존재에 대한 자비심을 개발해야 하고, 불쾌한 느낌을 경험하면 증오에 빠진 존재에 대한 자비심을, 그리고 중립적 느낌을 경험하면 미혹에 종속된 존재에 대한 자비심을 개발해야 한다"이다.

11 M I 303.

12 상세한 설명은 D II 58에 나온다.

13 Ps I 277에 의하면, 느낌이란 의식이나 접촉이라기보다는 염처를 위한 보다 분명한 대상이다. 왜냐하면 유쾌하거나 불쾌한 느낌의 발생은 쉽게 포착될 수 있기 때문이다.

14 이것은 A IV 88에 예시되어 있다. 그 책에서, 붓다는 느낌의 무상성에 대한 관찰 수행을 가르치고, 이후 그 수행이 깨달음에 이를 수 있다는 것을 보여주었다. "집착할만한 가치가 있는 것이 아무것도 없다"는 가르침을 상세히 설명한 것이다.

자각으로부터 비롯된, 느낌에 대한 초연한 태도는 아라한의 경험이 가지는 특징이다.[15]

느낌의 정서적 상태가 그것을 일으킨 접촉의 유형에 따라 달라진다는 사실은 관찰을 요하는 또 하나의 측면이다.[16] 느낌의 이 조건적 본성이 완전하게 이해되기만 하면 그로부터의 분리는 자연스럽게 일어나고 느낌과의 동일시가 해소되기 시작한다.

*Vedanā saṃyutta*의 한 시적인 구절은 느낌의 성질을 하늘의 각각 다른 방향에서 불어오는 바람에 비유한다.[17] 바람은 때로 따뜻할 수도 있고, 차가울 수도 있다. 때로는 축축하고 때로는 먼지투성이일 수도 있다. 마찬가지로, 몸에서는 여러 가지 다른 유형의 느낌들이 일어난다. 그것들은 때로는 즐겁고, 때로는 중립적이며, 때로는 불쾌하다. 날씨의 변화와 싸우는 것이 어리석은 일이듯 변화하는 느낌과 싸울 필요는 없다. 이런 식으로 관찰하면서 느낌에 대한 내면적 분리를 점점 더 높은 수준으로 확립해나갈 수 있다. 느낌을 알아차리는 관찰자는 바로 그 관찰에 의해 더 이상 자신을 그것들과 동일시하지 않고, 그로 말미암아 즐거움과 고통이라는 이분법의 조건적이고 통제적인 힘을 넘어서서 움직이기 시작한다.[18] 느낌과의 동일시를 깨뜨리는 작업 또한 주석서에 나타나 있다. 여기서는 "누가 느끼는가?"라는 질문이 느낌을 단지 경험하는 것에서 그것들을 하나의 염처로써 관찰하는 것으로 이끈다고 강조하고 있다.[19]

느낌 관찰의 중요성과 적절성에 대한 추가적인 정보를 제공하기 위해 이제 견해(*ditthi*)와 의견의 형성과 느낌의 관계를 간단하게 고찰하고, 『염처경』의 가르침에 나타난 느낌의 세 가지 유형을 좀 더 자세히 검토할 것이다.

---

15 M III 244에서는, 아라한이 느낌에 초연할 수 있는 것은 그 또는 그녀가 자신들의 무상성을 이해했기 때문이라고 기술하고 있다.

16 M III 242.

17 S IV 218.

18 Debes 1994:p.227.

19 Ps I 275. 이런 형태의 질문을 던지는 목적은 느끼는 "자아"라는 개념을 극복하기 위해서라고 설명한다. 또한 D II 68을 참조하라. 거기에서는 느낌을 위한 두 개의 탁월한 동일시패턴 – "느낌은 나의 자아이다" 그리고 "나의 자아는 느낀다" –을 지적하고 있다. 이 두 개의 패턴과 더불어 "나의 자아는 느낌이 없다"는 견해는, 느낌과 관련된 자아개념을 파악하기 위한 세 가지 척도이다. 그들이 제거된다면 깨달음에 도달할 수 있다. Bodhi 1995:pp.34-6를 참조하라. Ñāṇapoṇīka 1983:p.4 역시 "느낌"에서 "나" 또는 "나의 것"이라는 개념을 분리시키는 것이 중요하다고 강조하였다.

2 느낌과 견해(DIṬṬHI)

느낌에 얽매이지 않는 태도를 개발하는 것은 *Brahmajāla Sutta*의 도입부에 나타나는 주제이다. 이 경전의 서두에서 붓다는 비구들에게 칭찬에 의기양양해 하지 말고 비난에 불쾌해 하지 말라고 가르친다. 이 두 반응은 정신적 평정을 뒤흔들 뿐이기 때문이다. 다음으로, 붓다는 고대 인도의 철학자들과 고행자들 사이에 널리 퍼져 있는 다른 견해의 바탕을 이루는 인식론적 근거를 폭넓게 개관한다. 붓다는 이 결론에서, 느낌을 완전하게 이해함으로써 이 모든 견해를 넘어섰다고 말했다.[20]

붓다의 접근법이 가지는 흥미로운 특징은 그의 분석이 견해의 내용보다는 그 심리적 기반에 주로 초점이 맞춰져 있다는 사실이다.[21] 이 접근 때문에 그는 견해의 일어남이 갈애(*taṇhā*)에 의해서이고, 이 갈애가 이번에는 느낌에 의존하여 일어나는 과정을 추적할 수 있었다.[22] 역으로, 접촉과 갈애가 연결되는 것과 같은 느낌의 역할을 완벽하게 이해함으로써 견해가 형성되는 과정 자체를 초월할 수 있었다.[23] *Pāsādika Sutta*는 염처 관찰의 목적으로서 이와 같은 견해의 초월을 분명하게 제시한다.[24] 이렇듯 두 번째 염처인 느낌 관찰은 견해와 의견의 발생에 대한 통찰을 일으키는 흥미로운 잠재력을 지니고 있다.

지속적인 관찰은 느낌이 잇따라 발생하는 생각과 반응에 결정적으로 영향을 주고 물들

20 D I 16.

21 사실, *Brahmajāla Sutta*에서는 62개의 "견해"가 아니라, 62개의 근거에 대해 논의한다.(D I 39: *dvāsaṭṭhiyā vatthūhi*), 첫번째 4개의 근거들이 영원주의라는 하나의 "견해"를 만들어 낸 예에서 볼 수 있듯이, 실제 견해의 수는 각 예에서 정확히 동일한 용어로 표현되었기에 훨씬 적다. 이런 정황으로 미루어 보면, 붓다의 분석은 이들 견해들이 갖는 어떤 개별적인 내용보다는, 견해들을 만들어 내는데 필요한 인식론적 근거에 주로 관심을 가졌음을 알 수 있다. S IV 287에서 62개 견해(d*vāsaṭṭhi diṭṭigatāni Brahmajāle bhaṇitāni*) 혹은 Sn 538에서 62개 "이설"(*osaraṇāni*)에 대해 언급할 때, 이 용어는 *Brahmajāla Sutta*에서 채택된 전문용어와 반드시 일치하는 것은 아니다.

22 D I 39에서 붓다는 이 모든 서로 다른 견해가 생겨나는 이유는, 그 견해를 제안한 사람들, 즉 단순하게 느낌과 욕망의 영향을 받는 사람들 측에서 비전과 지식이 부족하기 때문이라고 지적했다. 주석서(Sv-pṭ I 180)에서는 그런 견해는, 느낌이 생기하였다는 것을 알아채지 못함으로써 욕망을 갖고 그 느낌에 반응한 결과이다. Katz 1989:p.150를 참조해 적절하게 다시 말하면, "형이상학적 요청에 대해 정신분석학적"으로 반응한 결과 생겨난 것이라고 설명한다.

23 D I 45에서 붓다는 접촉이 생겼다가는 사라지는 것(느낌이 일어나서 갈애를 불러일으키기 위한 필요조건으로서의 촉각)을 알게 된 사람은, 이로 인하여 이 모든 개념들 너머에 있는 것을 깨달은 것이라고 설명했다.

24 D III 141.

인다는 사실을 드러낼 것이다.[25] 느낌의 이러한 조건 짓는 역할에 대한 관점을 통해 느낌과 감정에 비해 합리적인 사고가 우위를 점한다고 가정하는 것이 결국은 환상이라는 것이 밝혀진다.[26] 논리와 사고는 이미 존재하는 좋음과 싫음을 합리화하는데 기여할 뿐이고, 즐거운 느낌과 불쾌한 느낌이 일어남에 따라 조건 지워질 뿐이다.[27] 좋음과 싫음의 최초 기미가 일어날 때인 지각 과정의 첫 단계는 보통 충분히 의식되지 않을 뿐더러 잇따르는 판단에 대한 그것들의 결정적인 영향력은 종종 주목되지 않곤 한다.[28]

심리학적 관점에서 보면, 느낌은 동기화와 행동의 토대로서 정보처리 과정에서 재빠른 피드백을 제공한다.[29] 인간 진화의 초기 역사에서 이런 빠른 피드백은 도망갈 것인가, 싸울 것인가 하는 가운데 촌각을 다투는 결단을 요구하는 위험 상황에서 살아남기 위한 기제로서 진화했다. 이러한 결정은 느낌이 두드러진 역할을 하는 지각의 첫 순간에 대한 평가의 영향에 그 기반을 두고 있다. 하지만 이런 위험 상황 밖에서, 즉 현대의 비교적 안전한 수준의 생활 상황에서 느낌의 이 생존 기능은 가끔 부적응적이고 부적절한 반응을 낳는다.

느낌 관찰은 이렇게 평가하고 조건화하는 기능들에 대해 의식적 자각을 반영하는 기회를 제공한다. 그리고 느낌의 조건화하는 힘에 대한 명확한 자각은 무의미하거나 해롭기조차 한 습관적인 반응 패턴을 재구성할 수 있게 한다. 이러한 방식으로 감정은 그 발단 지점에서 탈조건화할 수 있다.[30] 이러한 탈조건화가 없다면 느낌에서 촉발된 최초의 평가 결과인 감정적 경향은 외관상으로 잘 합리화된 "객관적" 의견과 견해로 표현될 수 있는 것이다. 이와 대조적으로 느낌이 제공하는 초기의 평가 자료에 근거한 견해 및 의견의 조건적 종속을 실질적으로 평가하는 일은 개인적인 견해와 의견의 밑바닥에 놓여있는 감정적 애착(affective attachment)의 베일을 벗겨낸다. 이처럼 견해와 의견이 느낌의 초기 평가 영향력에 의존하는 것은 독단적 고집과 집착(clining)의 주요 원인이 된다.[31]

25 예를 들어, M I 111을 참조하라. 거기에서는 사람의 생각과 반응이라는 것이 느낌과 인지가 제공하는 맨 처음의 결정적 입력정보에 어떻게 얼마나 좌우되고 있는지를 서술한다.

26 Khantipālo 1981:p.35.

27 Premasiri 1972:p.20.

28 Burns 1994:p.33.

29 Brown 1986a:p.271.

30 Padmasiri de Silva 1981:p.22; Dwivedi 1977:p.255.

31 이것은 *Aṭṭhakavagga*전체에서 다시 한 번 논의되는 주제이다; 특히 견해로 인해 발생한 독단

고대 인도에서 붓다의 분석적인 접근 방법은 당대의 지배적인 철학적 사고와 큰 대조를 이루었다. 붓다는 그 감정적 바탕을 조사하는 방법을 통해 견해들을 다루었다. 붓다에게 중요한 주제는 어떤 견해의 지지기반을 이루는 심리적 태도를 밝혀내는 것이었다.[32] 특정한 견해를 유지해 주는 것은 종종 욕망과 애착의 표현이라는 사실을 붓다는 분명하게 보았기 때문이다.

따라서 초기 불교의 바른 견해(正見)에 대한 개념에서 중요한 측면은 자신의 믿음과 견해에 대해 "올바른" 태도를 가지는 것이다. 여기에서 중요한 문제는 개인이 자신의 견해에 대한 애착과 집착을 발전시켜 왔는가 하는 것이며,[33] 이것은 종종 뜨거운 논쟁과 토론으로 나타난다.[34] 정견(正見)이 애착과 집착으로부터 자유로울수록 정견(正見)은 수행의 진전을 위한 실용적인 도구로써 완전한 가능성을 펼쳐 보일 수 있게 되는 것이다.[35] 즉, 이러한 정견은 절대 포기되어서는 안되는 것이며, 실제로 그것은 수행의 완성을 이루어낸다. 포기되어야 하는 것은 그에 관한 애착이나 집착이다.

실제 명상 수행에서, 정견은 조건화된 현상에 대한 초연함과 각성을 증장시키기 위한 표현에서 발견된다. 이것은 고(*dukkha*)라는 진실, 그것의 원인과 소멸, 그리고 소멸로 이끄는 길에 대한 인식을 심화시키는 데서 비롯된다. 이러한 초연함은『염처경』의 "정의" 부

적인 이해에 대해서는 Sn 781; Sn 785; Sn 824; Sn 878; Sn 892; Sn 910을 보라. 그리고 이런 독단적인 이해가 어떻게 다른 사람들을 비난하게 되고, 끝없는 논쟁을 유도하는지에 대해서는 Sn 832; Sn 883; Sn 888-9; Sn 894; Sn 904를 보라. 또한 "견해"와 독단주의라는 관념을 적절하게 연계시킨 Premasiri 1989:p.655도 참조하라.

32 또한 Bodhi 1992a:p.9; Burford 1994:p.47; Collins 1982:p.119; Gethin 1997b:p.222; Gomez 1976:p.141를 참조하라.

33 경전에 나와 있는 정견에 대한 표준적 표현은 사실 직접적으로 사성제를 거쳐 만들어진 애착과 집착에 관심을 둔다(예를 들어 D II 312를 참조하라). 그리고 A IV 68에서, 이런 사성제 체계가 개념 그 자체에 적용된다.

34 M I 108에서, 붓다는 자신의 가르침을 공표하는 행위가 방해를 받자, 자신의 가르침은 누구와의 어떤 논쟁이라도 종식시키는 것에 도달하게 만드는 그런 것이라고 말했다. 또한, 세 가지 유형의 느낌이 갖는 무상성을 이해하는 것과 논쟁으로부터의 자유를 연관시킨 M I 500과 비교하라. S III 138에서, 붓다는 논쟁을 좋아 하지 않는 자신의 태도를, "내가 세상과 논쟁을 하는 것이 아니라, 세상이 나와 논쟁한다"라고 간략히 말했다.

35 M I 323과 A III 290에서는, 자기 자신의 견해에 대한 실용적 태도를 장려한다. 두 예 모두, 자기 견해는 반드시 내적평정을 가져와야 하고, 종국에는 고통으로부터의 해방에 이르는 것을 그 목적으로 한다고 구체적으로 설명하고 있다.

분에 나온 "욕망과 불만족"의 부재에서도 나타나며, 『염처경』 "정형구"에 언급된 대로 "세상 어떤 것에도 집착하는" 것을 피하라는 가르침에서도 등장한다.

3 즐거운 느낌과 기쁨의 중요성

좋아함과 결국 독단적 애착으로 이끄는 즐거운 느낌의 조건화하는 역할은 몇 가지 중요한 함축성을 품고 있다. 그러나 이것은 모든 즐거운 느낌을 피해야 한다는 뜻은 아니다. 실제로 즐거운 느낌은 피해야 하는 것이 아니라는 깨달음은 해탈을 향한 붓다의 여정에서 직접적으로 드러난다.

깨달음 전날 밤 붓다는 깨달음에 이르기 위한 전통적인 접근법을 다 써보았으나 얻지 못한 상태였다.[36] 과거 경험을 회상하고 어떠한 방법이 대안이 될 수 있을 것인가를 검토하면서 그는 초선정(*jhāna*)을 획득하여 깊은 삼매와 희열을 경험했던 젊은 시절을 기억해냈다.[37] 이 경험을 좀 더 깊이 되짚어보면서 그는 그때 경험했던 종류의 희열은 불건전한 것이 아니며, 따라서 수행의 발전에 장애물이 아니라는 결론에 도달했다.[38] 선정의 희열은 유익하고 권장할 만한 유형의 즐거운 느낌이라는 깨달음이 그의 여정에 결정적인 전환점이 되었다. 이러한 중요한 깨달음에 기초하여, 붓다는 상당한 삼매의 성취와 다양한 금욕적 수행에도 불구하고 그 전에는 도달할 수 없었던 깨달음을 즉시 성취할 수 있었다.

36 대단히 깊은 삼매도 여러 가지 금욕적인 수행의 추구도 그를 완전한 깨달음으로 이끌 수 없었다. 그래서 M I 246에서, 그는 스스로에게 질문했다: "깨달음에 이르는 또 다른 길이 있을 수 있을까?" 깨달음의 길로 알려진 모든 방법을 다 해 본 뒤에도 그의 부단한 탐구 노력이 M I 219와 A I 50의 주된 내용을 이루고 있다. 두 경전 모두 그의 각성을 흔들림 없는 정진의 결과라고 소개한다. 예를 들어 M II 211과 S V 422에서, 이제까지 알려진 깨달음에 이르는 길로 제시된 접근방식 모두로부터 그가 결별했음을 "이전에 들어보지 못한 것"이란 표현을 통해 알 수 있다.

37 M I 246. 이 구절에 대해서는 Horsch 1964:p.107를 참조하라. 경전은 그의 실제 나이를 언급하지 않는다. 문맥상 그의 어린시절가운데 한 시절임이 틀림없다는 것을 추측할 수 있지만, 경전에서는 정확한 나이를 제시하지 않는다. Mil 289에서는, 그가 태어 난지 한 달밖에 되지 않았고, 각성의 단계도 초선에서가 아니라 사선 모두에 도달했다고 하는 믿기 어려운 이야기를 전한다. 티벳 전승(Rockill 1907: p.23)에서는 이 에피소드를 그의 정진 바로 전날의 시점에 놓지만, 이것 역시 개연성이 낮은 이야기이다.

38 M I 246에서는 "왜 난 관능적이고 부정한 상태와는 무관한 행복을 두려워하는가? 난 그런 행복이 두렵지 않다"를 성찰한 인물로 그를 그린다. 이런 통찰력을 기반으로 그는 깨우쳤다. M I 114에서는, 그가 깨달음에 이르기 전의 건전한 상태와 불건전한 상태에 따른 사고의 분별과 함께 정신적 사건에 대해 윤리적 평가를 내리는 것의 중요성을 이해하는 과정이 나와 있다.

깨달음을 얻은 뒤 붓다는 그 자신을 행복 속에 사는 사람이라고 선언했다.[39] 이 말에서 동시대의 금욕적 수행자들과 달리 붓다는 즐거운 느낌을 더 이상 두려워하지 않았다는 것을 분명하게 알 수 있다. 그가 강조한 대로, 행복감과 환희를 가져다준 것은 모든 정신적 불건전함의 성공적 소멸, 바로 그것이었다.[40] 같은 맥락에서, 깨달음에 이른 비구와 비구니들의 게송에서는 이들이 성공적인 수행을 통해 얻은 자유의 행복을 찬탄하고 있다.[41] 깨달음을 얻은 붓다의 제자들에게서 환희와 감각적이지 않은 기쁨에 대한 묘사가 자연의 아름다움에 대한 시적 표현에서 자주 발견된다.[42] 실제로, 그들을 방문한 한 왕이 이에 대해 "미소 지으면서 쾌활하고, 진정으로 기뻐하고 꾸밈없는 희열을 지니고 있으며, 편안하고 평온하게 살아가는"이라고 표현하였듯이 초기 불교의 비구들은 자신들의 삶의 방식에서 환희를 느꼈다.[43] 이러한 묘사는 왕이 붓다의 제자들과 상대적으로 어두워 보이는 금욕적 수행자들을 비교한 표현의 일부분이다. 그 왕에게는 붓다의 제자들이 보여준 기쁨의 수준은 붓다의 가르침의 타당성을 입증하는 것이었다. 이 구절들은 초기 불교 수행 공동체의 생활에서 감각적이지 않은 기쁨의 중요한 역할을 증명한다.

감각적이지 않은 기쁨과 행복감의 숙련된 증진은 붓다의 체험을 통한 직접적 깨달음의 성과로서, 깨달음은 건전한 즐거움과 불건전한 즐거움을 구분할 필요성을 그에게 알게 해주었다.[44] 느낌 관찰에 대한 『염처경』의 가르침은 즐거운 느낌을 세간적인 것과 출세간적인

39 A I 136; Dhp 200을 참조하라.

40 D I 196; D II 215. Ps I 297에 의하면, 완전히 깨달음에 이르게 되면, 이와 함께 기쁨(깨달음의 한 요소)또한 완벽에 도달한다.

41 Th 35; Th 526; Th 545; Th 888; Thī 24.

42 예를 들어 M I 212에서, 달빛에 물든 아름다운 고싱가(Gosiṅga) 숲에서 여러 명의 선배수행자들이 비구들의 여러 자질을 칭찬해주는 성대한 의식이 있었다. 또는 Th 13; Th 22; Th 113; Th 307-10; Th 523; Th 527-8; Th 601; Th 1062; Th 1064; Th 1065; Th 1068-70; Th 1136에서 깨달은 비구가 자아내는 자연스런 아름다움을 시로 묘사한다. D II 267에서, 붓다는 그 자신조차도 간다바인 빤짜시카(Pañcasikha)가 연주하는 매우 감각적인 음악에 대해 감사를 표시했다. 그의 노래는 애인의 아름다움과 아라한의 삶의 아름다움을 비교할 수 있게 해주었다. 이 인용절에 대해서는 Gnanarama 1998:pp.119-21를 참조하라. 붓다와 그의 제자 비구들이 자연스런 아름다움에 대해 가졌던 인식에 대해서는 Gokhale 1976:p.106; Kariyawasam 1984:p.359; Nhat Hanh 1990:p.62을 참조하라.

43 M III 121; Rahula 1997:p.52를 참조하라. 사실 A V 122에 의하면, 붓다의 가르침에 기뻐한 자는 걷거나, 서있거나, 앉아있거나, 누워있거나 행복을 경험할 것이다.

44 M I 476과 M I 454. Th742에서도 이와 동일한 인식이 보이는데, 여기서는 Dhamma, 즉

것으로 구별하는 것으로 이 지혜를 반영하고 있다.

붓다가 행한 접근법의 독창성은 추구해야 할 행복감 및 즐거움과 피해야 할 행복감 및 즐거움을 구별할 수 있는 그의 능력뿐만 아니라, 깨달음의 길로 나아가는 데 있어 감각적이지 않은 즐거움을 솜씨 있게 이용할 줄 아는 것에도 있었다. 지혜와 깨달음이 감각적이지 않은 기쁨과 행복감의 현존에 조건적으로 의지하고 있음을 수 많은 경전에서 설명하고 있다. 이 설명들에 따르면, 희열(*pāmojja*)의 현존을 바탕으로 기쁨(*pīti*)과 행복감(*sukha*)이 일어나서 삼매와 깨달음의 인과로 이끌어간다. 한 경전은 이 인과의 역동성을 산꼭대기에 내린 비가 서서히 시내와 강을 이루어 마침내는 바다로 흘러간다는 자연의 흐름에 비유하고 있다.[45] 감각적이지 않은 기쁨과 행복감이 일어나기만 하면 그것들의 현존은 자연스럽게 삼매와 깨달음으로 이어질 것이다.[46] 역으로, 마음이 기뻐해야 할 때에 기쁨이 없다면 깨달음은 불가능할 것이다.[47]

감각적이지 않은 기쁨을 개발하는 일의 중요성은 붓다가 그의 제자들에게 무엇이 진정한 행복을 만들어내는지 찾아내고, 이런 이해를 바탕으로 그것을 추구하도록 격려하고 있는 *Araṇavibhaṅga Sutta*에도 나타나 있다.[48] 이 구절은 특히 세간적 행복을 훨씬 능가하는 어떤 형태의 행복을 가져오는 선정 경험에 대해 언급하고 있다.[49] 다른 한편, 감각적이

Sn 969에서 “상서로운 기쁨”(*kalyāṇapīti*)이라 표현된 것과 연관된 즐거움의 유형을 권장한다. 또한 Premasiri 1981:p.69를 참조하라.

45 S II 30. Vin I 294, D I 73; D I 182; D I 207; D I 214; D I 232; D I 250; D III 241; D III 279; D III 288; M I 37; M I 283; S IV 78; S IV 351-8; S V 156; S V 398; A I 243; A III 21; A III 285; A V 1-6; A V 312; A V 315; A V 317; A V 329; A V 333에는 동일한 형태가 나타난다. (또한 Paṭis I 85; Vism 144를 참조하라). 그리고 Dhp 376; Dhp 381; Th 11에서는 기쁨이 깨달음을 위해 도와주는 역할이 기록되어 있다. Ayya Khema 1991:p.105에 의하면, “내적인 기쁨은 성공적인 명상을 위해 반드시 절대적으로 필요하다.”고 되어 있으며, Buddhadāsa 1956:p.109는 “오랫동안 지속되는 영적인 기쁨”을 발전시킬 필요가 있다고 말한다. 또한 기쁨(*pīti*)의 중요성은 Cousins 1973:p.120; Debes 1997:p.497; Gruber 1999:p.231; Ñāṇapoṇika 1998:p.20 n.9; Sekhera 1995:p.104에 의해서 잘 알려져 있다.

46 A V 2.

47 A III 435; 주석서 Mp III 413에서는 특히 정신적인 둔함을 피하기 위해서 필요로 하는 것을 언급할 때 이것을 설명한다. 또한 염처수행의 맥락에서 기쁨을 계발하는 것이 얼마나 중요한지는 S V156에서도 언급된다.

48 M III 230.

49 M III 233; M I 398을 참조하라.

지 않은 즐거움은 통찰 명상의 맥락에서도 일어날 수 있다.[50]

*Kandaraka Sutta*를 자세히 살펴보면, 계속되는 단계적 수련 과정에서 일어나는 비감각적인 행복이 점차로 세밀해진다는 것이 잘 나타나 있다. 이 일련의 상승 과정에서 첫 번째 단계를 이루는 것은 도덕적인 떳떳함과 만족에 따라 일어나는 종류의 행복감들이다. 이 행복감들이 이번에는 깊은 삼매를 통해 얻어지는 행복감의 다른 단계들로 인도한다. 그 연속 단계의 최고점은 깨달음을 통한 완전한 해탈이라는 최상의 행복과 함께 온다.[51]

비감각적인 기쁨의 중요한 역할은 마음의 상태에 대한 아비담마 연구에서도 나타나 있다. 121가지 마음의 상태 중에서, 단지 세 가지만이 정신적 불쾌함을 동반하는 반면 대다수는 정신적 기쁨을 동반한다.[52] 이것은 아비담마가 기쁨의 역할과 중요성을 크게 강조하고 있음을 시사하고 있다.[53] 마음의 상태에 대한 아비담마의 체계는 아라한의 미소에 더욱 특별한 지위를 부여하고 있다.[54] 어떤 면에서는 놀랍게도, 그것은 소위 "원인이 없(*ahetu*

50 M III 217에서는 정신적 즐거움의 경험과 모든 감각경험의 무상성을 깨닫는 통찰을 연계시켜 설명한다. Th 398과 1071에 따르면, 통찰의 기쁨은 5장으로 이루어진 음악이 주는 기쁨을 능가한다고 한다. Th 519에서는 갈망에 얽매이지 않고 명상하는 것은 최상의 기쁨을 만들어 내는 것이라고 지적한다; Dhp 373에서는 신적인 통찰의 기쁨을 말하며; Dhp 374에 따르면, 온들이 일어나고 사라지는 것에 대한 통찰력은 기쁨과 환희로 이끈다.

51 M I 346에서는 순수하게 윤리적 행위를 유지함으로써 얻어지는 행복이란 감각의 절제로부터 나온 행복으로 이어진다고 말한다. 그리고 그것은 초선정(*vivekajaṃ pītisukhaṃ*), 제2선정(*samādhijaṃ pītisukhaṃ*), 제3선정(*sukhavihāri*)에서 경험되는 점진적인 행복으로 이끌며, 종국에는 깨달음의 행복(*nibbuto sītibhūto sukhapaṭisaṃvedī*)으로 이끈다. 또한 Th 63과 Th 220을 참조하라. 그리고 그는 행복을 통해 행복을 얻는다고 말한다. Govinda 1991:p.61는 "고통이 멈추는 것이 최상의 행복이다. 그리고 ... 그러한 목적을 향한 모든 단계는 항상 늘어나는 기쁨을 동반한다"고 설명한다. Warder 1956:p.57는 심지어 기쁨의 중요성에 대한 붓다의 강조를 쾌락주의(에피쿠로스학파 주의)와 비교하기까지 한다.

52 Abhidha-s 1-7에서는 정신적 기쁨(*somanassa*)을 수반하는 63개의 심상구조, 정신적 불쾌(*domanassa*)를 수반하는 3개의 심상구조, 평정(*upekkkā*)을 수반하는 55개의 심상구조를 소개한다. 또한 Govinda 1991:p.63를 참조하라.

53 Kv 209에서도, 이와 유사하게 깨달음에서의 기쁨의 역할과 중요성을 강조한다. 거기에서는 모두 28가지 유형의 행복을 열거한다. 또한 Vism 143에서는 감각적이지 않는 기쁨은 다섯 개의 서로 다른 차원에서 생길 수 있는데, Vism 132에 보면, 그런 기쁨을 촉발할 수 있는 11개의 요소에 대한 설명이 상세히 나와 있다. 또한 *Vimuttimagga*에는 여러 가지 유형의 행복에 대해 열거되어 있다(Ehara 1995:p.5를 참조하라).

54 미소를 짓게 만드는 심상은, Abhidha-s 2에서 무심한 심성가운데 나온다고 언급된 정신적 기쁨을 동반한다; 또한 Bodhi 1993:p.45를 참조하라. 예를 들어 Vin III 105-8; M II 45; M II 74; S I 24; S II 254-8; A III 214와 같은 여러 경전에서, 아라한의 미소는 붓다와 목갈라나(Moggallāna)를 위한 여러 경전에 상술되어 있다.

無因)"고, "업의 과보가 없는(*akiriya* 無作)" 마음의 상태에서 발생한다. 이런 마음의 상태들은 건전하든 불건전하든 "원인이 있는" 것이 아니며, 업의 "작용"과 결부되지도 않는다. 이러한 일련의 특정한 마음 상태 중에서 오직 한 가지만 기쁨(*somanassahagata*)을 수반하는데, 그것은 아라한의 미소이다. 이 미소의 독특한 성격은 아비담마가 그 체계 안에서 특별한 지위를 부여하게 하는 충분한 근거가 되었다.

앞에서 소개한 내용에 의거하여 추론해볼 때, 점진적 수행의 전체 체계는 기쁨이 점차적으로 세밀해지는 것으로 파악될 수 있다. 이 틀의 균형을 위해서는 수행의 진전에 언제나 불쾌한 경험도 포함된다는 점을 덧붙여야 할 것이다. 그러나 붓다가 모든 즐거운 느낌에 대해 회피를 권하지 않고 그것들에 대한 지혜로운 이해와 이성적인 사용을 강조했듯이, 불쾌한 느낌과 경험에 대한 그의 입장은 분명히 지혜의 계발을 향해 있었다.

4 불쾌한 느낌

고대 인도의 역사적 상황에서, 붓다가 제시한 느낌에 대한 지혜로운 분석은 감각적 즐거움이라는 세속적 추구와 고행이라는 금욕적 수행 사이의 중도(中道)를 형성하는 것이었다. 당시에 금욕주의자들 사이에서 유행하였던 고행의 두드러진 이론적 근거는 업(業)이란 절대론적 개념이었다. 스스로 가하는 고통은 과거로부터 축적된 부정적 업보에 대해 직접적인 경험을 일으켜 그것의 소멸을 가속화하는 것이라고 믿었다.[55]

붓다는 업에 대한 이러한 역학적 이론에 동의하지 않았다. 실제로 과거의 불건전한 행위 전체에 대한 응보를 뚫고 나아가려는 어떤 시도도 실패하게 되어 있다. 개인의 연속된 과거들은 식별할 수 있는 시발점이 없으며,[56] 그래서 소멸되어야 하는 업보의 양을 측정할 수 없기 때문이다. 게다가 고통스런 느낌은 다양한 다른 이유로도 일어날 수 있는 것이

55 예를 들어 M II 214와 Jayawadhana 1988:p.409를 참조하라. 이런 수행에 대해 추가적으로 언급할 만한 원인으로는, 자학적 고통이 영적 힘(*iddhi*)을 키워주고, 이 힘이 초인적 힘이나 해탈에 도달하는데 이용될 수 있다는 생각, 혹은, 몸이 욕망의 근원이기에 욕망을 단절하기 위해 몸을 괴롭혀야한다는 생각이 널리 유포되었다는 점이다.

56 S II 178; S III 149; A V 113. Goldstein 1994:p.131은 "우리가 자신들의 업을 해소했다고 해서 깨달을 수 있다는 생각은 잘못된 생각이다. 왜냐하면, 우리는 무한한 양의 과거 업에 질질 끌려 다니기 때문이다. 우리가 일부업보를 제거했다고 해서 깨달을 수 있는 건 아니다. 우리가 자신들의 마음에서 미혹을 완전히 칼로 도려낼 때에만 깨달을 수 있다" 고 바르게 지적한다.

다.[57]

비록 업보는 피할 수 없고 수행 과정에서 이런 저런 형태로 업보가 나타날 수 있기는[58] 하지만 깨달음은 단지 과거 행위의 축적된 결과를 기계적으로 소멸시키는 것이 아니다. 깨달음은 지혜의 계발을 통한 무지(*avijjā*)의 소멸을 필요로 한다.[59] 통찰을 통해 무지를 완전히 꿰뚫음으로써 아라한은 현생에서 아직 무르익어야 하는 것들은 별도로 하고 대부분의 축적된 업보의 행위를 초월한다.[60]

붓다 자신도 깨달음을 얻기 전에 고통의 경험은 정화의 효과를 갖는다고 믿었다.[61] 금욕적 수행을 버리고 깨달음을 얻었을 때 그는 더 잘 알게 되었다. *Culadukkhakkhandha Sutta*에서 붓다는 고행을 하는 동시대인 몇 명에게 자기를 학대하는 괴로움이 무익하다고 설득하고 있다. 이 경에서 붓다는 고행의 고통스런 결과와는 대조적으로 자신은 군왕이 얻을 수 있는 것보다도 대단히 우월한 수준의 즐거움을 경험할 수 있다고 지적하면서 토론의

57 S IV 230에서 붓다는 분노(bile)와 무기력(phelgm)과 자만심(wind)이란 무질서한 상태에서 기인하는 느낌과 변덕스런 행동과 기분과 방만한 행동, 또는 폭력이란 불안정한 상태에서 기인하는 느낌을, 업보에서 기인하는 느낌이 선택할 수 있는 대안적 느낌이라고 언급했다. 또한 이러한 대안들은 A II 87; A III 131; A V 110에서 열거된다. 또한 Ledi 1999d:p.66를 참조하라. 실제로 A I 173과 A I 249에 의하면 단일하고 절대적 원인으로 표현되는 업은 일종의 결정론을 함축하는 것으로, 죄를 정화하기 위하여 헌신하는 삶을 살 가능성 자체를 논리적으로 배제한다.

58 A V 292; A V 297; A V 299에서는 업의 과보를 완전히 피하는 것에 대해 불가능하다는 것을 강조한다. Dhp 127에서는 누군가가 자신의 악한 행위에 대한 과보를 피할 수 있는 곳은 이 세상에 없다. 또한 Ud 21을 참조하라. 거기서는 한 비구가 좌선하고 명상을 하는 중에 이전의 행위 때문에 고통을 경험했다는 것을 전한다. 그러나 A I 249에서처럼, 예외적으로 불건전한 행위가 비도덕적인 사람을 지옥으로 이끌 수 있지만, 이와 다르게 도덕적 사람의 경우에는 동일한 결과가 일어나지 않는다는 의미에서, 업보의 강도는 문제가 되는 그 사람이 현재 처해 있는 도덕적 정신적 조건에 상당부분 의존한다는 점을 지적한다.

59 A IV 382에서는 성스러운 삶의 목적은 오히려 지식과 지혜를 개발하는 것에 있다고 분명히 언명하면서, 부처님 지도하의 성스러운 삶의 목적이 아직 영글지 않은 업의 결과를 제거하거나 변화시키는 것에 있다는 주장을 명확하게 부정한다. 과거의 업을 제거하려고 시도하는 것은 자이나교의 입장이며, 붓다는 M II 216과 M II 222에서 그것을 비판했다.

60 이 주장의 배후에 있는 단순논리는, 내세에 반드시 받게 되는 업의 과보는 현세에서는 과보자체를 생기게 할 기회를 가질 수 없을 것이라는 점이다(예를 들어 Th 81를 참조하라). 예를 들어, 아라한 앙굴리말라(Aṅgulimāla)의 경우, 전생에 지은 범죄의 과보는 동일하게 전생이라는 제한된 시간대 안에서만 일어날 수 있었다(예를 들어 M II 104를 참조하라).

61 M II 93.

끝을 맺는다.[62] 분명히 붓다에게 있어 깨달음은 고통스런 느낌을 오로지 참아내는 것에 의존하지 않았다.[63] 실제로 심리학적 관점에서 볼 때, 스스로 가하는 고통에 의도적으로 복종하는 것은 왜곡된 공격성의 표현일 수 있다.[64]

불쾌한 느낌의 경험은 잠재된 분노의 경향을 활성화할 수 있고, 이 불쾌한 느낌을 억누르거나 회피하려는 시도로 이끌고 간다. 더욱이 붓다의 통찰력 있는 분석에 따르면, 고통에 대한 혐오는 감각적 만족을 추구하는 경향에 연료를 제공하는 것이다. 깨닫지 못한 관점에서 보면 감각적 즐거움을 향유하는 것이 고통으로부터 벗어나는 유일한 길처럼 보이기 때문이다.[65] 이렇게 악순환이 형성되어 즐겁거나 불쾌하거나 하는 느낌에 대한 각각의 경험과 더불어 느낌에 대한 속박은 더욱 커진다.

이 악순환으로부터의 탈출구는 주의집중하고 맑은 정신 상태로 불쾌한 느낌을 관찰하는 것이다. 고통에 대한 이 비반응적 알아차림은 고통스런 경험을 능숙하게 다루는 단순하지만 효과적인 방법이다. 육체적 고통을 있는 그대로 단순하게 바라보는 것만으로도 정신적 반응의 생성을 방지해 준다. 고통에 대한 두려움이나 저항과 같은 어떠한 정신적 반응 역시 고통스런 경험의 불쾌감 수준을 상승시킬 뿐이다. 숙달된 수행자는 정신적 반응을 일으키지 않고 불쾌한 느낌의 물리적 측면만을 경험할 수 있을 것이다. 따라서 명상 기법과 통찰은 육체의 병이 마음에 미치는 영향을 예방하는 흥미로운 잠재력을 가지고 있다.[66]

경전에서는 육체의 고통이 정신의 평정에 영향을 미치는 것을 방지하는 이 능력을 특

62 M I 95.

63 M I 241.

64 Padmasiri de Silva 1991:p.71.

65 S IV 208. 붓다는 고통에 대하여 아직 깨닫지 못한 세상이 처한 곤궁한 상태를 두 개의 화살을 맞은 사람을 빗대어 설명하는데, 신체적 고통을 유발하는 첫 화살이 꽂힌 이후 반복되거나 증폭되는 고통이 느껴지는 내내, 이에 대해 정신적으로 반응함으로써 더한 고통 즉 다른 화살을 맞은 것과 같은 고통에 이르게 한다. 또한 Lily de Silva 1987:p.19; Kor 1991:p.6 및 1995:p.18를 참조하라.

66 S III 1에서는 "그대는 이와 같이 훈련해야 한다: 나의 몸은 아플지도 모르지만, 나의 마음은 영향을 받지 않을 것이다." 라고 전한다. 경전의 핵심은 오온 중 어떤 것과도 (그런 고로 고통과도) 자신을 동일시하는 것을 피하는 것이다. 이것은 일종의 고통경험으로부터의 분리라고 할 수 있는데, 마치 몸에 감염된 부위가 있을 때, 그 부위가 몸에 속하지 않는 것처럼 여기는 것을 암시한다. 수행자가 고통이 하나의 객관적 현상에 불과하다는 것을 지속적으로 깨닫는다고 할지라도, 고통과 분리하려는 혹은 고통과 동일시하지 않으려는 이러한 수행은, 고통이 마음에 미치는 정서적 영향력을 약화시키거나 심지어 제거하기도 한다.

히 염처 수행과 관련짓는다.[67] 이런 관점에서 염처 수행을 통한 고통의 지혜로운 관찰은 고통의 경험을 깊은 통찰의 기회로 끌어올릴 수 있다. 즐겁고 불쾌한 느낌은 상대적으로 탐(貪)과 진(瞋)의 잠재 성향을 활성화할 수 있는 반면, 중립적인 느낌은 치(癡)의 잠재 성향을 자극할 수 있다.[68] 중립적인 느낌에 대한 무지는 그것들이 발생하고 소멸하는 것을 자각하지 못하는 것, 혹은 중립적인 느낌이 주는 이익과 불이익, 그리고 그것에서 벗어남을 이해하지 못하는 것이다.[69] 주석서들이 강조하는 것처럼 중립적인 느낌에 대한 알아차림은 쉬운 일이 아니다. 이런 자각은 즐겁고 불쾌한 느낌이 양쪽 모두에게 없음에 주목하여 추론의 방식을 통하여 잘 접근해야 한다.[70]

중립적인 느낌에 대해 한층 흥미로운 점은 오감(五感)의 문에서 일어나는 느낌에 대한 아비담마의 분석이다. 아비담마는 촉감만이 고통이나 즐거움을 동반하며, 다른 네 가지 감각의 문에서 일어나는 느낌들은 항상 중립적이라고 주장한다.[71] 이러한 아비담마의 설명은 느낌 관찰에 대해 호기심을 끄는 하나의 관점을 제공한다. 풍경, 소리, 냄새, 맛에 대한 즐겁고 불쾌한 경험이 어느 정도까지 각자 마음의 평가에 따른 결과인지에 대한 의문을 일으키기 때문이다.

이러한 질문에 더하여 중립적인 느낌과 관련하여 관찰되어야 하는 핵심적인 특질은 그것의 무상함이다.[72] 실제 경험에서 중립적인 느낌은 세 가지 느낌 중에서 가장 안정적인 것으로 보이기 쉽기 때문에 이것은 특별히 중요하다. 따라서 중립적인 느낌을 영구적인 것으로 보는 마음의 경향을 꺾기 위해서는 그것의 무상함이 관찰되어야 할 필요가 있다. 이런

67 S V 302에 의하면, 고통스러운 신체적 느낌으로는 염처에서 확고하게 확립된 마음을 능가할 수 없다. S I 27과 S I 110에서, 붓다는 자신의 발에 난 심각한 상처가 유발하는 통증에 집중하고 명확히 앎으로서 평정을 유지할 수 있었다.

68 M I 303.

69 M III 285.

70 Ps 277. 주석서는 이것을 다음과 같은 예를 들어 설명한다. 사냥꾼은 바위의 앞과 뒤에 난 길을 보고, 그 길이 동물이 지나갔던 길이라는 것을 추론한다.

71 Dhs 139-45; Abhidh-s 2에서는 더 상세히 나타나 있다. 또한 C.A.F. Rhys Davids 1922:p.171 n.2.를 참조하라. 이 경전에서는 약간 다른 관점이 제안되는데, 즐겁고 불쾌한 장면, 소리, 냄새, 맛들이 역으로 이와 상응하는 쾌락과 불쾌의 느낌을 유발하는 조건을 제공한다고 말하고 있기 때문이다.

72 It 47.

방식으로 관찰할 때 중립적인 느낌은 지혜의 일어남으로 인도되어 잠재된 무지의 성향을 가라앉힌다.

*Saḷāyatanavibhaṅga Sutta*는 무지와 연결된 중립적인 느낌과 지혜와 연결된 중립적인 느낌의 차이는 그러한 느낌이 그 대상을 초월했는지 여부와 관계있다고 강조한다.[73] 미혹한 경우에 중립적인 느낌은 주로 대상의 단조로운 특성의 결과이며, 중립적인 느낌이 관찰자에게 미치는 영향력이 약할 때 즐겁거나 불쾌한 느낌의 부재로 나타난다. 역으로, 지혜의 현현과 연결된 중립적인 느낌은 대상을 초월하며, 이는 대상의 즐겁거나 불쾌한 특성이 아니라 초연함과 평정에서 오기 때문이다.

같은 경전에 따르면 이러한 평정의 확립은 느낌이 점차적으로 세밀해진 결과이다. 느낌이 점차 세밀해지는 과정에서 처음에는 출세간의 삶과 결부된 세 가지 느낌이 그것들의 세간적이고 감각적인 상대들을 넘어서는 데 활용된다.[74] 그 다음 단계에서는 출세간과 결부된 정신적 기쁨이 출세간에서 비롯되는 어려움에 맞서 극복하는 데 활용된다. 이 세밀화의 과정은 그 다음에 차분한 느낌으로 이끌어 정신적 기쁨의 비감각적 느낌마저 초월하게 된다. 느낌 관찰에 대한『염처경』의 정형구에도 평정과 초연함이 수행의 완성으로 제시되어 있다. 여기에서는 수행자들에게 "의존하는 바 없이" "세상의 어떠한 것에 대한 집착이 없이" 모든 유형의 느낌을 관찰하라고 가르치고 있다.[75]

73 M III 219.

74 M III 220.

75 M I 59: "그는 세상 어떤 것에도 집착하지 않고 의존하는 바 없이 머문다. 그것이, 느낌에 관한한, 그가 느낌을 관찰하며 머무는 모습이다."

8

마음

1 마음 관찰

선행된 염처 수행인 느낌 관찰의 후반부에서, 알아차림이 세간적 또는 출세간적 느낌 사이의 윤리적 구별과 관련되어 있음을 보았다. 이러한 구별은 알아차림을 마음의 윤리적 특성 즉, 탐(*rāga*), 진(*dosa*), 치(*moha*)의 현존 또는 부재로 이끄는 다음 염처의 도입부에 등장한다.[1] 그 가르침은 다음과 같다.

> 그는 '탐욕적' 일 때 탐욕스런 마음이라고 알고, '탐욕이 없을' 때 탐욕이 없는 마음이라고 안다.
> 그는 '화날' 때 화나는 마음이라고 알고, '화나지 않을' 때 화가 없는 마음이라고 안다.
> 그는 '미혹할' 때 미혹한 마음이라고 알고, '미혹이 없을' 때 미혹이 없는 마음이라고 안다.
> 그는 '위축될' 때 위축된 마음이라고 알고, '산란할' 때 산란한 마음이라고 안다.
> 그는 '위대할' 때 위대한 마음이라고 알고, '좁아질' 때 좁아지는 마음이라고 안다.
> 그는 '초월할 수 있을' 때 초월할 수 있는 마음이라고 알고, '초월할 수 없을(최상의)' 때 초월할 수 없는 마음이라고 안다.
> 그는 '집중할' 때 집중하는 마음이라고 알고, '집중이 되지 않았을' 때 집중이 되지 않는 마음이라고 안다.
> 그는 '자유로울' 때 자유로운 마음이라고 알고, '자유롭지 못할' 때 자유롭지 못한 마음이라고 안다.[2]

1 또한 Khantipālo 1981:p.37를 참조하라.

2 M I 59.

마음 관찰은 총 8개의 항목(그림 8.1 참조)을 모두 활용할 수 있다.[3] 각 항목별로 사띠의 과업은 마음 관찰이 실질적으로 마음의 16가지 상태를 아우를 수 있도록 특정한 정신적 특질 또는 그와 반대되는 것을 아는 것이다. 16가지 상태의 구성은 타인의 마음을 알 수 있는 초능력에 관한 경전에서도 드러난다.[4] 그러므로 이 경전의 관점에서 이 구성은 개인의 성찰과 타인의 마음을 판단하는 것 둘 모두와 관련하여 대표적인 마음 상태의 목록을 형성한다.

이 16가지 마음 상태(또는 8개 항목)는 2개의 묶음으로 나눠질 수 있다. 첫 묶음은 불건전한 마음과 건전한 마음상태를 대비시킨 것이며, 두 번째 묶음은 더 높은 마음 상태의 존재 및 부재 여부와 관련된다. 우선 일반적인 마음 관찰에 대해 설명한 뒤, 각기 다른 마음 상태에 대해 개별적으로 살펴보기로 한다.

"일반적" 마음의 상태	"고양된" 마음의 상태
탐욕스런(sarāga)	위대한(mahaggata)
분노한(sadosa)	최상의(anuttara)
어리석은(samoha)	집중된(samahita)
산란한(vikkhaitta)	해탈한(vimutta)

그림 8.1 마음 관찰의 8가지 항목

염처의 기초를 이루는 것은 개별적 독립체로서 마음을 경험하는 일반적인 방식으로부터 단순한 대상으로서의 정신적 사건들을 그들이 지닌 질적 특성에 의거하여 분석하고 고려하는 것으로 강조점이 변환된다.[5] 마음 관찰은 염처의 "정형구"에 따르면, 관찰되는 마음 상태가 일어나고 사라지는 모든 정신적 현상의 일시적 특성을 밝히는 알아차림을 포함한다. 게다가 마음 관찰의 유지는 자신의 마음이 사실상 외부 조건에 의해 영향을 받는다는 것을 드러낼 것이다. 이러한 방법을 통해 마음의 무상함과 조건 지어진 본성을 깨닫는

3 *Madhyama Āgama* 한역본에서는 이 관찰과 관련하여, 이들 여덟 가지 범주에 추가적으로 "결함이 있는" 마음과 "결함이 없는" 마음을 기술하고 있는 반면, *Ekottara Āgama*에서는 "갈망"과 "마음의 통달"을 추가한 범주를 제시한다. Minh Chau 1991:p.93; Nhat Than 1990:pp.162와 174. Paṭis II 234에서는 육근에 의해 달라지는 마음관찰에 대한 여섯 유형의 의식을 포함하고 있다.

4 M I 495.

5 Bodhi 1984:p.98와 Piatigorski 1984:p.41. C.A.F. Rhys 1978:p.8는 인도인의 사고의 역사에서 이러한 접근법의 참신성에 주목한다.

것은 초연함과 비동일시라는 염처의 일반적 방침과 부합된다.

2 마음 상태의 비반응적 알아차림

마음 관찰이 (탐욕이나 분노와 같은) 불건전한 마음 상태에 능동적으로 저항하기 위한 것이 아니라는 사실은 주목할 만한 일이다. 오히려 알아차림의 과업은 일련의 특정한 생각이나 반응들의 기저를 이루는 마음 상태를 명확히 인식함으로써 수용적으로 알아차리는 상태에 머무르는 것이다. 인간은 자신의 개인적 긍지나 중요시 여기는 것에 대한 위협을 느낄 때 본능적으로 무시하려는 경향이 있기 때문에 그러한 단순한 수용이 필요하다. 자존감을 유지하기 위해 자기 기만을 적용하는 습관은 매우 뿌리가 깊다. 그 때문에 정확한 자기 인식(self awareness)을 계발하기 위한 첫걸음은 마음 안에 숨겨진 감정, 동기 그리고 경향성을 즉각적으로 억누르지 않으면서 그에 대해 정직하게 인식하는 것이 필요하다.[6] 이러한 방식을 통해 반사적이지 않은 알아차림을 유지하게 되는데, 이러한 유지는 불건전한 마음 상태를 통해 얻어진 반응이나 억압의 충동과 맞닥뜨리게 되며, 결국 그러한 감정적 의도적 견인력은 사라지게 된다.[7]

*Vitakkasaṇṭhāna Sutta*에서는 이러한 소멸에 대해 묘사하고 있는데, 여기서 불건전한 생각이 반복되는 것에 대처하기 위해서, 주의를 이러한 생각의 본성과 그것들을 만들어낸 의지 혹은 그 생각을 발생시키고 이끄는 힘에 돌린다.[8] 경전은 비유를 통해 인간의 생각에 잠재된 정신적 상태에 대한 주의 집중하는 방법을 오묘하지만 단순하게 설명하고 있다. 어떤 이는 특정한 이유 없이 빨리 걷는다. 자신이 하는 행동에 대해 충분히 인식하게 되면서 그는 천천히 걷거나, 멈추거나, 서있는 대신 앉거나 누울 수도 있을 것이다. 이처럼 육체

6 Bullen 1982:p.29.

7 Newman 1996:pp.35, 46, A V 39를 참조하라. A V 39에서는 신체와 언어에 의한 불건전한 행위는 보다 적절한 행위의 방식을 취함으로써 극복되며, 정신의 염오를 극복하기 위한 적절한 접근은 지각 있는 관찰을 반복하는 것이라고 설명한다. Deatherage 1975:p.140는 이러한 접근의 독창성을 지지해주는 임상사례를 기록해 놓았다. 임상사례에서, 어떤 23살의 남성이 지나치게 주기적으로 나타나는 공격성과 알코올 남용으로 병원에 입원했다. 그는 자신이 하고 있었던 일이 "명상"과 관련된 일을 하고 있었다는 것을 알지도 못한 채, 그가 경험했던 감정들을 마음속으로 말하고, 인식하는 것을 배우면서 8주 동안 치료받았다. 마음의 자각을 치료와 연관시킨 또 다른 만성적인 분노의 유형에 대한 연구는 Woolfolk 1984:p.551에서 알 수 있다.

8 M I 120.

적 안정과 평정을 점진적으로 증장시키는 것은 불건전한 사고과정의 정신적 동요와 긴장이 직접 관찰을 통해 점차 감소되고 극복될 수 있음을 생생하게 보여준다. 이 같이 반응을 배제한 채 불건전한 마음 상태를 관찰하는 것은 그러한 마음 상태가 지닌 연료를 빼앗아 점차적으로 힘을 잃게 하는 것이다.

반응이 배제된 주의 깊은 관찰에 대해 붓다는 한 경전에서 비유를 통해 설명하고 있는데, 여기서는 자신의 마음 상태에 대한 알아차림을 자신의 모습을 보기 위해 거울을 사용하는 것에 비유한다.[9] 거울이 단순히 비춰지는 것만을 보여주듯이 명상가들은 반응이 일어나는 것을 허용하지 않으면서 자기 마음의 현재 상태에 대해 그대로의 알아차림을 유지하도록 노력해야 한다.

그러나 같은 *Vitakkasaṇṭhāna Sutta*에서는 불건전한 생각에 대응하기 위한 대안으로 "마음을 마음으로 때리고 부수는 것"에 대해서도 언급한다.[10] 이것은 앞서 말한 것들에 반대되는 것으로 보인다. 그러나 이 가르침을 문맥적으로 봤을 때, 그것은 위에서 다룬 소멸을 포함한 다른 모든 대안적 접근법이 효과가 없는 경우에 취하는 최후 수단임이 분명해진다.[11] 그러므로 "마음을 마음으로 때리고 부수는 것"은 다른 방식이 실패했을 경우의 응급수단이라고 볼 수 있다.

상황이 어려울 때, 이 같은 힘의 사용은 적어도 강박적인 부정적 생각으로부터 일어나는 불건전한 행동을 막아줄 것이다. "마음을 마음으로 때리고 부수는 것"은 사실 한 때 붓다가 깨달음을 얻기 전 스스로 시도하고 버렸던 무의미한 수행들에 포함되어 있는 것이다.[12] 이 단순한 힘의 사용은 일반적인 정신 계발을 위한 것이 아니며, 응급상황만을 위한 것이다.

---

9 A V 92; 동일한 직유가 D I 80과 M I 100에서 발견된다. 또한 Samararatne 1997:p.141를 참조하라. 그는 특히 불쾌한 감정에 대해서 "거울과 같은 마음"을 지킬 것을 권고한다.

10 M I 120.

11 위에 언급된 것에 추가적으로, 이러한 사고들의 특성과 그것들의 근저에 있는 의욕적인(의지적인) 성향에 대해 주의를 기울이는 다른 접근법들에는 불건전한 것들에 주의를 기울이거나, 이러한 불건전한 생각에 빠지는 위험을 깊이 생각하거나, 이러한 생각들을 잊기 위해 노력하는 것이 있다. A IV 87에서도 동일한 경우가 나타난다. 거기서는 각성을 유지하면서 졸음을 예방하기 위한 여러 가지 방법에 대해 광범위한 목록을 제시한 후, 마지막으로 권고되는 것은 주의하여 잠드는 것이라고 한다. 이 경우에서도 마지막 방법은 각성을 유지하는데 도움이 되는 것이 아니라, 다른 모든 방법들이 실패했을 경우의 마지막 대안이 되는 것이다.

12 M I 242.

3 마음의 4가지 "일반적" 상태

염처에 쓰인 빨리어 용어인 찌따(*citta*)는 주로 경전에서 사람의 기분이나 마음 상태라는 의미에서 능동적이거나 감정적인 "마음"으로 언급된다.[13]

염처에서 제시된 마음 상태들 중 처음 세 가지는 탐(*rāga*), 진(*dosa*), 치(*moha*)이며, 이들은 모든 불건전한 정신적 상황의 뿌리가 된다.[14] 이 불건전한 뿌리들에 대한 관찰과 이전 염처에서의 세간적, 출세간적인 느낌의 구별에 바탕이 되는 기본원리는 어떤 것이 건전하며 불건전한 것인지를 뚜렷하게 구별하는 것을 말한다. 이 능력의 체계적 계발은 수행의 진전에 있어서는 중요한 자산이 되며, 일상생활에서의 바른 행위에 있어서는 믿을만한 이정표가 되는 직관적이고 윤리적인 민감성을 키우는 것이다.

『염처경』에서는 각각의 "뿌리"를 그와 상응되는 것들과 함께 보여주는데 그것은 탐, 진, 치의 부재이다. 이러한 설명은 일반적인 경전적 용례에서 흔히 나타나며, 이는 그러한 부정적인 단어가 그 반대 개념뿐만 아니라 좀 더 넓은 범위의 의미를 나타내는 것까지 허용하는 것이다.[15] 그러므로 예를 들어 "분노의 부재"는 단순히 분노의 감정에서 벗어난 상태를 나타낼 수도 있지만 사랑의 감정이 넘치는 마음의 상태도 나타낼 수 있는 것이다.

명상을 하는 동안 각각의 불건전한 뿌리들은 독특한 방식으로 표현될 수 있다. 탐욕(탐)으로 흥분된 상태는 불 안에 들어가 있는 것과 비교될 수 있고, 성냄(진)으로 인한 육체적 긴장은 강한 상대방에 의해 통제되고 제압되는 것으로 나타날 수 있으며, 어리석음(치)에 의한 혼란은 그물에 걸려 희망을 잃고 얽혀있는 상태로 묘사될 수 있다.[16]

절대적 의미에서 탐, 진, 치가 없는 마음은 아라한의 상태이다.[17] 이러한 방식의 이해

13 T.W. Rhys Davids 1993:p.266; *citta*라는 용어에 대해서는 205쪽 각주 21을 참조하라.

14 *rāga*를 *lobha*와 동의어로 취급한다. 세 개의 어근에 대한 상세한 설명은 Ñāṇapoṇika 1978에서 알 수 있다.

15 Khantipālo 1981:p.38.

16 Dhp 251에서는 시적으로 탐욕(貪)과 같은 불이 없으며, 분노(嗔)와 같은 움켜쥠이 없으며, 어리석음(痴)과 같은 그물이 없다고 표현한다. Buddhadāsa 1989:p.67는 삼독의 근원을 인식하기 위해서, "끌어당기는 것"과 "밀어내는 것"과 같은 정신적인 성향과 "주변을 맴도는 것" 사이의 구별을 제안한다.

17 예를 들어 M I 5에서, 아라한은 삼독의 제거를 통해서 그것들로부터 벗어나게 된다고 언급된다; M I 65에서는 고행자는 탐욕, 분노, 미혹으로부터 벗어남으로써 깨닫게 되었다는 것을 언급하고 있다; M I 236, S I 220에서, 붓다는 스스로에 대해 탐욕과 분노와 미혹으로부터 벗어난 것으로 말했다; 그리고 A III 43; A III 336; A III 347에서는 그러한 자유를 루(漏)의 부재와 연관시킨다.

는 경전에서 "탐", "진", "치"가 없는 상태를 그러한 자격요건의 용례로 가장 자주 사용하는 데서 알 수 있다. 그러므로 마음 관찰은 마음의 순간적인 상태뿐만 아니라 마음의 총체적 상태와 관련되어 나타나기도 한다. 탐, 진, 치의 영향을 받지 않고 마음을 관찰하는 것은 이 세 가지의 불건전한 뿌리들이 그의 정신적 연속체에 더 이상 "뿌리박혀 있지" 않다는 알아차림을 포함하는 것이다.[18]

관찰에 대해 열거된 다음 두 가지 마음 상태는 위축되고(saṅkhitta) 산란한(*vikkhitta*) 것으로, 둘 모두 부정적 의미를 내포하는 것으로 보인다.[19] 똑같은 두 단어들이 경전의 다른 부분에서 등장하는데, 내적 '위축감'은 나태함과 무감각함의 결과로 나타나며, 외적 "산란함"은 감각적 만족을 추구하는 결과로 나타난다고 언급하고 있다.[20] 『염처경』 주석서에서는 "위축감"을 나태와 무감각 상태에 연관지으며, 반면 "산란함"은 마음의 차분하지 못한 상태를 나타내는 것으로 이해한다.[21]

위축감과 산란함을 피하고 마음의 균형을 잡는 능력은 더욱 깊은 단계인 삼매 또는 통찰의 계발을 위해 필요한 중요한 기술이다. 마음 관찰을 위한 지침의 이 시점에 두 가지 마음 상태를 배치하는 것은 잠시나마 심각한 정신적 불건전성의 범위를 넘어서서 균형을 이룩하기 위한 필요성을 가리키며, 또한 이 염처의 이후 나머지 부분에서 묘사된 것과 같이 "고양된" 마음의 상태를 계발하기 위한 목적성을 드러낸다.

18 예를 들어 A IV 404를 참조하라. 거기에서 그것들(탐, 진, 치)의 부재에 대해 자각하는 것은 아라한의 앎을 재검토하는 것의 일부분이다.

19 염처에서 마음의 부정적인 상태를 포함하여 마음의 긍정적인 상태를 나타내는 패턴에 따르면, 마음의 위축된 상태라는 것은 긍정적인 의미에서 마음이 "집중된" 상태이거나 "주의를 기울이는" 상태를 의미할 수 있다(T.W. Rhys Davids 1993:p.665). 실제로 Ja I 82에서, 동사 *saṅkhipati*(모으다)에 상응하는 것은 긍정적인 의미로 나타난다. 붓다는 자신이 깨닫고 난 후, 다섯 비구와의 첫 만남에서 자비심을 내었다. 또한 Goenka 1999:p.57는 *saṅkhitta*를 "(한곳에) 모아 놓은 것", "집중시킨 것" 으로 번역한다.

20 S V 279. A IV 32에는 "내적인 것"과 "외적인 것"에 대한 이 둘의 관계가 나타난다.

21 Ps I 280. 그러나 위에 언급된 경전 S V 279에서, 장애와 근심은 분명히 "산란함"을 형성하지 않고 각각 분리해 나타나지만, 주석서의 설명에 따르면 두 가지는 동일해야 한다. 또한 M III 225에서는 희열감을 찾는 것과 "산란함"과의 관계가 나타난다. A V 147에 의하면, 산란한 마음상태라는 것은 수행자가 능숙하게 집중할 수 없거나, 불건전한 행동을 피할 수 없거나, 정신적인 무력함을 극복할 수 없는 것이다.

4 네 가지 "고양된" 마음 상태

다음에 등장하는 마음 상태인 "위대함(*mahaggata*)"은 고요한 명상과 관련되어 다른 경전에서도 자주 등장한다. 예를 들어 모든 방향으로 사무량심을 발산하는 명상 수행에 대해 설명할 때 이 "위대함"이 나타난다.[22] 또한 *Anuruddha Sutta*에서 "위대함"은 명상의 대상을 넓은 공간에 퍼지게 할 수 있는 능력을 의미하는데, 이 경우는 명백히 까시나 명상의 결과이다.[23] 이러한 사례들은 "위대한" 마음 상태(*mahaggata*)가 삼매의 계발과 관련이 있다는 염처에 대한 주석적 설명을 뒷받침해준다.[24]

같은 주석서에서는 관찰에 대한 다음 항목, 즉 "초월의 여지가 있는(sa-uttara)" 마음 상태와 삼매의 발전이 관련 있음을 보여준다.[25] "초월의 여지가 있는" 것은 특정한 단계의 선정에 대한 구성요소를 넘어서 더욱 높은 선정단계로 나아가야 한다는 명확한 인식의 필요성을 가리킨다.[26] *Sekha Sutta*에서는 "최상의" 평정과 알아차림의 상태로서의 네 번째 선정을 언급한다.[27] 한편, 경전에서 "최상의" 자질은 종종 완전한 깨달음과 관련하여 등장한다.[28] 이러한 방식으로 이해하면, 이 항목은 깨달음 이후에 그것을 검토하기 위한 지식을 포함하며, 정신적 번뇌와 속박으로부터 해방된 마음을 조사할 때 나타나는 것이다.

다음으로 마음의 "집중된(*samāhita*)" 상태는 자기 설명적인 것이다. 주석서에 의하면 이 표현은 근접삼매와 완전한 선정을 포함한다.[29] 경전에서는 삼매(samādhi)가 통찰과 평온의 계발과 관련된 집중을 의미하므로 "집중된 마음"이라는 표현은 그 적용범위가 상당히

22 M II 207.

23 M III 146. 주석서 Ps IV 200에서는 이러한 편만함을 까시나명상과 연관된 것으로 설명한다. 까시나는 명상장치이며, 집중력 계발을 위해서 색깔 있는 원판을 사용한다.

24 Ps I 280.

25 Ps I 280에서는 "최상의 것"을 선정의 달성과 관련 있는 것으로 설명하고 있다. Sīlananda 1990:p.94는 "최상의 것"을 무색정의 성취에 대한 특별한 언급으로 간주한다.

26 예를 들어, M I 455에서는 보다 낮은 선정의 달성을 포기하는 것에 대한 필요성을 설명하고 있다. Nhat Hanh 1990:p.13은 "초월의 여지가 있는(*sa-uttara*)"이라는 것은 "나의 마음이 좀 더 높은 상태에 도달할 수 있다." 라는 표현으로 해석한다.

27 M I 357. 집중의 단계에 해당하는 사선정은 실제로 "최상의 것"이다. 왜냐하면 무색정의 성취는 동일한 집중의 단계에 해당하지만, 사선정은 점차 더 정제된 대상으로 향하기 때문이다.

28 D II 83; M I 163; M I 303; M II 237; S I 105; S I 124; A I 168; A III 435; Th 415.

29 Ps I 280.

넓다.

"해탈한(*vimutta*)"이라는 특성은 종종 경전에서 완전한 깨달음과 관련되어 나타난다.[30] 이러한 방식으로 이해하면, "해탈한" 마음은 더 자주 쓰이는 표현인 "최상의" 마음에 상응하며, 영원히 "탐욕(탐)이 없는", "분노(진)가 없는", "어리석음(치)이 없는" 마음 즉, 아라한의 마음으로 언급될 수 있다.[31] 주석서에서는 "해탈된" 자질을 통찰 명상 동안에 잠시나마 느끼는 번뇌로부터의 자유로움과도 관련짓는다.[32] 경전의 다른 부분에서는 "해탈된" 것을 "마음의 해탈(*cetovimutti*)"로 여겨 삼매의 발전과도 연관시킨다.[33] 그러므로 '자유로운 마음'이라는 표현은 평온과 통찰에 관련된 정신적 자유의 경험으로 간주될 수 있다.

네 가지 고양된 마음 상태에 대한 관찰의 바탕을 이루는 주제는 더욱 진전된 명상적 발전 상태를 확인할 수 있는 능력이다. 이러한 방식을 통해 마음 관찰 범위 내에서 사띠가 탐욕 혹은 분노의 존재를 인식하는 것에서부터 매 순간 무엇이 발생하는 지를 고요히 깨닫는 동일한 기초적 과업과 더불어 가장 고상하고 장엄한 정신적 경험에 대한 알아차림까지를 그 범위에 포괄할 수 있다.

이 염처에서는 깊은 단계의 삼매와 의식적인 관찰이 주목할 만하다고 강조한다. 붓다 시대에 있어 선정의 경험은 종종 사색적인 관점을 생기게 한다.[34] 붓다의 이러한 사색으로부터의 특별한 출발은 명상적인 선정에 대한 철저히 분석적인 대처방식인데, 이

30 M I 141; S III 45; S III 51; Ud 24; It 33.

31 완전한 각성에 대한 표준적인 언급으로는 그 또는 그녀의 깨달음에 대한 아라한의 지식을 묘사하기 위해 "해탈된"이란 표현을 사용한다. 예를 들어, M I 235; S I 105; A IV 106에서, "해탈된"이란 표현은 완전한 각성에 대한 언급으로 "최상의 것"과 결합된다. D III 270 A V 31에서는 "더할 나위 없이 자유로운 마음"을 삼독의 근원으로부터의 자유와 연관시킨다.

32 Ps I 280. 주석서에 의한 이러한 제의는 S V 157로부터 입증될 수 있다. 거기서는 염처에 적합한 고요하고 흐트러지지 않는 마음의 상태를 "해탈된" 것이라고 한다.

33 "마음의 자유"에 대한 다양한 유형이 M I 296에서 언급된다. 이와 유사하게, A III 16에서는 다섯 장애의 부재를 장애로부터 "자유로운" 마음이라고 한다.

34 *Brahmajāla Sutta*에 제시된 관점에 대한 62가지 근거 중에서 49개는 집중을 통한 다양한 유형의 달성과 연관된 것으로 보인다. 즉 과거 생에 대한 기억[nos 1-3, 5-7, 17]; 신의 눈(天眼)[31-4, 51-7]; 까사나 명상[9-11, 19, 23-5, 29-30, 35, 39-41, 43, 47-9]; 일반적인 의미의 선정[20-2, 27, 36-8, 44-6, 59-62];(주석서를 참조한 상호관계). 이러한 비율(거의 80%)은 깊은 정신집중의 경험에 대해 관점을 일으키는 성향에 대한 과도한 증거로 여겨진다. 선정의 경험이 쉽게 잘못된 관점을 형성할 수 있다는 사실은 Wijebandara 1993:p.21에 의해서 지적되었다.

는 결합되고 조건 지어진 본성을 이해하는 것을 그 목표로 한다.[35] 이 분석적 방식에 대해 *Atthakanagara Sutta*에서는 선정의 경험을 단순히 마음의 산물이자 조건 지어지고 의도적으로 만들어진 경험으로 간주해야 한다고 언급하고 있다.[36] 그러한 이해는 그 후에 조건으로 만들어진 것은 무엇이든 무상하며 소멸하게 된다는 결론으로 이끈다. "정형구"에 나타난 가르침, 즉 발생하고 소멸하는 본성에 대해 관찰하는 것이 관찰을 위한 고양된 마음의 상태에도 적용될 때, 삼매의 깊은 단계가 가지는 무상한 본성에 대한 통찰 역시 염처 수행의 일부를 형성한다.[37] 이러한 방식으로 이해하면, 고양된 마음의 상태와 관련된 염처는 정신적 경험의 전 범위에 대한 붓다의 분석적 태도를 실질적으로 표현하는 것이 된다.

35 Piatigorski 1984:p.44는 "초기 불교 역사에서 일부 비불교적인 요가적 경험은 사전에 실제적 종교내용 없이도 사용될 수 있도록 하기 위해서, 인식되고, 분석되고, 재편집되었다"고 말한다. Premasiri 1987b:p.178는 "불교의 독특한 특징은 이러한 선정을 신비하고 초월적인 설명을 사용하지 않고, 순수하게 심리학적 용어로 설명했다" 는 점에 있다고 말한다.

36 M I 350. M I 436에서는 선정의 경험을 온들의 체계로 분석하고, 이러한 모든 현상은 무상, 고, 무아라는 관찰을 따르고 있다고 한다.

37 M I 60: "그는 발생... 소멸 ... 마음과 관련하여 발생과 소멸 양자의 특성을 관찰한다."

9

법(DHAMMAS): 장애들

1 법(*dhammas*) 관찰

염처경의 다음 관찰은 특별한 정신적 성질인 다섯 장애물과 관련되어 있다. 이것은 "법" 관찰 중 첫 번째이다. 이 수행에 대한 면밀한 관찰을 시작하기 전에, 나는 네 번째 그리고 마지막 염처에 열거된 수행들의 배경들을 알아보기 위하여 법이라는 용어의 함축적 의미를 고찰할 것이다.

빨리어 "법"은 그 용어가 쓰이는 문맥에 따라 다양한 의미를 나타낸다. 대부분 번역가들은『염처경(*Satipaṭṭhāna Sutta*)』에서 법에 대해 "정신적 대상들"을 의미하는 것으로 해석한다. 이는 다른 오감의 대상들과 비교해서 무엇이든지 마음의 대상이 될 수 있다는 것을 의미한다. 하지만 염처에 관해서는 이러한 표현이 어색해 보인다. 만약 법이 "마음의 대상"을 뜻한다면, 다른 세 가지 염처 역시 마음의 대상이 될 수 있기 때문에 여기에 포함되어야 한다. 더욱이 네 번째 염처 아래 놓인 수행들 중 하나는 6가지 감각들과 각각의 대상들에 대한 명상이기 때문에 이 법 관찰은 6번째 감각에 대한 마음의 대상에 한정되지 않는다. 실제로 장애물이나 온(蘊) 등과 같은 네 번째 염처에 열거 되어 있는 법은 "정신적 대상"을 자연스럽게 불러일으키지 않는다.[1]

이 염처가 실제로 관여하는 것은 (다섯 가지 장애와 칠각지와 같은) 특정한 정신적 성질과 (오온, 육근, 사성제와 같은) 특정한 범주에 대한 경험의 분석이다. 이러한 정신적인

1 Ṭhānissaro 1996:p.73. Paṭis II 234에서는, 이전의 세 가지 염처에 포함되지 않는 것은 모두 이 맥락에서 법으로 이해되어야 할 것을 제의한다. Sīlananda 1990:p.95는 법을 "정신적 대상"으로 번역하는 것을 거부하고, 법을 번역하지 않은 채 그대로 둘 것을 제안한다. 이것은 내가 따르고 있는 제안이기도 하다. 다른 번역어로는 "일반적인 사실"(Kalupahana 1992:p.74), "현상"(Bodhi 2000:p. 44와 Jayasuriya 1988:p.161), "사건의 패턴"(Harvey 1997:p.354), "조건"(Vajirañāṇa 1975:p.59), "원리"(Watanabe 1983:p.16) 등이 있다.

요소들과 범주는 붓다의 가르침의 중심인 법(*Dhamma*)을 구성한다.[2] 이 같은 분류체계는 명상의 대상에 있는 것이 아니라 관찰하는 동안에 적용되는 틀이나 평가 기준을 말한다. 실제 수행 중에 수행자는 법에 관해 경험되는 모든 것을 보게 된다.[3] 이처럼 염처에서 언급되는 법은 "정신적 대상"이 아니며, 관찰 중에 마음이나 어떤 다른 감각의 대상이 되는 것은 무엇이든지 적용된다.

"법 관찰" 이라는 표현은 호흡의 알아차림을 계발하기 위한 16가지 단계 중 마지막 4단계와 관련하여 *Ānāpānasati Sutta*에 나와 있는데, 이는 "무상함", "사라짐", "소멸", "내려놓기"를 관찰하는 것과 관련된다.[4] 언뜻 보기에, 여기 설명되어 있는 4가지 단계들은 『염처경』의 법 관찰에 열거되어 있는 정신적 요소나 범주들과 큰 차이가 있어 보인다. 붓다가 법 관찰로서 호흡 알아차림의 마지막 4가지 단계를 분류한 이유는 보다 진전된 수행의 시점에서 명상가들이 욕망과 불만을 극복하여 마음의 평온함을 확립시키기 위한 것이다.[5] 주석서에서는 이것이 장애물의 제거와 관련되어 있다는 것을 가리킨다.[6]

비록 다섯 가지 장애 전부가 의문스럽다는 것을 나타내기 위해 욕망과 불만을 취하지

---

2 Ñāṇamoli 1995:p.1193. n.157는 "이 맥락에서 법(*dhamma*)은 *Dhamma*의 범주체계, 즉 붓다의 가르침에 따라 분류된 모든 현상을 구성하고 있는 것으로 이해될 수 있다"고 설명한다. Gyori 1996:p.24)는 법 관찰에 대해서 "활동이란 ... 이 부분에서는 특히 마음에 대해 구원론적 방향에서 접근 한 것이다." 라고 제의한다.

3 이 맥락에서는 법 관찰을 위한 가르침에서 처격을 두 번 사용한다는 점이 분명히 나타난다. 한번은 법의 관찰을 위해서이고, 다른 한번은 다섯 가지 장애와 오온 등의 관찰을 위한 것이다. 그러므로 수행자는 "법에 관해서 법 관찰을 하고, 다섯 가지 장애에 관해서 법 관찰을 행하는 것 (등)"이다. 즉 수행자는 현상을 법의 범주라는 "측면에서" 관찰하는 것이다. 각각의 관찰을 소개하는 이 방식은 이전의 세 가지 염처들과는 다르다. 또한 S V 184에 따르면, 염처에서 관찰된 법은 조건적으로 주의집중과 연관되어 있지만, 몸은 영양분과, 느낌은 접촉과, 마음은 명색과 연관된다. 이것은 법 관찰이 대상에 집중하게 하는 신중한 행위를 필요로 하며, 나열된 법의 측면에서 보면 다른 염처들보다 좀 더 강한 단계에 집중하는 행위임을 암시한다. Carrithers 1983:p.229는 "교리의 기본명제는 즉각적인 지각 즉 지금 바로 여기로 변화시키는 것이다"라고 설명한다. 이와 유사하게 Gombrich 1996:p.36는 "붓다의 관점을 통해 세상을 보는 것"을 배우는 것이라고 말하지만, Gyatso 1992:p.8는 "이전에 학습한 범주와 기술은 기억해 내지 않더라도 현재의 경험을 알려준다"는 의미로 파악한다. 또한 Collins 1994:p.78를 참조하라.

4 M III 83.

5 M III 84.

6 Ps IV 142.

만,[7] 이 설명은『염처경』에서 호흡 알아차림의 마지막 4단계와 법의 순서가 서로 연결되어 있음을 알려 주는 것이며, 이것들은 장애물과 더불어 시작됨을 의미한다. 주석서에 따르면 장애물들이 법(*dhammas*) 관찰을 이끄는데, 이는 바로 이 장애물들의 제거가 마지막 염처에서 비교적 세밀한 관찰을 계발하는 토대로 작용하기 때문이다.[8] 두 경전의 더 큰 유사점은 호흡 알아차림의 16단계가 깨달음의 요소를 발전시키도록 이끈다는 것이며,[9] 이러한 깨달음의 요소가『염처경』에 따르면 법 관찰의 일부를 구성한다는 것이다.

이 유사점은 양쪽 모두 깨달음의 일시적인 진전이 법 관찰의 중요한 방향을 이룰 수 있음을 제안하고 있다. 염처의 문맥에 있어서 이러한 진전은 정신적 요소와 법 관찰을 위한 상세한 범주의 연속적인 순서를 강조한 것이다(아래의 그림 9.1 참조). 장애물을 극복함으로써 충분한 정신적 안정의 단계에 기초할 때, 법 관찰은 오온에 관해 주관적 성질을 분석하고 육근에 관해 주관적 성질과 외계 사이의 관계를 분석하는 쪽으로 나아간다.[10] 이 두 가지 분석은 깨달음의 요소를 발전시키기 위한 좋은 바탕을 이루며, 이 성공적인 확립은 깨달음을 위해 반드시 필요한 조건을 이룬다. 깨달음이란 사성제를 "있는 그대로" 충분히 이해하는 것이며, 이는 법 관찰과 염처 수행의 성공적인 정점 사이에서 마지막 수행이 되는 것이다.[11]

7 p.69를 참조하라.

8 Ps-Pṭ I 373.

9 M III 87. 또한 Paṭis I 191에서는 무상성의 관찰을 온들과 감각영역이 생기하고 소멸하는 경험과 연관시킴으로써 염처의 맥락에 추가적인 관계를 제공한다.

10 두 가지 관찰이 반드시 이러한 순서대로 행해져야 하는 것은 아니지만, 감각을 통한 외적 세계와의 관계를 분석하고 나서 주관적 개성에 대한 분석을 행한다는 것을 의미하고 있다.

11 이에 대해 나는 법 관찰이 반드시 이러한 순서대로 행해져야 한다는 것이 아니라 단지 법 관찰은『염처경』에서 점진적인 순서로 나타난다는 것을 나타낸 것이다.

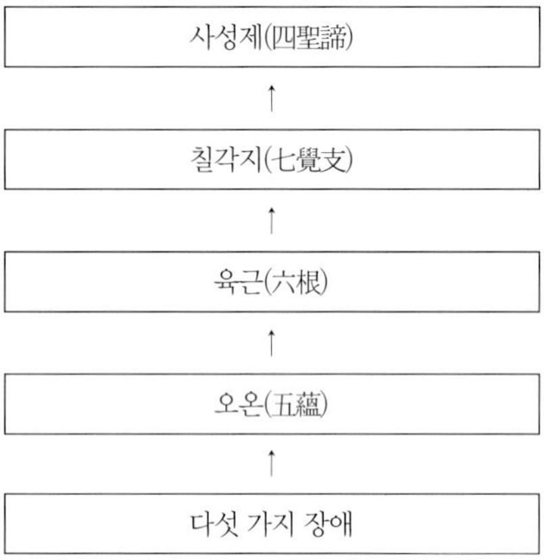

그림 9.1 법 관찰에 대한 분석

그러나 호흡 알아차림의 최종적인 4단계와 더불어 중요한 점은 법 관찰을 통하여 얻어지는 통찰에 주의를 기울이는 것이다. 이것들은 현상들의 무상성에 대한 직접적인 경험(*aniccānupassī*)으로부터 "사라짐"(*virāgānupassī*)과 "멈춤"(*nirodhānupassī*)에 집중하는 것으로 진행된다. 이것들은 차례로 깨달음에 적합한 마음의 상태라고 할 수 있는 무집착, 또는 "내려놓기"(*paṭinissaggānupassī*)에 이르게 한다.[12]

『염처경』과 *Ānāpānasati Sutta* 양자에서 법 관찰은 무집착과 깨달음을 향한 일시적인 진전을 가리킨다. 호흡 알아차림의 16단계를 수행하는 도중 깨달음은 일어날 수 있지만, 마지막 4단계는 특히 이 때문에 설정된 것으로 보인다. 마찬가지로 깨달음은 염처 관찰 중에 일어날 수 있지만, 법 관찰에 관련있는 『염처경』의 마지막 부분은 이 목적을 달성하는 데 특별한 강조를 둔다.

이전 염처들과 비교해 보면, 법 관찰은 관찰 속에서 조건 지어진 특성을 인식하는 것과 특히 관련되어 있다. 실제로 대부분의 법 관찰에 관한 주된 설명은 조건을 정확히 언급하고 있지만, 이전의 염처들에서 이것은 "정형구"에만 나타나 있다. 이 염처에서 조건의 현

12 M I 251을 참조하라. 느낌 관찰의 맥락에서는 동일한 4단계의 연속이 곧바로 깨달음으로 이끈다. Paṭis I 194에서는 내려놓기의 관찰을 "(온들을) 포기하는 것"과 "(깨달음으로) 도약하는 것"이라는 두 가지 유형으로 설명하고 있다. 또한 "내려놓기"에 관해서는 Ñāṇārāma 1997:pp.85-7; van Zeyst 1961a:p.3를 참조하라. 한역 *Saṃyukta Āagama*에서는 무상성에서 "포기"로 진행된 후, "사라짐"이 뒤따르고, "멈춤"으로 끝나는, 호흡 알아차림의 마지막 4단계와는 다른 순서를 제시해 놓았다(Choong 2000: p.227).

저함은 연기를 보는 자는 법(*Dhamma*)을 본다고 하는 유명한 말을 생각나게 한다.[13] 이러한 법(*Dhamma*)의 "봄"(*passati*)은 법(*dhamma*) "관찰"(*anu-passati*)을 통하여 잘 일어날 수 있으며, 또한 수행의 목표로서『염처경』의 "직접적인 길" 에도 언급되어 있는 "방법"(*ñāya*)의 습득과도 일치한다.[14]

그래서 법(*dhamma*) 관찰은 조건성의 법(원리)을 이해하고 모든 법(현상)들 중의 최고의 깨달음인 열반으로 이끌기 위해서 관찰하는 동안 *Dhamma*(붓다의 가르침)에서 가르쳐진 대로 법(분류 상의 범주)을 기술적으로 적용한다.[15]

2 다섯 가지 장애에 대한 관찰

법 관찰 중 첫 번째는 마음 상태를 관찰하는 보다 특별한 것으로 이것은 다섯 가지 장애, 즉 세 가지 불건전한 뿌리에 대한 다섯 징후를 알아차리도록 하는 것이다. 그러나 이전의 마음 관찰과 비교하면 장애의 관찰은 존재나 부재 자체를 포함할 뿐만 아니라 각 장애물들의 존재나 부재의 기초가 되는 상태도 포함하고 있다. 이 연구에서 나는 먼저 다섯 가지 장애와 그것을 인지하는 것의 중요성에 중점을 두고, 다음으로 장애의 존재나 부재를 위한 조건을 고찰하는 두 가지 단계를 따를 것이다.
장애 관찰에 대한 염처의 가르침은 다음과 같다.

> 비구는 감각적 욕망이 있을 때 감각적 욕망이 자신에게 있음을 알며, 감각적 욕망이 없을 때 감각적 욕망이 자신에게 없음을 안다. 또한 비구는 일어나지 않은 감각적 욕망이 어떻게 일어나는가를 알며, 일어난 감각적 욕망이 어떻게 사라지는가를 안다. 또한 비구는 사라진 감각적 욕망이 미래에 다시 일어나지 않게 하는 방법을 안다. 비구는 분노가 있을 때 분노가 자신에게 있음을 알며, 분노가 없을 때 분노가 자신에게 없음을 안다. 또한 비구는 일어나지 않은 분노가 어떻게 일어나는가를 알며, 일어난 분노가 어떻게 사라지는가를 안다. 또한 비구는 사라진 분노가 미래에 다시 일어나지 않게 하는 방법을 안다. 비구는 나태함과 게으름이 있을 때 나태함과 게으름이 자신에게 있음을 알며, 나태함과 게으름이 없을

13 M I 190.

14 p.111을 참조하라.

15 D III 102에서는 열반을 유익한 모든 법들 중에서 가장 높은 것이라고 한다.

때 나태함과 게으름이 자신에게 없음을 안다.

또한 비구는 일어나지 않은 나태함과 게으름이 어떻게 일어나는가를 알며, 일어난 나태함과 게으름이 어떻게 사라지는가를 안다. 또한 비구는 사라진 나태함과 게으름이 미래에 다시 일어나지 않게 하는 방법을 안다. 비구는 근심과 걱정이 있을 때 근심과 걱정이 자신에게 있음을 알며, 근심과 걱정이 없을 때 근심과 걱정이 자신에게 없음을 안다. 또한 비구는 일어나지 않은 근심과 걱정이 어떻게 일어나는가를 알며, 일어난 근심과 걱정이 어떻게 사라지는가를 안다. 또한 비구는 사라진 근심과 걱정이 미래에 다시 일어나지 않게 하는 방법을 안다. 비구는 의심이 있을 때 의심이 자신에게 있음을 알며, 의심이 없을 때 의심이 자신에게 없음을 안다. 또한 비구는 일어나지 않은 의심이 어떻게 일어나는가를 알며, 일어난 의심이 어떻게 사라지는가를 안다. 또한 비구는 사라진 의심이 미래에 다시 일어나지 않게 하는 방법을 안다.[16]

"장애(*nīvaraṇa*)"라는 용어의 사용은 왜 이러한 정신적 성질들이 특별한 주의 집중을 위해 사용되었는지를 분명하게 가리킨다. 그리고 정신적 성질들은 마음의 올바른 기능을 "방해한다".[17] 장애물의 영향 아래에서 수행자는 자신의 이익과 타인의 이익을 이해할 수 없으며, 집중력과 통찰력을 얻을 수 없다.[18] 자각을 통해 장애의 영향력에 대해 버티도록 배우는 것은 수행의 진전을 위한 중요한 기술이다. 경전에 따르면, 장애를 상쇄하는 어려움은 실제적인 지도를 요청하기 위해서 숙련된 명상가를 찾아가는 데 좋은 이유가 된다고 한다.[19]

이 다섯 장애들은 실제로 7가지 정신적 성질들을 포함한다.[20] 이 일곱 가지가 다섯 가

16 M I 60.

17 D I 246; S V 96; S V 97을 참조하라.

18 M I 203; S V 92; S V 127; A III 63.

19 A III 317과 A III 321.

20 S V 110에서는 내적인 감각욕망, 분노와 의심 그리고 그것들의 외적인 상대물 사이를 구별한 6가지와, 남아있는 두 가지 혼합물을 나태, 게으름, 근심과 걱정으로 나누어서, 10가지의 심리표상을 제시한다. 이러한 심리표상은 7가지 실질적 정신의 성질에 대한 개념을 지지해 주는 것이다. 또한 Gunaratana 1996a:p.32를 참조하라. 보통 5가지 심리표상은 It 8에 나타나며, 거기에는 오로지 한 가지 장애인 무지의 장애만이 있다. 또한 Paṭis I 31, Paṭis I 103, Paṭis I 163에서는 또 다른 변화가 나타나는데, 거기에서는 장애의 목록 중에서 걱정을 제외시키고, 그 대신에 무지와 불만족을 포함시켰다.

지 관념에 포함되어 있다는 것은 나태(*thīna*)와 게으름(*middha*), 근심(*uddhacca*)과 걱정(*kukkucca*) 사이에 있어 그 영향력과 성격의 유사함에 기인한 것이다.[21] 주석서에 따르면 이 다섯 가지 관념은 각각의 장애를 선정(jhāna-aṅga)을 얻기 위해 필요한 다섯 가지 정신적 요소들 중의 하나와 연결시키는 것을 가능하게 해준다.[22]

장애들은 선정의 성취를 방해할 뿐만 아니라, 깨달음의 요소를 확립하는 것도 방해한다.[23] 장애와 깨달음의 요소 간의 모순 관계는 중요한데, 이는 깨달음의 상태를 위해선 전자의 제거 그리고 후자의 발전이 필요하기 때문이다.[24]

21 나태와 게으름 사이의 유사점이 Vibh 254에 나타난다. 그에 따르면, 나태함은 정신적인 유형의 것이지만 게으름은 신체의 변화를 나타내는 것이라는 차이가 있지만, 두 가지 모두 "무능"하다거나 "굼뜬 것"을 의미한다. 이러한 설명에 대해, Vibh-a 369에서는 나태함은 물질적 신체를 말하는 것이 아니라 정신적 요소를 말한 경우라고 여긴다. 그러나 A IV 85에서는 만약 수행자가 게으름에 대한 해결책을 고려할 경우, 그 때의 "게으름"은 육체적 게으름을 말하는 것이 된다고 한다. 다른 두 가지 장애에 대한 유사점이 Ps-pṭ I 375에서 언급된다.

22 삼매는 감각적 욕망과 양립할 수 없으며, 마찬 가지로 기쁨은 분노와 처음의 정신적 노력은 나태 또는 게으름과, 행복은 근심 또는 걱정과, 부단한 정신적 노력은 의심과 양립할 수 없다고 Vism(141)에서 설명한다. 이것들의 상관관계에 대해서는 Buddadāsa 1976:p.112; Upali Karunaratne 1996:p.51를 참조하라. Vism가 여기서 말하려고 한 점은 처음 네 가지 상관관계의 경우에서는 집중을 통한 마음의 통일이 감각적 욕망에 의해 일어나는 정신적 변화와는 반대되는 것일 수 있다는 점이다. 즉 환희의 발생에 의해 일어난 정신적 기쁨과 육체적 편안함은 정신적 강인함이나 분노에 의한 육체적인 긴장과 양립할 수 없으며, 최초의 정신작용을 통해서 대상을 분명하게 이해하는 것은 불분명한 것이며, 나태함과 게으름에서 기인한 정신적 흐릿함에 대응하는 것이다. 그리고 행복에 의해 발생하는 정신적 만족감과 육체적 평온함은 근심과 걱정을 일어나게 하는 범위를 벗어나지 못한다(Vism-mhṭ I 165를 참조하라). 다섯 번째 장애에 관해서 말하자면, 의심(vicikicchā)이란 의심만을 의미하는 것이 아니라 일반적으로 마음의 산만한 상태로서 보다 폭넓게 이해된다면(예를 들어, T.W. Rhys Davids 1993:p.615에서, *vicikicchā*에 해당되는 동사는 생각을 산만하게 하는 것과 관련된다), 의심은 정신적 안정감에서 오는 균형과, 일관된 정신적 작용에 의해 초래되는 흐트러지지 않는 상태에서 찾게 될 것이다. 반면에 경전에서, 장애와 개인적 선정 요소를 함께 언급하는 것은 M I 294에서만 나타난다는 것을 설명해야만 한다. M I 294에서는 각각의 장애를 개인적 선정요소와 직접적으로 연관시키는 것이 아니라, 단지 두 가지를 주석서와의 상호관계와는 관계없이 차례대로 모두 열거한다. 또한 M I 294는 한역본에는 빠져있지만, 빨리어본과는 일치한다(Min Chau 1991:p.100; Stuart-Fox 1989:p.90을 참조하라). 또한 선정요소 분석의 비판적인 논의에 관해서는 Rahula 1962:p.192를 참조하라.

23 이것은 특히 나태함이나 게으름과 대조되는 힘, 근심이나 걱정과 대조되는 평온함, 의심과 대조되는 법들의 분석을 위한 경우이다(예를 들어 S V 63-140). *Bojjhaṅga Saṃyutta*의 여러 사례들에서, 깨달음의 요소와 장애들은 정신적 성질과는 정반대되는 것으로 나타난다.

24 A V 195. D II 83; D III 101; S V 161에서는 붓다가 되기 위한 조건을 동일하게 명기하고 있다.

경전에서는 두 가지 비유로 다섯 가지 장애의 특수성과 영향력을 묘사하고 있다. 첫 번째는 물로 가득 찬 그릇에 자신의 반사된 얼굴을 보는 것을 장애물로 묘사하고 있다. 이 비유에 따르면 감각적 욕망은 염료로 뒤섞인 물에, 혐오는 끓는 물에, 나태와 게으름은 녹조로 가득 찬 물에, 근심과 걱정의 마음은 바람에 흔들리는 물에, 그리고 의심은 진흙투성이의 혼탁한 물에 비유하고 있다.[25] 이 다섯 가지 경우에 사람은 자기 자신의 얼굴을 물속에서 정확히 비추어 볼 수 없다. 이 비유들은 각 장애의 개별적 특성을 선명하게 설명하고 있다. 즉, 감각적인 욕망은 자신의 지각을 물들이며, 혐오로 자신이 흥분하며, 나태와 게으름은 침체에 빠뜨리고, 근심과 걱정은 자신을 내던지게 되며, 의심은 흐릿하게 하기 때문이다.[26]

다른 비유들은 장애의 부재를 설명하고 있다. 이 비유에 따르면, 감각적인 욕망으로부터 자유로워지는 것은 마치 빚으로부터 해방되는 것과 같고, 혐오로부터 자유로워지는 것은 병에서 회복되는 것과 같으며, 나태와 게으름으로부터 해방되는 것은 마치 감옥에서 풀려난 것과 같고, 근심과 걱정이 사라지는 것은 노예가 자유를 얻는 것과 같으며, 그리고 의심이 사라지는 것은 마치 위험한 사막을 무사히 건넌 것과 같다고 묘사하고 있다.[27] 이 두 번째 경우는 장애에 대한 추가적인 설명을 하고 있다. 즉, 마음을 교란시키는 감각적 욕망은 큰 빚을 지고 있는 것과 같고, 혐오로 인해 생기는 긴장감은 말 그대로 병이고, 나태와 게으름은 마음을 구속시키며 둔하게 하고, 근심과 걱정은 자신을 아무렇게 행동하게끔 하고, 그리고 의심은 자신을 위험에 노출시키며 방황하게 만든다.

첫 번째 비유는 장애의 존재(허약하게 하는 영향력)에 대해서 설명하고, 두 번째는 그로부터 자유로워지는 것을 설명하고 있다. 이 두 경우는 장애 관찰에 대한 두 가지 대안, 즉 장애의 존재와 부재에 대한 자각과 일치한다.

25 S V 121과 A III 230.

26 또한 Fryba 1989:p.202는 감각적 욕망은 지각을 왜곡하고 의식을 해체하며, 분노는 분열을 만들고 마음을 방해하며, 나태와 게으름은 의식을 몽롱하게 하며, 근심과 걱정은 마음을 갈팡질팡하게 하며, 의심은 결단력 없는 망설임을 낳는 것이라고 제의한다.

27 D I 71과 M I 275.

3 장애 인식의 중요성

경전에 따르면 장애가 존재하는데 그것을 인식하지 못하면 그것은 붓다가 인정하지 않은 "잘못된 명상"을 수행하고 있는 것이다.[28] 하지만 수행자가 이 장애의 존재를 인식하고, 그것을 염처 명상으로 관찰할 경우, 그 수행은 마음의 정화로 이끌 것이다.[29]

*Aṅguttara Nikāya*의 한 구절은 정신적 오염물이 있다는 것을 알고 명확히 인식하는 것이 중요하다는 것을 보여준다. 이 경전에 따르면 비구 아누룻다(Anuruddha)가 그의 친구 사리뿟따(Sāriputta)에게 삼매의 성취, 흔들리지 않는 힘, 그리고 확립된 알아차림을 이루었음에도 완전한 깨달음에 이르지 못하는 것을 불평했다고 나와 있다.[30] 이에 사리뿟따는 아누룻다에게 삼매의 성취를 자랑하는 것은 자만심의 징후일 뿐이며, 흔들림 없는 힘은 불안함이고, 깨달음에 아직 도달하지 않은 것은 걱정이었다고 지적했다. 아누룻다는 친구의 도움으로 이것들을 장애로 인식했을 때, 그는 곧 장애를 이겨내고 깨달음에 도달할 수 있었다.

이러한 인식의 기술은 명상에 방해가 되는 장애를 명상의 대상으로 바꿀 수 있는 재치 있는 방법이다.[31] 이러한 방법으로 수행하면 장애의 온전한 자각은 억제와 방종 사이의 중도(中道)가 된다.[32] 몇몇 경전에는 다섯 장애의 화신으로 종종 행동하는 악마 마라(Māra)가 자신을 인식하자마자 어떻게 힘을 잃게 되었는지 묘사함으로써 이러한 단순한 인식의 강력한 효과를 탁월하게 설명하고 있다.[33]

온전한 인식을 위한 이러한 정교함은 의학적 관점에서 분노의 원인을 고찰하는 것으로도 설명될 수 있다. 분노가 일어나는 것은 곧 아드레날린 분비의 증가로 이어지고, 아드레

28 M III 14.

29 A I 272.

30 A I 282.

31 Gunaratana 1996:p.44; Ñāṇapoṇika 1986b:p.21.

32 A I 294에서 염처의 이러한 기능은 방종과 자기금욕 사이에 있는 중도로 언급된다.

33 이러한 일화의 대다수는 *Māra Saṃyutta*와 *Bhikkhuṇī Saṃyutta*(S I 103-35)에 나온다. 또한 Sn 967의 비유에서는 정신적 오염물질을 마라, 즉 "어두운 자"의 현현으로 인식한다. 이에 대해 Goldstein 1994:p.85은 "마라에게 손가락을 흔드는 것"이라고 말한다. 또한 Marasinghe 1974:p.197를 참조하라.

날린의 증가로 인해 분노는 더욱 더 자극될 것이다.[34] 사띠는 이러한 악순환을 중단시킬 수 있다.[35] 단지 분노의 상태를 알고 있는 것을 유지함으로써 신체적 반응 혹은 정신적 확산이 중지된다. 반면 만약 수행자가 알아차림의 균형 상태를 포기하거나 일어난 분노에 분개하고 비난하면, 그 비난 행위는 혐오의 또 다른 표출이 되는 것이다.[36] 분노의 악순환은 비록 대상이 다를지라도 지속된다.

일단 장애가 적어도 일시적으로 제거된다면,[37] 장애 관찰의 대안은 장애의 부재를 알아차리는 것과 관련된다. 몇몇의 해설에서는 이러한 장애물들의 부재는 인과관계의 연속을 위한 출발점이 되며, 그것은 환희, 기쁨, 평온, 그리고 행복(*pāmojja*, *pīti*, *passaddhi*, *sukha*)을 거쳐 삼매와 선정의 성취로 이끈다고 한다. 이 내용의 가르침은 "스스로 다섯 가지 장애의 소멸을 관찰하는 것"이다. 이 문맥의 가르침은 자기 자신 속에서 다섯 가지 장애가 사라지는 것을 관찰하는 것이다.[38] 이것은 장애의 부재를 인식하고 기뻐하는 긍정적 행동을 제시하며, 이는 곧 깊은 삼매로 이어진다. 장애의 부재를 인식하고 기뻐하는 의식적 행동은 위에 언급된 비유 중에서 두 번째에서 세세히 묘사되어 있다. 이것들은 정신적 해방의 상태를 빚, 질병, 투옥, 노예, 위험으로부터의 자유와 비교한다.

몇몇 경전에는 장애와 정신적 오염으로부터의 일시적 해방인 마음의 고요한 상태를 "빛"으로 언급하고 있다.[39] *Aṅguttara Nikāya*에 따르면, 이러한 마음의 빛나는 본질을 아

34 Lily de Silva(n.d.):p.25.

35 Rorschach 실험의 도움을 받은 하나의 연구가 이것을 입증한다. 거기서 Brown 1986b:p.189은 숙련된 명상가는 갈등을 경험하지 않는 것이 아니라 그러한 갈등을 경험할 때, 몹시 비방어적인 태도를 취한다는 결론에 도달한다. 이러한 관찰은 명상가의 능력이 무반응적이며, 침착한 의식을 유지하기 위한 것이라는 점을 지적한 것이다.

36 Goldstein 1985:p.57은 "수행자는 종종 장애가 생기면, 그것을 비난하는 경향이 있다. 마음을 비난하는 것 그 자체가 분노의 요소이다."

37 다섯 가지 장애를 모두 완전히 제거하는 것만이 완전한 각성으로 이끈다(S V 327을 참조하라). 실제로『염처경』의 이 부분에 관해 논평할 때, Ps I 282에서는 각각의 장애가 "미래에 발생하지 않는 것"을 깨달음의 수준, 즉 대부분 불환 또는 아라한과에 상응하는 것과 관련있음을 보여준다.

38 그 예로 D I 73이 있다. 이러한 가르침에서 빨리어 동사인 *sam-anupassati*의 사용은 여기서 관찰(*anupassanā*)의 형태가 의도되었다는 것을 가리킨다.

39 S V 92; A I 10; A I 257; A III 16. 이 구절에서는 마음의 광명(빛)을 오염물질로부터 해방되어 깨달을 준비가 되어 있는 마음의 집중된 상태를 계발하는 것과 연관시킨다. 또한 D III 233을 참조하라. 거기서 관찰은 "빛"(*sappabhāsa*)으로 가득 찬 마음으로 이끌며, M III 243에서, "빛을

는 것은 실로 마음 계발을 위한 중요한 필요조건이라고 한다.[40]

4 장애의 존재와 부재를 위한 조건

첫 번째 단계인 장애의 존재와 부재를 인식한 이후 관찰의 두 번째 단계는 다음과 같다. 장애가 발생하게 되는 조건에 대한 알아차림, 발생한 장애물을 제거하는 것을 돕는 조건에 대한 알아차림, 그리고 미래에 발생할 장애를 예방하는 조건에 대한 알아차림(아래 그림 9.2를 참고). 사띠의 임무는 두 번째 단계 동안 진단과 치료와 예방으로 나아가는 점진적인 패턴을 따르는 것이다.

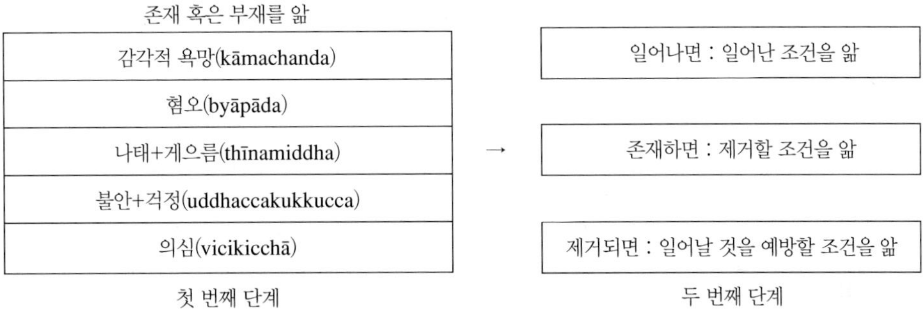

그림 9.2 다섯 가지 장애 관찰의 두 단계

장애를 명상의 대상으로 바꿈으로써 자각은 종종 문제되는 장애를 떨쳐버릴 수 있다. 단순한 자각만으로는 충분하지 않기 때문에 특별한 방법이 요구된다. 이 경우 사띠는 무심

발하는"것은 고도의 평온한 단계와 연관되며, S V 283에서는 붓다의 신체가 "빛나는 것"은 집중의 결과라고 기술한다. Upali Karunaratne 1999c:p.219는 "빛나고 깨끗한 마음(*pabhassara*)이 의미하는 바는 절대적으로 깨끗한 마음의 상태가 아니며, 해방과 밀접한 깨끗한 마음도 아니며, ... 오로지 감각에서만 깨끗한 것이며, 외부의 자극에 의해 방해받거나 영향을 받지 않는 정도이다"라고 설명한다.

40 A I 10. Mp I 60과 As 140의 주석에서는 빛나는 마음을 "바왕가(*bhavaṅga*)"(잠재적인 삶의 연속체)와 동일시한다. 그러나 정신작용에 대한 주석적 설명이라는 점에서 바왕가라는 용어는 정신작용에 있어 각각의 의식적 부분에서 발생하는 잠재의식의 순간을 말하는 것과는 반대될 수 있다. (실제로 수면은 Ps-pṭ I 364에서 *bhavaṅgaṃ otāreti*로 언급되어 있다). 이와는 달리 A I 10에서 마음의 빛나는 상태는 분명히 의식적인 경험을 말한다. 왜냐하면 그것은 "알려지는"(*pajānāti*) 것이기 때문이다. 바왕가에 대해서는 Gethin 1994의 탁월한 설명을 참조하라. 또한 Harvey 1989:pp.94-8; Sarachchandra 1994:p.90를 참조하라.

한 관찰자적 관점을 잃지 않고, 대상에 매몰됨없이 명확한 실제 상황을 제공함으로써 장애를 제거하기 위한 수단을 감독하는 역할을 한다.

특별한 장애가 발생하는 조건을 분명하게 알아낸다면, 이를 제거하기 위한 좋은 바탕이 될 뿐만 아니라 그것이 발생하는 일반적인 패턴을 인식할 수 있게 된다. 이러한 인식은 장애의 발생을 일으키는 조건과 잘못된 인지의 수준을 드러내며, 장애가 다시 일어나는 것을 막는데 도움이 된다.

지속적인 관찰은 빈번한 생각이나 특별한 쟁점에 빠지는 것이 그에 상응하는 정신적 성향을 만들어 낸다는 사실을 드러낼 것이다. 그러므로 그와 같은 경향은 점점 더 많은 생각들과 동일한 연관된 생각들에 빠져들게 된다.[41] 감각적 욕망을 예로 들면, 그것이 발생하는 것은 단지 외적인 대상뿐만 아니라, 분명히 자신의 마음 깊숙이 있는 관능적 욕망의 성향 때문이다.[42] 이러한 감각적 성향은 자신이 외적 대상을 인식하는 방식에 영향을 끼치고, 이는 본격적인 욕망이 일어나도록 이끌며, 이러한 욕망을 만족시키려고 한다.[43]

감각적 욕망이 만족스러울 때마다 그 특별한 감각적 욕망의 동력, 즉 만족감은 이후에 더욱 더 강한 동일한 욕망이 드러나는 것을 자극한다.[44] 무심한 관찰에 의해 감각적 욕망에 대한 만족감은 잘못된 개념에 기초한 것이며, 잘못된 곳에서 기쁨을 찾고 있다는 것이 분명해질 것이다.[45] 붓다는 내적인 평화와 평정의 길은 반드시 이러한 욕망과 만족감의 소용돌이로부터 독립을 얻는데 있다는 것을 지적했다.[46]

*Aṅguttara Nikāya*의 한 부분에서는 감각적 욕망의 근본적인 원인에 대한 심리학적 분석을 제공하고 있다. 이 경전에 의하면, 이성의 상대를 통해서 만족감을 추구하는 것은 자신만의 정체성과 긴밀한 연관이 있는 행동이나 성격과 관계있다고 한다.[47] 즉, 외적으로 합일을 추구하는 것은 자신이 속해있는 성 정체성의 한계에 영향을 받는다는 것을 암시하고 있다. 자신의 성 역할과 행동에 내재되어 있는 정서적 투사가 감각적 욕망을 일으키는

41 M I 115.

42 S I 22.

43 S II 151.

44 M I 508.

45 M I 507.

46 M I 508.

47 A IV 57; 이 구절에 대해서는 Lily de Silva 1978:p.126를 참조하라.

데 중요한 연결고리를 형성한다는 것을 보여주는 것이다. 반대로 가장 미세한 성정체성의 흔적조차 제거한 아라한은 성교를 할 수 없다.[48]

감각적 욕망의 발생을 심리학적 토대에서 분석할 수 있듯이, 감각적 욕망의 부재 역시 심리학적 기제의 지능적 관리에 의거해 분석할 수 있다. 일단 만족에 대한 끊임없는 요구의 악순환으로부터 적어도 일시적으로 벗어났다면, 자신의 지각적 평가 하에서 균형을 취하는 힘을 계발하는 것이 가능하다.[49] 만약 과도하게 외적 아름다움에 빠지는 것이 빈번한 갈망의 상태로 이끈다면, 신체에 대한 비매력적인 측면에 대한 관찰이 그러한 마음의 상태를 점진적으로 감소시킬 수 있다.

그러한 균형을 위한 예시가 염처 명상 수행들 중 특히 신체의 해부학적 구조와 부패하는 시체를 통해 발견될 수 있다. 게다가 감각들의 억제, 음식에 대한 절제, 방심하지 않는 것, 그리고 모든 정신적 행위의 무상성을 알아차리는 것은 감각적 욕망의 발생을 막기 위한 좋은 방법이다.[50]

유사한 접근이 다른 장애들, 즉 장애의 발생을 자극하려는 조건에 균형의 확립을 일으키는 데에도 적절하다. 혐오감(*byapāda*)의 경우, 현상들에 대한 불쾌하거나 거슬리는 특징에 과도한 집중을 했기 때문이다. 그러한 일방적인 인식에 대한 올바른 대책은 자신의 흥분을 일으키는 사람의 부정적 성질을 무시하고, 그 또는 그녀에게서 발견될 수 있는 긍정적인 성질에 집중하는 것이다.[51] 더 이상 그 일에 주의를 집중하지 않거나, 인과응보의 필연성에 반응하지 않음으로써 마음의 평정을 계발시키는 것이 가능하다.[52]

48 D III 133. 감각적 욕망의 제거는 이미 불환과의 단계에서 생기게 된다.

49 Th 1224-5에서는 관능의 왜곡된 인식이란 감각적으로 매력적인 대상을 피하고, 신체의 비매력적인 부분으로 관심을 돌려 신체를 (일반적인 의미에서) 알아차리고, 각성을 계발시킴으로써 상쇄될 수 있다고 설명한다.

50 A IV 166. S IV 110에서는 비구들이 여성을 마치 자신의 엄마, 누나, 딸과 같이 볼 것을 권장한다. S IV 112에서는 동일한 내용이 감각절제의 특별한 중요성을 뒷받침하고 있다. 왜냐하면 감각적 욕망에 상반되어 언급되는 다양한 방법들로부터, 감각의 절제는 젊은 비구가 금욕적으로 생활할 수 있는 능력을 위해서 용인할 수 있는 설명이라고 판명되었기 때문이다.

51 A III 186.

52 이것들은 다섯 가지 해결방법의 일부분으로 A III 185에서 언급된다. 즉 그것은 자애심(loving kindness), 연민심(compassion), 평정심(equanimity), 무관심(inattention), 업에 대한 성찰(reflicting on karma)을 계발하는 것이다.

분노와 혐오에 대한 중요한 치유법은 자애(mettā)를 발전시키는 것이다.[53] 경전에 따르면, 자애를 계발하는 것은 타인을 향해서 뿐만 아니라 인간 이외의 존재를 향해서도 조화로운 관계를 확립하게 해준다.[54] 이 문맥에서 "인간 이외의 존재"라는 개념은 주관적 심리장애라고 표현되는 것처럼 심리학적 표현으로 이해 될 수 있다.[55] 자애의 발전은 병리학적 정신이상이나 낮은 자존감을 중화하여 성공적인 통찰 명상을 위한 중요한 바탕을 이룬다.

자애는 통찰 명상의 수행을 위한 알맞은 예비적 기초를 제공할 뿐만 아니라 깨달음에 직접적으로 도움이 된다.[56] 붓다에 따르면 자애 명상의 특징은 그것을 자각의 요소와 결합시키는데 있으며, 이렇게 해서 자애를 곧바로 깨달음으로 향해 나아가는데 향한 진전으로 이용하는 것이라고 한다.[57] 몇몇 경전에서는 자애 수행을 특히 예류과(stream-entry)의 단

53 M I 424. Fenner 1987:p.226에 의하면, 사무량심(brahmavihāras)은 정확한 인식에 기반한 것으로 불건전한 정신적 성질로 이끄는 그릇된 인식과는 반대된다. 자애심을 고취시키는 것에 대한 설명은 Ñāṇapoṇika 1993:pp.9-12를 참조하라.

54 S II 264.

55 사실 S II 265에서 인간 이외의 것들은 분명히 심리학적 무질서를 만들어 내려고 하지만, 자애심을 개발시킴으로써 그러한 무질서를 방지할 수 있다. Katz 1989:p.161는 "인간 이외의 것이란 영적인 성장을 위협하는 심리적 기능들일 수 있다"는 한 가지 해석을 제의한다.

56 M I 352에서는 자애심을 통찰력과 결합시키는 방법에 대해 상세히 설명한다: 즉 자애심을 통해 개발된 선정의 출현과 관련하여, 수행자는 이것의 성취에 대해 무상함과 조건적 성질로 통찰력을 개발한다. M I 38과 A I 196에서는 자애심으로부터 성찰에 기반한 통찰력으로의 변형에 대해 설명하고 있다: 즉 "이것이 있고, 열등한 것이 있고, 우월한 것이 있고, 이러한 인식의 장으로부터의 완전한 사라짐이 있다"(Ps I 176과 Mp II 306에서는 마지막의 것을 *Nibbāna*를 언급한 것이라고 설명한다). 또한 A IV 150과 It 21을 참조하라, 거기에서는 자애심의 계발이 속박하는 것을 약화시키도록 도와준다는 것을 지적한다. Aronson 1986:p.51에 따르면, "사랑에 관해 명상하는 것은 정신집중과 ... 통찰력이 배양되도록 하는 토양이다" 라고 한다. Meier 1978:p.213는 위빠사나(vipassanā)와 자애심의 명상은 모두 유사한 목표, 즉 "나"라는 감각을 약화시키며, 위빠사나와 자애심의 서로 다른 접근법(분석적 해체의 방식인 위빠사나(vipassanā)와 확장의 방식인 자애심)은 상호보완적인 것(자신의 자애심이 "나"라는 감각에 대한 모든 집착을 완전히 제거할 수 없다는 마음을 유지함으로써)으로 간주될 수 있다고 제의한다.

57 S V 119에서 붓다는 불교의 접근법과 자애심의 방법 간에 구별되는 특징을 이루는 이러한 결합이 당시 고행주의에 대해 행해졌다는 것을 지적했다. 붓다의 방식을 자애심의 명상을 가르치는 것으로 생각할 때, 그가 본래 가르쳤던 것은 사방팔방으로 자애심의 태도를 보급하는 것이었다는 것을 지적하는 것과 관련이 있을지도 모른다. D I 251, M II 207, S IV 322에서는 공간에 자애심을 발하는 빛이 충만한 특징에 대해 활기찬 트럼펫 연주자가 자신이 만들어 내는 소리를 사방에서 듣는 것에 비유함으로써 더 명확해진다고 한다. 비록 그러한 충만함이 종종 선정을 가리킬 때는 있지만, 항상 그렇지만은 않다. 왜냐하면 M I 129에 의하면 이러한 충만함은 분명히 말로 모욕당했을 경우, 신체적으로 학대당했을 경우와 같이 선정에 들기에 좋지 않는 상황에서 행해질 수 있기 때

계로부터 불환과(non-returning)의 단계로 진전하는 것과 연관시킨다.[58] 자애를 계발함에 따른 분명한 장점은 분노와 짜증남에 대한 해결책으로서의 기능에 한정되지 않는다는 것이다.

남아 있는 장애로 돌아가서, 나태(*thīna*)와 무기력(*middha*)에 대한 해결책은 "인지의 명쾌함(*ālokasaññā*)"을 계발하는 것이다.[59] 경전과 위방가(Vibhaṅga)에서, "인지의 명쾌함"은 정신적 명쾌함의 개발을 말하는 것으로 보인다.[60] 주석에서는 좀 더 문자 그대로 표현을 하는데, 즉 외부로부터 오는 빛이나 혹은 내면의 정신적 이미지로서의 빛과 같은 실제 빛의 사용을 제안하고 있다.[61]

이러한 "인지의 명쾌함"은 알아차림과 명확한 앎(*sampajāna*)의 도움으로 일어나는 것

문이다. 또한 M II 195에서, 죽음에 임한 바라문은 고통스러운 두통과, 심한 위경련, 고열로 고통받지만, 이러한 충만함을 행하는 가르침을 받고 난 후에는 곧바로 죽어서 브라흐마의 세계에 다시 태어난다. 이러한 상황에서는 비록 그의 육체적 조건이 선정을 계발하기에는 불가능했을지라도, 그러한 가르침을 유효하게 했음에는 틀림없다는 것을 암시한다. 그들은 충만함을 선정과 연관시키기 때문에, 자애심에 관한 명상은 개념적 상상력에서 활동하게 되고, 자신과 친구, 중성적 사람, 적으로 향하게 한다는 것은 단지 주석서에만 있다. 수행의 이러한 방법은 경전의 어디에서도 나타나지 않는다.

58 S V 131과 A V 300. (두 가지 예로서, 이것은 세 가지 다른 사무량심(*brahmavihāras*)을 위해 반복되는 것이다.) 이와 유사하게 Sn 143에서는 "평온한 상태를 경험한 것"에 기반한 자애심의 수행은 수행자가 자궁 속에서 다시 태어나지 않을 것이라는 결과로 묘사한다(Sn 152). 이것은 자애심의 수행이 "평온한 상태를 경험했던" 사람, 즉 예류과에 있는 사람, 자궁에서의 재생을 초월한 사람, 즉 불환과로 이끌 수 있다는 것을 의미한다. 이러한 이해의 방식은 주석서 Pj II 193에서 입증된다. 거기에서는 "평온한 상태"를 "*Nibbāna*"를 말하는 것이라고 설명한다. 또한 이러한 설명은 Dhp 368에서도 확인된다. 거기서 자애심은 다시 "평온한 상태"와 연관되고, 그것이 함축하는 바는 "형성의 평온"이라는 표현에 의해 더욱 명백해진다. 그러나 Jayawickrama 1948:vol.2, p.98는 "평온한 상태"를 깨달음이라고 말하는 것에 대해 반대한다. 투루판에서 발견된 산스끄리뜨 단편들에는 불환과의 깨달음을 자애심을 계발하는데 용이한 것 중의 하나라고 되어 있다(Schlingloff 1964:p.133). 자애심이 예류과로부터 불환과로의 진전과 연관되어 있는 이유는 이 단계에서 제거될 수 있는 두 가지 속박에 해당하는 감각적 욕망과 미혹이 관련되기 때문이다. 특히 자애심이 선정의 단계로까지 계발된다면 두 가지 모두에 대한 해결책으로 작용할 수 있다. 왜냐하면 깊이 집중하는 동안에 경험되는 강렬한 정신적 행복은 외적 감각에 의한 즐거움의 추구에 대응하지만, 자애심은 본질적으로 미혹에 대응하는 것이기 때문이다.

59 D I 71.

60 A IV 86에서는 "인식의 명쾌함"을 밝게 빛나는 마음을 개발하는 것과 관련시킨다. Vibh 254에서는 "인식의 명쾌함"을 밝고, 분명하고, 깨끗한 인식이라고 설명하며, Vibh-a 369에서는 그것을 장애로부터 해방된 인식으로 설명한다.

61 Ps I 284와 Ps-pṭ I 375.

이며, 이는 나태와 무기력에 대한 치료로 염처의 두 가지 본질적인 특성을 이용한다. 이는 때때로 염처 자체가 장애에 대항하기에 충분하다는 사실을 되돌아보게 한다. 동일한 경우가 감각적 욕망의 사례에도 있는데, 즉 해부학적 부분들이나 시체의 관찰을 해결방법으로 행할 수 있다. 그럼에도 불구하고『염처경』에서 강조하는 점은 적극적으로 장애에 대항하는 것이 아니라 장애의 존재나 부재와 연관된 조건들과 더불어 장애를 분명히 인식하는데 있다. 보다 적극적인 기준은 팔정도(八正道)의 또 다른 요소인 바른 노력(正精進)의 영역이다.

나태와 무기력의 발생은 불만, 권태, 게으름으로부터 생겨날 수 있으며, 졸림은 과식이나 우울한 마음의 상태에 의해 일어날 수 있다.[62] 이에 대한 효과적인 해결방법은 정진의 지속적인 적용에서 찾을 수 있다.[63] *Aṅguttara Nikāya*에서는 무기력한 장애에 대해 논하고, 다양한 치료법을 시종 일관 설명하고 있다. 처음에는 아마도 형식적인 명상 자세를 유지하는 동안 수행자는 자신의 명상 주제를 바꾸거나, 붓다의 경전을 암송하거나, 깊이 생각함으로써 무기력함에 대항하려고 시도할 것이다. 이것이 안 되면, 수행자는 자신의 귀를 잡아당기거나, 신체를 마사지하거나, 일어서거나, 양쪽 눈에 물을 뿌리거나 하늘을 바라볼 수 있다. 만약 무기력함이 여전히 지속된다면, 걷기 명상을 수행해야 한다.[64]

그와 반대 경우로 불안(*uddhacca*)과 회한(*kukkucca* 惡作)이 일어났을 때에는 정신적 고요와 안정감의 증가로 이끄는 요소들이 개발되어야 한다. 여기서 호흡 알아차림은 특히 마음의 생각하는 활동을 가라앉히는데 효과적이다.[65] 생각이 활발하게 활동할 때에는 일반적 수준의 정신적 고요와 평정을 증진시키는 것을 포함해서 고요함을 주제로 하는 명상이 적합하다.[66]

경전에 의하면 불안과 회환은 때때로 과도한 노력을 기울이기 때문에 일어난다.[67] 보다 여유를 갖고 수행하는 것이 그 상황을 치료하는데 도움이 된다. 특별히 불안과 연관해서,

62 S V 64; S V 103; A I 3.

63 S V 105.

64 A IV 85.

65 A III 449; A IV 353; A IV 358; Ud 37; It 80.

66 D I 71; S V 105; A III 449.

67 A I 256과 A III 375.

불안은 특히 자극적인 말을 피해야 한다. 왜냐하면 그러한 말은 쉽게 논쟁으로 이어지고, 불안을 발생시키기 때문이다.[68] 걱정의 발생은 주로 죄의식과 연관이 있는데, 이는 수행자가 불건전한 행위를 했을 때 그것에 대한 후회의 감정을 느끼는 것과 같은 것이다.[69] 그러므로 윤리적 행위에 속한 죄를 범하지 않는 수준을 유지하는 것이 이러한 장애의 발생을 막는데 도움이 된다. 또한 경전에서는 "회한"에 대한 비구의 경험을 법(法)과 관련된 명쾌함의 부족함과 연관시키고, 이것이 어떻게 붓다가 알려준 가르침과 설명에 배치되는 지를 언급하고 있다.[70]

다섯 가지 장애 중 마지막 경우에 있어서, 건전하거나 능숙한 것, 불건전하고 서투른 것 사이의 명확한 차이는 의심(*vicikicchā*)으로 야기된 장애에 대응하는데 도움을 준다.[71] 이러한 방해는 고려해볼만한 중요한 것인데, 왜냐하면 무엇이 건전하고 무엇이 불건전한 것인지에 대한 명확한 앎이 없다면 탐욕, 분노 그리고 미혹을 극복할 수 없기 때문이다.[72] 의심이란 장애는 통찰의 계발은 물론 고요한 명상과도 관련된다. 이것은 주로 삼매의 계발과 관련된 *Upakkilesa Sutta*에서 추론될 수 있으며, 이 경전에서 의심은 선정을 얻는데 장애가 되는 정신적 방해물 가운데 첫 번째로 언급된다.[73]

의심을 극복하기 위해 필요한 건전함과 불건전함을 구별하는 능력은 택법각지(擇法覺

68 A IV 87.

69 Vin III 19에서, 비구 수딘나(Sudinna)는 성교의 경험으로 인한 회한을 경험했다.

70 S IV 46에서 아픈 비구를 방문한 붓다는 비구에게 어떤 걱정이 있는지 없는지에 대해 물었다. 붓다의 질문은 "죄"와 관련된 첫 번째 사례였지만, 그 질문에 대해, 병든 비구는 자신을 비난할 것은 아무것도 없다고 대답했기 때문에, 그 질문은 반복되었고 법(*Dhamma*)에 관한 특별한 가르침과 몇 가지 설명으로 이어졌다. "회한"과 관련된 또 다른 의미가 A I 282에서 발견되는데, 거기에서 회한이란 깨달음에 대한 지나친 걱정을 가리킨다. 게다가 A II 157에서, "불안함"은 법과 관련된다.

71 D III 49. 그러한 의심은 자기 자신과 관련해서는 "내적으로" 생기며, 타인과 관련해서는 "외적으로" 생길 수 있다(S V 110을 참조하라).

72 A V 147. 또한 D II 283에서는 서로 다른 관점에서 나온 건전한 것과 불건전한 것에 대한 상세한 설명이 Sakka가 의심을 완전히 극복하여 예류과를 깨달을 수 있게 했다고 되어 있다.

73 M III 158에서, 첫 번째 특별한 정신적 장애물로서 언급된 의심은 그 밖에 다른 경전에서는 나타나지 않으며, 특히 삼매의 계발과 관련된다. 이것들이 논의 중인 수행의 단계 이전에 극복되었다는 것을 암시할 때, 감각적 욕망과 미혹의 장애가 언급되지 않는다는 것은 특히 주목할 만하다. 표에 제시된 정신적 장애들은 의심, 무관심, 나태와 무기력, 실망, 의기양양, 불편함, 과도한 힘, 결핍된 힘, 갈망, 다양성의 인식, 형상에 대한 과도한 명상이다. 장애를 성공적으로 제거하는 것이 선정을 달성하게 한다.

支, 법의 분석 *dhamma-vicaya*)의 도움으로 계발할 수 있다.[74] 이것은 불교적 관점에서 의심을 극복하는 일이 믿음이나 신뢰에 대한 문제가 아니라는 것을 보여준다. 오히려 의심의 극복은 분석의 과정을 통해 이루어지며, 그것은 명확성과 이해로 이끈다.

이러한 다섯 가지 장애를 극복하는 것은 모든 종류의 명상수행을 위해서는 결정적으로 중요한 문제이다. 이러한 목적을 위해서 주석에서는 각 장애들을 극복하거나 억제하는 것에 도움을 주는 요소들을 나열하고 있다. 이에 대해서는 〈그림 9.3〉에서 확인할 수 있다. 명상의 숙련정도가 증가하게 되면 장애가 인식된 순간 장애를 없애는 것이 가능해지며, 이는 마치 물이 뜨거운 팬 위에 떨어지면 물방울이 재빨리 증발하는 것과 같다.[75] 느리던지 빠르던지 간에 장애를 제거하기 위한 중요한 요소는 사띠이다. 왜냐하면 장애의 발생과 존재에 대한 자각이 없다면, 예방이나 제거는 거의 이루어질 수 없기 때문이다. 이 알아차림을 인식하는 것이 장애 관찰에 있어서 중심적인 주제이다.

74 이것은 법의 분석을 위한 자양분이 정확히 의심에 대한 "anti"자양분과 같은 동일한 용어로 나타난다는 사실이 제시한다.

75 이러한 비유는 M I 453에서 애착을 떨쳐버리는 것과 관련되고, M III 300에서는 마음에 생긴 좋고 싫음을 떨쳐버리는 것과, S IV 190에서는 불건전한 사고와 기억을 떨쳐버리는 것과 관련되어 나타난다.

감각적 욕망	신체의 혐오스러운 것에 대한 일반적인 이해와 공식적인 명상 감각 지키기 음식 절제 좋은 친구들과 적당한 대화
혐오	자애에 대한 일반적인 이해와 형식적인 명상 자신의 행위에 대한 인과응보를 숙고하기 지혜로운 성찰의 반복 좋은 친구들과 적당한 대화
나태+무기력	음식섭취를 줄임 명상 자세를 바꿈 정신적 명확함/ 빛의 인지 야외에 머물기 좋은 친구들과 적당한 대화
불안+회한	경전의 좋은 지식 질문을 통한 경전의 설명 윤리적 행위에 잘 숙달됨 경험 있는 연장자를 만남 좋은 친구들과 적당한 대화
의심	경전의 좋은 지식 질문을 통한 경전의 설명 윤리적 행위에 잘 숙달됨 강력한 헌신 좋은 친구들과 적당한 대화

그림 9.3 장애들을 극복하거나 억제하기 위한 요소들에 대한 주석적 설명

10

법(DHAMMAS): 오온(五蘊)

1 오온(五蘊)

이번 염처 수행은 '자아'를 형성하고 있는 기초적인 구성요소인 오온(五蘊)에 대한 고찰이다. 이에 대한 가르침은 다음과 같다.

> '그것이 물질적 형태인 것을, 물질의 일어남인 것을, 물질의 사라짐인 것을; 그것이 느낌인 것을, 그것이 느낌의 일어남인 것을, 그것이 느낌의 사라짐인 것을; 그것이 인지인 것을, 그것이 인지의 일어남인 것을, 그것이 인지의 사라짐인 것을: 그것이 의지인 것을, 그것이 의지의 일어남인 것을, 그것이 의지의 사라짐인 것을: 그것이 의식인 것을, 그것이 의식의 일어남인 것을, 그것이 의식의 사라짐인 것을.' 그는 안다.[1]

위의 가르침을 기초로 하면, 관찰에는 두 단계가 있다: 즉 각 온의 성질에 대한 분명한 인식과 온의 발생과 소멸에 대한 자각이다(그림10.1 참조). 우선 각 온의 범위를 명확히 설명한 다음 오온의 체계가 주관적인 경험을 분석하는 것으로 사용될 수 있는 방법을 조사하기 위해 역사적 맥락 속에서 무아(*anattā*)에 대한 붓다의 가르침에 대해 고찰할 것이다. 그 후에, 수행의 두 번째 단계가 오온의 무상성과 연기성에 관련되어 있다는 것을 조사해 보고자 한다.

1 M I 61.

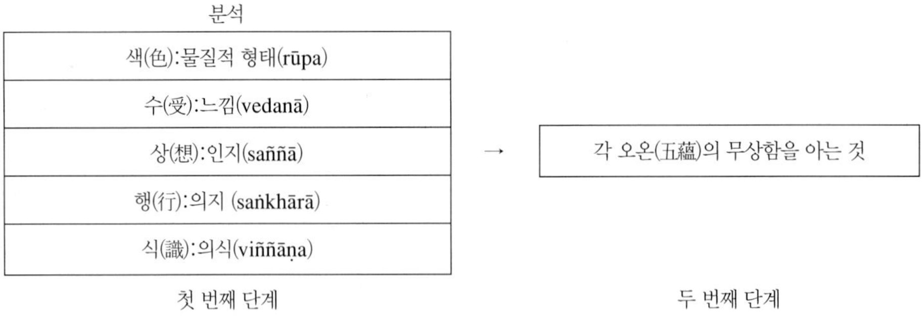

그림 10.1 오온(五蘊) 관찰의 두 단계

오온(五蘊)을 분명히 인식하는 것과 이해하는 것은 중요하다. 왜냐하면 오온을 충분히 이해하지 못하고 그로부터 떠나지 못하면, 고통(*dukkha*)으로부터의 완전한 자유는 불가능하기 때문이다.[2] 이들 오온에 관한 이욕과 평정/무관심은 직접적으로 깨달음으로 이끈다.[3] 경전이나 깨달음을 얻은 비구, 비구니들에 의해 작성된 게송들은 오온(五蘊)의 참된 본성에 대한 통찰력 있는 이해가 완전한 각성에 이르게 했다는 여러 사례를 보여준다.[4] 이러한 사례들은 이 특별한 염처의 관찰에 대한 뛰어난 가능성을 강조하는 것이다.

이 오온(五蘊)은 경전에서 종종 "오취온(五取蘊, pañcupādānakkhandha)"으로 간주된다.[5] 이 맥락에서 "온(*khandha*)"은 과거와 현재와 미래, 내적 또는 외적, 조대하거나 미세

2 S III 27.

3 A V 52. 또한 S III 19-25에서 일부 경전에서는 오온에 대한 이해를 완전한 깨달음과 연관시킨다.

4 M III 20에는 오온에 관한 상세한 설명이 60명의 비구들을 완전한 깨달음으로 이끌었다는 내용이 나타난다. S III 68에는 붓다의 첫 번째 제자인 다섯 비구는 오온을 통해 무아(*anattā*)에 대한 설명을 듣고 나서 아라한이 되었다는 내용이 있다. 또한 Th 87; Th 90; Th 120; Th 161; Th 369; Th 440;을 참조하라. 각각은 완전한 각성을 오온에 대한 통찰력과 연관시킨다.

5 D II 305. "오온"이란 표현은 고대 인도에서 쉽게 이해될 수 있었던 것으로 여겨진다. 왜냐하면 오온은 붓다의 첫 설법(S V 421)에서 분명히 상세한 설명 없이 나타나기 때문이다. 이와 유사하게 M I 228에서 붓다가 논쟁자인 Saccaka(그는 아마도 불교와 친숙하지 않았지만, 붓다가 설한 것을 쉽게 이해한 것으로 보인다)에게 가르침을 펴는 부분에서 온에 대한 설명이 나타난다. 이것은 온의 체계가 고타마 붓다의 시대에 이미 존재했었다는 것을 암시한다. 왜냐하면 경전에서는 과거불인 Vipassī의 각성을 묘사하는 부분에서 온에 관한 관찰을 포함하고 있기 때문에, 오온의 체계는 고타마 붓다가 출현하기 이전에 이미 알려져 있었던 것으로 여겨진다. Stcherbatsky 1994:p.71는 *Brāhmaṇas*와 *Upaniṣads*에 나타나는 온과의 유사점을 언급한다. 그리고 Warder 1956:p.49 n.2에 의하면, 온은 자이나교와 Ājīvikas 사이에서도 알려진 개념이었다고 한다.

함, 열등하거나 뛰어남, 가깝거나 멀거나 등 각 범주의 모든 가능한 사례들에 대한 포괄적 용어이다.[6] "집착(*upādāna*)"의 성질은 이 온에 대한 욕망과 애착을 말한다.[7] 온과 연관된 그러한 욕망과 애착은 고통이 일어나는 근본 원인이다.[8]

이 일련의 오온(五蘊)은 조대한 육체에서부터 점차 미세한 정신에까지 이어진다.[9] 온의 첫 번째, 즉 색온(*rūpa*)은 경전에서 주로 물질의 4대 요소의 특징으로 정의된다.[10] *Khandha Saṃyutta*의 경전에서는 색(*rūpa*)을 차가움과 뜨거움, 배고픔과 목마름, 모기나 뱀과 같은 외적 상황에 영향 받는(*ruppati*) 모든 것을 의미하는 것으로 설명하며, 색(*rūpa*)의 주관적 경험을 온의 중심적 양상으로 강조하고 있다.[11]

---

6 M III 16. "온"에 관해서는 Boisvert 1997:p.16; Upali Karunaratne 1999b:p.194); Ñāṇamoli 1978:p.329를 참조하라. C.A.F. Rhys Davids 1937:p.410는 특히 오온이어야 하는 이유에 대해 5라는 숫자가 고대 인도인의 사고에서 포괄적인 단위를 나타낸다는 사실과 연관되며, 그리고 그것은 인간의 손가락 수에서 기인한다는 것을 제안한다. 오온체계의 적용범위가 M I 435에서 입증된다. 그리고 여기서는 선정을 경험하기 위해서 오온의 구조를 적용한다. 또한 M I 190에서는 감각 영역을 오온 체계에 입각하여 분석한다. Khanti 1984:p.49는 호흡, 호흡의 감각, 들숨과 날숨의 주목, 숨을 쉬려는 노력과 호흡을 아는 것에 대한 차이를 구별함으로써 오온을 호흡의 알아차림에 적용한다.

7 M I 300; M III 16; S III 47; S III 167. 또한 Ayya Khema(1984: p.8); Bodhi(1976: p.92)를 참조하라.

8 D II 305에서, 첫 번째 성스러운 진리에 관한 진술로서: "간단히 말해서, 오취온(五取蘊)은 고통이다." 이와 유사하게, S III 7에서는 오온에 관한 욕망과 갈망은 고통으로 이끈다; S III 31에서는 오온을 기뻐하는 것은 고통을 기뻐하는 것이다. 또한 Gethin(1986: p.41)을 참조하라.

9 Stcherbatsky(1994: p.23).

10 M III 17. M I 53에서, 또한 경전에서 그러한 정의는 흔히 4대요소로부터 "파생된"(*upādāya*) 물질적 형태를 말한다. M I 421로부터 판단해 볼 때, 이러한 표현은 단지 신체의 부분이나 지(地)의 요소의 경우에는 머리카락과 뼈와 같은 보다 딱딱한 신체의 부분, 수(水)의 요소일 경우에는 혈액이나 소변과 같은 액체로 된 신체부분, 화(火)의 요소일 경우에는 소화의 과정, 풍(風)의 요소일 경우에는 호흡과 같이 각각의 요소들로부터 "파생된"(*upādiṇṇa*) 과정을 말한다. 그러나 아비담마와 그 주석서에 따르면, "파생된" 물질적 형태는 4가지 요소에 추가하여(심장을 추가함으로써 Dhs 134에는 23가지 유형, Vism 444에는 24가지 유형), 23, 24가지 유형의 부차적 물질을 말한다. 이것들에 대한 상세한 고찰은 Bodhi 1993:pp.235-42; Karunadasa 1989:pp.31-116에서 알 수 있다. Kor 1993:p.6에 의하면, 실질적인 명상의 관점에서, 물질의 기본적인 특징에 대한 전형적인 예로서 4대요소를 이해하는 것은 통찰력을 계발하기에 충분하다. 또한 Ñāṇavīra 1987:p.102는 물질적 형태 자체에 대해서 분석하는 것을 경고한다.

11 S III 86. 엄격히 말해서 *ruppati*와 *rūpa*는 어원적으로 관련이 없다. 그렇지만 이 절에서는 그 용어에 대한 상세한 설명을 제공한다. Kalupahana 1992:p.17는 "*rūpa*... 붓다가 설한 *rūpa*의 정의는 독립체라기보다는 기능을 의미한다"고 논평한다. Sarachchandra 1994:p.103는 "*rūpa*는 단지 물질로서가 아니라 유기적 감각으로서 (즉 주관적 요소로서) 해석된다"고 설명한다.

색온 다음의 온(蘊)은 수온(*vedanā*)과 상온(*saññā*)이며, 이것은 경험의 정서적이고 인지적인 면을 나타낸다.[12] 지각과정에서 인지(*sañña*)는 느낌의 일어남과 밀접하게 연관되며, 이 둘 모두는 접촉(*phassa*)에 의한 여섯 가지 감각의 자극에 의존한다.[13] 경전의 표준적인 설명에서는 느낌을 감각기관과 연관시키지만, 인지는 각각의 감각 대상과 연관시킨다.[14] 이것은 느낌이 경험의 주관적인 영향과 밀접하게 연관되는 것을 의미하지만, 반면에 인지는 각 외적 대상의 특성과 보다 많이 연관된다. 즉 느낌은 경험이 "어떻게" 되는지를, 인지는 "무엇이" 경험되는지를 의미한다.

어떤 대상을 "인지하는 것"은 감각의 정보 자체를 개념이나 부호와 동일시하는 행위를 말한다. 예를 들어 누군가가 어떤 색깔의 대상을 보았을 때, 그것을 노란색, 빨간색, 하얀색 등으로 "재-인지(re-cognizes)하는" 것을 의미한다.[15] 인지는 다소의 기억력을 포함하며, 이것은 재인지를 위해 사용되는 개념적 부호를 제공한다.[16]

네 번째 온은 행온(*saṅkhārā*)이며, 이것은 마음의 능동적인 면을 나타낸다.[17] 이러한 의지 또는 의도는 마음의 반응이나 지향적인 측면에 상응하는 것으로, 다양한 사건 혹은 사건의 가능성에 반응하는 것이다.[18] 의지와 의도의 온은 각각의 온과 상호작용하며, 그것

12 Padmasiri de Silva 1991:p.17; W.S.Karunaratne 1988a:p.96.

13 M I 11: "접촉으로 느낌이 있는 상태처럼, 누군가가 느낀다는 것은 인지한다는 것이다". M I 293에서는 느낌과 인지는 결합하여 나타난다는 것을 분명히 언급한다. M III 17에서는 접촉이 수온과 상온의 현현을 위한 조건이라는 것을 지적한다.

14 표준적인 설명(예를들어, D II 309에서)은 "시선을 마주치는 느낌"과 "가시적인 형상의 인지"를 언급한다(동일한 것이 다른 감각들에도 적용된다); Hamilton 1996:p.15.

15 S III 87. 또한 Boisvert 1997:p.89; Hamilton 1996:pp.54, 57-9; Harvey 1995:p.141는 *saññā*를 "인지"로 번역할 것을 제안한다; Premasiri 1987a:pp.53-5; C.A.F.Rhys Davids 1992:p.6 n.4. 또한 Gruber 1999:p.192는 *saññā*의 접두어 *saṃ*-은 인지의 활동을 통한 개념의 분류 속에 감각경험을 "함께" 모으는 것을 말한 것일 수도 있다고 제안한다.

16 D I 93에서, "인지하는 것"(*sañjānāti*)이란 "이름을 붙이는 것"이라는 의미로 사용된다; 또는 M III 234에서 "인지"는 그릇을 일컫기 위해 사용되는 다양한 용어들을 위해 나타난다. 기억의 인지와 관련해서는 Ñāṇaponika 1985:p.71를 참조하라.

17 M I 389에서는 신, 구, 의를 통해 고통을 주는 의지작용과 고통을 주지 않는 의지작용 사이를 구분했다. S III 60, S III 63에서는 "의지작용"을 가시적인 형상(色), 소리(聲), 냄새(香), 맛(味), 촉감(觸)과 정신적 대상과 관련된 의도들로 이루어지는 것이라고 설명한다. 또한 Padmasiri de Silva 1992a:p.16; Schumann 1957:p.90을 참조하라.

18 Ñāṇavīra 1987:p.70는 오온에 대해 다음과 같은 예를 제시함으로써 "의지작용"의 성질을 적절하게 드러낸다. 즉, 단단하고(물질적 형태) 즐거운(느낌) 그늘진 나무(인식)가 "아래에 눕기 위

들에 영향을 미칠 조건을 가지고 있다.[19] 불교철학의 발달 과정에서, 이 용어의 의미는 정신적 요소의 범위를 포함시킬 정도로 확장되었다.[20]

다섯 번째 온은 식온(*viññāṇa*)이다. 이따금 경전에서는 "의식"을 일반적으로 마음을 나타내기 위해 사용하지만,[21] 온의 분류에서 의식은 무엇인가를 의식한다는 것을 말한다.[22] 이 의식이라는 행위는 주관적인 경험에 통일성을 부여하고, 경험의 배후에 실체적인 "나"라는 관념을 형성하게 된다.[23] 의식은 마치 명(名)과 색(色)이 차례로 의식에 의존하는 것과 마찬가지로 명과 색(*nāmarūpa*)에 의해 제공된 경험의 다양한 특성에 의존한다.[24] 이

해"(의지) 나에게 보인다(의식).

19 S III 87; 또한 Vibh 7을 참조하라. Bodhi 2000:p.1071 n.112는 "이 절은 경험된 현실을 구성하는데 있어서, 의지작용의 적극적인 역할을 보여준다. 의지작용은 경험의 객관적인 내용에 영향을 미칠 뿐만 아니라, 의지작용은 업으로서의 역할을 통해서 발생된 심리학적 유기체를 형성하며, 업에 의해 생산되는 오온들의 미래 형태를 형성한다."고 논평한다.

20 마음의 상태가 나타날 때마다, Dhs(17-18)에서 의지작용에 속하는 정신적 요소들에 관한 목록을 참조하라; 또한 Vism(462-72)를 참조하라. Bodhi 2000:p.45; W.S. Karunaratne 1988a:p.118; McGovern 1979:p.87; C.A.F. Rhys Davids 1978:p.324; Stcherbatsky 1994:p.20를 참조하라.

21 전형적인 사례는 "의식이 있는 이 몸"(*savijññāṇake kāye*)이라는 표현이며, S III 80에서, "의식"이란 네 가지의 정신적 온을 의미한다. 또한 D I 21과 S II 94에서는 "의식"(*viññāṇa*)을 빨리어 *citta*, *mano*와 동일한 것으로 사용하며, 이 세 가지는 문맥에서 "마음"을 의미한다. Bodhi 2000:p.769 n.154는 경전에서 이 세 개의 빨리어 용어가 함축하고 있는 의미를 분명히 말한다. 즉 "viññāṇa는 의식의 기본적인 흐름일 뿐만 아니라 감각기능을 통한 특별한 자각이며, 단일한 삶(a single life)을 통해 개인적인 연속성을 지탱해주고, 연속적인 삶을 이어가게 한다 ... 그리고 *mano*는 (신체, 언어와 함께) 행위의 세 번째 문이며, 여섯 번째 내적인 감각토대이다 ... *citta*는 개인적 경험의 중심이며, 사고, 의지작용, 감정의 주체로서의 마음을 나타낸다." 경전에서 이 세 가지 용어의 차이점에 대한 상세한 연구는 Johansson 1965:p.208에서 알 수 있다.

22 M I 292에서는 "느낌"은 단지 느낀다는 것이지만, "의식"은 그러한 느낌"에 대한" 의식이라고 설명한다. S III 87에서는 의식의 활동을 다양한 맛을 의식하는 것으로 설명한다. 또한 Hamilton 1996:pp.54, 92; Harvey 1995:p.154; Premasiri 1987a:p.57; Wayman 1976:p.331; Wijesekera 1994:pp.87, 104, 111)를 참조하라. 인지와 의식의 차이에 관하여 Ñāṇamoli 1978:p.338는 다음과 같이 설명한다. "여기서 언급되는 단서는 아마도 접두사들로부터 얻을 수 있을 것이다 ... 접두사 *vi*-는 육근에 대한 단순한 (*vi*-)*ññāṇa*의 분리와 분배로서 분리시켜 이해할 수 있으며, 반면 접두어 *saṃ*-은 육처 전체에 대한 지각을 육근 각각의 '물질'과 '개념'과 연합하여 이해할 수 있다."

23 M I 258에서, 동일한 의식이 업의 과보를 느끼고 경험하며 윤회를 한다는 잘못된 견해를 참조하라.

24 이 조건적 상호관계의 중요성은 D II 34와 S II 105에서 강조된다. 거기서 위빠시(Vipassī) 붓다와 고따마(Gotama) 붓다(이 시점에서 둘은 모두 아직까지 보살의 단계에 있었다)는 의식 그리

조건적 상호관계는 명과 색을 거쳐 의식에 나타나고 변화되고 있는 현상을 알아채는 의식과 함께 경험의 세계를 창조한다.[25]

오온의 실제적인 설명을 위해 예를 들면, 책을 읽는 현재의 행위 동안 의식은 눈이라는 육체적 감각의 문을 통해 각각의 단어를 인식한다. 인지는 각 단어의 의미를 이해하지만, 느낌은 누군가 이 특별한 정보에 대하여 긍정적으로 느끼는지, 부정적으로 느끼는지, 긍정도 부정도 아닌 것으로 느끼는지와 같은 정서적인 기분을 담당한다. 의지 때문에 누군가는 책을 읽기도 하고, 어떤 구절을 더 깊이 생각하기 위해 멈추기도 하며, 나아가 각주를 참고하기도 한다.

경전에서는 이러한 오온의 특징을 비유로 설명한다. 물질적 형태는 강에 휩쓸린 거품 덩어리와 같은 비실체적인 특징에 비유한다. 또한 느낌은 비가 내리는 동안 수면에 형성된 무상한 거품에 비유하며, 인지는 신기루의 환영적 특징에 비유하고, 의지는 (심재가 없는) 질경이 나무의 실재가 없는 특성에 비유했다. 그리고 의식은 마술사의 현혹하는 행위에 비유했다.[26]

이러한 비유들은 각 온을 이해하기 위해 필요한 중요한 특징을 가리킨다. 물질적 형태의 경우에 비매력적이고 비실체적인 특성을 관찰하는 것은 실체와 아름다움에 대한 잘못된 개념을 바로 잡아준다. 느낌과 관련해서는 무상성에 대한 자각이 느낌에서 즐거움을 추구하려는 성향을 방해한다. 인지와 관련해서는 인지의 잘못된 정신활동에 대한 자각은 마치 자신의 가치판단이 외계대상의 특성인 것처럼 외적인 현상에 자신의 가치판단을 투사하려는 성향을 드러내준다. 의지의 경우에는 무아에 대한 통찰에 의해, 의지력이 실체적 자아의 표현이라는 잘못된 개념을 올바르게 잡아준다. 의식에 대해 말하자면, 의식의 현혹하는 행위를 이해하는 것은 결합성과 실체성에 대한 감각을 균형 잡게 하며, 그것이 사실은 무상하고 조건 지어진 현상의 조각인 것으로 여겨진다.

무지로 인해서 이 오온은 "나는 존재한다"는 개념으로 경험된다. 깨닫지 못한 관점에

고 명과 색이 서로 의존하여 함께 일어나는 이러한 상호관계를 관찰하고 나서, 각기 "나는 깨달음으로 이끄는 통찰의 길을 발견했다"는 말로 끝맺었다.

25 D II 56: "의식은 명과 색에 영향을 미치고 ... 명과 색은 의식에 영향을 미친다." (M I 53에 따르면, "명"은 느낌, 인지, 의지작용, 접촉, 집중으로 이루어진다.)

26 S III 142; Vism 479에는 보다 많은 설명이 있다. 오온의 특징을 비유로 설명한 것에 관해서는 Mahasi 1996:pp.68-79를 참조하라.

서 보면, 물질적인 육체는 "나는 어디에 있는가"이며, 느낌은 "나는 어떻게 존재하는가"이며, 인지는 "나는 무엇을 (지각하고 있는가)"이며, 의지는 "내가 왜 (행동하고 있는가)"이며, 그리고 의식은 "그것에 의해 나는 (경험하고 있다)"이다. 이런 방식으로 각 온은 "나는 존재한다"고 착각하는 데 기여한다.

"나는 존재한다"는 이 다섯 가지 개념의 측면을 드러냄으로써, 이 온의 주관성에 대한 분석은 독립적이고 변하지 않는 행위자가 인간의 존재 속에 포함되어 있다는 잘못된 추정(가정)의 요소를 가려낸다. 그렇게 함으로써 모든 경험의 양상을 무아(*anattā*)로 통찰하는 것을 가능하게 한다.[27]

온의 체계에 대한 함축적 의미를 평가하기 위해서는 고대 인도에 존재한 철학적 배경과 비교하여 무아(*anattā*)의 가르침을 간략히 고찰하는 것이 이 시점에서 도움이 될 것이다.

2 무아(*anattā*)의 가르침에 대한 역사적 배경

붓다의 시대에는 자아의 본성에 대한 다양한 관점이 있었다. 예를 들어 아지위까(Ājīvika)는 진아(眞我)로서 특별한 색깔과 측정 가능한 크기를 가진 영혼을 제시하였다.[28] 자이나교도는 크기와 무게를 가진 유한한 영혼을 상정했다.[29] 그들에 의하면 영혼은 육체적인 죽음 이후에도 존속하며, 그것은 순수한 상태로 무한한 지식을 소유한다고 한다.[30] 우빠니샤드는 변화의 부침에 영향 받지 않는 영원한 자아(ātman)를 제시하였다. 그러한 영원한 자아에 대한 우빠니샤드의 관념은 심장에 거주하며 잠자는 동안 몸을 빠져나오는 엄지 손가락만한 크기의 육체적 자아, 관찰 불가능하고 알 수 없는 자아, 실체가 없으며, 죽음과 슬픔으로부터 자유로우며, 주관과 객관의 세속적인 구분을 초월한 범위까지

27 자아의 개념에 대한 철학적인 논박으로 오온과의 관련에 대해서는 Kalupahana 1975:p.116; Thiṭṭila 1969:p.xxii; Wijesekera 1994:p.262를 참조하라.

28 Basham 1951:p.270에 따르면, 아지위까는 영혼은 푸른색 과일 색으로, 그 크기는 500요자나(yojana)라고 주장한다.(yojana는 고대 인도에서 거리를 측정하기 위한 것이며, 대략 7마일의 거리를 나타낸다). 영혼에 대한 이러한 묘사는 하늘을 언급한 것일까?

29 Malalasekera 1965:p.569.

30 Pande 1957:p.356.

아우른다.[31] 주관적 경험에 대한 우빠니샤드의 분석에서, 자유롭고, 영원하며, 더 없이 행복한 이 영원한 자아는 모든 감각과 활동의 뒤에 있는 주체로 여겨진다.[32]

한편 유물론자들은 자아나 영혼에 대한 모든 비물질적인 관념들을 거부했다. 인과관계를 설명하기 위해서 그들은 물질적 현상의 자성(*svabhāva*)에 기초한 이론을 제안했다.[33] 그들에 의하면 인간 개개인은 단지 물질의 지시에 의해서 작동하는 하나의 자동 장치일 뿐이었다. 그들의 관점에서 볼 때 인간의 노력은 전혀 쓸모가 없으며, 도덕적 책임감과 같은 그러한 것도 없었다.[34]

이러한 맥락에서, 붓다는 영원한 영혼에 대한 믿음과 단순히 물질을 넘어선 무언가에 대한 부정 사이에서 중도(中道)적 입장을 취한다. 붓다는 업의 결과와 도덕적 책임을 긍정함으로써 유물론자들의 가르침에 분명히 반대했다.[35] 그와 동시에 붓다는 연기(*paṭicca samuppāda*)에 의해서 실체적이고 불변하는 본질을 도입하지 않고서도 여러 생애에 대한 업보의 작용을 설명할 수 있었다.[36] 붓다는 보다 면밀한 관찰을 통해 주관적 경험과 함께 설명되는 오온은 무상한 것이며, 개인적 통제를 받을 수 없게 된다는 것을 지적했다. 그러므로 영속적이며, 자기충족적인 자아는 오온 내에서나 오온과 분리되어서 발견될 수 없다.[37] 이러한 방식으로 무아에 대한 붓다의 가르침은 영속적이며, 본래 독립된 자아를 부정했으며, 이와 동시에 경험적인 연속성과 윤리적 책임감을 긍정했다.

31 Malalasekera 1965:p.567.

32 Collins 1982:p.80, Jayatilleke 1980:p.297.

33 Kalupahana 1994:p.13.

34 D I 55에 나타난 전형적인 사례는 아지따 께사깜발리가 취한 입장이다. 그는 인간은 4대요소의 조합 이외에 아무것도 아니기 때문에, 선하거나 악한 행위와 같은 것은 없다고 말한다. D I 56에서, 동일한 계열에 속하는 빠꾸다 까짜야나는 인간의 존재를 7가지 불변의 원리로 구성되어 있다고 주장했다. 즉 그는 누군가의 머리를 칼로 자르는 것조차도 살해하는 것으로 여기지 않으며, 그것은 단지 칼날이 공간을 지나치는 것과 마찬가지로 이들 7가지 원리 사이를 지나친 것으로 여겨야 한다는 결론을 내렸다. 또한 Jayatilleke 1980:p.444); Kalupahana 1975:pp.25-32를 참조하라.

35 Sasaki 1992:pp.32-5는 무아의 가르침을 업의 이론에 비추어 생각하는 것이 중요하다는 것을 강조한다.

36 W.S. Karunaratne 1988b:p.72: "무아의 가르침은 가장 중요한 연기의 진리에 대한 적용이다."

37 "자아"로 여겨지는 존재로부터 현상을 박탈하는 영속성의 부재라는 것은 M III 282에서 분명해진다. S III 66에 따르면 그것들의 무상한 성질을 추가하여, 오온에 대한 통제의 결핍은 "나" 또는 "나의 것"으로부터 그것들을 박탈하는 것이다. 또한 M I 231을 참조하라.

3 경험적 자아와 오온 관찰

붓다의 자아에 대한 철저한 분석은 실질적이며, 변하지 않는 자아를 주장하는 이론에 대한 철학적 논박을 제공할 뿐만 아니라 흥미로운 심리학적인 관련성도 지닌다. 독립적이며 영속적인 실체로서의 "자아"는 지배와 통제라는 개념과 연관되어 있다.[38] 그러한 지배와 영속성 그리고 내재하는 만족감에 대한 개념은 현대 심리학에서 "자아도취"나 "이상적 자아"라는 개념과 어느 정도는 유사하다.[39]

이 개념들은 명료한 철학적 믿음이나 관념에 대해 말하는 것이 아니며, 경험을 인식하고 반응하는 방식에 있어서 무의식적인 가정을 내포하고 있다는 것을 말한다.[40] 그러한 가정은 과장된 아만에 기초하며, 지속적으로 만족시키고, 외적 위협으로부터 보호될 것을 요구하는 자아에 기초한다. 무아(*anattā*)를 관찰하는 것은 이러한 가정을 단순한 객관화된 관념임을 드러내준다.

무아적 관점(*anattā perspective*)은 그러한 자아에 대한 광범위한 현현을 나타낼 수 있다. 무아(*anattā*)의 관찰을 위한 표준적인 가르침에 의하면, 각 오온은 "나의 것", "나는 존재한다", 그리고 "나의 자아"의 결여로 간주되어야 한다.[41] 이러한 분석적 접근은 마지막에 언급된 자아의 관점뿐만 아니라 아만과 집착의 현현으로서 현상에서 "나의 것"이라는 귀속과 "나는 존재한다"는 감각에 기반한 갈망과 애착의 형태도 포괄한다.[42] 각 온의 범주에 대한 분명한 이해는 이러한 탐색을 위해 반드시 필요하다.[43] 그와 같은 분명한 이해는

38 Vism 640에서는 "비자아"라는 것은 자유로운 통제의 활동을 할 수 있는 존재가 아니라는 것을 의미하는 것으로 설명한다. Ñāṇavīra 1987:p.70는 "자아라는 것은 기본적으로 사물을 넘어선 지배의 개념이다"라고 지적한다.

39 Epstein 1988:p.65, 1989:p.66; Hanly 1984:p.254를 참조하라. "자아"에 대한 불교도와 서양의 개념에 관해서는 West 1991:pp.200-4를 참조하라.

40 사실, Ps I 251에서는 심지어 동물도 자아개념의 영향아래 있다는 것을 지적한다. 그러나 그것은 확실히 철학적인 신념은 아닐 것이다.

41 예를 들어, S III 68에서는 오온의 가능한 모든 예들에 적용되는 고려사항 이다.

42 Spk II 98에서는 "이것은 나의 것이다"라는 개념이 갈망과 연관되며, "나는 이것이다"라는 개념은 자만심과 연관되며, "이것은 나의 자아이다"라는 개념은 관점과 연관된다고 설명한다. S III 105에서는 "나는 존재한다"라는 자아의 이미지는 존재의 형태를 집착하는 것에서 기인한 것이라는 것을 지적한다.

43 S IV 197에서는 각각의 온의 범위를 조사함으로써 나 또는 나의 것이 없다는 것이 발견될 수 있는 통찰력을 위한 기초를 이루며, 이러한 조사를 권하고 있다.

염처의 관찰을 통하여 얻을 수 있다. 이와 같이 오온의 관찰은 자아에 대한 집착과 다양한 동일시의 패턴을 드러내는데 있어서 유용하다.

이에 대한 실질적 접근은 경험과 활동의 뒤에 숨겨진 "나는 존재한다"거나 "나의 것"이란 개념에 대한 의문을 계속 유지하는 것이다.[44] 일단 경험의 배후에 주체나 주인이라는 개념이 분명하게 인식된다면, 앞서 언급한 비동일시 전략은 각 온을 "내 것이 아니고, 내가 아니며, 나의 자아가 아니다"라고 생각함으로써 충족될 수 있다.

이런 식으로 무아의 실질적 적용인 오온의 관찰은 자아 관념의 개념적 양상을 드러낼 수 있는데, 그러한 양상은 자아의 이미지를 형성하는 원인이 된다.[45] 실제로 무아의 관찰이 이런 식으로 적용될 때, 무아의 관찰은 자신의 사회적 위치, 직업, 개인의 소유물에 대한 집착과 동일시를 초래하는 다양한 형태의 자아 이미지를 드러낼 수 있다. 게다가 무아는 경험상에서 그릇된 중첩을 드러내는데 사용될 수 있는데, 특히 자율적이고 독립적인 주관적 감각은 별개의 실체적 대상을 받아들이거나 거부하게 된다.[46]

붓다의 통찰력 있는 분석에 의하면, 자아에 대한 동일시 패턴과 애착은 오온 중의 어느 한 가지를 자아로 여기고, 자아를 온에 속한 것으로 여기며, 온이 자아 속에 있다거나, 자아가 온 속에 있는 것으로 간주함으로써, 모두 20가지 각기 다른 형태를 취할 수 있다.[47] 무아의 가르침은 이 모든 동일시 또는 자아에 대한 애착을 완전히 제거하는 것을 목표로 한다. 이러한 제거는 단계적으로 진행된다. 예류과의 깨달음으로 영원한 자아에 대한 개념(*sakkāyadiṭṭhi*)은 제거 되지만, 자기 자신에 대한 애착의 미세한 흔적은 완전한 깨달음으로만 제거된다.

그러나 무아의 가르침은 단순히 개인적 경험의 기능적 측면들을 부정하는데 초점이 맞추어진 것이 아니라, 경험과 관련되어 일반적으로 일어나는 "나는 존재한다"라는 느낌을

44 이러한 유형의 수행을 시작하기 위한 단순한 장치는 어떤 활동이나 경험을 하는 것과 관련하여, "누구인가?" 또는 "누구의 것인가?"를 스스로에게 묻는 것이 그 장치가 될 수 있다. 사실 이것은 Ps I 251, Ps I 274에서 염처의 주석에 의해서 제의된 것이다. 또한 Khantipālo 1981:p.71를 참조하라.

45 Engler 1983:p.33; Epstein 1990:p.30. 이 맥락에서 흥미로운 점은 Wayman 1984:p.622에 의해 제의된다. 그에 의하면, ātman은 특정한 베다 문헌에서 "화신"을 말하며, 그것을 "구상적인 자아"와 관련시키는 것을 지지하고 있다.

46 Hamilton 1997:p.281.

47 M III 17.

겨냥한 것이다.[48] 만약 그렇지 않다면, 아라한은 아무런 기능도 하지 못할 것이다. 물론 이것은 붓다와 아라한인 제자들이 지속적이고 일관되게 기능할 수 있었다는 것과는 다른 경우이다.[49] 사실 그들은 깨닫기 이전보다 더 능숙하게 경험의 기능적인 측면들을 사용할 수 있었다. 왜냐하면 그들은 모든 정신적 오염물질과 장애들을 적절한 정신의 기능으로 완전히 극복하고 제거했기 때문이다.

이 문맥과 연관된 유명한 비유로 마차의 비유가 있다.[50] "마차"라는 용어는 단지 관습적인 것이며, ["나"를] 경험상의 "나"와 동일시하는 것도 관습일 뿐이다.[51] 반면 독립적 존재를 거부하는 실재의 마차는 "마차"의 개념이라고 할 수 있는 조건 지어지고 무상한 부분들의 기능적 집합을 타는 것이 불가능 하다는 것을 의미하지 않는다. 이와 마찬가지로 자아의 존재를 부정하는 것은 오온에 대한 연기성과 무상한 상호작용에 대한 부정을 뜻하지 않는다.

소멸의 관점에서, 공(空)과 단순한 무(無)의 차이를 보여주는 또 다른 사례가 *Abyākata Saṃyutta*의 경전에 나타난다. 여기서 붓다는 자아(*attā*)의 존재와 연관하여 직접적으로 질문 받았을 때, 긍정적이거나 부정적인 답변 모두를 거부했다.[52] 이 후 붓다 자신의 설명에 의하면, 만약 그가 자아의 존재에 대해 단순히 부정했다면, 그것은 허무주의로 잘못 이해될 수 있기에 그는 그러한 입장을 항상 조심스러워 했다. 사실 그러한 잘못된 이해는 몹시 나쁜 결과를 초래할 수 있다. 왜냐하면 무아가 아무것도 없다는 것을 의미한다는 잘못된 믿음은 결과적으로 업의 책임이 없다는 잘못된 가정이 될 수 있기 때문이다.[53]

48 Harvey 1995 : p.17는 "(영구적이며, 실재하는 등의)자아"와 "(경험적이며, 변화하는)자아"를 구별함으로써 이러한 차이점을 설명한다. Ñāṇananda 1993 : p.10는 적절하게 요약 한다: "당신 자신을 받아들여라. 그러면 당신의 자아를 받아들이지 않는다."

49 Lily de Silva 1996 : p.4.

50 S I 135. 이 동일한 비유가 Mil 25의 도입 부분의 대화에 나타난다. 현대적인 번역은 Claxton 1991 : p.27에서 찾을 수 있다. 또한 Ñāṇavīra 1987 : p.46를 참조하라.

51 "나"와 "나의 것"은 단지 아라한에게 있어 관례적으로만 사용된다(S I 14를 참조하라).

52 S IV 400.

53 예를 들어, M III 19에서의 잘못된 추론을 참조하라. 만약 어떤 행위가 무아에 의해서 행해진 것이라면, 어떤 자아가 이들 행위의 결과에 대한 영향을 받을 수 있겠는가?

사실 오온의 체계는 자아의 개념에 반대하며, 근본적으로 부정적 특징을 보이지만, 그것은 주관적인 경험의 존재 요소들을 정의하는 긍정적인 기능을 가진다.[54] 경험적 주체에 대한 설명으로써, 오온은 깨달음의 과정에서 이해해야 할 개인적 경험의 핵심 부분을 가리킨다.[55]

모두 오온으로 분해되는 것이 절대적으로 필요한 것은 아닐 수도 있다. 왜냐하면 어떤 기록에서는 통찰에 대한 분석적 접근이 자세하지 않기 때문이다. *Mahāsakuludāyi Sutta*에 의하면, 예를 들어 깨달음을 얻고자 하는 붓다의 제자들에게는 신체와 의식을 단순히 구별하는 것만으로도 충분하게 여겨졌다.[56] 비록 그렇다 해도 대부분의 경전들은 네 가지 온에 대한 경험의 정신적 측면에 대해 보다 일반적인 분석을 행한다. 이러한 보다 상세한 분석은 육체보다는 비인격적인 마음의 본성을 깨닫는 것이 훨씬 더 어렵다는 사실 때문일지도 모른다.[57]

앞서 말한 유사한 현상(예를 들어 신체, 느낌, 그리고 마음)에 대한 염처의 관찰과 비교할 때, 온의 관찰은 동일한 패턴이 드러내는데 추가적인 강조점을 부각시킨다. 일단 이러한 동일시의 패턴이 실제로 그것들이 무엇인지를 보여준다면, 주관적 경험의 다섯 가지 측면에 관해서 각성과 이욕(離欲)이란 결과를 초래하게 될 것이다.[58] 온과 자기 자신의 참된 본성을 이해하기 위한 중요한 요소는 무상(無常)과 연기(緣起)에 대한 알아차림이다.

54 M I 299: "집착의 오온은 주체라고 불릴 수 있다"; 또한 Hamilton 1995a:p.54; Kalupahana 1994:pp.70-2를 참조하라.

55 Hamilton 1996:p.xxiv.

56 M II 17. 이 절에서 "의식"은 마음 전체를 대표한다. 또한 M I 260에서는 오온 전체가 영양분에 의존하여 조건적으로 "있게 되는" 것이며, 의심을 벗어나고 순수한 관점으로 이끄는 깊은 통찰을 계발하는 방법은 그것들을 분리해서 분석할 필요가 없는 것처럼 보인다고 말한다. Ps II 307에서는 "있게 되는"것이란 문맥상으로 오온전체를 말하는 것이라고 설명한다.

57 S II 94.

58 이 각성은 M I 511에서 자기 자신의 마음이 오랫동안 수행자를 속여 왔으며, 집착하고 있었던 것은 단지 이들 오온에 집착하고 있었다는 것을 통찰하는 것으로 묘사된다.

4 온의 생성과 소멸

『염처경』에 의하면 오온을 관찰하기 위해서는 오온의 일어남과 사라짐을 곧바로 알아차림으로써 각 오온에 대한 분명한 앎을 필요로 한다. 이 수행의 두 번째 단계는 오온의 무상성을 드러내며, 그렇게 함으로써 어느 정도까지는 오온의 연기성도 드러낸다.[59]

경전에서는 오온과 자기 자신의 무상성에 관한 관찰이 깨달음을 얻는데 있어서 특히 중요한 원인이라고 주장한다.[60] 아마도 각성에 대한 강력한 잠재성 때문에 붓다는 이 특별한 관찰을 "사자후"라고 표현한 듯하다.[61] 오온의 무상성에 대한 관찰을 수승한 위치에 둔 이유는 바로 그것이 모든 아만과 "나" 또는 "나의 것"을 만들어내는 것과 직접적으로 맞서고 있기 때문이다.[62] 자기 자신의 모든 양상이 변화하는 주체라는 사실에 대한 직접적인 경험은 아만과 "나" 또는 "나의 것"이라는 신념을 확고히 하는 기반을 약화시킨다. 반대로 사람들이 오온에 대해 "나" 또는 "나의 것"이라는 개념의 영향에 더 이상 놓이지 않는다면, 오온의 변화는 슬픔과 애통, 고통과 비통함 그리고 절망으로 이끌지 못할 것이다.[63] 붓다는 "오온을 포기해라. 왜냐하면 그것들 중 어느 것 하나도 실로 그대 자신이 아니기 때문이다." 라고 강조하여 말했다.[64]

실제 수행에서 각 오온의 발생과 소멸을 관찰하는 것은 수행자 개인의 모든 경험에서 일어나는 변화를 관찰하는 것으로 시작될 수 있다. 예를 들면 호흡 순환과 혈액 순환, 즐거움에서 즐겁지 않음으로 변화하는 느낌, 다양한 인식과 마음속에서 일어나는 의지적 반응, 또는 의식의 변화, 이것 또는 저 감각의 일어남 등이 그것이다. 수행자가 모든 경험에 대한 오온의 요소를 포괄적으로 살펴봄과 동시에 이 경험의 무상성을 목격했을 때, 그러한

59 예를 들어, S II 28에서 오온의 발생과 소멸을 관찰하는 것은 연기(*paṭiccasamuppāda*)라는 설명에 따른 것이다.

60 D II 35에서, 과거불 위빠시는 오온의 무상함을 관찰함으로써 완전한 깨달음을 달성했다. 어떤 비구에 의한 동일한 관찰과 그 결과에 대한 내용이 Thī 96에서 언급된다. 또한 완전한 깨달음으로 이끄는 이 관찰의 잠재성은 D III 223; S II 29; S II 253; A II 45; A IV 153에서 언급된다. Gethin 1992:p.56은 "탐심의 오온과 관련하여 발생과 소멸을 관하는 수행은 곧바로 각성으로 이끄는 통찰력의 획득과 연관된 것으로 보인다."고 결론지었다.

61 S III 84.

62 M I 486; M III 115; S III 157을 참조하라.

63 S III 4.

64 M I 140과 S III 33.

수행은 오온 모두의 발생과 소멸을 함께 관찰하는 것을 기대할 수 있다.

오온의 발생과 소멸을 관찰하는 것은 그것들의 연기성을 강조한 것이다. 오온에 대한 무상과 연기성의 밀접한 관계는 *Khandha Saṃyutta*의 경전에서 실천적으로 묘사되었다. 즉 오온의 무상성에 대한 깨달음은 그것의 연기성에 대한 이해에 바탕을 둔다.[65] 각 온의 발생을 위한 조건은 무상하기 때문에, 이 구절에서는 어떻게 조건적으로 일어난 온이 영원할 수 있는 것인지에 대해 지적하고 있다.

*Khandha Saṃyutta*의 또 다른 경전에서는 물질적인 온의 발생과 소멸을 자양분과 연관시키지만, 느낌, 인식, 의지는 접촉에 의존하는 것으로, 그리고 의식은 명과 색에 의존하는 것으로 연관시킨다.[66] 오온이 자양분과 접촉 그리고 명과 색에 의존할 때, 이들 오온은 즐거운 경험과 즐겁지 않은 경험의 발생을 위한 조건을 차례로 구성한다. 같은 경전에서는 오온을 통해 명백하게 즐거움을 경험하는 "이익(*assāda*)"을 대신해서, 오온의 무상성과 불만족스러운 특성이라는 "불이익(*ādīnava*)"을 나타낸다는 것을 지적하고 있다. 그러므로 벗어나는 유일한 방법은 이들 오온에 대한 욕망과 애착을 포기하는 것이다.

"일어남(*samudaya*)"과 연관된 관점이 *Khandha Saṃyutta*의 다른 경전에 제시되고 있는데, 거기에서는 즐거움이 장차 오온이 일어나는 조건을 제공해 주지만 즐거움의 부재는 오온의 일어남을 멈추게 한다는 것을 지적한다.[67] 이 구절은 조건 지어진 것과 오온의 연기성을 연기에 대한 이해와 연결시킨다. *Mahāhatthipadopama Sutta*에서는 연기에 대한 이해가 사성제를 이해하도록 한다고 언급한다.[68]

실천적 관점에서 조건 지어진 것과 오온의 연기성에 대한 관찰은 신체와 정신적 경험이 어떻게 의존되어 있으며, 조건에 의해서 영향을 받고 있는지를 알아차릴 수 있게 한다. 왜냐하면 이 조건들은 개인적인 통제가 어렵기 때문에 수행자는 자기 자신의 주관적 경험의 토대를 지배하지 못한다.[69] "나" 와 "나의 것"은 결국 "다른 것", 즉 무아의 진리를 드러

65 S III 23.

66 S III 62와 S III 59.

67 S III 14.

68 M I 191. 또한 S IV 188에서는 오온의 발생과 소멸에 대한 명상을 고통의 발생과 소멸을 이해하는 것과 연관시킨다.

69 S III 66에서는 각각의 온은 무아이다. 왜냐하면 각각의 온들에게 자신의 소망을 따르게 할 수 없기 때문이다(예를 들어 늘 건강한 신체를 가지며 단지 즐거운 느낌만을 경험하는 것과 같은).

내는 상황에 완전히 의존되어 있음이 드러난다.

그런데 체계적인 마음 훈련을 통해 우리는 오온과의 동일시를 통제할 수 있다. 동일시를 통제하기 위한 중요한 수행요소는 염처 관찰에 포커스를 두는 것이다. 그리고 동일시의 완벽한 제거는 수행의 성공적인 완성을 의미한다.

경전에 의하면, 오온의 무상성과 조건성을 관찰함으로써 인격을 구성하는 요소에 집착하지 않는(detachment) 것은 오온의 발생과 소멸에 대한 직접적인 앎이 예류과에 들기 위한 충분조건이라는 점에서 중요한 의미를 갖는다.[70] 그 뿐만 아니라 오온의 관찰은 모든 단계의 각성을 가능하게 하며, 심지어 아라한들도 오온의 관찰을 수행했다.[71] 이것은 이 관찰의 중요성을 확실히 보여주며, 이 관찰은 자기 동일시와 애착을 점차 드러내고 약화시켜, 깨달음으로 향하는 직접적인 길에 대한 효과적인 징후가 된다.

70 S III 160, S III 193.

71 S III 167.

11

법(DHAMMAS): 감각 영역

1 감각영역과 족쇄

앞서 염처 수행은 주관적 특성을 온의 체계를 통해 분석하는 것과 관계가 있었다. 선택적이거나 상호보완적인 접근은 자신과 외계 사이의 관계로 향한다.[1] 이것은 감각영역의 관찰을 포함하는 주제이며, 여섯 가지 "내적", "외적" 감각영역(*ajjhattikabāhira āyatana*)과 그것들에 의존하여 일어나는 족쇄에 대한 자각이다. 이 수행에 대한 가르침은 다음과 같다.

그는 눈에 대해서 알고, 그는 형상을 안다. 그리고 그는 이 두 가지에 의존하여 일어나는 족쇄를 알며, 일어나지 않은 족쇄가 어떻게 일어나는지, 일어난 족쇄가 어떻게 제거되는지, 그리고 제거된 족쇄를 어떻게 미래에 일어나지 않게 할 수 있는지를 안다.
그는 귀에 대해서 알고, 그는 소리를 안다. 그리고 그는 이 두 가지에 의존하여 일어나는 족쇄를 안다. 그는 코에 대해서 알고, 그는 냄새를 안다. 그리고 그는 이 두 가지에 의존하여 일어나는 족쇄를 안다. 그는 혀에 대해서 알고, 그는 맛을 안다. 그리고 그는 이 두 가지에 의존하여 일어나는 족쇄를 안다. 그는 신체를 알고, 그는 접촉을 안다. 그리고 그는 이 두 가지에 의존하여 일어나는 족쇄를 안다.
그는 마음에 대해서 알고, 그는 마음의 대상을 안다. 그리고 그는 이 두 가지에 의존하여 일어나는 족쇄를 알며, 일어나지 않은 족쇄가 어떻게 일어나는지, 일어난 족쇄가 어떻게 제거되는지, 그리고 제거된 족쇄를 어떻게 미래에 일어나지 않게 할 수 있는지를

1 M III 279와 S IV 106에서는 감각영역의 관찰과 온의 체계를 직접적으로 연관 시킨다; 또한 S IV 68을 참조하라. 온과 감각의 관찰에 대한 주석적인 접근에 대해서는 Bodhi 2000:p.1122; Gethin 1986:p.50을 참조하라.

안다.[2]

경전에 의하면 이 여섯 가지 내적이고 외적인 감각영역에 대한 이해와 이욕을 개발하는 것은 깨달음의 향상을 위해서 중요하다.[3] 이러한 이해의 중요성은 "나"를 감각대상의 독립적인 경험자, 즉 실체적인 의미로 오해하는 것을 없애는데 있다. 이들 감각영역 각각에 대한 직접적인 자각은 주관적 경험이 밀집된 하나의 단위가 아니라 여섯 가지의 뚜렷이 구별되는 "영역"으로 이루어진 혼합물, 즉 그것의 각각은 의존적으로 생기한 것임을 드러낼 것이다.

이 각각의 감각영역은 감각 기관과 감각 대상을 모두 포함한다. 다섯 가지 신체의 감각(눈, 귀, 코, 혀, 몸)과 각각의 대상(시각, 청각, 후각, 미각, 촉각)외에도 마음(*mano*)이 정신적 대상(*dhamma*)과 함께 여섯 번째 감각에 포함된다. 여기서 "마음(*mano*)"은 주로 생각의 활동(*maññati*)을 의미한다.[4] 다섯 가지 신체의 감각은 각각 다른 활동의 영역을 공유하지는 않지만, 그것들은 모두 여섯 번째 감각인 마음과 관련이 있다.[5] 다시 말해, "감각을 만드는 것"은 다른 감각들이 아니라 바로 마음이기 때문에 모든 지각과정은 어느 정도 마음의 해석적 역할에 의존한다.

이것은 여섯 가지 감각영역에 대한 초기불교도의 체계가 마음의 개념적 활동에 반하는 순수한 감각의 지각을 설정하지 않으며, 두 가지 모두를 세계의 주관적 경험을 함께 발생시키는 상호 연관된 과정으로 여긴다는 것을 나타낸다. 특히 초기불교에서 마음을 다른 감각 기관과 마찬가지로 취급한다는 사실은 흥미롭다. 생각, 추리, 기억 그리고 숙고(reflection)는 감각의 문에 의한 감각 정보로서 동일하게 취급 되었다. 그러므로 마음의 사고 활동은 오감(五感)을 통해 지각된 비인격적 상태의 외부 현상을 공유한다.

"자기 자신"이라는 사고에 대한 비인격적인 특성을 통찰하는 것은 명상을 처음 몇 번 시도하는 것만으로도 얻을 수 있다. 이 때 수행자는 명상의 특정 대상에 집중하려고 결심

---

2 M I 61.

3 S IV 89와 A V 52에서는 수행자가 고통을 제거할 수 있는 것으로 여섯 가지 감각영역에 대한 통찰과 이욕을 제시하고 있다.

4 Johansson 1965:pp.183-7; T.W. Rhys Davids 1993:p.520를 참조하라.

5 M I 295와 S V 218.

했음에도 불구하고 모든 종류의 숙고, 공상, 기억, 환상 속에서 집중을 잃지 않는 것이 얼마나 어려운 것인지를 알게 된다. 이는 마치 원하는 것을 보고, 냄새를 맡고, 맛을 보고, 그리고 만지기만 하는 것이 불가능한 것처럼 훈련되지 않은 마음에서도 역시 그러하다. 즉 생각은 자신이 하고 싶을 때에 할 수 없으며 생각을 어떻게 하고 싶다는 것도 결정할 수 없다는 것이다. 정확히 이러한 이유 때문에 명상 훈련의 주된 목적은 마음의 생각하는 활동을 점차적으로 길들이고 그것을 의식적으로 조절함으로써 이러한 상황을 치료하는데 있다.[6] 위에 언급된 『염처경(*Satipaṭṭhāna Sutta*)』의 구절에서는 관찰을 위한 감각 기관과 감각 대상을 모두 열거한다. 눈과 형상, 귀와 소리 등을 "안다"(*pajānāti*)는 가르침은 표면상 다소 단조로운 것 같지만, 이 가르침에 대한 자세한 고찰을 통해서 보다 깊은 함축적 의미가 드러날 것이다.

이 여섯 가지 감각과 그것들의 대상은 의식(*viññāṇa*)의 조건 지어진 일어남을 기술하는 부분에 자주 나타난다.[7] 이러한 조건의 상황에서 흥미로운 점은 주관적 영향이 지각과정에서 담당하는 역할이다.

의식의 여섯 가지 유형으로 대표되는 경험은 두 가지 결정적 영향의 결과물이다. 하나는 들어오는 감각 인상 즉 "객관적" 양상이고, 다른 하나는 이러한 감각 인상이 받아들여지고 인지되는 방식 즉 "주관적" 양상이다.[8] 아마도 객관적인 지각 평가는 실제로 대상에 의해 조건지어지는 만큼 주관적으로도 조건지어진다.[9] 세계에 대한 사람들의 경험은 "주

6 이것은 예를 들어 M I 122와 같은 다양한 구절에서도 그와 같은 표현을 발견할 수 있다. 거기서 마음에 대한 조절을 계발한다는 것은 수행자가 생각하고 싶은 것만을 생각할 수 있다는 것을 의미한다. 또는 M I 214에서는 마음에 대한 조절을 달성하면, 더 이상 마음에 의해 지배되지 않는다는 것을 말하고 있다; 또한 Dhp 326에서는 시적으로 자신의 방황하는 마음을 조절하는 것을 발정난 코끼리를 길들이는 조련사에 비유한다.

7 M I 111.

8 Ñāṇamoli 1980:p.159는 이것을 "*ajjhattikāyatana*=경험의 구조 ... *bahiddhāyatana*= 구조화된 경험" 으로 표현한다; van Zeyst 1967b:p.470는 이것을 "내적영역은 반응의 능력이 있는 주관적 요소로 구성되며, 외적영역은 강한 영향력을 일으키는 객관적 요소로 구성된다"고 설명한다. 사실 이 염처에서 사용된 각각의 용어들은 지각능력(*cakkhu*, *sota*, *ghāna*)과 같은 감각만을 말하지만, 경전에서는 신체기관(*akkhi*, *kaṇṇa*, *nāsā*)과 일치하는 서로 다른 빨리어 용어를 사용한다. 그리고 염처의 가르침에 따라서 수행자가 보고 들을 수 있는 능력이란 점에서 주관적인 것을 강조하고 있음을 알 수 있다.

9 Bodhi 1995:p.16; Padmasiri de Silva 1991:p.21; Guenther 1991:p.12; Naranjo 1971:p.189를 참조하라.

관적" 영향과 "객관적" 영향 간의 상호관계에 대한 산물이다. 여기서 "주관적" 영향은 세계를 지각함으로써 훈련되며, "객관적" 영향은 외적 세계의 다양한 현상에 의해 훈련된다.

이런 식으로 이해할 때, 염처의 가르침이 각각의 감각 기관에 대한 자각을 지시한다는 사실은 지각의 각 과정에 내재되어 있는 주관적 선입견을 인지할 필요성을 지적한다는 점에서 보다 깊은 함축적 의미를 갖는다. 이러한 주관적 선입견의 영향은 지각의 첫 번째 단계에서 결정적인 영향을 미치며 족쇄(*saṃyojana*)의 발생으로 이어질 수 있다. 이 후의 반응은 지각된 대상에 속하는 특성과 속성에 기반한다. 사실, 이러한 특성과 속성은 종종 지각한 사람에 의해서 대상에 투사된 것이다.

여섯 가지 감각 영역에 대한 염처의 관찰은 지각의 과정에서 개인적 선입견의 영향과 경향을 인지하도록 한다. 이런 방식으로 관찰하는 것은 불건전한 정신적 반응이 일어나는 근본 원인을 드러내줄 것이다. 사실 이러한 반응의 양상은 앞서 언급한 가르침의 일부분이며, 사띠(sati)의 의무는 감각과 대상에 의존하여 일어날 수 있는 족쇄를 관찰하는데 있다.

비록 족쇄가 감각과 대상에 의존하여 일어날지라도, 그러한 족쇄의 구속력이 감각 혹은 대상 그 자체로 여겨져서는 안 된다. 경전에서는 이것을 멍에에 의해 함께 묶여져 있는 두 마리 황소의 비유로 설명한다. 두 마리 황소의 구속은 그들 중 어느 한 마리의 잘못에서 비롯된 것이 아니라 단순히 멍에로 인한 것이다. 이와 같이 족쇄 역시 그것의 내부 혹은 외부의 조건 중 어느 하나(예를 들어 눈과 형상)의 탓에 의해 생겨난 것이 아니며, 욕망의 구속력에 의한 것이다.[10]

경전에는 "족쇄"[11]라는 용어와 관련하여 고려해볼 만한 다양한 용례가 있다. "족쇄"는 반드시 고정된 집합을 말하는 것은 아니며, 이따금 속박의 원인이 되거나 구속한다는 의미에서 동일한 원리에 해당하는 것 모두를 포함한다. 경전에 나타나는 가장 일반적인 "족쇄"는 모두 열 가지 종류로 제시 된다. 즉, 실체와 영원한 자아에 대한 믿음, 의심, 특정한 계율과 의식에 대한 독단적인 집착, 감각적 욕망, 혐오, 존재에 대한 갈애, 비존재에 대한

10 S IV 163; S IV 164; S IV 283. 또한 S IV 89와 S IV 108을 참조하라.

11 M I 361에서는 살생, 투도, 망어, 악구, 탐욕, 저주, 분노에 찬 절망감, 자만과 관련된 여덟 가지 "족쇄"에 대해 설명한다. D III 254; A IV 7; A IV 8에서는 일곱 가지, 즉 공손함, 짜증, 사견, 의심, 자만심, 존재에 대한 욕망, 무지에 대해 제시 한다. M I 483에서는 한 가지 족쇄, 즉 가장(家長)의 족쇄가 나타나며, It 8에서는 갈애의 족쇄에 대해서 언급한다.

갈애, 자만, 들뜸, 무지가 그것이다.[12]

이들 열 가지 족쇄의 근절은 깨달음의 각기 다른 단계에서 이루어진다.[13] 이 열 가지 족쇄가 모두 반드시 실재의 염처수행에서 명시되는 것은 아니며, "족쇄"라는 용어는 경전에서 특정한 범위내의 의미를 갖고 있기 때문에, 감각영역의 관찰에서 자각은 특히 경험된 것 모두에 대해서 욕망과 혐오에 대한 구속력으로 나타날 수도 있다.

족쇄가 일어나는 양상은 다양한 사고와 고찰을 통해 지각된 것에서부터 욕망의 발현과 그로 인한 구속으로 나타난다.[14] 족쇄가 일어나는 상태에 대한 주의 깊은 관찰은 감각 영역의 관찰 중에서 두 번째 단계를 구성한다(아래의 그림 11.1 참조). 장애의 관찰과 비교할 때, 이런 경우에 주의집중은 비반응적 관찰이다. 비반응적 관찰은 지각이 욕망과 구속을

12 예를 들어, S V 61. Ps I 287에서는 염처의 맥락과 관련된 족쇄에 대해 감각적 욕망, 짜증, 사견, 의식, 특별한 계율이나 의식에 대한 집착, 존재에 대한 욕망, 부러움, 탐욕, 무지 등을 열거한다. Bodhi 2000:p.727는 특별한 계율이나 의식에 집착하는 것과 관련하여 다음과 같이 설명한다. "계율과 의식(*sīlabbata*)"은 개처럼 행동하는 것(M I 387에서는 그것을 "개의 규칙"이나 "개의 의식"이라고 말한다)과 같은 그러한 금욕적 수행을 언급할 수 있다. 일부 고행자들은 정화를 바라거나 천상에 재생하기 위해서 그러한 수행을 채택했다(M I 102를 참조하라). 또한 Ud 71에서, "계율과 의식"이란 보다 일상적인 "자기 금욕"을 피해야할 두 가지 극단 중의 하나로 대체시킨다. 그러나 Dhp 271에서, 붓다는 비구들에게 깨달음에 이르기 위해서는 "계율과 의식"을 넘어서야 한다는 것에 대해 말했다. 그래서 이 구절은 "계율과 의식"이 불교도인 비구들에게 문제가 될 수 있다는 것을 가리킨다. 사실 (예를 들어, A III 47; Sn 212; It 79; Th 12에서) *sīlavata*라는 용어는 여러 경전에서 불교도인 비구의 긍정적인 자질에 해당하는 것으로 나타난다. A I 225에서 분명히 언급되고 있는 것처럼, 이것은 "계율과 의식"이 건전하거나 건전하지 않을 수 있으며, 족쇄는 독단적 집착(*parāmāsa*)으로 알려진다는 것을 암시한다. 그러한 독단적 집착의 부재는 실제로 예류과의 특성을 기술하는 부분에 정확히 언급되며(예를 들어, D II 94; S II 70; A II 57을 참조하라), 예류과는 순수하고 도덕적인 행위에 의해 그 자격이 부여되지만, 독단적으로 그것에 집착하지 않는 것을 가리킨다.(사용된 빨리어는 *aparāmaṭṭha*이며, Vism 222에 의하면, 이 맥락에서는 갈애와 사견에 집착하는 것을 말한다.)

13 예를 들어, D I 156를 참조하라. 10가지 족쇄의 점진적인 제거의 방법은 예류과에서 열반에 대한 첫 번째 직접경험으로 영원한 자아에 대한 믿음이 불가능해진다는 것이다. 이러한 경험은 올바른 길을 추구한 성공적인 결과로 나타나기 때문에, 이 길로 나아가기 위한 기술이나 건전한 것에 대한 의심과 자신이 어디로부터 와서 어디로 가는지에 대한 존재론적인 의미에서의 의심, 그리고 특별한 계율과 의식에 대한 독단적인 집착을 모두 버린다. 지속적인 수행으로 인해, 감각적 욕망과 성냄이라는 두 가지 족쇄는 일래과에서 제거되며, 불환과의 깨달음으로 완전히 극복된다. 완전한 깨달음에서는 깊은 명상의 상태에서 갈애의 형태로 남아있는 마지막 애착이 자만심의 현현이며, 들뜸의 형태로 영향을 미치는 "내가 있다"는 개념의 흔적과 함께 소멸되고 나서, 즉시 모든 무지는 제거된다.

14 A I 264에서는 족쇄의 상태를 과거, 현재, 미래에 대한 일을 너무 깊게 생각하기 때문에 생기는 갈망과 연관시킨다.

일으키는 개인적 사례로 향하게 하고, 장차 일어날 족쇄를 일어나지 않도록 자신의 정신적 성향에 대한 일반적인 양상을 알아차리게 한다.

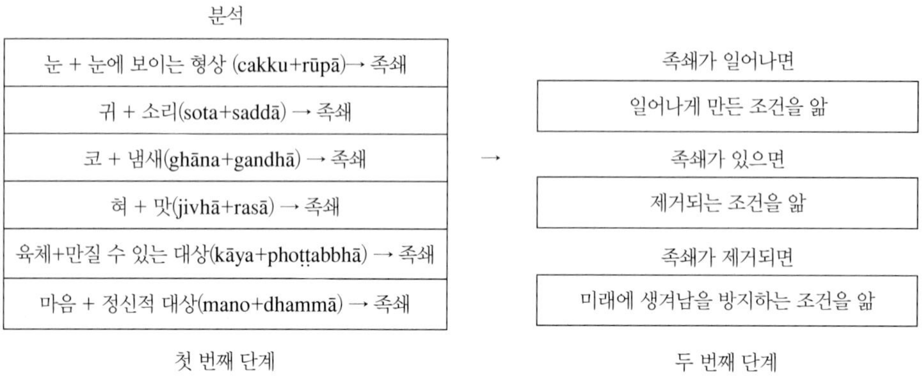

그림11.1 여섯 가지 감각영역 관찰의 두 단계

(족쇄의 발생이나 제거와 관련된) 감각영역 관찰의 두 번째 단계는 장애에 대한 관찰과 함께 판단에서부터 치료, 예방까지의 점진적인 패턴을 따른다. 감각영역에 대한 관찰은 장애에 대한 관찰과는 달리 지각 과정에 보다 중점을 두고 있다. 왜냐하면 주의집중은 여기서 지각과정의 첫 번째 단계이며, 만약 주의하지 않고 내버려 둔다면 불건전한 정신적 반응이 일어날 수 있기 때문에 이것은 추가적인 제어를 필요로 한다.

염처의 이런 양상에 대한 배경을 알기 위해서 간략하게 붓다의 지각과정에 대한 분석 중에서 특히 "잠재적 경향(*anusaya*)"과 "루(*āsava*, 漏)"의 의미, 그리고 감각의 문을 제어하는 것에 대해 주의 깊게 조사할 것이다. 이것은 "인지 훈련"에 대한 초기 불교도들의 평가를 위해서나 고행주의자 바히야(Bāhiya)를 완전한 깨달음에 이르게 했던 붓다의 핵심적인 가르침을 살펴보는데 있어서 반드시 필요한 기초가 될 것이다.

2 지각과정

지각 과정의 조건적 특성은 경험에 대한 붓다의 분석에 있어서 주된 관점이다. *Madhupiṇḍika Sutta*에 의하면, 일반적인 지각과정의 조건적 연속은 접촉(*phassa*)에서부터 느낌(*vedanā*)과 인지(*saññā*)를 거쳐 사고(*vitakka*)에 이르며, 그것은 개념의 확산(papañca)을 일으킬 수 있다.[15] 이러한 개념의 확산은 나아가 확산의 조합과 인지(*papañcasaññāsaṅkhā*)를 일으키는 경향이 있으며, 처음에 인지된 감각의 정보로부터 과거, 현재 그리고 미래와 관련된 모든 종류의 연상관념을 일으킨다.

*Madhupiṇḍika Sutta*의 구절에 사용된 빨리어 동사 형태는 이러한 지각 과정의 마지막 단계가 어떤 이로 하여금 수동적 경험자가 되게 하는 사건임을 나타낸다.[16] 지각과정의 조건적 연속이 개념의 확산 단계에 이르면, 그 사람은 자신의 연상관념과 사고의 희생자가 된다. 사고 과정은 생각, 투사, 연상으로 이루어진 촘촘히 짜인 그물망이 되어, "생각하는 자"는 거의 틀림없이 그물망에 걸리게 된다.

이러한 연속 과정에서 주관적 선입견이 형성되고 지각과정을 왜곡시키는 결정적 단계는 느낌(*vedanā*)과 인지(*saññā*)의 최초 평가에서 나타난다. 이 단계에서 발생하는 감각정보의 최초 왜곡은 생각과 개념의 확산으로 인해 더욱 강화될 것이다.[17] 한 번 개념적 확산의 단계에 도달하게 되면 그 과정은 정해진다. 확산은 감각정보에 투사되고 마음은 근본적으로 왜곡된 인지로 해석된 경험에 의해서 계속 확산된다. 그러므로 인지와 최초의 개념적 반응의 단계들은 이러한 조건 지어진 일련의 과정을 결정하게 된다.

*Madhupiṇḍika Sutta*에 묘사된 지각의 연속은 붓다가 남긴 짧은 문장의 설명에서 나타난다. 여기서 붓다 자신의 가르침을 인지(*saññā*)의 다양한 잠재(*anuseti*) 유형을 없애는 것과 지각 과정에서 작용할 수 있는 "잠재적 경향"(*anusaya*)을 극복하는 것에 연관시켰다.[18]

경전에서는 다양한 종류의 잠재적 경향에 대해서 언급하고 있다. 일반적으로 나타나는 일곱 가지는 감각적 욕망, 성냄, 사견, 의심, 자만, 존재에 대한 갈애와 무지이다.[19] 잠재

15 M I 111.

16 Ñāṇananda 1986:p.5를 참조하라.

17 Sn 874에서는 특히 인지에 있어서 개념 확산의 의존성을 강조한다.

18 M I 108. 또한 M III 285에서는 동일한 조건적 지각의 연속부분을 잠재적 성향의 활동과 연관시킨다.

19 예를 들어, A IV 9. S II 17과 S III 135에서는 이러한 표준적인 것과는 다르게 잠재적 성향을 정신적 관점과 집착에서 찾으며, S IV 205에서는 잠재적 성향을 욕망에서, Dhp 338에서는 잠재적 성향을 갈애에서 찾는다. 이러한 잠재적인 성향이 마음에 미치는 영향을 관찰하는 것은 욕망이나 성냄으로 인해 감각적 경험에 반응하려는 훈련되지 않은 마음의 "경향"을 직접적으로 자각하게 한다. 그리고 그것은 사견이나 견해를 형성하거나 그 밖에 혼동과 의심을 느낌으로써 보

적 성향의 주된 특징은 무의식의 활동이다. "함께 있다"라는 의미를 지닌 동사 *anuseti*는 잠재적 성향이 마음속에 중단된 상태로 있지만, 지각 과정에서 활성화될 수 있다는 것을 암시한다. 중단된 단계에서의 잠재적인 성향은 신생아에게도 이미 존재한다.[20]

지각 과정과 관련하여 유사한 중요 개념은 루(*āsava*, 漏)이다.[21] 이 루는 "흘러들어갈"(āsavati) 수 있으며, 그로인해 지각 과정에 "영향"을 미칠 수 있다.[22] 잠재된 경향과 더불어 이러한 영향은 의식적인 의도 없이 작용한다. 루는 지혜롭지 못한 주의(*ayoniso manasikāra*)와 무지(*avijjā*)로 인해 일어난다.[23] 루가 일어나는 것을 방해하고 예방하는 것은 붓다가 정한 승가 규율의 주된 목적이며,[24] 루의 성공적인 근절(āsavakkhaya)은 완전한 깨달음과도 같다.[25]

경전에서는 대개 세 가지 종류의 루에 대해 언급하고 있다. 세 가지 종류는 감각적 욕망, 존재에 대한 욕망, 그리고 무지에 대한 루이다.[26] 감각적 욕망과 존재에 대한 욕망은 고통(dukkha)을 발생시키는 주된 요소로써 두 번째 성스러운 진리에서도 나타난다.[27] 반

다 많은 이론적 정보에 반응하려는 마음의 "경향"을 직접적으로 자각하게 한다. 이런 식으로 관찰하는 것은 깨닫지 못한 마음이나 무지로 향하는 또 다른 "경향"을 놀라울 정도로 드러내줄 것이다. Ñāṇaponika 1997:p.238는 "잠재적 경향"이란 실제로 일어난 정신적 번뇌와 정신적 성향에 상응하는 것을 모두 포함하며, 이것이 오랜 습관의 결과라는 것을 지적한다.

20 M I 432; 또한 M II 24를 참조하라.

21 또한 *āsava*는 곪은 상처가 있을 때처럼 "유출"(A I 124를 참조)을 의미하거나 꽃 등으로부터 술이 빚어질 때와 같이 "발효"를 의미하기도 한다.

22 예를 들어, M I 9에서는 루의 활동을 피하기 위해서 감각을 지킬 것을 권고한다.

23 M I 7에서는 루가 일어나는 것을 어리석은 주의집중과 연관짓는다; A III 414에서는 그것을 무지와 연관시킨다.

24 붓다가 계율을 제정한 이유는 현재 일어난 루를 제어하고, 미래에 일어날 루를 피하는 것이었다(또한 M I 445를 참조하라). 계율을 고수하는 것 이외에 루를 막기 위한 다른 중요한 방법은 잘못된 사견에 휘말리지 않는 것, 감각을 제어하는 것, 필요한 것을 적절하게 사용하는 것, 더위, 추위, 굶주림, 고통 등을 참는 것, 위험한 동물과 이성과의 부적절한 성행위를 피하는 것, 불건전한 의도와 생각을 제거하는 것, 깨달음의 요소를 개발하는 것 등이 있다(M I 7).

25 M I 171.

26 예를 들어, M I 55에서는 이러한 세 가지 루 이외에, 사견의 루가 몇몇 구절에서 언급되지만, Ñāṇatiloka 1988:p.27와 T.W. Rhys Davids 1993:p.115는 세 가지 루가 아마도 좀 더 본래의 판본일 것이라고 한다. 또한 루에 관해서는 Johansson 1985:p.178; Premasiri 1990a:p.58를 참조하라.

27 S V 421.

면 무지는 고통의 "의존적 발생(*paṭicca samuppāda*)"을 묘사하는 "12연기"의 시작점이다. 이러한 발생은 루의 체계가 고통 발생의 원인과 본질적으로 연관되어 있음을 가리킨다.[28] 즉 감각적 기쁨에 대한 욕망, 이것 혹은 저것이 되고 싶은 욕망, 그리고 무지의 착각 등 이 모두는 고통(dukkha)의 발생을 일으키는 데 "영향을 미치는 것들"이다.

붓다의 가르침에 의거한 수행의 전체적인 목적은 루(āsava)를 근절하고, 잠재적 경향(*anusaya*)을 근절하며, 족쇄(*saṃyojana*)를 단절하기 위한 것이다.[29] 이 세 가지 개념들은 다소 관점이 다르지만 기본적으로 같은 문제를 언급하고 있다. 즉 갈애(*taṇhā*)의 발생과 여섯 가지 감각영역의 관계에서 불건전한 형태가 관련되어 있다는 것이다.[30] 이 문맥에서 루는 지각적 평가로 이끄는 고통의 발생을 위한 근본적인 원인을 의미하며, 잠재적 경향은 지각 과정에서 나타나는 깨어있지 못한 마음의 불건전한 경향이다. 그리고 감각의 문에서 일어나는 족쇄들은 윤회(*saṃsāra*) 속에서 지속적으로 떠도는 존재들을 구속하는 원인이 된다.

잠재적 경향과 족쇄, 그리고 감각의 문에서의 작용과 마음의 불건전한 상태의 발생인 루의 작용을 피하기 위한 방법은 감관 제어(*indriya saṃvara*)의 훈련이다. 감관 제어의 방법은 대부분 사띠에 근거한다. 사띠는 지각 과정에서 발생하는 반응과 확산을 제어하는 영향력을 행사한다.[31] 경전에서 설명한 것처럼 감관 제어는 기쁨과 행복을 일어나게 하며, 이것은 정신집중과 통찰력을 위한 기초가 된다.[32] 진실로 감각적 산만함이 없이 현재 이 순

28 또한 완전한 깨달음의 실제적 사건에 대한 묘사는 사성제의 체계를 고통에 그리고 다시 루에 적용한다는 사실을 강조한다(예를 들어 D I 84를 참조하라).

29 S V 28.

30 갈애가 스며드는 범위는 *Mahāsatipaṭṭhāna Sutta*에서 집성제에 대한 상세한 해설로 제시되며, D II 308에서는 여섯 가지 감각으로부터 그들 각각의 대상과 의식의 유형이 접촉을 거쳐서 일어나는 느낌, 인식, 의지, 처음의 지속적인 정신작용인 지각과정의 다양한 단계가 모두 갈애의 발생을 위한 가능한 사례로 열거된다. 이러한 감각 경험의 분석은 S II 109에서 다시 나타나며, 또한 Vibh 101(사성제에 대한 *Suttanta*의 설명에서)에서도 나타난다.

31 Bodhi 2000:p.1127는 "감각을 제어하는 것은 ... 있는 그대로의 감각 정보를 멈추는 것을 포함하며, 감각을 의미의 층으로 포장하지 않고, 그것의 근원은 오로지 마음속에 있다"는 것으로 설명한다. Upali Katunaratne 1993:p.568는 특히 감관의 제어를 감정이 일어나는 지각과정의 단계와 연관시킨다.

32 예를 들어, S IV 78. 또한 M I 346에서는 감관 제어를 통해 얻어지는 순수한 행복(*abyāseka sukha*)을 말하고 있다.

간을 완전한 자각 속에서 살아가는 것은 강렬한 기쁨을 발생시킬 수 있다.

감각의 문에서 알아차림을 위한 수련은 단순히 감각적 인상을 피하는 것을 의미하지는 않는다. 붓다가 *Indriyabhāvanā Sutta*에서 말했듯이, 만약 단순히 보는 것과 듣는 것을 피하는 것이 그 자체로 깨달음에 이르는 길이라면 장님과 귀머거리는 이미 수행을 성취한 자들일 것이다.[33] 그 대신 감관 제어에 대한 가르침은 해로운 영향이 "흘러 들어오는 것"을 막기 위해서 수행자에게 감각 대상의 상(*nimitta*, 相)이나 이차적 특징(*anuvyañjana*)에 머물지 않을 것을 지시한 것이다.[34] 여기서 "상(*nimitta*)"은 다른 것과 구별되는 특징을 의미하는데, 그것을 통해 우리는 어떤 것을 인지하거나 기억하게 된다.[35] 지각 과정과 관련해서 이러한 "상(*nimitta*)"은 생생한 감각 정보의 첫 번째 평가와 연관된다. 왜냐하면 가령 대상이 "아름답(*subhanimitta*)"거나 "성난(*paṭighanimitta*)" 것처럼 보이면, 그러면 그것은 대개 그 후의 평가와 정신적 반응으로 이끈다.[36]

이차적인 특징(*anuvyañjana*, 別相)을 제어하라는 가르침은 지각 과정에서 뒤따르는 연상과 연결되며, 그것은 최초의 왜곡된 인지(*saññā*)를 상세히 분류하는 것이다.[37] 왜곡된 경향과 감정적 반응은 특징을 만드는 단계에 근거하고 있으며, 그 때 최초의 순수 의식

33 M III 298에서는 바라문의 질문에 대한 답변으로, 감각기능들의 명상적인 계발의 형태로써 눈으로 보지 않고 귀로 듣지 않는 것을 제안했다.

34 예를 들어 M I 273에서, "흘러 들어옴"이라는 동사인 *anvāssavati*는 *anu+ā+savati*로부터 파생된 것이며(T.W. Rhys Davids 1993:p.50), *āsavas* 즉 루를 연상시킨다.

35 예를 들어 M I 360에서, "상"은 가장(householder)이라는 외적 양상을 말한다. 또는 Vin III 15와 M I 360에서, 한 여성노예가 이전 집의 아들이 지금의 비구이며, 그가 오랜 부재 후에 돌아왔다는 것을 "상"을 통해서 알아보았다는 내용이 나타난다. 다른 구절에서, "상"은 보다 인과적 기능을 한다(예를 들어, S V 213; A I 82; A II 9; A IV 83; Th 1100을 참조하라). "상"에 관해서는 Harvey 1986:pp.31-3;p.237, 각주 21를 참조하라.

36 A I 3에서는 감각적 욕망을 "아름다움의 상"에 대한 현명하지 못한 관심으로, 혐오감을 "성냄의 상"에 대한 어리석은 관심과 연관시킨다. M I 298에서는 탐욕, 성냄, 어리석음이 "상을 만들어 내는 자"라고 설명된다. 또한 M III 225에서는 상에 잇따르는 것으로 인해 어떻게 의식이 상으로부터 파생된 만족감에 묶이고 구속되며, 상에 족쇄가 되는 것인지를 설명하고 있다.

37 그러나 As 400에서는 그 용어를 지각된 대상의 세부사항들을 일컫는 것으로 여긴다. 한편 경전의 유사한 구절에서 "상"은 사고의 다양한 유형에 따른 것일지도 모르며, 그것은 "연상"에 해당할 수 있다(예를 들어, M I 119를 참조하라). T.W. Rhys Davids 1993:p.43는 *anuvyañjana*를 "수반되는 속성", "보충이나 추가적 표식 혹은 흔적"으로 번역한다. 이에 상응하는 한역본(Minh Chau 1991:p.82)에서는 일반적인 겉모습을 파악하는 것이 아니며, "그것에 기뻐하는 것"도 아니라고 말한다. 연상으로서의 *anuvyañjana*에 관해서는 Vimalo 1974:p.54를 참조하라.

은 인지를 일어나게 할 수 있는 기초가 될 수 있다고 설명한다. 『염처경』이 말하는 맥락에서 족쇄의 일어남과 연관된 원인을 관찰하라는 것은 특징을 만들어 내는 이러한 단계와 특별히 관련이 있다. 그러므로 이러한 단계와 그것에 영향을 줄 수 있는 가능성에 대해 보다 상세히 설명하고자 한다.

3 인지 훈련

경전에 의하면 인지(*saññā*)의 본질에 대한 통찰력 있는 이해는 깨달음을 위한 중요한 원인이 된다.[38] 관능 또는 혐오의 영향 아래에 있는 인지는 인지적 왜곡으로 인해 불건전한 생각과 의도를 일어나게 하는 원인이 되기도 한다.[39] 왜곡되고 선입견을 지닌 인지는 일상적 경험의 기본적인 구조에 영향을 미치는 현실에 대한 상당한 오해를 포함한다. 여기서 말하는 상당한 오해는 영속성, 만족, 실재성, 그리고 아름다움을 잘못하여 또는 반대로 인지하는 경우를 의미한다.[40] 인지 내에 있는 이러한 비현실적인 요소는 대개는 알아차리지 못하는 과정으로 인지된 감각 정보에 자기 자신의 잘못된 관념을 습관적으로 투사하는 것에서 비롯된다. 지각과정에 잠재되어 있는 이러한 습관적 투사는 비현실적인 기대와 그로 인한 좌절 그리고 갈등의 원인이 된다.[41]

경전에서는 이러한 비현실적인 인지평가에 대한 대책으로서 유익한 인지를 계발할 것을 제시하고 있다.[42] 이러한 유익한 인지는 경험의 모든 양상에 대한 무상함과 불만족스러

38 A II 167. 또한 Sn 779에서는 통찰력 있는 인식력에 의해서 수행자는 폭류를 건널 수 있을 것이라고 지적한다. 그리고 Sn 847에 따르면, 인지를 초월한 수행자는 속박을 초월한다.

39 M I 507에서, 인지의 왜곡(*viparītasaññā*)이란 감각적 즐거움을 행복으로 지각하는 것이라고 한다. M II 27에서는 관능, 혐오감, 잔인성의 영향 하에 있는 인지를 모두 불건전한 생각과 의도의 근원에서 찾고 있다.

40 이것들이 네 가지 *vipallāsa*이다. A II 52; Paṭis II 80; Bodhi 1992b:p.4;p.25, 각주 27)를 참조하라.

41 Fromm 1960:p.127은 "억눌린 상태에 있는 사람은 ... 존재하는 것을 보지 못하지만, 그는 사물에 자신의 상상력을 더하여, 사물의 실재를 보기 보다는 그것들을 자신의 상상력과 환상에 비추어 본다. 바로 이러한 상상력이 자신의 욕망과 불안을 만들어내는 것이다"라고 말한다. Johansson 1985:p.96은 "사물은 우리의 욕망과 편견, 분노의 렌즈를 통해 보여 지고, 그에 따라서 변형된다."고 말한다.

42 D III 251; D III 253; D III 289; A III 79; A III 83-5; A IV 24; A IV 46; A IV 387; A V 105-7; A V 109.

움을 자각하게 한다. 그 이외의 것들은 육체와 음식의 비매력적인 특성과 같은 보다 특별한 주제와 관련된다. 이러한 인지의 본질과 관련하여 염두해야 할 점은 어떤 것을 아름답거나 무상한 것으로 인지한다는 것이 반성이나 고찰의 과정을 의미하는 것이 아니라, 단지 대상의 특별한 특징을 아는 것, 즉 그것을 특별한 관점에서 경험하는 것을 의미한다는 것이다. 일반적인 인지 평가의 경우에 있어서 이러한 관점이나 선택의 행위는 의식에 전혀 존재하지 않는다. 어떤 사람이나 어떠한 것을 아름다운 것으로 인지하는 것은 주로 과거의 상황과 현재의 정신적 경향과의 결합에 의한 결과로서 일어난다. 이것은 인지가 일어나는 동안 대상의 양상이 두드러지도록 결정하는 경향이 있다. 반성적 사고는 이어서 그 상황 속으로 들어가고, 그것을 일어나게 한 인지의 종류에 의해 영향을 받는다.[43]

명상적 관점에서 중요한 점은 인지가 훈련의 과정을 거칠 수 있다는 것이다.[44] 인지를 훈련할 수 있는 능력은 인지가 정신적 습관의 결과라는 사실과 연관된다. 수행자는 인지 훈련으로 새롭거나 다른 습관이 생길 수 있으며, 그로 인해 그 사람의 인지는 점차 변한다. 이러한 인지 훈련을 위한 기본적인 순서는 습관 형성의 메커니즘 즉 경험을 특정한 방식으로 바라보는 것, 익숙해지는 것, 혹은 길들여지는 것과 연관된다.[45] 조건화된 존재의 본성에 대해 반복적으로 자각하게 함으로써 이 본성은 점점 더 익숙해지게 되고, 경험을 바라보는 자신의 방식에 그것들을 남겨놓게 된다. 그래서 미래의 일들을 인지할 때에도 이와 유사한 방식으로 일어나게 한다.

인지를 훈련하는 방법은 *Girimānanda Sutta*에 나와 있는 표현들로 간단히 예시할 수 있는데, 거기서는 반성(*paṭisañcikkhati*)과 관찰(*anupassanā*)이 인지(*saññā*)와 함께 언급되고 있다.[46] 경전에서 상세히 설명되지는 않았지만, 이 구절은 인지 훈련과 연관되어

43 M II 27. 사실 D I 185에 따르면, 인지는 시간적으로 앎(*ñāṇa*)에 선행하며, 상당한 정도의 영향력을 행사할 수 있는 시간적 선행이 "알려진" 것을 인지함으로써 활동하는 것이다; 또한 Ñāṇavīra 1987:p.110를 참조하라.

44 D I 180에서는 훈련을 통해서 몇 가지 유형의 인지는 일어날 것이며, 다른 것들은 사라질 것이라고 설명한다(이러한 표현은 선정성취의 맥락에서 나타난다); 또한 Premasiri 1972:p.12, Claxton 1991:p.25은 "지각은 명상과 같은 심리학적 수행으로 바뀔 수 있다고 주장하는 불교도의 입장은 '구성주의'의 견해를 취한 것이다."라고 지적한다.

45 그러한 인지 훈련에 대한 목록이 A V 107에 나타나며, 거기서 인지 훈련은 매번 "익숙해진 것"이나 "길들여진 것"(*paricita*)이라는 표현으로 소개되었다.

46 A V 109.

있는 두 가지 활동에 대해 제시하고 있다. 즉, 명철한 반성의 예비 단계가 지속적인 관찰 수행(*anupasanā*)을 위한 기초이다. 이 두 가지가 능숙하게 결합될 때, 이 둘은 점차 세계를 인지하는 방식을 바꿀 수 있다.

예를 들어 만약 무상에 대한 지적인 이해를 기초로 해서, 누군가가 생과 멸의 현상을 규칙적으로 관찰한다면 그 결과는 무상상(*aniccasaññā*, 無常想)의 발생, 즉 무상의 관점에서 현상을 파악하는 인지가 발생될 것이다. 그리고 만약 이러한 수행을 지속한다면 무상에 대한 자각이 점점 발생하여 실제적인 관찰의 범위를 넘어서 자신의 일상적 경험에까지 영향을 끼칠 것이다. 이와 같이 지속적 관찰은 인지의 조작 기법과 세계에 대한 자신의 관점을 점차적으로 변화시킬 수 있다.

경전에 의하면 이러한 인지 훈련은 임의대로 현상을 "유쾌한 것(*appaṭikkūla*)"이나 "유쾌하지 못한 것(*paṭikkūla*)"으로 인지할 수 있는 단계에 도달하게 한다고 한다.[47] 이처럼 인지 훈련의 완성은 이러한 평가를 완전히 초월하거나 지각적 평정이 확고히 형성되었을 때에 비로소 도달된다. 경전에서는 자신의 인지에 대한 숙달을 물 위를 걷거나 하늘을 나는 것과 같은 초능력보다도 훨씬 더 뛰어난 것으로 간주한다.[48] 이러한 흥미로운 숙달을 계발하기 위한 기초가 염처 관찰이다.[49] 사띠는 습관의 전형인, 즉 자동적이고 무의식적인 반응의 방식을 직접적으로 방해한다. 지각 과정의 초기 단계에서 주의 깊은 사띠에 의해 수행자는 인지를 훈련할 수 있으며, 그로 인해 습관적인 패턴을 고칠 수 있다. 이 문맥의 핵심은 알아차림의 수용적인 특성이며, 이는 인지된 정보에 대해 완전한 주의집중을 하게 한다. 알아차림의 이욕적 특성 역시 동일한 의미를 가지며, 그리고 그것은 즉각적인 반응을 피하게 한다.

이렇게 하여 수용되고 이욕된 사띠는 지각 과정의 초기단계에 적용되어 습관적 반응을 의식할 수 있게 되고, 자동적이고 의식적인 숙고 없이 반응하고 있는 것에 대해 판단할 수 있게 한다. 또한 이것은 지각의 선택적이고 여과적인 기법을 드러내며, 주체적 경험이

47 M III 301. A III 169에서는 이 인지훈련의 목적이 탐욕과 성냄의 발생을 제어하는 것이라고 설명한다.

48 D III 113.

49 S V 295에서 염처에 대한 설명은 인지에 영향을 미치는 능력이라는 것으로 기술된다(paṭikkūle appaṭikkūlasaññī). 명상으로 인한 지각변화의 과학적 증거는 Brown 1984:p.727에서 찾을 수 있다. 또한 Brown 1984:p.727; Deikman 1969:p.204; Santucci 1979:p.72를 참조하라.

지금까지 자신의 무의식적인 가설을 반영한다는 사실을 강조한다. 이와 같이 염처 관찰을 통해 습관과 잠재의식적 평가를 비자동화시키고 제거함으로써 불선한 인지의 발생 및 루(*āsava*)의 활동과 잠재적 경향(*anusaya*), 그리고 족쇄(*saṃyojana*)의 주된 원인을 교정할 수 있게 된다.

이러한 기술의 실제적 적용은 감각 영역의 관찰에 대한 조사의 마지막 주제이다.

4 바히야(Bāhiya)에 대한 가르침

비불교도이며 고행자인 "나무껍질 옷의 바히야(Bāhiya)"는 가르침을 받기 위해 걸식하고 있었던 붓다에게 다가갔다. 걸식하는 도중에 붓다는 그에게 인지 훈련에 대한 짧은 가르침을 주었다. 그 결과 바히야는 곧바로 완전한 깨달음을 얻게 되었다.[50] 붓다의 가르침은 다음과 같다.

> 보일 때는 보이는 것만 있으며, 들릴 때는 들리는 것만 있으며, 느낄 때는 느껴지는 것만 있으며, 알 때는 아는 것만 있다. 당신이 그것으로 인해 존재하지 않을 때 당신은 그것으로 인해 존재하지 않으며, 당신이 그 가운데에 있지 않을 때 당신은 그 가운데에 있지 않다. 당신은 여기와 거기도 그리고 그 가운데에도 있지 않을 것이다. 이것이 바로 고통(dukkha)의 종결이다.[51]

이 가르침은 보고, 듣고, 느끼고, 인지되는 것이 무엇이든지 간에 있는 그대로의 자각으로 이끈다는 것을 말한다. 이렇게 있는 그대로의 자각을 유지하는 것은 마음을 평가하거

50 Ud 8; 이러한 이유로, 그는 붓다의 제자들 중에서 이해가 빠르고 뛰어난 것으로 언급된다(A I 24). S IV 63과 S V 165에서는 바히야와 동일한 이름을 가진 어떤 비구의 깨달음을 전하고 있는데, 전자는 여섯 가지 감각을 무상함, 불만족, 비아로 관찰하는 것에 기초한 것이며, 후자는 그것을 염처에 기초한 것이라고 한다. Malalasekera(1995: vol.II, pp.281-3)에 의하면, 이들 마지막 두 가지는 Udāna 에피소드의 바히야와는 다른 사람이라고 한다. 비구들 사이에서 불화를 일으킨 또 다른 바히야가 A II 239에서 언급된다. S IV 73에서는 말룽끼야뿟따(Māluṅkyaputta) 비구가 바히야의 가르침을 받았으며, 비록 이 경우는 은둔수행기간 이후였지만, 그것이 완전한 깨달음으로 이끌었다고 한다. 또한 바히야는 신체 활동에 관한 분명한 앎이라는 맥락에서 염처의 복주석서인 Ps-pṭ I 357에서도 나타난다.

51 Ud 8.

나 감각 지각의 정보를 증가시키는 것을 방지한다. 이것은 주의 집중을 통해 연속적인 지각 과정의 첫 번째 단계를 방해하는 것에 해당한다. 여기서 있는 그대로의 자각은 감각의 문에서 일어나는 것 모두를 인지의 왜곡된 형태나 불건전한 사고 및 연상의 일어남이 없이 단순히 기록하는 것이다.[52] 감관 제어에 의해 "상(*nimitta*)"을 만들어내는 단계는 의식적 자각을 일으킨다.[53] 지각 과정의 이러한 단계에서 온전한 자각을 확립하는 것은 잠재적 경향(*anusaya*), 루(*āsava*), 그리고 족쇄(*saṃyojana*)의 발생을 방지한다.

바히야에 대한 가르침에서 언급되었던 보고, 듣고, 느끼고, 아는 행위들은 *Mūlapariyāya Sutta*에서도 나타난다.[54] 이 경전에서는 아라한이 행하는 현상에 대한 직접적인 이해와 다양한 방식으로 인지된 정보를 오해하는 지각의 일상적 방식을 대조하고 있다. *Chabbisodhana Sutta*에서는 아라한에게 있어 보고, 듣고, 느끼고, 아는 것이 없다는 설명을 성적 유혹과 거부로부터의 자유와 연관시키고 있다.[55] 다른 경전에서도 이와 같은 활동에 대해 논하고 있으며, 어떠한 형태의 동일시도 피해야 함을 특히 강조하고 있다.[56] 이 가르침은 특히 적절하며, *Alagaddūpama sutta*에 의하면 보고, 듣고, 느끼고, 아는 활동이 자신의 감각을 잘못 발달시킬 수 있다고 한다.[57] 우빠니샤드에서는 이러한 활동을 자아의 활동을 지각하기 위한 증거로 삼는다.[58]

52 이것은 동일한 용어(보여진, 들려진, 느껴진)를 채택한 숫따니빠따(Sutta Nipāta)의 몇몇 구절에 대한 함축인 것처럼 보인다. Sn 793; Sn 798; Sn 812; Sn 914를 참조하라. Mahasi(1992: p.42)는 "수행자가 보여진 것에 대해 생각하지 않고, 단지 보이는 행위에 집중했을 때, 시지각은 순간 지속될 것이다 ... 그런 경우에 오염물질은 직접 발휘될 시간이 없을 것이다."고 설명한다. Namto(1984: p.15)는 "소리를 듣고 그것을 일반적인 방식으로 인식하는 것 사이에 단 몇 초간 집중하는 것을 가르친다"고 설명한다. 위의 가르침을 깊이 생각하는 실제적 경험이 Shattock(19070: p.267)과 Walsh(1984: p.267)에 의해 설명된다.

53 S IV 73에서, 바히야의 가르침을 받은 후에 말룽끼야뿟따에게 처방한 상세한 치료법을 비교해 보라. 거기에서 그는 알아차림의 부재가 어떻게 애착의 상(相)에 집중하게 되고, 마음을 얼빠진 상태로 이끄는지에 대해서 지적했다.

54 M I 1. 또한 A II 23에서는 보고, 듣고, 느끼고, 인식된 것은 무엇이든지 완전히 이해하고 꿰뚫어 보는 붓다의 능력을 기록하고 있다.

55 M III 30.

56 M I 136과 M III 261.

57 M I 135. Bhattacharya 1980:p.10를 참조하라.

58 *Bṛhadāraṇyaka Upaniṣad*(2.4.5)에서 자아는 보고, 듣고, 생각하고, 명상되어야 하며, 자아를 보고, 듣고, 느끼고, 인식함으로써 모든 것이 알려진다고 되어 있다; *Bṛhadāraṇyaka*

바히야에 대한 가르침에 의하면, 수행자는 모든 감각의 문에서 온전한 사띠를 유지함으로써 "그것에 의해" 지각 과정의 조건적 연속으로 빠져들지 않고, 그로인해 주관적 선입견과 왜곡된 인지로 인하여 경험을 변화시키지 않게 된다.[59] 빠져들지 않는 것은 주관적 참여와 동일시의 방법으로 "그 속에" 있지 않는 것이다.[60] "그 속에" 있지 않다는 것은 바히야에 대한 가르침에 있어서 주된 측면이며, 자아 인식의 부재로써 무아(*anattā*)에 대한 깨달음이다.

"그것에 의해" 있는 것과 "그 속에" 있는 것은 모두 진전된 염처 수행의 단계를 형성하지 못한다. 명상가가 모든 감각의 문에서 온전한 자각을 지속적으로 유지할 수 있을 때 『염처경』의 "정형구"에 명기되어 있는 것처럼, "세상에 대한 어떠한 집착"에서도 벗어나 머무름으로써 "그것에 의해" 있지 않는 것이며, "독립적으로 머무는 것"을 지속함으로써 "그 속에" 있지 않는 것이 된다.

바히야에 대한 가르침의 마지막 부분에 의하면 위와 같은 방식으로 자각을 유지했을 때 수행자는 "여기"와 "저기" 그리고 그 "사이" 어떤 곳에서도 머물지 않게 될 것이다. "여기"와 "저기"를 이해하기 위한 방법은 그것들을 주관(감관들)과 그 각각의 대상들을 나타내는 것으로 여기고, 의식의 조건적 발생을 위해 "사이"에 있는 것으로 간주하는 것이다.[61]

Upaniṣad(4.5.6)에서는 일단 자아가 보고, 듣고, 느끼고 인식된다면, 모든 것은 알려진다고 언급한다.

59 "그것 때문에"라는 의미에서 "그것에 의해"(*tena*) 라는 말은 "그것 때문에" 또는 "그것에 의해"(*tena*) 수행자는 현자가 되지 못한다는 것을 지적함으로써 많은 비판을 받았다. Ireland 1997:p.160 n.3에 의하면, *tena*와 *tattha*는 이 문맥에서 중요한 단어이다.

60 "그 안에"(*tattha*)는 처격 부사이며, "거기에" 또는 "그 장소에서", "이 장소에"로 번역될 수 있다(T.W. Rhys Davids 1993:p.295). Vimalo 1959:p.27는 이 구절(*tena+tattha*)을 다음과 같이 번역한다. "그렇다면 당신은 그것에 의해 영향 받지 않을 것이다. 만약 당신이 그것에 의해 영향 받지 않는다면, 당신은 그것에 속박되지 않는다." "주관적인 참여"는 정서적 개입이 있다는 점에 대해서는 Sn 1086을 참조하라. Bodhi 1992b:p.13는 바히야의 가르침을 해설할 때, 다음과 같이 설명한다: "인지로부터 제거된 것은 정확하게 입력된 정보와 문제를 잘못된 판단과 믿음으로 왜곡하는 주관의 잘못된 전가행위이다."

61 이것은 Ñāṇavīra 1987:p.435에 따른 것이다. 그러나 주석서 Ud-a 92에서는 이러한 표현을 재생의 영역과 연관시키지만, "중간"이라는 해석은 중간의 존재를 말하는 것으로 간주해서는 안 된다는 것을 지적한다. 사실, 빨리어 주석의 전통에서 재생은 죽는 순간에 즉시 이루어진다는 것을 고수한다. 반면에 경전의 면밀한 검토에 의하면, 존재들 사이에 그러한 상태가 존재한다는 관점을 제시하는 몇몇 구절이 드러나며, 거기서 재생되는 존재는 갈애에 이끌려서 새로운 존재를 추구하지만, 만약 불환과의 단계를 좀 더 일찍 깨닫게 된다면 중간적 상태에서 완전한 깨달음에 도달할

*Aṅguttara Nikāya*의 경전에 의하면, 갈애(*taṇhā*)가 감각기관과 상응하는 대상("양쪽 끝")에 의식("중간")을 "묶는" "재봉사"의 역할을 한다고 한다.[62]

이러한 비유를 바히야에 대한 가르침에 적용할 때, 갈애의 부재에서 지각적 접촉을 위한 이 세 가지 조건은 충분히 "묶이지" 않는다. 이를테면 더 많은 확산이 발생할 것이다. 이처럼 불필요한 확산의 부재는 아라한의 인지적 특징이며, 그는 더 이상 주관적 선입견에 영향을 받지 않으며, 자아에 관한 언급 없이도 현상을 인지하게 된다. 갈애와 확산으로부터 벗어난다면, 그들은 "여기"(감관)와 "저기"(대상) 그리고 그 "중간"(의식)과 서로 동일시되지 않으며, 결국 "여기"에 있든 "저기"에 있든 그 "중간"에 있든지 간에 어떠한 형태를 이루는 것에서도 벗어나게 된다.

수 있다(*antarāparinibbāyi*는 D III 237; S V 70; S V 201; S V 204; S V 237; S V 285; S V 314; S V 378; A I 233; A II 134; A IV 14; A IV 71; A IV 146; A IV 380; A V 120에서 언급된다). 또한 Bodhi 2000:p.1902 n.65를 참조하라.

62 Sn 1042에 대해 주석하는 A III 400. 또한 Dhp 385에서, 이쪽과 저쪽의 강기슭을 모두 초월하는 것을 칭찬하여 말한 것을 참조하라. Daw Mya Tin 1990:p.132에 의하면, 그 구절은 유사한 방식으로 해석될 수 있다. Th 663에서 갈애는 다시 나타난다. 또한 Ñāṇananda 1999:p.19를 참조하라.

12

법(DHAMMAS): 깨달음의 요소(覺支)

1 깨달음의 요소에 대한 관찰

법관찰의 주제를 형성하는 정신적 특성은 깨달음으로 이끄는 조건을 제공한다. 그리고 이것이 "깨달음의 요소"로 불리는 이유이다.[1] 강이 바다를 향해 흘러가는 것과 마찬가지로 깨달음의 요소도 열반(Nibbāna)으로 향하게 한다.[2]

깨달음의 요소를 관찰하기 위한 가르침은 다음과 같다.

> 만약 알아차림의 깨달음의 요소(念覺支)가 그에게 있다면, 그는 "나에게 알아차림의 깨달음의 요소가 있다"는 것을 안다; 만약 알아차림의 깨달음의 요소가 그에게 없다면, 그는 "나에게 알아차림의 깨달음의 요소가 없다"는 것을 안다; 그는 일어나지 않은 알아차림의 깨달음의 요소가 어떻게 일어날 수 있는지를 알며, 일어난 알아차림의 깨달음의 요소가 어떻게 계발에 의해 완성될 수 있는지를 안다.
> 만약 법 분석의 깨달음의 요소(擇法覺支)가 그에게 있다면, 그는 안다... 만약 정진의 깨달음의 요소(精進覺支)가 그에게 있다면, 그는 안다... 만약 기쁨의 깨달음의 요소(喜覺支)가 그에게 있다면, 그는 안다... 만약 경안의 깨달음의 요소(輕安覺支)가 그에게 있다면, 그는 안다... 만약 삼매의 깨달음의 요소(定覺支)가 그에게 있다면, 그는 안다... "만약 평정의 깨달음의 요소(捨覺支)가 그에게 있다면", 그는 "나에게 평정의 깨달음의 요소가 있다"는 것을 안다; 만약 평정의 깨달음의 요소가 그에게 없다면, 그는

1 S V72; S V 83; Paṭis II 115. 또한 D III 97; Dhp 89; Thī 21을 참조하라. Norman 1997:p.29에 의하면, Bodhi는 "깨달음(enlightenment)"에 의해서로 번역하기보다는 "자각(awakening)"에 의해서로 번역하는 편이 더 좋으며, 이는 내가 따르는 제안이기도 하다.

2 S V 134.

"나에게 평정의 깨달음의 요소가 없다"는 것을 안다; 그는 일어나지 않는 평정의 깨달음의 요소가 어떻게 일어날 수 있는지를 알며, 일어난 평정의 깨달음의 요소가 어떻게 계발에 의해 완성될 수 있는지를 안다.[3]

깨달음의 요소에 대한 관찰은 장애에 대한 관찰과 유사하게 진행된다. 우선 자각은 정신적 특성의 존재나 부재의 문제로 시작되며, 그 다음 그것의 존재나 부재를 위한 조건으로 나아간다(아래의 그림 12.1 참조). 그러나 장애를 관찰하는 경우에는 자각이 미래에 장애가 일어나지 않기 위한 조건과 관계되며, 깨달음의 요소의 역할은 이 유익한 정신적 특성을 계발하고 확고히 확립하는 방법을 아는 것과 관계있다.

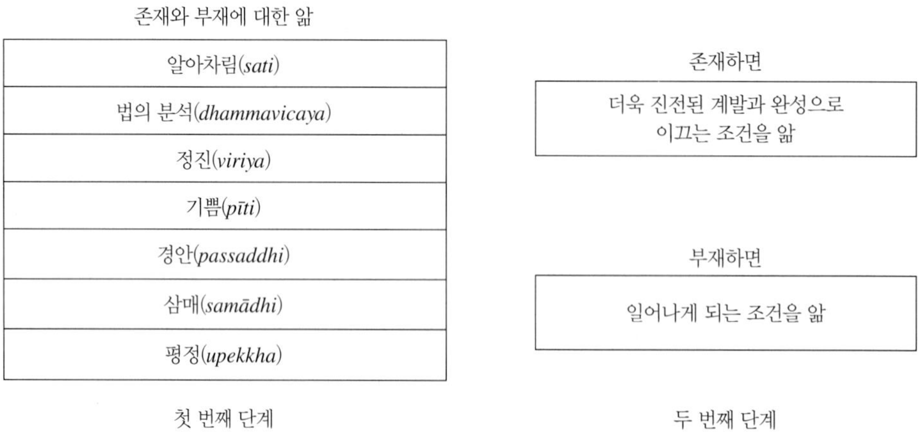

그림 12.1 일곱 가지 깨달음의 요소(七覺支)의 관찰을 위한 두 단계

장애의 관찰처럼 깨달음의 요소의 관찰을 위한 가르침에서는 알아차림을 형성하는 것 이외에 특정한 깨달음의 요소를 형성하거나 유지하기 위한 어떠한 활동적인 노력을 언급하지 않는다. 그러나 사띠의 단순한 존재가 장애에 대항하는 것과 마찬가지로 사띠의 존재는 다른 깨달음의 요소가 일어나는 것을 도울 수 있다. *Ānāpānasati Sutta* 에 의하면, 일곱 가지 깨달음의 요소(七覺支)는 최초의 원인이자 기초가 되는 사띠를

3 M I 61.

통해서 조건적으로 연관된 결과를 형성한다.[4] 이것은 깨달음의 요소의 계발이 염처 수행을 통해 얻어지는 자연스런 결과임을 의미한다.[5]

다른 요소들을 위한 기초를 제공하는 것 외에도 알아차림은 더욱이 깨달음의 요소이기도 하고, 그것의 계발은 어느 때나 모든 경우에 있어서 유익하다.[6] 나머지 여섯 가지 요소들은 세 개씩 묶어서 두 그룹으로 나눌 수 있다. 법의 분석(*dhammavicaya*), 정진(*viriya*), 그리고 기쁨(*pīti*)은 마음이 나태하고 게으를 때 특히 적합하다. 한편 경안(*passaddhi*), 삼매(*samādhi*), 그리고 평정(*upekkhā*)은 마음이 흥분되거나 활기가 넘치는 경우에 적합하다.[7]

2 깨달음의 요소의 조건적 연쇄

깨달음의 요소의 조건적 결과에 있어서 "법의 분석(*dhammavicaya*)"은 잘 확립된 알아차림을 계발하는 것이다. 이러한 법의 분석은 두 가지 양상을 조합한 것처럼 보인다. 하나는 ("법"을 "현상"으로 간주하여) 경험의 본질을 분석하는 것이고, 또 다른 하나는 붓다의 가르침("*Dhamma*")과 이 경험과의 상관 관계이다.[8] 이러한 이중적 특성은 "분석하는 것", "구별하는 것"을 의미하는 동사 *vicinati*에서 파생된 "분석(*vicaya*)"이라는 단어에서 비롯된다.[9] 그러므로 "법의 분석"은 가르침[*Dhamma*]에 정통함에 의하여 얻어진 구별을 기초로 한 주관적 경험의 분석으로 이해될 수 있다. 이러한 구별은 무엇이 건전하고 기술적인지, 그리고 무엇이 불건전하고 기술적이지 않은지를

4 M III 85와 S V 68.

5 S V 73과 A V 116에 의하면, 네 가지 염처의 계발은 일곱 가지 깨달음의 요소를 성취시킨다.

6 S V 115에서, 붓다는 사띠가 항상 유용하다는 것을 강조하여 말했다. 주석서에서는 실례로, 이 사띠의 유용성에 대해 음식을 준비할 때 소금이 필요한 것에 비유했다(Ps I 292). 또한 사띠의 중요성은 Ps I 243과 Ps-pṭ I 363에서 드러나게 되며, 거기에서 사띠는 "관찰"과 "앎"을 위한 필수적인 조건이 된다.

7 S V 112.

8 S V 68에서, "법의 분석"은 나이 든 비구에게 들은 설명에 대해 좀 더 성찰하는 것을 말한다. 이에 반해서 S V 111에서, "법의 분석"은 내외적 현상에 대해 조사하는 것을 의미한다.

9 T.W. Rhys Davids 1993:p.616.

구별하는 능력을 말한다.[10] 이것은 법의 분석을 장애로서의 의심(*vicikicchā*)과 대조시키며, 그리고 이것은 무엇이 건전하고 불건전한 것인지에 대한 명확함이 없기 때문에 일어난다.[11]

법의 분석에 대한 계발은 다음으로 정진(*viriya*)의 깨달음의 요소를 일깨운다.[12] 이러한 "정진"의 발생은 네 가지 노력을 행하는 것과 연관된다.[13] 경전에서는 이러한 정진을 "확고한" 속성을 지닌 것으로 간주한다.[14] 이러한 성질은 지속적인 노력과 정진의 필요성에 집중하도록 하며, 이것은 『염처경』의 "정의" 부분에서 언급했던 부지런함(*ātāpī*)의 특성과 유사한 설명이다. 경전에 의하면 정진은 정신적인 것이나 육체적인 것 둘 중 하나를 나타낸다.[15] 깨달음의 요소로서 정진은 장애인 나태나 게으름(*thīnamiddha*)과는 직접적으로 반대된다.[16]

깨달음의 요소의 결과로서 정진은 기쁨(*pīti*)의 일어남으로 이끈다. 깨달음의 요소로서의 기쁨은 감각적이지 않는 유형의 기쁨, 즉 선정의 달성으로 경험될 수 있는 기

10 S V 66. 또한 법의 분석에 관해서는 Jootla 1983:pp.43-8; Ledi 1983:p.105를 참조하라. 그들은 다섯 가지 보다 높은 정화의 단계와 세 가지 관찰 그리고 특별한 깨달음의 요소 아래에 열 가지 통찰지를 모은다. Mil 83에 따르면, 법의 분석은 깨달음을 위해 결정적으로 중요한 정신적 특성이다.

11 S V 104에서는 법의 분석을 위한 "자양분"을 기술하고 있으며, 정확히 동일한 용어를 사용하여 S V 106에서는 의심을 위한 "반대 자양분", 즉 건전한 것과 불건전한 것에 대한 현명한 주의집중을 설명하고 있다. 그러한 명확함은 두 가지 경우 모두 "외적"인 법뿐만 아니라 "내적"인 법과 관련된다(S V 110을 참조하라).

12 Debes 1994:p.292에 의하면, 법의 분석 효과는 실재를 경험하는데 있어서 붓다의 가르침이 유효하고 타당하다는 것을 알게 됨으로써 정진("Tatkraft")를 자각하게 하는 것이라고 한다.

13 S V 66에서는 정진의 깨달음의 요소를 위한 자양분으로서 노력과 분발을 권한다. 이에 대해 중국의 Āgama 판본은 깨달음의 요소를 위한 자양분으로서 네 가지의 올바른 노력을 언급하고 있다(Choong 2000:p.213). 이러한 제의는 동일한 구분이 네 가지 올바른 노력의 기초가 되기 때문에 이전의 깨달음의 요소, 즉 법의 분석을 수행하여 얻어진 건전한 것과 불건전한 것을 구분하는데 적합하다.

14 S V 68.

15 S V 111. Spk III 169에서는 신체의 "정진"을 위한 실례로 걷기명상 수행을 언급한다.

16 S V 104에서는 자양분을 힘의 깨달음의 요소를 위한 것으로 설명하며, S V 105에서는 나태함과 게으름을 반대 자양분으로서 설명한다.

뻠을 의미한다.[17] 깨달음의 요소의 진행은 기쁨(*pīti*)에서부터 경안(*passaddhi*)을 거쳐 삼매(*samādhi*)에 이르게 한다. 이것은 경전에서 자주 설명되는 인과적 연속을 반영한 것이며, 이와 유사하게 기쁨으로부터 경안과 삼매의 행복으로 진행되며, 지혜와 깨달음의 발생에 이르게 한다.[18]

깨달음의 요소로서 경안(*passaddhi*)은 육체와 정신의 고요함과 연관되고, 그러므로 장애, 즉 들뜸과 걱정(*uddhaccakukkucca*)을 직접적으로 없앤다.[19] 삼매로 이끄는 인과적 연속의 일부로서, 깨달음의 요소인 경안은 행복한 마음의 상태로 이끌며, 삼매를 용이하게 해준다.[20] 그러면 삼매는 고요함의 계발과 산만함의 결여로 인해 발생하게 된다.[21] 경전에 의하면 삼매는 최초의 정신작용(vitakka)이 있든 없든 깨달음의 요

17 S V 68에서는 "비세속적인 기쁨"을 설명한다. S V 111에서는 최초의 그리고 지속적인 정신 작용의 현존과 부재를 선정의 경험과 연관시키지만, 이 맥락에서 "기쁨"은 선정의 기쁨에만 국한되는 것이 아니다. 왜냐하면 감각적이지 않은 기쁨은 통찰명상의 결과일수 있기 때문이다(예를 들어, Dhp 374를 참조하라).

18 S II 32; p.166, 각주 45를 참조하라.

19 S V 104에서는 신체적, 정신적 평온함을 평온의 깨달음의 요소를 위한 자양분과 동일시하지만, S V 106에서는 마음의 고요함(*cetaso vūpasamo*)을 들뜸과 걱정에 대한 반대 자양분이라고 말한다. 주목할 만한 또 다른 점으로, 경전에서는 깨달음의 요소인 평온함과 장애인 나태함과 게으름을 신체와 정신적 측면으로 분석하고, 이 둘의 물리적이며 심리학적 요소에 대하여 기록하고 있다.

20 S V 69.

21 S V 105에서는 "고요함의 상"(samathanimitta)을 집중의 깨달음의 요소를 위한 자양분으로 권고한다. 이 "고요함의 상"은 D III 213과 S V 66에서 다시 언급된다. "상"(nimitta)은 다른 구절에서도 다양하게 나타나며, 종종 삼매의 계발과 명백한 연관이 있는 것으로 나타난다. 흔히 "삼매의 상"(*samādhinimitta*)은 D III 226; D III 242; D III 279; M I 249; M I 301; M III 112; A I 115; A I 256; A II 17; A III 23; A III 321에서 찾을 수 있다. M I 301에서, 이 삼매의 특성은 네 가지 염처와 연관되지만, M II 112에서 그것은 사마타(samatha)명상 수행을 말한다. 왜냐하면 이 구절은 이러한 삼매의 특성에 대해 내적으로 마음을 통일하고 고요하게 하여, 집중하는 것을 말하는 것이기 때문이다. 그러므로 이 삼매의 특성은 4선정의 달성을 말한 것이라고 설명한다. 몇 가지 실례에서, 수행자는 "마음의 상"(*cittanimitta*, S V 151; A III 423; Th 85)을 발견한다. 그리고 Th 85에서, 그것(마음의 상)은 비감각적 행복, 선정 동안에 비감각적 행복경험의 즉각적 연상과 관련된다. 이와 유사하게, A IV 419에서는 많은 "상"을 만들 것을 권고하며, 이 구절에서 그것(상)은 선정의 성취를 나타낸다. 관련된 또 다른 구절은 M III 157이며, 거기에서 붓다는 다양한 정신적 장애를 극복하기 위해서, 상을 "꿰뚫어 보는 것" 또는 "획득하는 것"의 필요성에 대해 말했다. 이 경전에서 극복되는 정신적 장애들은 다른 부분에서는 나타나지 않는 독특한 부분이며, 분명히 사마

소로서의 역할을 할 수 있다.[22]

깨달음의 요소의 계발을 통해 달성되는 것은 평정(*upekkha*)의 확립과 삼매의 결과로 얻어진 마음의 균형 상태이다.[23] 이러한 정제된 정신적 균형과 평형은 잘 계발된 염처의 단계와 일치한다. 이 단계는 "정형구"에 명기되어 있는 것처럼 명상가가 "독립적으로, 즉 세상의 어떠한 것에도 집착하지 않는" 상태에 머무를 수 있는 능력을 말한다.

실제로 적용할 때, 일곱 가지 깨달음의 요소는 염처수행의 진행과 이러한 깊은 평정의 단계에 대한 설명으로 이해할 수 있다. 잘 확립된 알아차림을 기초로 해서 수행자는 주관적 실제(바꿔 말하면 법의 분석)의 본질을 분석한다. 일단 지속적인 분석이 탄력(즉 바꿔 말하면, 힘)을 얻게 되면 통찰력의 증대로 관찰의 대상이 보다 더 명확해지고, 명상가는 영감(즉 바꿔 말하면 기쁨)을 받아 수행을 지속하고 싶어진다. 만약 이 시점에서 자만과 동요에 휩쓸리는 위험을 피할 수 있다면, 지속적인 관찰은 고요함의 상태, 즉 마음이 산만하지 않으며(즉 바꿔 말하면 삼매) 노력 없이도 명상의 대상에 머물 수 있게 된다. 통찰력의 성숙으로 이러한 과정은 확고한 평안과 이욕의 상태에 도달하게 할 것이다.

자각을 위해 필요한 정신적 균형이 발생하는 것은 바로 알아차림의 탁월함이 완전

타 명상과 연관된다(p.199, 각주 73을 참조하라). 그러나 Ps IV 207과 A IV 302에서 마음속에 갖고 있는 것은 아마도 신의 눈을 말하는 것으로 여겨진다. 주석서에 따른 이 해석은 이해하기가 어렵다. 왜냐하면 위의 구절은 분명히 초선정에 앞서는 수행의 단계를 다루고 있지만, 신의 눈을 계발하는 것은 반드시 4선정의 달성을 필요로 하기 때문이다. Shwe 1979:p.387는 "인과관계에 놓인 것은 그것의 영향이 나타나고, 뚜렷해지고, 특징 지워지는 것이기 때문에 상이며, 명상 중에 선정으로 이끄는 이미지나 개념, 즉 대상은 상이다"라고 설명한다. 또한 다른 맥락에서의 "상"에 관해서는 250쪽 각주 35를 참조하라.

22 S V 111. Vism 126에서는 비록 선정의 요소들이 초선정의 달성으로 완전히 안정되지만, 그것들은 이미 집중하는 동안 발생하기 시작한다고 설명한다. 그러므로 '최초의 정신작용인 삼매'라는 표현은 선정에 따른 삼매의 단계를 포함하는 것으로 여겨진다. 그 동안에 처음의 지속적인 정신작용의 나타남은 삼매를 보다 깊어지게 하며, 초선정의 성취로 이끈다. 이러한 방식으로 이해할 때, "삼매에 드는 것"에 대한 주석적 개념에 상응하는 선정에 가까운 삼매의 단계는 깨달음의 요소가 될 수 있다.

23 S V 69. Aronson 1979:p.2은 *upekkhā*는 "-을 향하여"를 의미하는 *upa*와 "보는 것"을 의미하는 동사 *ikkh*의 어원으로부터 형성된 것이라고 설명한다. 그러므로 *upekkhā*는 "멀리서 상태를 내려다 보다라는 개념"을 전달한다. Gethin 1992:p.160은 "*upekkhā*란 ... 능숙한 마음의 균형 상태이며, 균형 상태를 유지하는 힘"이라는 것을 지적한다.

한 평온을 바탕으로 일어날 때이다. 이러한 수행의 단계에서는 완전하게 내려놓게 된다. 경전에서 각지(覺支)의 계발을 위한 목적으로서 이러한 "내려놓기"는 깨달음의 요소들과 관련된 특성들의 정점을 이룬다. 이러한 특성들은 각지[깨달음의 요소]에 대한 자각의 가능성을 실현하기 위해서 "분리(*viveka*)", "이탐(*virāga*)", "소멸(*nirodha*)"에 기초해야 하며, 이런 방법으로 이들은 "내려놓기(*vossagga*)"에 이를 것이다.[24]

나머지 다른 여섯 가지 깨달음의 요소의 달성으로써 평등과 정신적 균형은 통찰지에 대한 설명 체계에서 정점을 이룬다. 이렇게 "모든 조건 지어진 현상에 대한 평정"(*saṅkhārupekkhāñāṇa*)은 깨달음을 위한 알맞은 정신적 조건과 연속의 정점을 나타낸다.

3 깨달음의 요소 계발의 이익

깨달음의 요소의 유익한 영향은 장애의 해로운 영향과는 반대되는 개념으로 이는 경전에서 자주 언급된다.[25] 이 둘은 모두 염처 관찰의 양상을 이루며, 깨달음으로 이끄는 정신적 조건을 계발하는데 있어서 중요하다.[26] 붓다에 의하면, 법(장애의 제거와 깨달음의 요소의 확립)의 관찰에서 이 두 가지 양상은 깨달음을 위해서 뿐만 아니라 세속적인 형태의 지식을 계발하기 위해서도 반드시 필요한 조건이라고 한다.[27]

이 두 가지 정신적 특성에 대한 자각을 계발하는 것의 중요성은 법의 관찰에 대한 한역과 산스끄리뜨어 판본이 장애와 깨달음의 요소를 포함하고 있다는 사실에서도 나

24 M III 88. 동일한 자각의 원동력은 팔정도(S I 88; S IV 367; S V 1-62)와 오근(S IV 365; S V 239; S V 241) 또는 오력(S IV 366; S V 249; S V 251)과 연관될 수 있다. 또한 Gethin 1992:pp.162-8을 참조하라.

25 경전에서는 깨달음의 요소를 "anti-hindrances"(*anīvaraṇā*, 예를 들어 S V 93)라고 명명함으로써 이러한 차이를 표현한다. 한역 *Madhyama Āgama*(중아함)에서, 깨달음의 요소에 대한 관찰은 즉시 법 관찰에 이어 차례로 장애의 관찰을 따른다. 그것은 어떻게 후자의 제거가 자연스럽게 전자의 발달로 이끄는 것인가를 설명한다. Minh Chau 1991:p.94; Nhat Hanh 1990:p.163를 참조하라.

26 S V 128에서, 깨달음의 요소는 정지와 정견으로 이끌지만, 장애는 정지와 정견의 부재로 이끄는 것으로 설명된다.

27 S V 121에 의하면, 그것들은 잘 학습된 것을 때때로 잊을 수 있는 이유가 되지만, 다른 때에는 집중적으로 연구되지 않은 문제들이 여전히 잘 기억될 수 있는 이유라고 한다.

타난다. 반면에 이 판본들 중 어느 것도 오온의 관찰을 언급하지 않으며, 몇몇 판본들은 감각 영역의 관찰과 사성제의 관찰을 생략하고 있다.[28] 그러므로 모든 다른 판본에서 법 관찰 중 이의 없이 수용된 것은 다섯 가지 장애(五蓋)와 일곱 가지 깨달음의 요소(七覺支)이며, 이것이 그것들의 중요성을 강조하는 부분이다.[29] 이러한 조사결과는 *Vibhaṅga*에서도 유사함을 보이며, 이 논서에서도 법 관찰을 설명하는데 있어서 이 두 가지 명상법을 기록하고 있다.[30] 몇몇 빨리어 경전에 따르면, 장애를 극복하고, 염처를 수행하고, 깨달음의 요소를 확립하는 것은 실제로 중요한 부분이며, 과거, 현재, 미래의 모든 붓다의 자각에 있어서 공통되는 뚜렷한 특징이다.[31]

깨달음의 요소를 계발하는 것은 가령 부패하는 시체의 관찰, 신의 거주처, 호흡의 알아차림, 또는 세 가지 특성에 관한 관찰을 포함하여 보다 넓은 범위의 명상수행과 결합될 수 있다.[32] 이것은 깨달음의 요소를 관찰하는 것이 명상의 기본적 대상을 포기해야 한다는 것을 의미하지 않는다. 오히려 수행자는 실제 수행에서 이 일곱 가지 정신적 특성을 자신의 통찰에 대한 진전의 국면으로 인식하는 것이며, 수행자는 자신의 최초 대상에 대한 관찰이 자각을 발생시킬 수 있도록 그것들을 의식적으로 계발하고 조화롭게 하는 것이다.

염처를 수행하는 동안 통찰력의 계발을 살피고 깨달음의 요소의 조화로운 상호작용을 감독할 수 있는 이러한 능력에는 마음의 통제라는 의미가 있다. 경전에서는 이러한 마음의 통제를 가득 찬 옷장에서 옷을 고를 수 있는 것과 비교했다.[33] 이러한 마음

28 사성제는 두 가지 *Āgama*(아함) 판본 중 어느 곳에도 나타나지 않고, 염처의 세 가지 다른 판본 중 한 곳에서만 나타난다. Schmithausen 1976:p.248을 참조하라. 여섯 가지 감각영역은 한역 아함에서 나타나지만, *Ekottara Āgama*(증일아함)에 근거한 한역본에는 깨달음의 요소와 장애의 제거에 기초한 사선정의 계발만이 나타난다. Nhat Than 1990:p.176을 참조하라.

29 Warder 1991:p.86.

30 Vibh 199. *Ñāṇatiloka* 1983:p.39는 *Vibhaṅga*에서 이러한 "생략"을 의도적인 선택의 문제로 간주한 것 같다. 또한 Ṭhānissaro 1996:p.74를 참조하라.

31 D II 83; D III 101; S V 161.

32 S V 129-33을 참조하라.

33 S V 71. 이러한 능력을 가진 비구는 사리뿟다였다. 그는 경전의 다른 곳에서도 정신 분석이라는 측면에서 탁월한 능력(M III 25)과 지혜를 지닌 사람으로 묘사되고 있다. M I 215에서, 그는 마음의 통제를 묘사하기 위해 동일한 비유를 사용했다.

의 통제에 대해 주석서에 제시되어 있는 보충적인 요소에 대한 개괄은 그림 12.2에서 알 수 있다.

경전에 명시되어 있는 것처럼, 깨달음의 요소의 발현은 붓다와 그의 가르침이 생겨날 때에만 나타난다.[34] 따라서 초기 불교도의 관점에서 보면, 깨달음의 요소의 계발은 특히 불교의 가르침이었다. 동시대의 다른 고행자들이 자신의 제자들에게 깨달음의 요소를 계발하도록 가르치고 있었다는 것은 주석에 의하면 단순한 모방의 사례이다.[35]

붓다와 일곱 가지 깨달음의 요소와의 연관은 보물과 같은 자질을 포함하여 일곱 가지 보륜(七寶輪)을 소유하고 있는 전륜왕(*cakkavatti rāja*)을 연상시킨다.[36] 전륜왕의 깨달음은 일곱 가지 값진 소유물에 의존하며, 보륜(*cakkaratana*)의 발생으로 예고되는 것과 같이 자각의 깨달음은 일곱 가지 정신적 보물인 깨달음의 요소에 의존하며, 알아차림의 발생으로 예고된다.

깨달음의 요소의 유익한 영향은 정신적 조건에만 한정된 것은 아니다. 몇몇 경전에서는 그것들의 기억이 붓다 자신을 포함해서 육체적으로 병든 아라한을 치료하는데도 충분했던 것으로 보고하고 있다.[37] 치료와 병에 대한 연상은『염처경』의 마지막 명상 수행, 즉 사성제 관찰의 기초가 되며, 이에 대해서는 다음 장에서 설명할 것이다.

---

34 S V 77; 또한 S V 99를 참조하라.

35 S V 108과 S V 112; Spk III 168에서의 주석을 참조하라. 또한 Gethin 1992:pp.177-80, Woodward 1979:vol. V p.91 n.1.를 참조하라.

36 S V 99에서는 여래의 일곱 가지 보물, 즉 칠각지와 전륜성왕의 일곱 가지 보물, 즉 바퀴, 코끼리, 말, 보석, 여성, 거사보(居士寶), 주병보(主兵寶)를 제시한다. Spk III 154는 그것들을 개별적으로 연관시킨다.

37 S V 79-81에서, 까사빠, 목갈라나와 붓다는 각각 깨달음의 요소를 암송함으로써 치료되었다. 기억의 효과와 동시에 그들 각각을 완전한 각성으로 이끈 정신적 요소의 무리를 재설정하는 것은 분명히 그들 각자의 질병을 제거하기에 충분한 효과가 있었다. 깨달음의 요소에 대한 치유력 있는 효과에 관해서는 Dhammananda 1987:p.134와 Piyadassi 1998:pp.2-4를 참조하라. 한역본은 다른 두 가지에는 없는 붓다와 관련된 실례를 보존하고 있다. Akanuma 1990:p.242를 참조하라.

알아차림(sati)	알아차림과 분명한 앎 부주의한 사람들을 피하고 주의 깊은 사람들과 어울림 (알아차림을 계발하는 쪽으로)마음을 따르려는 성향
분석(dhammavicaya)	이론적 연구 육체적 청결함 오근의 균형 지혜롭지 않은 사람들을 피하고 지혜로운 사람들과 어울림 법의 더 깊은 양상에 관한 성찰 마음을 따르려는 성향
정진(viriya)	비참한 면의 두려움에 관해 성찰하기 노력의 유익함을 보기 수행되어야 하는 길에 관해 성찰하기 누군가에게 받은 공양물을 공경하기 수행자가 따르고 있는 전통이나 자신의 스승, 붓다의 추종자로서 자신의 신분, 경건한 삶에 있어서 자비에 대한 고무적인 특성에 관해 성찰하기 게으른 사람을 피하고 활동적인 사람과의 어울림 마음을 따르려는 성향
기쁨(pīti)	붓다, 법, 승가, 덕, 관대함, 거룩함, 깨달음의 평화에 대해 회상하기 거친 사람을 피하고 정제된 사람과 어울림 고무적인 경전을 반성하기 마음을 따르려는 성향
경안(passaddhi)	좋은 음식, 기분 좋은 날씨, 편안한 자세 균형 잡힌 행동 침착하지 못한 사람을 피하고 침착한 사람과 어울림 마음을 따르려는 성향
삼매(samādhi)	육체적 청결함 오근의 균형 삼매의 특징을 파악하는 기술 자극, 제어, 기쁨, 적절한 때에 마음을 간섭하지 않는 기술 산란한 사람을 피하고 주의를 기울이는 사람과 어울림 마음을 따르려는 성향
평정(upekkhā)	사람과 사물에 대한 이욕 선입견을 가진 사람을 피하고 공평한 사람과 어울림 마음을 따르려는 성향

그림 12.2 깨달음의 요소의 계발을 위한 보조적인 조건에 대한 개괄

13

법(DHAMMAS): 사성제

염처 관찰 중 마지막 수행을 위한 가르침은 다음과 같다:

그는 "이것이 고통(*dukkha*)이다"라는 것을 있는 그대로 알고 있다. 그는 "이것이 고통(*dukkha*)의 일어남" 이라는 것을 있는 그대로 알고 있다. 그는 "이것이 고통(*dukkha*)의 멈춤" 이라는 것을 있는 그대로 알고 있다. 그는 "이것이 고통(*dukkha*)의 멈춤으로 이끄는 길"이라는 것을 있는 그대로 알고 있다.[1]

1 고통(*dukkha*)의 함축적 의미

다른 경전에서 설해진 상세한 설명에 따르면, 사성제 중에서 첫 번째 고통(*dukkha*)은 질병이나 죽음과 같은 육체적 사건과 관련되고, 욕구나 소원을 만족시킬 수 없는 것으로부터 일어나는 정신적 불만과도 관련된다.[2] 첫 번째 성스러운 진리가 지적하고 있는 것처럼, 이러한 모든 형태의 고통은 마지막 분석에서 오온으로 인하여 존재에 연연해하는 기본적인 다섯 가지 집착을 규명해 낼 수 있다.

붓다는 고통을 매우 강조했지만, 이것은 실재에 대한 그의 분석이 존재의 부정적인 측면과 관계가 있다는 것만을 뜻하지는 않는다. 사실 고통에 대한 이해와 그것의 발생은 세 번째와 네 번째의 성스러운 진리로 이끈다. 그리고 이것은 고통으로부터 벗어난 긍정

1 M I 62.

2 S V 421에서 Gethin 1992:p.18은 다음과 같이 말한다: "첫 번째 성스러운 진리는 고통이 존재한다는 것을 밝힌 것이라기보다는 무엇이 고통인지에 대한 깨달음을 보여준 것이다." Hamilton 1996:p.206은 "첫 번째 성스러운 진리란 ... 만약 이것이 가치판단이 아닌 진실명제로 마음속에 받아들인다면 가장 정확하게 이해될 수 있다."는 것을 지적한다.

적인 가치이며, 자유로 이끄는 실질적인 방법과 연관이 있다. 붓다 스스로가 분명히 말했던 것처럼, 사성제의 깨달음은 행복을 수반하는 것이고, 팔정도는 기쁨을 생기게 하는 방법이다.[3] 이것은 고통에 대한 이해가 반드시 좌절이나 절망에 관한 문제만은 아니라는 것을 나타낸다.

*dukkha*는 종종 "고통"으로 번역된다. 그러나 고통은 사실 고통(*dukkha*)의 한 가지 양상만을 나타내며, 이 용어의 함축적 의미는 영어의 한 단어로 표현하기는 어렵다.[4] *dukkha*는 산스끄리뜨어의 *kha*에서 파생된 것으로 보며, 그것의 의미 중 하나는 "바퀴의 차축 구멍(axle-hole of a wheel)"이다. 그리고 그 접두사 duḥ는 "어려움" 혹은 "나쁨"을 의미한다.[5] 그러므로 그 말은 구멍에 정확히 들어맞지 않는 차축(axle)의 이미지를 떠오르게 한다. 이러한 이미지에 의하면, 고통(dukkha)은 "조화롭지 않음" 혹은 "마찰"을 의미한다. 또한 달리 고통은 동일한 접두사 *duḥ*(=*dus*)와 결합하여 "서 있는 것" 혹은 "머무르는 것"을 뜻하는 산스끄리뜨어 *stha*와 연관될 수 있다.[6] "바르지 못하게 서있는 것"을 의미하는 고통은 "불안감" 또는 "불편함"이라는 뉘앙스를 내포하고 있다.[7] "*dukkha*"의 다양한 뉘앙스들을 파악하기 위해서는 이 용어를 번역하지 않은 채 그대로 두는 것이 최선이겠지만 "불만족스러움"으로 번역하는 것이 가장 적절할 것이다.

이 용어에 대한 신중한 번역의 필요성은 *Nidāna Saṃyutta*에 나오는 구절의 도움으로 설명될 수 있다. 그 구절에서 붓다는 느껴지는 것은 모두 *dukkha*에 포함된다

3 S V 441과 M I 118.

4 T.W. Rhys Davids 1993:p.324; Wijesekera 1994:p.75.

5 Monier-Williams 1995:pp.334 (*kha*), 483 (*duḥkha*); 또한 Smith 1959:p.109를 참조하라. 해당되는 빨리어는 접두사 *du*(어려움, 나쁨)와 *akkha*(바퀴의 차축)이다. T.W. Rhys Davids 1993:pp.2, 324를 참조하라. Vism 494에서는 *kha*를 허공(*ākāsa*)과 연관시킴으로써 그 용어에 대해 창의적인 설명을 부여하고, 이를 통해 그것은 영원함, 아름다움, 행복 그리고 자아의 부재를 의미하는 것으로 여겨졌다.

6 Monier-Williams 1995:p.1262.

7 또한 Ñāṇamoli 1991:p.823 n.8는 dukkha가 모든 경험의 특징으로 사용될 때, dukkha에 대한 적절한 번역으로 "불안감"을 제시한다.

고 말하고 있다.[8] 여기서 *dukkha*를 정서적인 특징으로 이해하고, 모든 느낌이 "고통" 이라는 것을 내포하는 것으로 여기는 것은 느낌을 세 가지 서로 다른 유형(불쾌한 느낌, 즐거운 느낌, 중립적 느낌)으로 분석한 붓다의 입장과는 상충한다.[9] 또 다른 곳에서 붓다는 모든 조건 지어진 현상의 무상성을 말하기 위해 "느껴지는 것은 모두 고통에 포함된다." 라고 설명했다.[10] 그러나 느낌의 변화성은 반드시 "고통"으로 경험될 필요는 없다. 왜냐하면 고통스러운 경험에 있어서 변화는 즐거움으로 경험될지도 모르기 때문이다. 그러므로 모든 느낌이 "고통"은 아니며, 느낌의 무상성도 "고통"이 아니다.[11] 그러나 모든 느낌은 그 중 어느 것도 지속적인 만족감을 줄 수가 없기 때문에 "불만족스러움"이다. 즉 모든 조건 지어진 현상의 성질로서 *dukkha*는 반드시 "고통"으로 경험될 필요는 없다. 왜냐하면 누군가가 고통을 경험하기 위해서는 충분한 애착을 필요로 하기 때문이다.

2 사성제

고통은 어떤 형태의 집착에 기인한다는 것이 두 번째 성스러운 진리(集聖諦)의 의미이다. 이것에 의하면, 현상의 불만족스러운 상태를 실제 고통으로 인식하기 위해서는 갈애(*taṇhā*)가 필요하다.[12]

세 번째 성스러운 진리(滅聖諦)가 나타내는 것처럼, 일단 아라한이 모든 집착과 갈

---

8 S II 53.

9 D II 66에서 붓다는 즐거운 느낌을 경험할 때, 사람은 다른 두 가지 유형의 느낌을 경험하지는 않을 것이라는 것을 지적한다. 다른 구절에서는 붓다에 의하면, 특정한 종류의 경험과 그에 상응하는 존재의 영역은 순수한 기쁨 또는 행복이라는 것을 가리킨다. 예를 들어 M I 76에서는 (천상에 재생함으로써) 온전히 즐거운 느낌을 경험하는 것을 말하고 있다. 그리고 M II 37에서는 (삼선정의 달성에 상응하는 브라흐마의 세계인) 완전히 즐거운 세상이 있다고 단언한다. 또한 Nanayakkara 1993a:p.538를 참조하라.

10 S IV 216. M III 208에서는 동일한 표현을 언급하고 있다. 또한 Ñāṇamoli 1995:p.1340 n.1227; Ñāṇavīra 1987:p.477를 참조하라.

11 M I 303에서는 즐거운 경험의 변화는 고통으로 경험될지도 모르며, 고통의 경우에 있어서 변화는 즐거움으로 경험될지도 모른다는 것을 지적한다.

12 S V 421. 또한 Gruber 1999:pp.94, 194; Nanayakkara 1989:p.600을 참조하라.

애의 흔적을 제거하면, 그러한 고통도 근절된다. 그러므로 "고통"은 "불만족스러움"과는 달리 현상계에 내재하는 것이 아니며, 단지 자각되지 못한 마음이 그것들을 경험하는 것이다. 이것이 사성제의 근원 주제이다. 집착과 갈애로 인한 고통은 깨달음에 의해 극복될 수 있다. 모든 조건 지어진 현상의 불만족스러운 특성은 아라한에게 더 이상 고통을 일으키지 못한다.

그러므로 사성제는 수행해야 할 실천적 방법(*magga*, *paṭipadā*)을 묘사함으로써 극복을 위한 조건을 상세히 다루고 있다. 이 팔정도(八正道)는 무지한 일반사람(*puthujjana*)이 아라한이 되기 위해 계발해야할 주된 활동과 특성을 다루고 있다.[13] 이 문맥에서는 바른 알아차림(*sammā sati*)이 정견, 정어, 그리고 정업과 같은 다른 요소들과 병치(竝置)되기 때문에, 팔정도는 염처의 계발을 위해서 반드시 필요한 체제이다.[14] 다시 말해서 염처는 다른 일곱 가지 요소들과 상호 의존적으로 받아들여질 때, "바른 알아차림(*sammā sati*)"이 된다.[15]

사성제는 붓다의 깨달음에 대한 정수를 표현한 것이며, 처음으로 공식적인 경전에 기록된 내용 가운데 중요한 주제가 된다.[16] 이 네 가지 진리는 실재와 일치하기 때문에 그것은 네 가지 "성스러운" 진리로서 "성스러운" 것으로 간주된다.[17] 4단계 구조의

13 팔정도의 요소에 추가하여 다섯 가지 방식(설명)이 명상의 맥락에 적용될 수 있으며, 정어, 정업, 정명의 성취를 예상하는 것을 종종 찾을 수 있다. M III 289; Vibh 238-240; Kv 600에서의 논의; Ñāṇatiloka 1983:p.32를 참조하라. 열 가지는 역시 D II 217과 M III 76에서 나타난다. 그것은 아라한의 자질 즉 정지와 정해탈을 추가한다.

14 올바른 알아차림의 요소로써 염처는 특히 정견과 밀접하게 연관되어 있다. 왜냐하면 바른 알아차림은 정견을 확립할 필요가 있지만, 다른 한편으로 정견은 모든 다른 요소들을 위한 기초의 역할을 한다(D II 217과 M I 71을 참조하라). 또한 Vibh 242에서는 정견을 다른 일곱 가지 요소들의 "근원"이라고 말한다. 도제의 진보를 위한 기초로서 정견에 대한 필요성은 Bodhi 1991:p.3와 Story 1965:p.167에 의해 강조된다.

15 또한 이 말은 "함께함" 혹은 "하나 안에서 서로 연결된 것"의 의미를 갖는 *sammā*의 뉘앙스를 강조한다, 74페이지를 참조하라.

16 S V 422.

17 S V 435. S V 435의 또 다른 경전에서는 그것들의 저자가 "성스러운 자"이기 때문에 그렇게 불린다는 선택적인 설명을 제공하고 있다. 이전의 것과는 달리 이 경전은 한역 아함에서 빠져있다. Akanuma 1990:p.263를 참조하라. Norman 1984:p.389에 의하면, "성스러운" 속성은 역사적으로 사성제에 대한 가장 이른 표현이 아니었을지도 모른다고 한다.

근간은 고대 인도의학에서 사용된 진단 및 처방의 4단계 방법과 유사하다 (아래 그림 13.1을 참조).[18] 이와 유사한 것이 여러 경전에 나타나며, 거기서는 붓다를 의사에 비유하고, 그의 가르침을 약에 비유한다.[19] 이러한 제시는 현실에 대한 실제적 분석으로써 사성제의 실용적인 가르침을 나타낸다.[20]

병	고(*dukkha*, 苦)
바이러스	집(*craving*, 集)
건강	멸(*Nibbāna*, 滅)
치료	도(*path*, 道)

그림 13.1 고대 인도의학과 사성제의 4단계 구조

모든 동물의 발자국이 코끼리의 발자국 안에 들어맞을 수 있는 것과 마찬가지로 건전한 상태는 무엇이든지 모두 사성제에 포함될 수 있다.[21] 반면 누군가가 사성제를 이해하지 않고도 깨달음을 얻을 수 있다고 믿는 것은 마치 집의 아래층과 기초를 세우지 않고, 집의 위층을 지으려고 노력하는 것과 같다.[22] 요약하자면, 이러한 비유는 사성제의 중요성을 강조한 것이다.

18 De la Vallée Poussin 1903:p.580; Padmasiri de Silva 1992a:p.166; Pande 1957:p.398. Wezler 1984:pp.312-24에 의하면, 이러한 체계가 붓다의 사성제의 형식보다 앞선다는 증거는 없으며, 따라서 그것이 의학에 의한 그의 가르침으로부터 채택되었다는 것도 가능하다. 사성제와 아주 유사한 것이 Patañjali(II 15-26) *Yoga Sūtra*에서도 나타난다. 그것에 대한 상세한 언급은 Wezler 1984:pp.301-7에서 알 수 있다.

19 M II 260; A IV 340; It 101; Sn 560; Sn 562; Th 1111. A III 238에서는 숙련된 의사가 병자의 질병을 빨리 없앨 수 있는 것처럼, 붓다의 가르침은 자신의 모든 슬픔과 비탄을 없앨 것이라고 설명한다. 또한 Ehara 1995:p.275; Vism 512를 참조하라.

20 Buswell 1994:p.3은 초기불교를 "영적인 실용주의이며, 종교적 명제의 진리가 실제적인 효용을 이룬다"고 말한다.

21 M I 184.

22 S V 452.

3 사성제의 관찰

사성제 각각은 수행자에게 다음과 같이 나름의 요구를 하고 있다. 즉, *dukkha*는 "이해" 되어야 하며, 그것의 발생은 "제거" 되어야 한다. 또한 그것의 중지는 "실현되어야만 하는" 것이며, 이 실현을 위한 실천적 길이 "계발"되어야 한다.[23] 특히 오온(五蘊)은 이해되어야 하며, 존재에 대한 무지(無知)와 갈애는 완전히 포기되어야 하며, 앎과 해탈은 깨닫게 되는 것이며, 고요함(*samatha*)과 통찰(*vipassanā*)은 계발되어야 한다.[24]

관찰(*anupassanā*)의 목적을 위해서 *Dvayatānupassanā Sutta*에서는 *dukkha*와 그것의 발생, 또는 그것의 소멸과 그 소멸로 이끄는 방법에 집중할 것을 제의한다.[25] 이는 법의 관찰에서 발견되는 두 단계의 결과와 일치한다. 즉, 각각의 상황에서 특별한 현상의 현존과 부재를 인식하는 것은 현존과 부재의 원인에 대한 직접적인 알아차림을 포함한다(그림 13.2를 참조).

첫 번째 단계		두 번째 단계
*dukkha*를 앎	→	*dukkha*의 발생으로 이끄는 조건을 앎: 갈애
*dukkha*의 소멸을 앎	→	*dukkha*의 극복으로 이끄는 조건을 앎: 팔정도

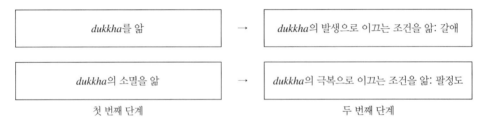

그림 13.2 사성제 관찰의 2단계

세속적인 수준에 적용하면, 사성제의 관찰은 가령 누군가의 기대감이 좌절되었을 때, 누군가의 입지가 위협 받았을 때, 혹은 원하는 대로 일이 잘되지 않을 때와 같이 일상생활에서 발생하는 존재에 대한 집착(*upādāna*)의 형태를 가리킬 수 있다.[26] 여기서 해야 할 것은 집착과 기대감의 강화로 이끄는 근저에 놓여 있는 갈애(*taṇhā*)의 패

23 S V 436.

24 S V 52와 A II 247. S III 159와 S III 191에서는 오온을 "이해하는 것"은 탐욕, 분노, 어리석음의 제거를 의미하는 것으로 설명한다.

25 Sn(게송 724 앞의 산문구).

26 첫 번째 성스러운 진리의 표준적인 형식은 "사람이 원하는 것을 얻지 못하는 것"을 *dukkha*의 측면 중 한 가지와 동일시한다.

턴과 그것의 결과로 나타나는 어떤 고통의 형태를 아는 것이다. 이러한 이해는 계속해서 갈애의 제거를 위한 기초가 된다. 그런 제거로 인해서 집착과 고통은 어쨌든 순간적으로 극복될 수 있다. 이런 방식으로 수행할 때, 수행자는 점차 혼동 속에서 평정을 유지할 수 있게 된다.[27]

사성제는 염처에서 마지막 명상 수행일 뿐만 아니라 관찰의 연속에 대한 결과를 구성한다. 그리고 그것들은 법에 대한 각각의 다른 관찰과도 연관될 수 있다.[28] 주석서에서는 더 나아가 『염처경』에서 설명된 각각의 명상 수행을 사성제의 체계와 연관시킨다.[29] 사실 모든 염처 관찰의 성공적인 완성은 열반(*Nibbāna*)에 대한 깨달음이며, 그것은 세 번째 고귀한 진리(滅聖諦) 즉 "있는 그대로"를 아는 것과 일치한다.[30] 그러나 세 번째 고귀한 진리에 대한 완전한 이해는 네 가지 모두를 꿰뚫는 것을 내포하고 있다. 왜냐하면 그 각각은 동일한 깨달음에 대한 다른 측면이기 때문이다.[31] 그러므로 사성제는 열반의 깨달음으로 향하게 하는 직접적인 길로서 염처의 성공적인 완성에 있어서 최고 정점이 된다.

---

27 S I 4와 S I 7에서는 이러한 표현을 아라한의 내적인 균형과 유연성을 설명하기 위해 사용한다.

28 S IV 86에서는 사성제의 체계를 여섯 가지 감각영역에 대한 이해에 적용한다(또한 S V 426을 참조하라); 반면에 M I 191과 S V 425에서는 사성제의 체계를 온에 적용한다. 『염처경』에서 장애와 깨달음의 요소에 대한 관찰은 사성제의 진단체계와 유사한 근본적인 형태에 따라 구성한 것이다. 왜냐하면 각각의 관찰은 각각의 정신적 특성의 나타남과 사라짐, 현존과 부재의 원인이 되기 때문이다.

29 사성제의 체계는 Ps I 250에서 호흡의 알아차림에 적용되며, Ps I 272에서는 네 가지 자세에, Ps I 270에서는 행동에, Ps I 271에서는 해부학적 부분에, Ps I 272에서는 네 가지 요소에(四大), Ps I 279에서는 느낌에, Ps I 280에서는 마음에, Ps I 286에서는 장애에, Ps I 287에서는 온에, Ps I 289에서는 감각 영역에, Ps I 300에서는 깨달음의 요소에 적용된다.

30 Vibh 116에서는 세 번째 고귀한 진리란 조건 지어진 것이 아니라는 것을 지적한다. 또한 S V 442에 따르면, 예류과의 뚜렷한 특성은 사성제에 대한 완전한 이해이다.

31 S V 437. 또한 Kv 218; Vism 690-2; Bodhi 1984:p.126; Cousins 1983:p.103을 참조하라. 사실 Sn 884에 의하면, 한 가지 진리만이 있다. 그것은 사성제의 체계가 네 가지 분리된 진리를 의미하지 않는다는 것을 제시하고 있다. 그러나 한역 *Saṃyukta Āgama*에 따르면, 사성제에 대한 깨달음은 연속적으로 일어나는 것이다. 처음에 고통의 진리를 완전히 아는 것에 의해 다른 고귀한 진리의 각각을 이해하게 된다. Choong 2000:p.239.

14

깨달음

『염처경(*Satipaṭṭhāna Sutta*)』의 마지막 구절은 변화하는 시간 속에서 깨달음의 "예지"를 보여준다. 그 구절은 다음과 같다.

> 만약 누군가가 7년... 6년... 5년... 4년... 3년... 2년... 1년... 7개월... 6개월... 5개월... 4개월... 3개월... 2개월... 1개월... 보름... 일주일 동안 그러한 방식으로 사념처를 닦으면, 그에게 두 가지 결과 중 한 가지가 기대된다: 지금, 여기에서 궁극의 앎을 얻거나 아니면, 집착이 남아 있으면 불환자가 된다. 그래서 이것을 참고로 하여 말하자면 다음과 같다:
> 비구들이여! 이것은 존재의 정화를 위한, 슬픔과 비탄의 극복을 위한, 고통과 불만족의 사라짐을 위한, 진실한 방법을 얻기 위한, 열반(Nibbāna)의 깨달음을 위한 올바른 길, 즉 사념처이다.[1]

나는 깨달음을 향한 진전이 "점진적"인지 또는 "순간적"인지에 관한 이러한 예지와 논의에 대해 먼저 고찰할 것이다. 이 장에서 나는 "열반(*Nibbāna*)의 깨달음", 즉 위의 구절에서 언급한 염처의 목표에 대한 관념, 관점, 암시 등에 대해서 고찰할 것이다.

1 M I 62. 깨달음의 보다 더 높은 두 단계와 관련된 예지가 S V 181에서는 염처를 위해, S V 314에서는 호흡의 관찰을 위해서 다시 나타난다. 그러나 또한 다른 문맥의 여러 부분에서도 나타난다(S V 129-33; S V 236; A III 82; A III 143; A V 108; Sn 724-65; It 39-41).

1 점진적인 것과 갑작스러운 것

위의 인용문에 따르면, 염처 수행은 자각의 네 단계 중에서도 더 높은 두 단계인 불환과와 아라한과로 이끄는 잠재력을 가지고 있다. 이 구절이 깨달음의 높은 두 단계에 대해 말한다는 사실은 열반의 직접적인 길로서의 염처의 완전함을 강조함으로써, 적어도 오하분결(*saṃyojana*, 五下分結)의 근절로 이끄는 염처의 능력에 주의를 기울이게 하여 감각적 욕망과 혐오로부터의 완전한 자유를 얻게 한다.[2]

이러한 예지의 두드러진 특징은 염처 수행이 시간의 경과에 따라 성과를 거두는 변화이다.[3] 분명히 능력이 부족한 사람조차도 최대 7년 이내에 욕망과 혐오로부터 해방될 수 있으며, 우수한 능력을 지닌 사람은 단지 7일 이내에 그렇게 할 수 있다.[4] 그러나 이러한 예지를 평가할 때, 이 7이라는 숫자는 완성된 기간이나 시간의 순환을 나타내는 상징적 특성을 지니고 있다는 점을 유념할 필요가 있다.[5]

한역 *Madhyama Āgama*(중아함)에서는 깨달음의 예지가 빨리어 경전보다 훨씬 더 빠른 깨달음을 주장하며, 비록 바로 그날 아침에 수행을 시작했을지라도 저녁에 깨달음이 일어날 수 있음을 보여준다.[6] 단 하루나 하루 밤에 염처를 통한 그러한 즉각적인 깨달음의

2 감각적 욕망과 미혹으로부터의 해방은 『염처경』의 "정의" 부분에서 어느 정도까지는 예지의 반향으로 예상된다(M I 56). 그리고 그것은 염처 수행을 욕망과 불만족으로부터의 해방과 연관시킨다. 그러나 Horner(1934: p.792)는 "만약 집착이 남아 있다면"이라는 표현을 문자적으로 그 또는 그녀의 죽음에 상반되는 것으로써 아라한의 깨달음을 표현한 것이라고 이해한다. 또한 Masefield(1979: p.221)를 참조하라.

3 동일한 것이 D III 55의 다른 문맥에서 나타난다. 거기에서는 붓다가 그러한 다양한 기간에 걸쳐서 제자들을 깨달음으로 인도할 수 있었다고 말한다. 이것은 염처와 관련된 언급일 수 있다. 왜냐하면 붓다는 그가 제자들에게 무엇에 대해 가르쳤는가에 대해 보다 구체적으로 명시하지 않았기 때문이다.

4 이 구절에 대해서는 Knight 1985:p.3; Solé-Leris 1992:p.103를 참조하라.

5 T.W. Rhys Davids 1993:p.673에 따르면, 숫자 7은 빨리어로 "특이한 마술의 비구름"으로 여겨진다. 그리고 그것은 이러한 예지를 너무 문자적인 의미로 여기는 것을 방지한다. 숫자 7에 대한 그러한 상징적인 용례에 대한 실례는 A IV 89에서 찾을 수 있다. 거기에서 붓다는 그의 과거 삶을 7년간의 자비관 수행의 결과로서 그는 칠겁 동안 이 세상에 다시 태어나지 않았으며, 그는 일곱 번 마하 브라흐마(Mahā Branmā)가 되었으며, 일곱 번에 걸쳐 그는 전륜왕이 되었으며, 전륜왕 칠보를 갖추었다고 이야기했다. 게다가 위의 예지에 대해 염처경의 끝에서는 숫자를 셀 때, "1년"은 "열한 달"이 아니며, 예상되듯이 "일곱달"이며, 그러한 순서가 수학적인 논리를 따르지 않는다는 것은 주목할 만하다. Dumont 1962:p.73에 의하면 (고대 인도에서) 숫자 7은 ... 전체를 가리킨다.

6 Minh Chau 1991:p.94; Nhat Than 1990:p.166.

가능성은 빨리어 주석에서도 인정되지만,[7] 경전에서는 이것을 단지 다섯 가지 "정진의 요소"(*pañca padhāniyaṅga*)와 관련해서만 말한다.[8]

염처 수행이 성과를 거두는데 있어서 시간의 변화는 깨달음의 결정적 순간이 올바른 수행 동안에는 언제든지 나타날 수 있음을 의미한다. 즉 사띠가 잘 확립되면(*supatiṭṭhita*) 매순간 잠재적인 깨달음으로 충만해 있다는 것이다.

깨달음으로 나아가는 과정은 예상치 못한 "갑작스러운(sudden)" 깨달음의 돌파구에 대항하는 것으로서 "점진적인" 패턴을 어느 정도 따르는지에 대한 의문을 일으킨다.[9]

경전에 의하면, 하루 동안의 수행에서 근절되는 오염물질의 양을 정확히 측정하는 것은 마치 목수가 하루 동안 사용한 그의 끌의 손잡이가 닳아진 정도를 측정할 수 없는 것과 마찬가지로 불가능하다고 한다.[10] 그러나 목수는 반복된 사용 이후에 손잡이가 낡게 되었다는 것을 알게 되는 것처럼, 명상가 역시 반복적인 수행 후에 오염물질이 점점 더 약해지고 제거되어 가는 것을 알 수 있다. 이러한 비유는 비록 정확히 측정할 수 없지만 깨달음을 향한 점진적 과정을 나타낸 것이다.

실제로 깨달음을 향한 진전에 있어서 점진적 특성은 경전에서 되풀이되는 주제이다.[11] 경전에서는 법 수행의 진전이 대양이 점점 깊어지는 것과 같이 점차적으로 깊어진다고 설명한다.[12] *Aṅguttara Nikāya*의 어떤 구절은 정화 과정의 점진적 특성을 점차적으로 정련되는 금, 즉 처음에는 거칠고 중간정도의 불순물이 제거되지만 점차 미세한 불순물이 제거

7 Ps I 302.

8 그러나 M II 96에서는 붓다가 직접 수행자들을 훈련시켰다는 자세한 설명이 있지만, 『염처경』에는 자세한 설명이 규정되어 있지 않다. 이것은 단 하루 만에 깨달음을 얻기 위해서는 스승으로서 붓다의 개인적인 출현이 필요했다는 것을 제의한다. 이 경전에서 언급된 다섯 가지 정진의 요소는 현상의 나타남과 사라짐에 관련된 자신감, 신체적 건강, 정직, 정진, 지혜이다(이것들 중 가장 마지막은 특히 "정형구"에 명기된 생성과 소멸의 특징을 명상하는 염처수행의 결과를 대표할 수 있다).

9 "갑작스러운"것과 "점진적인" 것에 관해서는 Gethin 1992:pp.132, 246; Nanayakkara 1993b:p.581을 참조하라. Pensa 1977:p.335는 이러한 구분을 정점과 안정기 사이의 차이점과 연관시킨다.

10 S III 154와 A IV 127.

11 M I 479; M III 2; A I 162. 또한 Strenski 1980:pp.4, 8를 참조하라.

12 Vin II 238; A IV 200; A IV 207; Ud 54.

되는 것에 비유하여 설명한다.[13]

이것과 유사하게 정신수양의 영역에서도 처음에는 조대한 유형의 불순이 제거되고 나서야 비로소 보다 미세한 단계로 나아갈 수 있다.

또한 이와 유사한 것으로 세 가지 훈련의 수행인 계(*sīla*), 정(*samādhi*), 혜(*paññā*)를 적당한 때에 농작물을 심고 물을 주어야 하는 농부에 비유했다.[14] 농부와 세 가지 훈련의 수행자는 모두 "이제 나의 노력이 결실을 맺어 열매를 맺도록 해 주십시오"라고 말할 신비한 힘을 갖고 있지 않다. 그러나 그들의 지속적인 노력은 바라는 결과를 초래할 것이다. 이 비유는 자각의 증진이 자연에서 식물의 성장에 비유될 수 있으며, 자연적 역동성을 따른다는 것을 나타내고 있다.

깨달음을 향한 진전에 대한 또 다른 교리적 설명은 알을 품고 있는 암탉의 비유이다. 암탉이 꾸준히 알을 품다보면, 병아리가 부화되는 것처럼 수행자의 꾸준한 수행은 때가 오면 깨달음으로 이끈다.[15] 병아리가 갑작스럽게 껍질로부터 나오는 것은 암탉이 알을 품음으로써 이루어지는 점진적인 내적 발달의 과정에 달려 있는 것이다. 이와 마찬가지로 열반의 순간적인 약진은 내적인 계발과 정신수양의 점진적 과정에 달려있다. 암탉이 곧바로 병아리가 껍질을 깨도록 할 수 없는 것과 마찬가지로 열반의 깨달음도 곧바로 일어나게 할 수 없다. 두 가지 모두 만약 반드시 필요한 조건에 놓인다면 서두르지 않고도 나타나게 될 것이다.

이 구절은 자각의 과정이 점진적인 과정에 따른다는 것을 분명히 말하고 있다. 그러나 다른 한편으로 경전에서 설명된 예류과의 몇몇 깨달음은 일반적으로 붓다가 설한 경전을 듣는 동안 "갑작스러운" 방식으로 일어난다. 이러한 사례들을 고려할 때, 경전을 듣는 것은 마치 정신집중을 점차 계발하거나 통찰명상을 하지 않고서도 깨달음을 일으키기에 충분한 것처럼 보인다.[16] 그러나 여기서 또 한 가지 고려해야 할 것은 만약 누군가 홀로 은둔

13 A I 254. 또한 Dhp 239를 참조하라.

14 A I 240.

15 M I 104; M I 357; S III 154; A IV 125. 이러한 비유는 다소 유머러스한 함의를 갖는다. 왜냐하면 어떻게 보면 그것은 집중적인 수행에 몰두한 명상가를 알을 품은 닭과 연관시키고 있기 때문이다. 그 두 가지 모두 많은 시간을 앉아서 보낸다.

16 사실 Dhammavuddho 1999:p.10는 *sotāpanna*(예류)를 경전을 듣자마자 깨닫게 되는 "성문과(ear-entry)"로 번역할 것을 제의한다. 유사하게 Masefield 1987:p.134는 *sotāpanna*에서 *sota*

하여 명상하는 동안 예류과를 얻었다면 이것은 가르침이 원인이 되어 일어난 것이 아니며, 그러므로 후에 기록되지 않았다는 점이다.[17] 그런데 만약 누군가가 붓다의 가르침을 듣는 도중에 예류과의 깨달음을 얻었다면 이러한 상황은 후에 기록된 경전의 일부분이 되었다. 사실 많은 경전들이 예류과의 깨달음으로 이끄는 통찰 명상에 대한 가능성을 증명했다. 이것은 만약 예류과의 깨달음이 오로지 경전을 듣는 것에만 달려있다면 무의미한 진술이 될 것이다.[18] 이 외에도 만약 간단히 경전을 듣고 이해하는 것만으로 깨닫는데 충분하다면, 붓다는 그토록 많이 명상에 대한 가르침을 주지 않았을 것이다.[19]

한 재가자가 술에 약간 취했음에도 불구하고 예류과를 얻을 수 있었다는 한 가지 실례가 점진적 길에 대한 요약본에서 발견된다. 이 사람은 붓다를 처음 만났을 때, 술에서 깨어났고 점진적인 경전의 가르침을 받은 후에 거기서 예류과를 깨달았다.[20] 이처럼 특별한 경우에 붓다와의 개인적인 만남이 갖는 영향력은 너무나 강렬해서, 그가 조금 전 술에 취했음에도 불구하고 예류과를 얻을 수 있었다. 이 재가자 외에도 살아 있는 동안 술을 절제

를 "흐름(stream)" 이라기보다는 "듣는 것(hearing)"이라고 말한다. 그러나 경전을 고려하면, 법(*Dhamma*)을 듣는 것은 S V 347에서 예류과의 요소 중의 하나로 언급되지만, 동일한 경전에서는 분명히 "흐름(stream)"을 팔정도와 관련 있는 것으로 정의하며, "예류과"를 이러한 팔정도를 완전히 소유한 사람을 정의한 것이라고 말한다. 게다가 듣는 것에 의해 법(*Dhamma*)을 받아들이기 위한 빨리 용어는 *sotāpanna*가 아니라 *sotānugata*이다(A II 185). "흐름(stream)"의 이미지는 S V 38에서 나타난다. 거기서 팔정도는 갠지스강에 비유된다. 왜냐하면 갠지스 강이 바다를 향해 흘러가는 것과 마찬가지로 그것은 열반으로 이끌기 때문이다.

17 아라한의 깨달음만이 붓다에게 보고할만한 충분히 가치 있는 것으로 여겨졌다(*aññā vyākaraṇa*).

18 S III 167에서는 예류과의 깨달음을 무상함, 불만족, 오온의 자성에 대한 관찰과 연관시킨다. A I 44에서는 예류과로 이끌 수 있는 것으로서 신체의 잘 계발된 알아차림을 제시하고 있다; A III 442-3에서는 모든 형성물을 무상함과 불만족 그리고 무아로써 관찰할 동일한 가능성을 제안한다. 또한 D III 241과 A III 21에서, *Dhamma*[진리]를 듣는다는 것은 각성을 위한 다섯 가지 경우 중에 하나이며, 다른 것들은 *Dhamma*를 가르치고, *Dhamma*를 암송하고, *Dhamma*를 깊이 생각하고, 마지막으로 명상하는 것이다.

19 예를 들어 붓다의 가르침은 다음과 같다: "명상해라. 게으르지 말아라!"(M I 46; M I 118; M II 266; M III 302; S IV 133; S IV 359; S IV 361; S IV 368; S IV 373; S V 157; A III 87; A III 88; A IV 139; A IV 392); 또는 집중적인 수행과 은거를 위해 은둔지로 떠나는 명상가에 대한 빈번한 기술이 있다(D I 71; D I 207; D II 242; D III 49; M I 181; M I 269; M I 274; M I 346; M I 440; M II 162; M II 226; M III 3; M III 35; M III 115; M III 135; A II 210; A III 92; A III 100; A IV 436;A V 207).

20 A IV 213.

하지 못했던 또 다른 재가자가 죽는 순간에 예류과를 성취하게 된 내용도 경전에서 언급되고 있다.[21] 또한 경전에서는 이 재가자가 그의 도덕적 본성이 타락했음에도 죽는 순간에 예류과가 일어난 사람이었다는 것을 말하고 있다.[22]

"갑작스러운" 깨달음의 경험들은 언제라도 아라한의 길로 이끌 수 있다. 또 다른 적절한 예로는 고행자 바히야(Bāhiya)를 들 수 있는데, 그는 붓다와의 첫 만남에서 짧지만 통찰력 있는 가르침을 받은 직후 몇 분 만에 완전한 깨달음을 이룬다.[23] 바히야는 분명 "갑작스러운" 깨달음의 전형이다. 그의 깨달음의 배경을 살펴보면, 바히야의 점진적인 계발은 불교도의 수련 밖에서 일어난 것이 분명하다. 그가 붓다를 만났을 때 바히야는 이미 고도의 영적인 성숙을 지니고 있었고, 붓다의 간략한 가르침만으로도 완전한 깨달음을 일으키기에 충분했던 것이다.[24]

지금까지 언급된 대부분의 사례들은 붓다의 존재에 대한 강렬한 영향력을 드러내주며, 깨달음을 위해 중요한 자극임을 나타낸다. 경전을 좀 더 자세히 살펴보면 "갑작스러운" 깨달음에 대한 사례들을 더 찾을 수 있다. 깨달음에 도달하고자 전력을 다한 아난다(Ānanda)는 노력을 포기하고 막 누워서 쉬려고 한 바로 그 순간에 마침내 완전한 깨달음을 얻었다.[25] 또한 그 밖에 한 비구니와 비구는 둘 다 자살을 저지르기 직전에 깨달음을 통

21 S V 375.

22 S V 380에 따르면, 사라까니(Sarakāni)는 그의 죽음의 순간에 수행을 완성했으며(*paripūrakārī*), 사라까니가 그 때에 예류과에 도달했다는 것을 가리킨다. S V 379에는 "법(*Dhamma*)을 따르는자"(*dhammānusārī*)의 정의로 사용된 동일한 용어가 있으며, M I 479에는 "믿음을 따르는자"(*saddhānusārī*)가 등장하는 것으로 볼 때, 그는 그러한 "추종자"였으며, 가장 최근의 죽음에서 반드시 예류과를 깨닫게 되었을 가능성이 높아 보인다(S III 225에서는 법(*Dhamma*)을 따르는 자들이나 믿음을 따르는 자들이 예류과의 결실을 깨닫지 못하고 죽는 것은 불가능하다고 말한다).

23 Ud 8; p.229를 참조하라.

24 바히야는 그가 행한 수행이 어떠한 유형이든 정신적 정화의 높은 단계를 개발했음에 틀림없다. 왜냐하면 *Udāna*의 설명에 의하면, 그는 스스로가 이미 완전히 깨달았다고 생각했다. 그의 진심어린 열정은 그가 당연하게 여겼던 깨달음에 대한 의심이 일어났을 때, 그는 즉시 부처님을 만나기 위해서 인도대륙의 반에 걸쳐 여행을 시작했다는 사실에서 분명해진다. 그의 절박함은 너무 강했고, 그는 심지어 부처님께서 사원으로 돌아오시는 것을 기다릴 수 없어서 붓다를 찾으러 갔다(주석서 Ud-a-79에서는 바히야를 편리한 생활을 위해서 나무껍질을 걸친 파멸한 위선자라는 다소 믿기 어려운 설명을 하고 있다. Ud-a 86에 의하면 그가 인도 전역에 걸쳐 오랜 여행을 하는 동안 초능력의 재주를 부렸다고 한다).

25 Vin II 285.

해 말 그대로 "구원"을 받는다.[26] 주석서에서는 장대 위에서 균형을 잡고 있는 동안 깨달음을 얻은 어떤 곡예사의 이야기에 대해 자세히 말하고 있다.[27] 이 모든 사례들은 갑작스럽고 예측할 수 없는 깨달음의 본질에 대해 설명하고 있다. 이는 깨달음을 향한 점진적인 단계는 비록 규칙이 있지만, 진정한 결과를 얻기 위해 점진적 준비를 위해 필요한 시간은 개인에 따라 크게 차이가 있다는 것을 보여준다. 이것은 또한 『염처경』의 마지막에서 깨달음의 예시로 열거된 다양한 기간에 대한 암시이기도 하다.

이와 같이 초기 불교는 점진적인 계발이 갑작스런 깨달음[돈오]을 위해 반드시 필요한 준비라고 제안한다. 깨달음의 길을 이 두 가지 양상의 조합으로 보는 것은 특별한 행위의 유형과 지식의 계발을 위해 필요한 것에 대해 경전에서 자주 반복되었던 강조점 사이에 있는 분명한 모순을 화해시키는 것이다. 반면 다른 구절에서는 열반의 깨달음이 단순한 행위나 지식의 결과가 아니라는 것을 보여준다.[28]

깨달음이 일어나는 정확한 순간을 예측하기란 불가능하며, 실제 수행의 관점에서 보면 깨달음을 향한 점진적인 단계조차 반드시 일정하게 나타나지는 않는다. 그 대신 대부분의 수행자들은 진전과 수렴의 순환적인 연속을 상당히 넓은 범위 안에서 경험한다.[29] 그러나 만약 이런 순환을 보다 긴 시간 속에서 고려해본다면, 비록 순환이 느리게 나타나지만 열반에 대한 갑작스런 깨달음이 이르도록 끊임없이 증가하는 가능성과 함께 일관적이고도 점진적인 계발을 드러낸다. 깨달음의 이러한 암시에 대해 보다 상세한 설명을 하겠다.

2 열반(*Nibbāna*)과 그것의 윤리적 암시

문자 그대로 "*Nibbāna*"는 불 또는 등불을 끄는 것을 말한다. 사실 꺼진 등불의 모습은

26 Thī 80-1과 Th 408-9.

27 Dhp-a IV 63.

28 A II 163에서 사리뿟다는 깨달음이 지식의 문제인지 행위의 문제인지에 대한 물음을 듣고서, 그는 이 둘은 반드시 필요하지만 아직 깨달음이 일어나기 위한 조건에 충분하지 않다고 설명하면서 이 두 가지 모두에 대해 부정적으로 대답했다(이 구절에 관해서는 Jayatilleke 1967:p.456을 참조하라). 마찬가지로 Sn 839에 따르면, 정화는 단순히 견해, 학습, 지식 또는 행위의 결과가 아니지만, 또한 이것들이 없다면 정화는 얻어질 수 없다고 되어 있다.

29 Debes 1994:pp.204, 208; Kornfield 1979:p.53.

열반의 경험을 묘사하기 위해 경전에서도 여러 번 나온다.[30] *nibbbāyati*라는 동사는 "꺼지다" 혹은 "차가워지다"라는 의미를 지닌다. 그와 같은 소멸은 욕망과 혐오 그리고 어리석음이 연료의 부족으로 차가워질 때와 같이 수동적인 의미로 가장 잘 이해된다.[31] 고대 인도에서 꺼진 불에 대한 은유는 고요하고 독립적이며, 해방이라는 뉘앙스를 내포하고 있다.[32]

경전을 통해 살펴보면 동시대의 고행자들과 철학자들은 열반(*Nibbāna*)이라는 용어를 주로 긍정적인 의미로 사용했다. 가령 *Brahmajāla Sutta*에서는 "지금 그리고 여기"에서 열반을 주장하는 다섯 가지 입장들, 즉 행복의 다섯 가지 다른 개념에 대해 열거하고 있다. 다시 말하면 그것은 세속적 관능의 즐거움과 네 가지 선정의 단계를 말한다.[33] 다른 경전에서는 "열반"을 건강과 정신적 행복(well-being)으로 여기는 방랑자들에 대해 기록하고 있다.[34] 이와 유사한 긍정적 의미는 빨리어 경전의 표준적 정의에 기초한 것으로 그것에 의하면 열반은 욕망과 분노 그리고 어리석음이라는 불건전한 정신적 근원으로부터의 해방을 의미한다.[35]

이러한 정의는 열반, 즉 깨달음에 있어서 윤리적으로 내포된 의미를 특히 강조한다. 열반의 깨달음은 종종 윤리적 가치의 초월에 적용되므로 이러한 윤리적 함축에 대해서는 더 많은 연구가 필요하다.[36] 이 같은 초월성은 언뜻 보기에 *Samaṇamaṇḍikā Sutta*에서 주

30 D II 157; S I 159; A I 236; A IV 3; A IV 4; Th 906. Thī 116은 다소 다른 형식을 갖는다. 열반에 대한 빠따짜라(Paṭācārā)의 경험은 실제로 그녀의 등불이 "꺼지는 것(*nibbāna*)"과 일치한다.

31 M III 245, S V 319를 참조하라. Collins(1998: p.191)와 T.W. Rhys Davids(1993: p.362)는 열반이 바람이 불어서 불을 끄는 행위를 통해서가 아니라, 연료의 부족으로 인해 불이 꺼지는 것을 말하는 것이라고 지적한다.

32 Ṭhānissaro 1993:p.41. *Upaniṣads*에서 동일한 내용을 위해 꺼진 불의 이미지를 이용한다. Schrader 1905:p.167를 참조하라.

33 D I 36. 열반 즉 "지금 그리고 여기"에 대한 붓다의 정의는 A V 64에서 알 수 있다.

34 M I 509. 붓다의 눈으로 볼 때, 이것은 분명히 열반에 대한 잘못된 견해였다.

35 S IV 251; S IV 261; S IV 371. S V 8에서는 "불사"에 대한 동일한 정의가 있다; 반면에 S I 39와 Sn 1109에서는 열반을 갈애의 제거로 정의한다. 이것은 *Nibbāna*를 *ni*(부재)와 *vāna*(갈애에 대한 비유적 표현)로 구성되어 "갈애의 부재"를 표현하는 복합어로 간주하는 주석서에서 열반이라는 용어에 대해 나온 다소 창의적인 방식과 유사하다.

36 이것은 Van Zeyst 1991c:p.143에 의해 주장된 것이다.

장한 듯한데, 왜냐하면 이 경전에서는 각성을 건전한 윤리적 행위의 완전한 중지와 연관시키기 때문이다.[37] 유사한 구절에 대하여 빨리어 경전에서는 "선"과 "악" 모두를 넘어서는 것을 찬탄하는 것으로 언급한다.[38]

*Samaṇamaṇḍikā Sutta*의 첫 구절에 대해 경전을 면밀히 조사하면, 이 특별한 구절은 윤리적 행위의 포기를 뜻하지 않으며, 아라한들은 더 이상 그들의 덕 있는 행위와 동일시되지 않는다는 사실을 의미한다.[39] "선과 악을 넘어선다"고 언급한 다른 구절을 고려해 볼 때, *kusala* 또는 *puñña* 둘 중의 하나일 수 있는 "선"으로 번역되는 빨리어 용어 사이의 분명한 구분이 필요하다. 비록 이 두 용어가 경전의 용례에서 각각 따로 완전히 분리될 수는 없다고 해도 상당히 다른 의미를 지니고 있다.[40] *puñña*는 대체로 긍정적인 행위를 의미하지만, *kusala*는 열반의 깨달음을 포함하여 건전한 것은 무엇이든지 포함하고 있다.[41]

아라한이 "넘어선 것"은 업(*karma*)의 축적이다. 그들은 "선"(*puñña*)과 그것에 반대되는 "악"(pāpa)의 결과물을 초월한 것이다. 그러나 건전함(*kusala*)에 대해서는 동일하게 말할 수 없다. 사실, 모든 불건전한 마음의 상태(*akusala*)를 근절함으로써 아라한은 최상의 건전함(*kusala*)을 체현한 존재이다. *Samaṇamaṇḍikā Sutta*에 언급된 이와 같은 많은 사례들에서 아라한들은 자연스럽게 도덕적이며, 심지어 그들이 지닌 덕성과도 동일시되지 않는다.

적어도 붓다가 이해한 열반은 결정적으로 윤리적 의미를 내포하고 있다. 아라한은 절대로 부도덕한 행위를 저지를 수 없다. 왜냐하면 그들이 완전한 열반의 깨달음을 얻음으로

37 M II 27.

38 Dhp 39; Dhp 267; Dhp 412; Sn 547; Sn 790; Sn 900.

39 Ñāṇamoli 1995:p.1283 n.775는 다음과 같이 비평한다. "이 구절은 아라한이 덕 있는 행위를 계속하지만, 더 이상 그의 덕으로 여기지 않는다는 것을 보여준다." Wijesekera 1994:p.35는 수행자가 덕성을 터득해야 하지만 덕성이 그를 능가하도록 하지는 않는다. 또한 M I 319에서, 붓다는 자신이 높은 단계의 덕성을 지녔을지라도 자신을 그 덕과 동일시하지 않는다는 것을 지적했다.

40 Carter 1984:p.48에 의하면, 세 가지 의지와 관련된 맥락에서 *kusala*와 *puñña*사이에는 어느 정도의 중첩되는 부분이 존재하지만, 이 두 용어 사이의 명확한 구분은 개인적 자질에 달려있다고 할 수 있다.

41 사실 D III 102에 의하면, 열반에 대한 깨달음은 모든 현상 중에서 가장 높은 것이다; Premasiri 1976:p.68를 참조하라. 또한 Collins 1998:p.154; Nanayakkara 1999:p.258을 참조하라.

써 모든 불건전한 마음의 상태는 사라졌기 때문이다.[42] 그러므로 불건전한 생각이나 말과 행위는 아라한이 될 자격과 직접적으로 상충하는 것이다.

*Vīmaṃsaka Sutta*에서 붓다는 이 원리를 나아가 스스로에게 적용했다. 그는 제자들을 공개적으로 초대하여 그들에게 자신의 행위와 수행을 관찰하고 분석하게 하여 완전한 깨달음을 이룬 자신의 자격을 심사하게 했다.[43] 붓다는 제자들에게, 만약 불건전함의 흔적이 발견되지 않는다면 자신을 스승으로 여기고 신뢰하는 것이 합당하다고 말했다. 붓다마저도 자신의 가르침을 실천으로 예증해야만 했다. 붓다의 가르침은 그의 행위에 완전히 준거한 것이었다.[44] 붓다는 완전한 깨달음 후에도 첫 번째 장소에서 청정을 가져다 준 모든 활동들을 제어하고 세심한 숙고를 지속했다.[45] 만약 붓다가 자신을 공통된 기준의 윤리적 순수성으로 가늠할 수 있게 했다면, 그의 가르침에서 도덕적 이중 잣대를 발견할 여지는 거의 없다.

비록 깨달음이 예류의 단계에서만 일어난다 해도 열반의 경험은 여전히 분명한 윤리적 결과를 따르고 있다. 예류를 실현함에 있어 가장 중요한 것은 예류에 들어선 수행자는 더 낮은 단계로 재생될 만큼 심각한 윤리적 행위의 위반을 저지를 수 없게 된다는 점이다.[46] 비록 그들은 아직 붓다나 아라한과 같은 윤리적 완성의 경지에 이르지 못했지만, 열반의

42 D III 133; D III 235; M I 523; A I 370에 의하면, 아라한의 윤리적 완성은 다음과 같다. 즉 그들은 의도적으로 살아있는 생명을 빼앗지 않고, 훔치지 않고, 어떠한 형태의 성교도 하지 않고, 거짓말하지 않고, 가장으로서 재산을 축적하는 감각적 즐거움을 향수할 수 없다. 또한 Lily de Silva 1996:p.7를 참조하라.

43 M I 318. 또한 Premasiri 1990b:p.100를 참조하라.

44 D II 224; D III 315; A II 24; It 122에서는 붓다가 자신이 말한 대로 행동했으며, 자신이 행동했던 대로 말했다는 것을 지적하고 있다. 이것은 A IV 82에서는 다른 방식으로 나타난다. 거기서, 붓다는 다른 사람들이 그것을 알게 하는 것을 피하기 위해서 그의 행위를 감출필요는 없다는 것을 분명히 말했다. 붓다의 도덕적 완성은 D III 217과 M II 115에서도 언급된다.

45 M I 464. (이 구절에서 언급된 활동들과 M I 11과 A III 390을 연관시킬 때, "제거"가 언급된다는 사실은 이상하게 보이며, 텍스트의 변형 때문일 수 있다. 붓다로서는 모든 불건전한 사고를 제거할 필요가 없다. 왜냐하면 그 사고들은 첫 번째 장소에서 발생하지 않을 것이기 때문이다.

46 M III 64에서는 예류과에 들어가는 것을 불가능하게 하는 것으로서 다음을 열거한다. 즉 자신의 아버지를 살해하는 것, 아라한을 살해하는 것, 붓다에게 상처를 입히는 것, 승가 공동체에 분열을 일으키는 것이다. 그러한 심각한 윤리적인 행위의 위반을 저지르는 것에 대한 책임은 흔히 경전(S V 343에서)에 나타나는 주제인 예류과의 네 가지 지분 중의 하나로서 나타난다. 게다가 M I 324, Sn 232에 의하면 예류과에 들어선 수행자는 자신의 악행을 숨길 수 없다.

첫 번째 깨달음은 이미 되돌릴 수 없는 윤리적 변화를 초래한 것이다.

열반에 대한 추가적인 관점을 알아보기 위해서 이제 그것의 경전적인 기술에 대해 간략히 고찰하고자 한다.

3 열반(*Nibbāna*)의 초기 불교적 개념

열반(Nibbāna)에 대한 초기 불교도의 개념은 동시대의 고행주의자들과 철학자들에게 쉽게 이해되지 않았다. 죽음 후 아라한의 절멸이나 생존에 대한 네 가지 전형적인 명제에 따르는 것에 대한 붓다의 일관된 거부는 동시대 사람들을 상당히 당황케 했다.[47] 붓다에 의하면, 이러한 명제들을 받아들이는 것은 일단 불이 꺼진 후에 불이 시작되었던 방향에 대해 사색하는 것만큼 무익하다고 했다.[48]

붓다는 깨달음이나 각성의 상태를 설명하는 현존의 방식이 그의 깨달음에는 적절치 못하다는 것을 알았다.[49] 열반에 대한 그의 이해는 시간의 개념으로부터의 근본적인 이탈을 구성하였다. 그는 스스로가 이것을 잘 인식했으며, 깨달은 후에 즉시 자신이 깨닫게 된 것들을 다른 사람들에게 전달하는 것에 대한 어려움 역시 잘 인식하고 있었다.[50]

이러한 어려움에도 불구하고 붓다는 열반의 본질에 대해 설명하기 위해 노력했다. 예를 들어 *Udāna*에서 그는 열반에 대해 이 세상과 저 세상, 오고 가는 것, 머무는 것을 넘어선 것이며, 물질적 실재를 나타내는 사대 요소와 모든 비물질적 영역을 넘어선 것이라고 말했다. 그는 어떠한 목적도 없고, 어떠한 바탕도 없는 이 "영역(*āyatana*)"은 "고통의 종결"로 이루어진다는 것을 지적했다.[51] 이러한 설명은 열반이 세상의 일상적 경험이나 명상

47 M I 486.

48 M I 487.

49 M I 329에서 열반의 깨달음("분명히 나타나지 않는 의식")은 이제까지 알려진 가치 있는 유형의 깨달음을 넘어선 것이라는 것을 비유적으로 설명하면서, 붓다는 자신의 깨달음이 여태까지 알려지고 가치 있는 것으로 여겨졌던 깨달음의 유형을 초월한다는 것을 은유적으로 증명해 보임으로써 브라흐마의 영역을 완전히 초월했다는 것을 증명했다(이 구절에 관해서는 Jayatilleke 1970:p.115를 참조하라).

50 M I 167, S I 136. 일상적인 언어로 열반을 설명하는 어려움에 관해서는 Burns 1983:p.20; Story 1984:p.42를 참조하라.

51 Ud 80. 이 맥락에서 "영역(*āyatana*)"은 경험의 "영역"을 말하는 것으로 여겨질 수 있다. 왜냐하면 다른 경우에서는 동일한 용어가 명상적 경험을 묘사하는 부분으로 구성되기 때문이다. A V 7;

적 집중의 경험과는 완전히 다른 차원임을 의미한다.

다른 경전에서는 이처럼 완전히 다른 경험을 "비현시적(non-manifestative)" 의식이라고 말한다.[52] 이와 연관된 뉘앙스가 아라한의 "머물지 않은" 의식이 마치 방의 창문을 지나가며 어디에도 머물지 않는 햇빛의 광선과 같다고 비유한 것이 몇몇 게송에서 나타난다.[53]

*Udāna*에 있는 다른 경전에서는 열반을 과거분사의 도움을 받아 "태어나지 않음"(*a-jāta*), "존재하게 되지 않음"(*a-bhūta*), "만들어지지 않음"(*a-kata*) 그리고 "조건 지어져 있지 않음"(*a-saṅkhata*)으로 설명하고 있다.[54] 이 구절은 열반이 완전히 "다른 것", 즉 생겨나거나 만들어진 것이 아닌 것, 또는 생산되거나 조건 지어진 것이 아니라는 것을 강조한다. "다름"의 의미를 지니고 있는 열반은 태어나는 것(*jāti*), 존재(*bhava*), 업(*kamma*) 그리고 형성되는 것(*saṅkhārā*) 등 이 모든 것으로부터의 자유를 포괄한다.[55] 태어남(*jāti*)이 시간 속에서 존재하는 것을 상징하는 반면 열반은 태어나거나 죽지 않는 것 즉 시간을 초월하는 것이다.[56]

이 구절은 열반이 어떤 다른 경험들이나 영역, 상태나 범위와는 현저하게 다르다는 것을 나타낸다. 즉 어디, 어떤 것 혹은 누군가에 대한 미세한 감각이 있는 이상 그것은 아직 열반의 경험이 아니라는 것을 의미한다.

A V 319; A V 353; A V 355; A V 356; A V 358을 참조하라. Mp V2는 이 구절을 아라한과의 성취와 연관시킨다.

52 D I 223에서 *anidassana viññāṇa*. 이 구절에 관해서는 Harvey 1989:p.88; Ñāṇananda 1986:p.66; Ñāṇamoli 1980:p.178을 참조하라.

53 S II 103에서, 네 가지 자양분에 대한 갈망의 완전한 부재로 인하여 의식은 깨끗해지며(*appatiṭṭhita*), 이것은 내세가 존재하는 것으로부터의 해방으로 이끈다.

54 Ud 80과 It 37. 이 구절에 관해서는 Kalupahana 1994:p.92; Norman 1991-3:p.220을 참조하라.

55 D III 275와 It 61. 이 구절에 관해서는 Premasiri 1991:p.49를 참조하라.

56 M I 162에서, 자신의 아내와 아이들 그리고 물질적 소유는 생의 현상적 주체로서 정의되며, 열반을 생의 주체가 아닌 것으로 분류하고 있다. "생"이라는 용어의 함축적 의미에 관해서는 Buddhadāsa 1984:p.26; Govinda 1991:p.50; Harvey 1989:p.90; Karunadasa 1994:p.11를 참조하라.

4 열반: 모든 것을 포괄하는 통일체도 아니고 절멸도 아닌 것

이장의 나머지 부분에서는 붓다가 정의한 열반(*Nibbāna*)에 대한 개념의 특성을 보다 명확히 하기 위해서 "비이원적" 종교 전통에 따른 관찰로 열반을 총체적인 합일의 깨달음 및 절멸과 대비시키려 한다. 초기 불교는 주관(subject)과 대상(object)의 구별을 부정하지 않으며, 이러한 구별을 특별히 중요한 것으로 여기지 않았다. 이 둘은 모두 비실체적이며, 주관은 단지 세상(대상)과의 복잡한 상호작용에 지나지 않는 것이다. 여기서 "세상"이란 주관에 의해 지각되는 것을 말한다.[57]

주관적 경험에서 보면 합일은 주관과 대상의 융합을 의미한다. 이러한 종류의 경험은 종종 깊은 단계의 삼매에 대한 결과이다. 반면에 열반은 주관과 대상 이 두 가지의 융합이 아닌, 두 가지를 모두 완전히 포기하는 것을 의미한다.[58] 그런 경험은 모든 인식의 장으로부터의 "해방"으로 이루어진다.[59] 열반이 그것에 대한 상대가 없는 것,[60] 즉 이원적이지 않음을 나타낼지라도 열반은 하나됨 혹은 합일의 경험을 넘어서는 것을 암시한다.[61]

하나됨에 대한 경험은 사실 초기 불교 승가도 모르는 바가 아니었지만 무색정 성취의

57 Tilakaratne 1993:p.74.

58 S IV 100에서 주석서는 열반(Spk II 391)을 설명하는 표현으로 모든 감각영역이 그치는 것을 말한다. 또 다른 상관관계는 예류과(S V 423에서)의 표준적인 설명일 수 있다. 그것은 일어나는 것은 무엇이든지 또한 그칠 것이며, 그 때 조건적으로 일어난 모든 현상은 그친다는 사실에 대한 통찰을 말하는데, 이는 열반의 주관적인 경험을 암시하는 표현이다. M III 265 S IV 58에서 깨달음의 선언은 지멸의 경험을 가리킨다. 지멸의 경험과 같은 깨달음은 또한 현대명상 스승과 학자들의 글에 반영되어 있다. Brown 1986b:p.205; Goenka 1994b:p.113, 1999:p.34; Goleman 1977b:p.31; Griffith 1981:p.610; Kornfield 1993:p.291; Mahasi 1981:p.286; Ñāṇārāma 1997:p.80을 참조하라. 또한 앞에서 284쪽 각주 30을 참조하라.

59 M I 38; 모든 인식 영역으로부터의 이 "해방"은 열반에 대한 주석을 통해 확인할 수 있다(Ps I 176). 유사하게 Thī 6에서는 열반을 모든 인식의 정수라고 언급한다.

60 "열반의 상대는 무엇입니까?" 라는 질문(M I 304)은 아라한인 비구 담마딘나(Dhammadinnā)에 의하면 대답할 수 없는 질문이었다. 주석서 Ps II 369에서는 열반은 상대적인 것이 없다고 설명한다.

61 이것은 붓다에 의해 이루어진 진술로부터 추론될 수 있다. 열반의 직접적인 경험에 의해 합일의 경험과 연관된 모든 견해와 관점은 버려지고 초월된다. 또한 S II 77에서 붓다는 피해야할 극단 중의 하나로서 "모든 것은 하나이다"는 견해를 거부했다. 게다가 A IV 40과 A IV 401에 따르면, 다양한 천상계에서 통합되거나 다양화한 경험이 팽배하고 있다. 그 결과 "모든 것은 하나이다"와 같은 단정적 진술은 우주적 실체에 대한 초기불교도의 설명에 부합하지 않는다. 또한 Ling 1967:p.167을 참조하라.

경험, 즉 그들의 가장 세련된 형태의 경험조차 궁극적 목표로 여겨지는 않았다.[62] 붓다는 자신의 첫 스승으로부터 받았던 가르침에 의한 경험에 만족을 느끼지 못하였다.[63] 그리하여 그는 자신의 제자들에게 이러한 "초월적인" 경험들을 초월하라고 가르쳤던 것이다.[64] 그의 몇몇 제자들은 다양한 일원적 경험을 얻은 반면 또 다른 제자들은 무색정의 성취를 경험하지 않고서 완전한 깨달음을 이루었다.[65] 후자의 제자들은 열반과 거리가 먼 선정의 성취는 깨달음을 위해 반드시 필요하지 않다는 것에 대한 살아있는 증거이다.

열반의 초기 불교적 개념을 제대로 평가하기 위해서는 합일의 경험에 기초한 관점과는 구별되어야 하며 고대 인도의 결정론적이고 유물론적 학파가 내세운 절멸의 이론과도 구별되어야 한다. 몇몇 사례에서 붓다는 절멸론자(annihilationist)로 부당하게 비난받았다.[66] 그러한 근거 없는 주장에 붓다는 재치 있게 답하기를, 만약 이것이 마음의 불건전한 상태의 절멸을 의미한다면 자신은 당연히 그렇게 불릴 수 있다는 것이었다.

경전에서 열반에 대한 고찰은 긍정적인 측면과 부정적인 측면 모두로 설명된다. 부정적인 표현은 여전히 처리되어야 할 임무로 실천적인 맥락에서 자주 나타난다.[67] 그러나 다른 구절에서는 열반을 평화로운 상태, 순수, 자유, 고귀하고 상서로운, 경이롭고 경탄할

62 무색정 성취는 M III 220에서 명쾌하게 "통일성"과 동일시된다. 사실 무한한 공간 영역을 개발(A IV 306에서)하기 위한 기초로서 다양화된 인식에 주의를 돌리지 않기 위해서 모든 연속은 명령으로 시작한다. 그리고 그것은 이러한 경험의 통합적 특징을 명확히 가리킨다고 할 수 있다. M III 106에서, 네 가지 선정과 무색정 성취는 공성을 향해 점차적으로 "하강"하여 다시 "통일성"(*ekatta*)을 갖추게 된다. 이러한 점차적 하강은 최고조에 이르러 루의 파괴에 도달하며(M III 108), 그 시점에서 "통일성"은 더 이상 소용이 없다. 이 구절은 완전한 깨달음이 가장 정제된 합일의 경험조차 넘어선다는 것을 명확히 설명하고 있다. 이 경전은 또한 다양한 종류의 "공성" 경험이 있을 것이라는 점을 나타내지만, 공성의 경험이 실제로 완전한 깨달음인지 (혹은 아닌지)를 결정하는 루의 완전한 파괴라는 것을 보여주고 있다.

63 M I 165에서, 붓다는 알라라 깔라마(Āḷāra Kālāma)와 웃다까 라마뿟따(Uddaka Rāmaputta)에 대해 그들의 가르침은 완전한 깨달음에 도움이 되지 않으며, 열반을 깨닫기에 충분하지 않다는 것을 언급했다.

64 M I 455-6에서, 붓다는 명상적 선정의 각각에 대해 차례차례 언급했다: "이것은 충분하지 않다, 그것을 포기하고, 그것을 극복해라."

65 이들은 "지혜에 의해 해탈된" 아라한이며, 경전의 정의(M I 477)에 따르면, 그들은 무색정의 성취를 경험하지 않고, 루(漏)를 파괴했다.

66 Vin III 2; A IV 174; A IV 183. Vin I 234; Vin III 3; M I 140; A V 190을 참조하라. 거기서 붓다는 "허무주의자"로 불린다.

67 Bodhi 1996:p.171; Ñāṇapoṇika 1986a:p.25; Sobti 1985: p.134.

만한, 섬, 피난처, 그리고 은신처 등의 다양하고도 긍정적인 형용어구로 표현하고 있다.[68] 자유에 대한 행복은 열반이 가능성이 가장 높은 형태의 행복을 구성하고 있음을 깨닫는 것이다. 자유롭고, 고귀하며, 상서로운 상태와 같은 최상의 행복의 근원으로 묘사될 때, 열반은 단지 절멸에 불과한 것으로 보이지는 않는다.[69]

사실 붓다의 통찰력 있는 분석에 의하면, 자신을 절멸하려는 시도는 자신의 혐오에 자극 받은 것이지만 여전히 자신은 이기심의 주변을 맴돌고 있는 것이라고 한다. 이와 같이 절멸주의는 여전히 자아의 감각에 구속된 것이며, 마치 묶여있는 말뚝 주위를 회전하는 개에 비유할 수 있다.[70] 이와 같이 존재하지 않은 것에 대한 갈애(*vibhavataṇhā*)는 열반의 깨달음을 방해하는 장애물이 된다.[71] *Dhātuvibhaṅga Sutta*의 설명처럼 "나는 그렇게 되지 말아야지" 라는 생각은 "나는 그렇게 되어야지" 라는 생각과 같은 인식의 형태이다.[72] 이 둘은 모두 깨달음으로 나아가기 위해 내버려 두고 가야한다.

아라한이 죽을 때 절멸된다는 주장은 오해이다. 왜냐하면 그러한 주장은 누군가가 살아 있을 때조차도 실제 감각으로 찾을 수 없는 어떠한 것의 절멸을 주장하고 있기 때문이다.[73] 그러므로 죽은 뒤 아라한의 존재나 절멸에 관련된 어떠한 진술도 무의미하다는 것이

68 S IV 368-73에서는 그러한 별칭에 대한 긴 목록을 제시한다. 유사하지만 보다 짧은 목록이 A IV 453에 나타난다.

69 최상의 행복으로서의 열반은 M I 508; Dhp 203; Dhp204; Thī 476에 나타난다. 이 표현들은 해탈의 행복에 대한 아라한의 경험을 말한다. M II 104; S I 196; Ud 1; Ud 10; Ud 32를 참조하라. 모든 다른 유형의 행복을 넘어선 이 행복의 우월성은 Ud 11에서 언급된다. 그러나 열반 그 자체는 열반으로 모든 느낌이 그치기 때문에 어떤 느껴지는 유형의 행복이 아니라는 것을 지적해야 한다. 이것은 A IV 414에서 기록하고 있다. 거기에서 사리뿟다는 열반은 행복이라고 말했다. 느낌의 부재에서 어떻게 행복이 있을 수 있는지를 물었을 때, 그는 그에게 행복으로 이루어진 느낌의 부재가 정확히 있었다고 설명했다. 유사하게 M I 400에서, 붓다는 그가 심지어 느낌과 인식의 그침이 행복을 구성하는 것으로 여겼다는 점을 설명했다. 왜냐하면 그는 "행복"이라는 개념을 행복한 느낌에만 한정하지 않았기 때문이다. Johansson 1969:p.25은 열반이 "행복의 근원"이지만, "행복의 상태"는 아니라고 설명한다.

70 M II 232.

71 왜냐하면 그것은 두 번째 성스러운 진리에 포함된 갈망의 형태 중 하나이기 때문이다(S V 421을 참조하라).

72 M III 246.

73 S IV 383에서, 죽음 이후 아라한의 운명은 비구 아누룻다(Anurādha)로 인해 딜레마에 놓였다. 그는 고대 인도에서 사용된 네 가지 표준적인 명제와는 다른 방식으로 그것이 설명될 수 있다는 것을 말함으로써 해결하고자 했다. (인도 논리의 불가능성에 따라서) 이러한 다섯 번째 대안을 일축

입증된다.[74] 열반이 내포하고 있는 바는 실재하는 자아에 대한 무지한 믿음이 절멸된다는 것이며, 그 "절멸"은 이미 예류에서 일어난다는 것이다. 그러면 완전한 깨달음으로 인해 자아에 집착하는 가장 미세한 흔적조차도 영원히 절멸되며, 이것은 깨달음을 통해 얻어진 자유를 부정적으로 표현한 방식일 뿐이다. 무아의 실체를 완전히 깨달은 아라한은 실로 자취를 남기지 않고 마치 하늘을 나는 새와 같이 자유롭다.[75]

한 후에, 붓다는 아누룻다로 하여금 아직 아라한으로 살아있는 동안은 오온이나 그밖에 다른 것과 동일시 될 수 없다는 결론에 다다르게 했다. 동일한 내용이 S III 112에서도 나온다. 거기서 사리뿟다는 아라한은 죽음의 순간에 절멸된다고 여긴 비구 야마까(Yamaka)를 꾸짖었다.

74 Sn 1074에서는 아라한을 불꽃에 비유한다. 일단 불이 꺼지면 더 이상 불에 관해서는 생각할 수 없다. Sn 1076에서는 사라진 사람을 측정할 수 없다는 것을 설명한다. 왜냐하면 모든 현상의 제거로 모든 언어의 통로 역시 제거되기 때문이다. 아라한의 죽음에 대해서 용인할 수 있는 언명은 그들이 "남김없이 열반의 요소로 들어간다"는 것이다. 이 언명은 아라한이 죽은 경우에 느끼고 경험한 모든 것은 더 이상 기쁨이 아니기 때문에 단지 초연하게 될 것이라는 것을 암시하기 위해 It 38에서 좀 더 설명된다.

75 Dhp 93과 Th 92.

15

결론

붓다는 비록 질문이 한 세기 동안 계속될지라도 자신의 답변을 반복하거나 고갈시키지 않고도 염처에 대한 질문에 대답할 수 있다고 말했다.[1] 만약 염처에 대한 주제가 붓다에 의해 고갈되지 않는다면, 현재의 이 작업은 더 많은 검토와 논의의 출발점을 제공하는데 있어서 최상의 시도가 될 수 있다. 그럼에도 불구하고 이제는 염처의 몇 가지 핵심을 조망함으로써 현재의 논의를 통합할 때이다. 게다가 나는 붓다의 가르침에 대한 문맥상의 위치와 중요성을 고려하여 염처를 보다 확장된 맥락 속에 두고자 한다.

1 염처의 중요한 요소

『염처경(*Satipaṭṭhāna Sutta*)』에 묘사된 열반에 대한 "직접적인 길"(direct path)은 주관적 경험의 미세한 양상들을 점진적으로 드러내 주는 포괄적인 관찰을 나타낸다. 경전의 "정의" 부분에 의하면, 염처의 직접적인 길을 위해 필요한 정신적 특성들은 균형 있고 지속적인 정진의 적용(*ātāpī*), 분명한 앎(*sampajāna*), 욕망(*abhijjhā*)과 불만족(*domanassa*)으로부터 벗어나 균형 잡힌 마음의 상태를 지니는 것이다. 이 세 가지 특성은 사띠(*sati*)의 중요한 정신적 특성의 주위에 있는 세 개의 바퀴살처럼 회전한다. 정신적 특성으로서 사띠는 주의 깊은 수련과 지각과정의 최초단계를 특성화하는 수용적 지각이 질적으로 향상되는 것을 의미한다. 사띠의 중요한 측면들은 있는 그대로 침착하게 수용하는 것이며, 방심하지 않고 포용력과 열린 마음의 상태와 결합하는 것이다. 사띠의 중요한 임무 중 하나는 습관적인 반응과 지각적 평가에 대한 탈자동화이다. 사띠는 이를 통해 지

1 M I 82. 이 구절(Ps II 52)에 관해 주석서에서는 네 명의 질문자들 각각이 네 가지 염처 중 하나를 전문으로 하는 것이라고 한다.

각적 평가의 재구성과 왜곡되지 않은 현실 "그대로"의 통찰에 도달하도록 이끈다. 사띠의 주의 깊고 반응적이지 않은 수용적 요소는 염처의 기초, 즉 경험의 내용을 억압하거나 강제로 반응하지 않는 독창적인 중도(中道)를 형성한다.

이러한 사띠의 정신적 특성은 광범위하고 적용 가능한 다양성을 가진다. 염처의 문맥에서 사띠는 배변이나 소변의 조잡한 행동에서부터 열반의 길에서 정신적 요소로서 사띠가 존재하는 경우와 같은 고상하고 고귀한 상태에 이르기까지 그 모두를 포괄한다. 이와 비슷한 적용의 관례는 사마타 명상의 맥락에서도 발견할 수 있다. 알아차림의 임무는 장애물을 인지하는 것에서부터 최고의 선정에서의 자각으로 나타나는 것까지 모두 포괄한다.

염처의 중심 특성과 속성을 기반으로 하여 "정의"와 "정형구"에서 설명하고 있는 염처의 주된 취지는 다음과 같다.

변화에 대한 앎을 고요히 유지하라

"유지하라"는 명령과 더불어 나는 염처 관찰에서의 지속과 이해할 수 있는 것 모두를 다루려고 한다. 자각의 지속은 "정의"에서 언급된 "부지런함"(*ātāpī*)이라는 특성의 바탕이 된다. 이해의 요소는 "정형구"에 나타나며, 이는 내적으로(*ajjhatta*) 외적으로(*bahiddhā*) 모두를 관찰하게 하는 것인데, 다시 말해 자신과 타인을 모두 포괄적으로 관찰하는 것이다.

"정의"와 "정형구"에서 언급했던 "고요히" 하는 것은 염처를 욕망과 불만, 집착이나 의존으로부터 벗어나도록 해준다.

동사 "알다"는 경전에 있는 동사 *pajānāti*의 빈번한 사용을 반영하는 것이다. 이처럼 "알다"는 "정의"에서 언급되어 있으며, 분명한 앎(*sampajāna*)과 결합하여 있는 그대로의 알아차림(sati)이라는 특성을 나타낸다. 이 둘 모두 "있는 그대로의 앎과 지속적인 알아차림"을 위해서 단지 관찰할 것을 말한 "정형구" 부분에서도 나타난다.

"정형구"에서는 몸, 느낌, 마음, 법에 대한 특별한 양상, 즉 생성과 소멸을 설명하고 있으며, 이러한 앎의 특성(*samudaya-vaya-dhammānupassī*)이 지도되어야 한다. 이러한 무상함에 대한 관찰은 조건에 대한 이해와 고(*dukkha*)와 무아(*anattā*)라는 두 가지 조건화된 현상의 특성을 이해하기 위한 기초를 이룬다. 조건 지어진 존재의 불만족과 공성의 본질에 대한 통찰의 증장은 무상함의 직접적인 깨달음에 기초하고 있으며, 나는 이것을 "변화"라는 개념으로 설명하고자 한다.

염처 관찰의 본질적인 특성은 시각적으로도 나타낼 수 있다. 아래의 그림 15.1에서 나는 "정의" 즉 사념처와 "정형구"의 관계를 나타내려고 했다. "정형구"에서 언급되었던 중심적인 양상들은 그림의 중앙에 위치해 있다. 반면 "정의"에 나열되었던 특성들은 각각의 원뿔 안에서 반복된다. 이 네 가지의 원뿔은 사념처를 나타내는데, 각각 수행의 주요한 초점이 되며 깊은 통찰과 깨달음으로 이끌 수 있다.

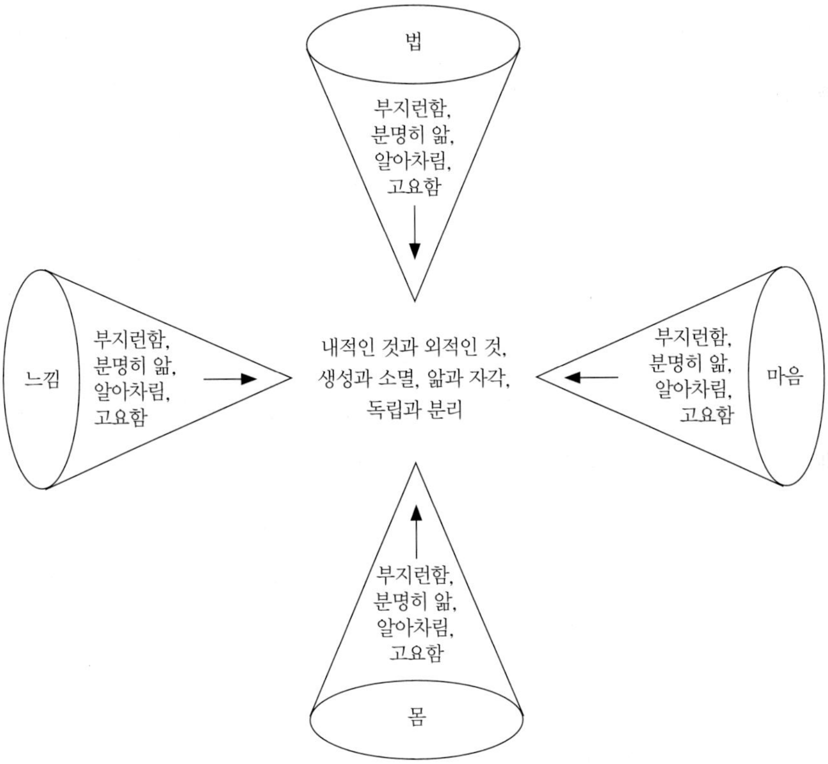

그림 15.1 염처의 중심적 특성과 양상

그림이 나타내고 있는 것처럼 몸, 느낌, 마음, 법에 대한 염처 관찰은 "정의"에 열거된 네 가지 특성들의 결합을 요구한다. 이러한 관찰은 그림 중앙에 있는 염처의 네 가지 양상과『염처경』의 "정형구"에서 언급된 계발로 이끈다.

이 그림에서 사념처는 각각 "문" 또는 "디딤돌"을 구성하고 있다. 사념처에 안에 포함된 관찰은 그 자체가 목적이 아니다. 오히려 이는 "정형구"에 설명되어 있는 중심적 측면의 계발을 위한 도구일 뿐이다. 어떤 문이나 디딤돌이든지 통찰의 계발을 위해 사용되며, 주된 임무는 주관적 경험의 참된 본질에 대한 포괄적이고도 균형 있는 시각을 갖기 위해 그것을 능숙하게 사용하는 것이다.

*Saḷāyatanavibhaṅga Sutta*에서 붓다는 사념처에 있는 수행과는 다른 세 가지 "염처(*satipaṭṭhāna*)"에 대해서 말했다.[2] 이는 『염처경』에 설명되어 있는 관찰을 "염처" 관찰을 수행하기에 적합하고 적절한 유일한 방법으로 단정하는 것이 아니라 가능한 적용으로서 권고하는 것이다. 그러므로 염처 수행은 『염처경』에 명백히 열거되어 있는 대상의 범위에만 한정할 필요는 없다.

『염처경』에서 관찰은 경험의 조대한 양상에서부터 미세한 양상으로 진행된다. 그러나 이 경전은 염처의 사례 연구가 아닌 이론적 모델을 나타내고 있음을 항상 염두에 두어야 한다. 실제 수행에서는 경전에 설명되어 있는 서로 다른 관찰들이 다양한 방식으로 결합될 수 있다. 그리고 경전에서의 진전을 단지 염처의 계발을 위해 가능한 순서에 지나지 않은 것으로 여기는 것은 잘못된 이해일 것이다. 실제 수행에서 염처 관찰의 유연한 상호관계는 횡단면으로 설명될 수 있는데 그것은 염처의 직접적인 길을 통한 것이다. 이러한 단면보기는 12개의 꽃잎과 비슷하다(그림 15.2 참고). 명상의 주요 대상(여기서는 호흡을 예로 든 것이다)은 "꽃"의 중앙에 위치해 있다.

2 M III 221(p.30을 참조하라).

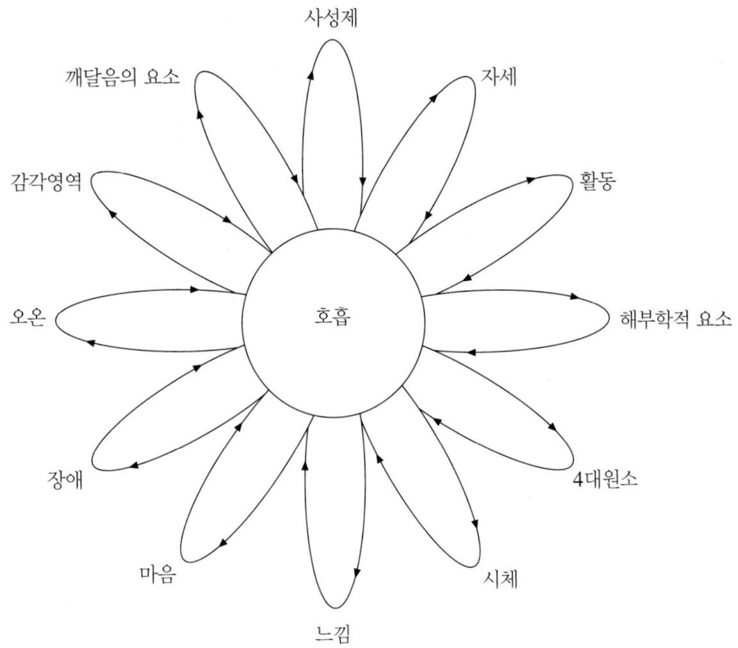

그림 15.2 염처 명상의 역동적 상관관계

관찰의 역동성은 명상의 주요 대상에 대한 자각으로부터 그 어떤 순간에도 다른 염처 수행으로 이끌 수 있으며 주요 대상으로도 되돌아갈 수도 있다. 예를 들어 호흡의 과정을 자각하는 것으로부터 자각은 몸, 느낌, 마음, 법의 영역에서의 어떤 다른 영역으로도 이동할 수 있으며, 다시 호흡으로 되돌아갈 수도 있다. 그렇지 않으면 결국 새롭게 일어난 명상의 대상은 지속적인 주의집중과 더 깊은 관찰을 요구하며, 이것은 이전 대상을 꽃잎 중 하나로 변화시키고 자신이 꽃의 새로운 중심이 될 수 있다는 것을 의미한다.

사념처의 어떤 명상 수행도 통찰력 있는 관찰의 중심이 될 수 있으며, 깨달음으로 이끌 수 있다. 동시에 하나의 염처 명상은 다른 염처와 연관될 수 있다. 이것은 염처 체계의 유연성을 의미하며, 그것은 명상가의 발전 단계와 특성에 따른 다양함과 조합의 자유를 허용한다는 것이다. 이런 점에서 염처 수행은 하나의 염처나 다른 염처를 수행하는 것의 문제가 아니라, 하나뿐만 아니라 다른 것 모두를 관찰하는 것이 문제가 되는 것이다. 사실 수행의 더 깊은 단계, 즉 수행자가 “세상의 어떠한 것에도 집착하지 않고 자유로우며 독립적으로” 머무를 수 있을 때, 염처 수행은 모든 특정한 대상이나 영역에서 경험의 모든 양상을 수용하는 종합적인 관찰의 형태로 진행된다. 그림 15.2에서 표현된 것처럼 이는 해가

막 지려고 할 무렵에 열두 개의 꽃잎이 점차적으로 한 개의 봉오리를 형성하는 것과 같다. 이와 같이 수행할 때, 염처는 법(Dhamma)의 관점에서 물질, 감정, 정신적 양상들을 고려한 현재 경험에 대하여 통합된 사면적(四面的) 연구가 되는 것이다. 이렇게 하여 누군가의 현재의 경험은 깨달음으로 가는 직접적인 길로 신속히 앞서갈 수 있는 계기가 된다.

2 염처의 중요성

붓다는 초심자뿐만 아니라 숙련된 수행자, 그리고 염처 수행자 중에서 아라한들에게도 염처 수행을 권고했다.[3]

염처 수행을 시작하는 초심자들을 위해서 경전은 윤리적 행위의 기초와 필요한 토대로서의 "올바른" 관점을 규정하고 있다.[4] *Aṅguttara Nikāya*의 구절에 의하면 염처 수행은 오계(五戒)와 관련된 유약함을 극복할 수 있게 해준다.[5] 이것은 염처를 시작하기 위해 요구되는 윤리적 기초가 처음에는 약하지만 수행이 진전됨에 따라 강화된다는 것을 의미하고 있다. 이와 비슷하게, 앞서 언급됐던 "올바른" 관점은 염처 관찰을 계발하려는 자극과 이해의 준비 단계를 의미한다.[6] 염처 수행을 위해 추가적으로 요구되는 것은 자신의 활동을 제한하는 것으로서, 잡담과 과도한 수면, 사회화 되는 것을 삼가는 것, 그리고 감각의 절제와 음식에 대한 절제를 계발하는 것이다.[7]

이 길에 들어선 초심자들에게 염처를 곧바로 훈련하도록 하는 것은 어쩌면 놀랄만한

3 S V 144. 각기 다른 수준의 제자들이 염처를 수행해야 한다는 것이 S V 299에서 다시 나타난다. Woodward 1979: vol.V p.265는 이 구절을 마치 염처의 수행이 "포기되어야 하는 것"처럼 번역한다. 이러한 번역은 확실하지 않다. 왜냐하면 현재의 맥락에서 빨리어 vihātabba는 vijahati가 아닌 viharati의 미래수동형으로 더욱 잘 번역되기 때문이다.

4 염처를 시작하기 전에 윤리적 행위의 기초를 위한 필요성이 S V 143; S V 165; S V 187; S V 188에서 언급된다. 또한 S V 171에 의하면 윤리적 행위의 목적은 염처의 수행에 차츰 다가가는 것이다. S V 143, 165에서는 "올바른 관점"(diṭṭhi ca ujukā)을 염처를 위해 가장 필요한 조건으로 추가한다.

5 A IV 457.

6 S III 51, S IV 142에서는 통찰 명상의 결과이며, 올바른 관점의 형성인 "정견"으로 오온 또는 육경의 무상성에 대한 직접적인 경험을 하도록 제안한다.

7 A III 450.

일일 수도 있다.[8] 붓다와 완전히 깨달은 그의 제자들도 꾸준히 염처 수행을 해야 된다는 사실은 또한 더욱 놀라운 일일 수도 있다. 목표를 이룬 자가 왜 염처 수행을 지속해야 하는가?

그 답을 말하자면 아라한들에게 있어서 염처 수행은 시간을 보내는데 있어서 가장 적절하고 즐겁기 때문에 통찰 명상을 지속적으로 하는 것이다.[9] 은둔의 기쁨과 더불어 염처의 숙달은 아라한의 독특한 속성이다.[10] 일단 진정한 분리를 이루면, 통찰 명상의 지속은 기쁨과 만족의 원천이 된다. 그러므로 염처는 목표로 이끌어 주는 올바른 길이면서 동시에 목표를 실현했다는 완벽한 표현이기도 하다. 경전의 시적인 표현을 빌려 말하면 다음과 같다. 하나의 강이 다른 강에 합류하는 것처럼 길과 열반도 하나로 합쳐진다.[11]

이와 비슷한 뉘앙스가 "정형구"의 마지막 부분에 있는데, 그것에 의하면 관찰은 지속적인 관찰을 위해 지속되는 것이라고 강조하고 있다.[12] 이는 수행자가 명상 수행을 능가할 수 없음을 의미한다. 그러므로 염처의 관련성은 바로 그 길의 시작부터 완전한 깨달음과 그것을 뛰어넘은 순간으로까지 확장된다.

8 그러나 초심자와 아라한에 의해 수행되는 염처 사이에는 분명히 질적인 차이가 있다는 것을 지적해야만 한다. S V 144는 이러한 질적인 진보를 설명한다. 그리고 그것은 초심자의 최초의 통찰력으로부터 숙련된 수행자의 철두철미한 이해를 거쳐 명상하는 동안 아라한에게 부가된 애착으로부터 완전한 자유로 이끈다. 심지어 초심자의 최초의 통찰력을 위해, 이 경전에서는 염처가 수행을 막 시작한 사람들은 쉽게 접하지 못하는 요건인 진정한 통찰력이 일어나게 하기 위해 고요하고 집중된 마음으로 나아가게 하는 것이라고 규정한다.

9 S III 168에서는 비록 아라한이 해야 할 것이 아무것도 없을지라도, 그들은 계속해서 오온을 무상, 고, 무아로써 명상한다고 설명한다. 왜냐하면 그들에게 이것은 지금 여기에 머무는 것이 즐거운 형상이자, 마음의 근원이며, 명확한 지식이기 때문이다. S I 48에서, 붓다는 아라한이 비록 명상하고 있을지라도, 그들은 초월했기 때문에 더 이상 아무런 관계가 없다고 설명했다. 또한 Ray 1994:p.87를 참조하라.

10 S V 175에서는 아라한은 염처의 수행을 완성한 자로서 정의된다. S V 302에 의하면, 아라한은 종종 염처에 확립하여 머문다고 한다. 은둔 속에서 아라한의 기쁨이 D III 283; A IV 224; A V 175에서 기록되어 있다. 염처에서 아라한의 숙달이 A IV 224, A V 175에서 다시 나타난다. Katz 1989:p.67는 "염처... 아라한은 이 수행을 즐긴다. 그리고 그것은 그들의 성취에 대한 자연스런 표현이라는 것을 의미한다"고 결론 내린다.

11 D II 223에 의하면, 갠지스 강과 야무나 강이 합쳐지는 것처럼, 열반과 그 길은 합쳐진다고 한다. Malalasekera 1995:vol.I p.734는 "갠지스 강과 야무나 강의 합류점은 ... 완전한 합일을 위한 비유로 사용된다"는 것을 설명하고 있다.

12 M I 56: "관찰은 그에게 있어 지속적인 관찰을 위해 반드시 필요한 것이라고 인정된다."

심지어 아라한을 위한 형식적인 명상 수행의 지속적인 관련성이 다양한 경전에 나와 있다. 이러한 경전들은 붓다와 그의 제자들이 자신의 깨달음의 단계와는 상관없이 항상 명상을 했다는 것을 나타내고 있다.[13] 붓다는 침묵과 은둔을 좋아한 것으로 동시대의 고행주의자들에게 잘 알려져 있었다.[14] 『염처경』에는 붓다와 대규모의 승려들이 한 자리에 모여 깊은 침묵 속에서 명상을 했다는 실제의 이야기가 있으며, 지나가던 왕은 매복이 아닐까 두려워했다. 왜냐하면 그렇게 많은 사람들이 어떤 소리도 내지 않고 함께 모여 있을 수 있다는 것이 그에게는 불가능한 것처럼 보였기 때문이다.[15] 붓다의 침묵에 대한 평가는 널리 퍼졌고, 그는 앞에서 시끄러운 승려들이나 재가자들을 즉시 물러나게 했을 정도로 침묵을 예찬했다.[16] 만약 소란이 도를 넘는 수준에 이르면 붓다는 비구, 비구니, 그리고 재

13 S V 326에서는 붓다와 몇몇 아라한이 호흡관찰의 수행을 한 것으로 전한다. 아라한 제자들 가운데 아누룻다는 빈번한 염처수행을 한 것으로 알려져 있다(S V 294-306). Sn 157에서는 붓다가 명상을 도외시하지 않았다는 것을 다시 강조한다. 또한 M III 13에서, 붓다는 명상을 수행하고, 명상가의 수행을 따른 자로서의 특색을 나타낸다.

14 예를 들어, D I 179; D III 37; M I 514; M II 2; M II 23; M II 30; A V 185; A V 190에서는 붓다와 그의 제자들이 "침묵을 선호하고, 침묵을 수행하며, 침묵을 찬탄한" 것으로 기술하고 있다. 또한 S III 15, S IV 80에서, 붓다는 은둔 시에 생계를 위해 노력할 것을 강조했다. A III 422에 의하면, 사실 은둔은 마음에 대한 실질적인 조절을 얻기 위해서는 반드시 필요한 요건이라고 한다. 또한 It 39, Sn 822에서 붓다는 은둔을 칭찬하면서 말했다. Vin I 92에서, 만약 젊은 비구들이 은둔하여 명상하고 있는 중이라면, 붓다는 심지어 젊은 비구가 스승에게 의존하여 살아갈 필요성을 면제해주었다. 공동체 속에서의 생활은 거의 이차적 대안인 것처럼 보인다. 왜냐하면 S I 154에서 그러한 공동체의 삶은 은둔 생활에서 기쁨을 찾을 수 없는 비구들에게 권고되었다(Ray 1994:p.96을 참조하라). 역사적으로 불교도의 승원 공동체의 초기 단계에서 은둔의 중요성은 Panabokke 1993:p.14에 의해 언급되었다. 그러나 은둔 생활을 하기 위해서는 붓다가 M I 17, A V 202에서 지적한 것처럼, 어느 정도 명상에 대한 숙달이 필요하다. 만약 그러한 명상숙달이 부족하다면, 붓다는 비구들이 은둔을 시작하는 것에 대하여 충고하곤 했다(A V 202에서 Upāli와 Ud 34에서 Meghiya의 경우를 참조하라).

15 D I 50.

16 M I 457에서, 새롭게 계를 받은 일군의 비구들이 너무 시끄러웠기 때문에 붓다는 그들을 물리쳤다. 동일한 내용이 Ud 25에서 다시 나타난다. A III 31에서(=A III 342, A IV 341), 붓다는 재가자가 가져온 음식을 받는 것을 꺼렸다. 왜냐하면 그들이 시끄럽게 떠들었기 때문이다. 그러나 반면에 붓다는 단지 자신의 목적을 위해서만 침묵을 관찰하는 것을 비판했다. Vin I 157에서, 그는 공동의 불화를 분명히 피하기 위해서 완전한 침묵으로 우기를 보냈던 비구들을 꾸짖었다. 이 경우는 M I 207의 관점에서 고려할 필요가 있다. 거기서 침묵한 비구 그룹의 공동생활은 동일한 용어로 설명되지만, 붓다의 승인을 받았다. 여기서 결정적인 차이점은 5일마다 이 비구의 그룹은 그들의 침묵을 깨고, 법(Dhamma)에 대해 토론을 하곤 했다는 점이다. 즉 이 경우에 침묵은 불화를 피하기 위한 것으로 보지 않고, 적절한 명상 분위기를 만들어내는 방편으로써 채택되었으며, 동시에

가자들을 그대로 놔둔 채 자리에서 일어나 스스로 다른 곳으로 가버렸다.[17] 그가 설했던 은둔은 법(*Dhamma*, 붓다의 가르침)이 갖는 독특한 성질이다.[18]

붓다는 완전한 깨달음 이후에도 홀로 고요한 은둔을 했던 것으로 경전에서는 기록하고 있다.[19] 심지어 외부에서 집중적인 은둔을 할 때조차 저명한 방문자들은 붓다가 명상을 행하고 있었다면 그에게 다가가는 것이 허락되지 않았다.[20] *Mahāsuññata Sutta*에 나와 있는 붓다 자신의 말에 의하면 명상 상태에 있을 때 그에게 비구, 비구니, 그리고 재가자들이 방문하면 그들을 보내려고 할 만큼 그의 마음은 은둔으로 향해 있었다.[21]

붓다의 은둔 생활은 다른 고행자들에게 어떠한 가치도 없는 조롱거리였다. 그들은 붓다가 다른 이들과의 논쟁에서 패배당할 것이 두려워서 그럴 것이라고 말했다.[22] 그러나 그렇지 않았다. 붓다는 논쟁이나 다른 어떤 것이 두려웠던 것이 아니었다. 그의 은둔적이고 명상적인 생활은 단지 자신의 깨달음에 대한 적절한 표현이었으며 다른 사람들에게 좋은 사례가 되기 위함이었다.[23]

지금까지 언급된 구절은 초기 불교 공동체에 나타난 은둔과 집중 명상 수행의 중요성을 보여준다. 이것의 중요성은 장애물을 제거하고 깨달음의 요소를 확립하는 사념처 수행이 과거, 현재, 미래의 모든 붓다들에게 있어서 깨달음의 공통된 특성을 이룬다는 사실

현명하게 법(Dhamma)에 대하여 규칙적인 토론으로 균형을 잡았다. 사실 이 두 가지 활동, 즉 법(Dhamma)에 대하여 토론하거나 침묵을 관찰하는 것이 다른 사람과 시간을 보내는 두 가지 적절한 방법으로 붓다는 권고하였다(M I 161).

17 Ud 41. A V 133에서 유사한 행위가 몇몇 방문객들이 내는 소음을 피하기 위해서 붓다에게 인사를 드리지 않고서 떠난 젊은 비구들의 그룹에 의해 시작되었다. 그리고 그것을 나중에 말하더라도 붓다는 그러한 행위를 승인했다.

18 Vin II 259, A IV 280.

19 Vin III 68; S V 12; S V 320에서는 붓다가 침묵한 채 완전한 은둔으로 2주간을 보냈다고 기록하고 있지만, Vin III 229; S V 13; S V 325에서는 3달 동안 동일한 행위를 한 것으로 기록한다.

20 D I 151. D II 270에 의하면, 신들의 왕인 사까(Sakka) 조차 붓다를 뵙지 않고 출발했다. 왜냐하면 그는 붓다의 명상을 방해하는 것이 용납되지 않았기 때문이다.

21 M III 111.

22 D I 175, D III 38.

23 D III 54에서 붓다는 과거의 모든 깨달은 분들은 유사하게 은둔과 침묵에 헌신했다는 것을 지적했다. M I 23, A I 60에서는 지금 여기에서 즐거운 머무름이 되고 미래의 사람들을 위한 자비로 은둔생활을 해야 하는 이유를 설명한다. 또한 Mil(138)을 참조하라.

을 반영한다는 점이다.[24] 사실, 붓다뿐만 아니라 깨달은 사람이나 앞으로 깨닫게 될 사람도 장애물을 극복하고, 염처를 확립하고, 깨달음의 요소를 발현시키기 위해 수행한다.[25] 장애물과 깨달음의 요소들 모두 법 관찰의 대상이며, 염처는 법(*Dhamma*)의 계발을 위해 없어서는 안 될 구성 요소임에 분명하다.[26] 붓다는 염처를 소홀히 하는 것은 고통으로부터 해방되는 길을 소홀히 하는 것과 같다는 것을 거의 의심하지 않았다.[27] 경전에 나오듯이, 붓다의 모든 제자들이 염처와 관련을 갖는다. 이는 비구니들이 완성된 염처 수행자들이었다는 사실을 통해서도 알 수 있다.[28] 또한 몇몇 사례에서는 염처 명상에 숙련된 재가 명상가를 언급하고 있다.[29] 이러한 사례들은 청중에 대한 연설의 형태로서, 붓다가『염처경』에서 사용한 "비구들"이라는 단어는 가르침을 오로지 정해진 비구들에게 한정한 것만은 아니었다는 것을 보여주는 것이다.[30]

비록 염처 수행이 승가의 공동체에 속하는 구성원들에게 제한된 것은 아니지만 개인과 공동의 쇠퇴를 향한 경향에 반하기 때문에 그들은 특별한 장점을 갖고 있었다.[31] 붓다가 지적했던 것처럼, 비구나 비구니가 충분한 기간 동안 염처를 수행하면 세상의 어떤 것도 그들의 삶의 방식을 단념하게 하거나 박탈할 수 없다. 왜냐하면 그들은 세속적인 유혹

24 D II 83; D III 101; S V 161. S I 103에서, 붓다는 자신의 깨달음은 사띠를 바탕으로 발생한 것이라는 것을 명확히 언급했다.

25 A V 195. 이 진술은 한역 *Madhyama Āgama*(중아함)에 보존된 염처 버전에서 결정적으로 중요한 것처럼 보인다. 그것은 경전 그 자체의 도입부의 일부가 되었다. Nhat Hanh 1990:p.151을 참조하라.

26 사실 A V 153에 의하면, 알아차림은 법(Dhamma)의 증진을 위해 반드시 필요하다. 염처의 유용함은 A IV 457-60에서 혜택에 대한 상당한 목록에서 나타난다.

27 S V 179.

28 S V 155.

29 M I 340에 의하면, 재가의 제자인 뻿사(Pessa)는 때때로 염처수행을 했다. 뻿사(Pessa)의 수행은 이 경전에서 "잘 확립된(supatiṭṭhita)"이라는 표현으로 한정된다. 그리고 그것은 보다 숙련된 단계에 있었음에 틀림없다는 것을 분명히 나타낸다. S V 177과 S V 178에서는 평신도 사리밧다(Sirivaḍḍha)와 마나딘나(Mānadinna) 둘 모두 염처수행을 했던 것으로 전하고 있다. 붓다는 두 사람 모두 불환과를 성취했다고 말했다.

30 Ps I 241에서는 현재의 맥락에서 "비구"는 누구든 수행하는 사람들을 포함하는 것이라고 설명한다.

31 D II 77; D II 79; S V 172; S V 173; S V 174.

에서 완전히 깨어났기 때문이다.[32] 염처에 잘 확립되었을 때, 그들은 진정으로 자신을 의지하게 되고 더 이상 어떠한 형태의 보호와 피난처도 필요로 하지 않는다.[33]

염처의 유익한 영향은 스스로에게만 한정되지 않는다. 붓다는 누구든 자신의 친구와 주변인들에게 염처를 수행하도록 격려할 것을 강조했다.[34] 이처럼 염처 수행은 다른 사람을 돕는 도구가 될 수 있다. 붓다는 이러한 도움의 정확한 순서를 함께 균형 있게 맞춰 연기하는 두 명의 곡예사로 설명한 적이 있다.[35] 이 두 곡예사 모두 안전하게 연기하기 위해서는 우선 각자는 상대방의 균형이 아닌 자신의 균형에 집중해야 된다. 마찬가지로 수행자는 우선 염처를 계발함으로써 자기 스스로의 균형을 확립해야 할 것이라고 붓다는 권고했다. 이러한 내적 균형의 확립을 기반으로 수행자는 인내와 비폭력, 자비심으로 외적인 환경과 연관될 수 있으며, 비로소 다른 사람들을 진실로 이익 되게 할 수 있다.

두 명의 곡예사에 대한 비유는 염처에 의한 자기계발이 다른 사람을 도울 수 있는 능력의 중요한 바탕이 된다는 것을 제안하고 있다. 붓다에 의하면 먼저 자신을 계발하지 않고 다른 사람들을 돕는 것은 스스로가 침몰하고 있으면서 다른 사람을 곤경에서 구하려 하는 것과 같다고 했다.[36] 또한 붓다는 아직 스스로가 깨닫지 못한 자가 다른 사람을 깨달음으로 이끌려는 시도는 거센 강물에 휩쓸려 가는 사람이 다른 사람을 강에서 건너도록 도우려고

32 S V 301. 그것은 이 진술을 A III 396과 대조하여 드러내고 있다. 그것에 의하면 사선정을 성취한 수행자조차 여전히 몸을 버리고 다시 세속적인 삶으로 돌아오기 쉽다.

33 D II 100; D III 58; D III 77; S V 154; S V 163; S V 164에서는 염처를 수행하는 자들이 섬과 같이 되어 스스로에게 의지처가 되는 것으로 말하고 있다. 이 진술에 대해 논평하면서 Sv II 549에서는 최상으로 이끄는 것은 바로 염처수행이라는 것을 강조한다.

34 S V 189. 이 경전이 한역 *Āgama*(아함)의 방식을 행하고 있지 않다는 것은 다소 놀랍다(Akanuma 1990:247을 참조하라).

35 S V 169. 이 구절에 관해서는 또한 Ñāṇapoṇika 1990:p.3; Ñāṇavīra 1987:p.211; Piyadassi 1972:p.475; Ṭhānissaro 1996:p.81를 참조하라.

36 M I 45. 또한 Dhp 158에서는 다른 사람들을 가르치기 이전에 스스로를 잘 확립할 것을 권고한다. 또한 A II 95-9에서, 붓다는 수행의 네 가지 가능성에 놓인 것을 구별하고 있는데, 즉 네 가지 가능성이란 자신의 이익만을 위하거나, 다른 사람의 이익만을 위하거나, 양쪽 모두에게 이익이 없거나, 양쪽 모두에게 이익이 있는 것을 말한다. 자기 자신의 이익만을 위해서 수행하는 것이 다른 사람의 이익을 위해서만 수행하는 것보다 뛰어나다는 것은 놀라운 입장이었다. 근본적인 이유는 만약 수행자가 불건전함(A II 96)을 극복하는데 있어서나 윤리적 통제(A II 99)에서 스스로를 확립하지 못한다면, 수행자는 다른 사람들에 이익을 줄 수 없을 것이라는 점 때문일 것이다. 또한 Premasiri 1990c:p.160는 다른 사람을 이익 되게 하기 전에 내적 평화의 기초가 필요하다는 것을 지적한다.

하는 것에 비유했다.[37]

이 모든 구절은 붓다의 가르침에서 염처의 중요성과 주된 입장을 나타낸다. 실제로 염처 수행, 즉 알아차림의 주의 깊은 특성을 체계적으로 계발하는 것은 열반의 깨달음과 완전한 지혜, 최상의 행복과 최고의 자유로 향하는 올바른 길을 이루는 것이다.[38]

37 Sn 320.

38 열반(*Nibbāna*)은 M III 245와 Th 1015에서 "지혜의 완성"으로, Dhp 204에서는 최상의 행복으로, M I 235에서는 최고의 자유라고 언급된다.

참고문헌

본문에서 인용한 빨리 문헌 정보는 PTS판본의 권과 페이지를 제시하였다. *Dhammapada*, *Sutta Nipāta* 와 *Thera/Thrīgāthā*의 경우, 페이지 대신에 PTS의 게송번호를 제시하였다. 복주석서(Ṭikā)와 아비담마의 인용은 Vipassanā Research Institute(인도, 1997년)가 CD-ROM으로 제작한 6차결집본의 권과 페이지에 따랐다. 판본 비교는 Sinhalese Buddha Jayanti 판본(스리랑카 삼장 프로젝트에서 발간한)을 참조하였다.

Akanuma, Chizen, 1990 (1929): *The Comparative Catalogue of Chinese Āgamas & Pāli Nikāyas*, Delhi: Sri Satguru.

Alexander, F.., 1931: "Buddhist Training as an Artificial Catatonia", in *Psychoanalytical Review*, vol.18, no.2, pp.129-45.

Ariyadhamma, Nauyane, 1994: *Satipatthāna Bhāvanā*, Gunatilaka(tr.), Sri Lanka, Kalutara.

Ariyadhamma, Nauyane, 1995 (1988): *Anāpānasati, Meditation on Breathing*, Kandy:BPS.

Aronson, Harvey B., 1979: "Equanimity in Theravāda Buddhism", in *Studies in Pāli and Buddhism*, Delhi: pp.1-18.

Aronson, Harvey B., 1986 (1980): *Love and Sympathy in Theravāda Buddhism*, Delhi: Motilal Banarsidass.

Ayya Khema, 1984 (1983): *Meditating on No-Self*, Kandy: BPS

Ayya Khema, 1991: *When the Iron Eagle Flies; Buddhism for the West*, London: Arkana, Penguin Group.

Ayya Kheminda (n.d.) : *A Matter of Balance*, Colombo: Printing House.

Ba Khin, U, 1985: "The Essentials of Buddha-Dhamma in Practice" in *Dhamma Text by Sayagyi U Ba Khin*, Saya U Chit Tin (ed.), England, Heddington.

Ba Khin, U, 1994 (1991): "Revolution with a View to Nibbāna", in *Sayagyi U Ba Khin Journal*, India, Igatpuri: VRI, pp.67-74.

Barnes, Michael, 1981: "The Buddhist Way of Deliverance", in *Studia Missionalia*, vol.30, pp.233-77.

Basham, A.L., 1951: *History and Doctrines of the Ājīvikas*, London: Luzac.

Bendall, Cecil (et al, tr.), 1990 (1922): *Śikṣā Samuccaya*, Delhi: Motilal Banarsidass.

Bhattacharya, Kamaleswar, 1980: "Diṭṭham, Sutam, Mutam, Viññātam", in *Buddhist Studies in Honour of Walpola Rahula*, Balasoorya (et al, ed.) London: pp.10-15.

Bodhi, Bhikkhu, 1976: "Aggregates and Clinging Aggregates", in *Pāli Buddhist Review*, vol.1, no.1, pp.91-102.

Bodhi, Bhikkhu, 1984: *The Noble Eightfold Path*, Kandy: BPS.

Bodhi, Bhikkhu, 1989: *The Discourse on the Fruits of Recluseship*, Kandy: BPS.

Bodhi, Bhikkhu (et al), 1991: *The Discourse on Right View*, Kandy: BPS.

Bodhi, Bhikkhu, 1992a (1978): *The All Embracing Net of Views: The Brahmajāla Sutta and its Commentaries*, Kandy: BPS .

Bodhi, Bhikkhu, 1992b (1980): *The Discourse on the Root of Existence*, Kandy: BPS.

Bodhi, Bhikkhu, 1993: *A Comprehensive Manual of Abhidhamma, the Abhidhammattha Saṅgaha*, Kandy: BPS .

Bodhi, Bhikkhu, 1995 (1984): *The Great Discourse on Causation: The Mahānidāna Sutta and its Commentaries*, Kandy: BPS .

Bodhi, Bhikkhu, 1996: "Nibbāna, Transcendence and Language", in *Buddhist Studies Review* vol.3, no.2, pp.163-76.

Bodhi, Bhikkhu, 1998: "A Critical Examination of Ñāṇavīra Thera's 'A Note on Paticcasamuppāda'", in *Buddhist Studies Review* vol.5, no.1, pp.43-64; no.2, pp.157-81.

Bodhi, Bhikkhu (tr.), 2000: *The Connected Discourses of the Buddha*, 2 vols., Boston: Wisdom.

Boisvert, Mathieu, 1997 (1995): *The Five Aggregates; Understanding Theravāda Psychology and Soteriology*, Delhi: Sri Satguru.

Brahmavaṃso, Ajahn, 1999: *The Basic Method of Meditation*, Malaysia: Buddhist Gem Fellowship.

Bronkhorst, Johannes, 1985: "Dharma and Abhidharma", in *Bulletin of the School of Oriental and African Studies*, no.48, pp.305-20.

Bronkhorst, Johannes, 1993 (1986): *The Two Traditions of Meditation in Ancient India*, Delhi: Motilal Banarsidass.

Brown, Daniel P., 197: "A Model for the Levels of Concentrative Meditation", in *International Journal of Clinical and Experimental Hypnosis*, vol.25, no.4, pp.236-73.

Brown, Daniel P. (et al), 1984: "Differences in Visual Sensitivity among Mindfulness Meditators and Non-Meditators", in *Perceptual & Motor Skills*, no.58, pp.727-33.

Brown, Daniel P. (et al), 1986a: "The Stages of Meditation in Cross-Cultural Perspective" in *Transformations of Consciousness*, Wilber (et al, ed.), London: Shambhala, pp.219-83.

Brown, Daniel P. (et al), 1986b: "The Stages of Mindfulness Meditation: A Validation Study", in *Transformations of Consciousness*, Wilber (et al, ed.), London: Shambhala, pp.161-217.

Bucknell, Roderick S., 1984: "The Buddhist Path to Liberation", *in Journal of the International Association of Buddhist Studies*, vol.7, no.2, pp.7-40.

Bucknell, Roderick S., 1993: "Reinterpreting the Jhānas" in *Journal of the International Association of Buddhist Studies*, vol.16, no.2, pp.375-409 .

Bucknell, Roderick S., 1999: "Conditioned Arising Evolves: Variation and Change in Textual Accounts of the Paticca-samuppāda Doctrine", in *Journal of the International Association of Buddhist Studies*, vol.22, no.2, pp.311-42.

Buddhadāsa, Bhikkhu, 1956: *Handbook for Mankind*, Thailand: Suan Mok.

Buddhadāsa, Bhikkhu, 1976 (1971): *Ānāpānasati (Mindfulness of Breathing)*, Nāgasena (tr.), Bangkok: Sublime Life Mission, vol.1.

Buddhadāsa, Bhikkhu, 1984: *Heart-Wood from the Bo Tree*, Thailand: Suan Mok.

Buddhadāsa, Bhikkhu, 1989 (1987): *Mindfulness with Breathing*, Santikaro (tr.), Thailand: Dhamma Study & Practice Group.

Buddhadāsa, Bhikkhu, 1992: *Paticcasamuppāda*, Practical Dependent Origination,

Thailand: Vuddhidhamma Fund.

Buddhadāsa, Bhikkhu, 1993 (1977): "Insight by the Nature Method", in Kornfield: *Living Buddhist Masters*, Kandy: BPS, pp.119-29.

Bullen, Leonard A., 1982: *A Technique of Living, Based on Buddhist Psychological Principles*, Kandy: B PS.

Bullen, Leonard A., 1991 (1969): *Buddhism: A Method of mind Training*, Kandy: BPS.

Burford, Grace G., 1994 (1992): "Theravāda Buddhist Soteriology and the Paradox of Desire" in *Paths to Liberation*, Buswell (et al, ed.), Delhi: Motilal Banarsidass, pp.37-62

Burns, Douglas M., 1983 (1968): *Nirvāna, Nihilism and Satori*, Kandy: BPS.

Burns, Douglas M., 1994 (1967): *Buddhist Meditation and Depth Psychology*, Kandy: BPS

Buswell, Robert E. (et al), 1994 (1992): *Introduction to Paths to Liberation*, Buswell (et al, ed.), Delhi: Motilal Banarsidass, pp.1-36.

Carrithers, Michael, 1983: *The Forest Monks of Sri Lanka*, Delhi: Oxford University Press

Carter, John Ross, 1984: "Beyond 'Beyond Good and Evil'", in *Buddhist Studies Honour of H. Saddhātissa*, Dhammapāla (et al, ed .), Sri Lanka: University of jayewardenepura, pp.41-55.

Chah, Ajahn, 1992: *Food for the Heart*, Thailand: Wat Pa Nanachat.

Chah, Ajahn, 1993 (1977): "Notes from a Session of Questions and Answers", in Kornfield: *Living Buddhist Masters*, Kandy: BPS pp.36-48.

Chah, Ajahn, 1996 (1991): *Meditation Samādhi Bhāvanā*, Malaysia: Wave.

Chah, Ajahn, 1997 (1980): *Taste of Freedom*, Malaysia: Wave.

Chah, Ajahn, 1998: *The Key to Liberation*, Thailand: Wat Pa Nanachat.

Chakravarti, Uma, 1996: *The Social Dimensions of Early Buddhism*, Delhi: Munshiram Manoharlal.

Chit Tin, Saya U, 1989: *Knowing Anicca and the Way to Nibbāna*, Trowbridge, Wiltshire: Sayagyi U Ba Khin Memorial Trust.

Choong, Mun-keat, 1999 (1995): *The Notion of Emptiness in Early Buddhism*, Delhi: Motilal Banarsidass.

Choong, Mun-keat, 2000: *The Fundamental Teachings of Early Buddhism*, Wiesbaden: Harrassowitz.

Claxton, Guy, 1991 (1978): "Meditation in Buddhist Psychology", in *The Psychology of Meditation*, West (ed.), Oxford: Clarendon Press, pp.23-38.

Collins, Steven, 1982: *Selfless Persons: lmagery and Thought in Theravāda Buddhism*, Cambridge: University Press.

Collins, Steven, 1994: "What Are Buddhists Doing When They Deny the Self?", in *Religion and Practical Reason*, Tracy (et al ed.), Albany: State University New York Press, pp.59-86.

Collins, Steven, 1997 "The Body in Theravāda Buddhist Monasticism", in *Religion and the Body*, Coakley (ed.), Cambridge: University Press, pp.185-204.

Collins, Steven, 1998: *Nirvana and other Buddhist Felicities*, Cambridge: University Press.

Conze, Edward, 1956: *Buddhist Meditation*, London: Allen and Unwin.

Conze, Edward, 1960 (1951): *Buddhism, its Essence and Development*, Oxford: Cassirer.

Conze, Edward, 1962: *Buddhist Thought in India*, London: Allen and Unwin.

Cousins, Lance S.,1973: "Buddhist Jhāna: Its Nature and Attainment according to the Pāli Sources", in *Religion*, no.3, pp.115-31.

Cousins, Lance S., 1983: "Nibbāna and Abhidhamma'", in *Buddhist Studies Review*, vol.1, no.2, pp.95-109.

Cousins, Lance S., 1984: "Samatha-Yāna and Vipassanā-Yāna", in Buddhist Studies in *Honour of H. Saddhātissa*, Dhammapāla (et al, ed.), Sri Lanka: University of Jayewardenepura, pp.56-68.

Cousins, Lance S., 1989: "The Stages of Christian Mysticism and Buddhist Purifica tion", in *The Yogi and the Mystic*, Werner (ed.), London: pp.103-20.

Cousins, Lance S., 1992: "Vitakka/Vitarka and Vicāra, Stages of Samādhi in Buddhism and Yoga", in *Indo-Iranian Journal*, no.35, pp.137-57.

Cox, Collett, 1992: "Mindfulness and Memory", in *In the Mirror of Memory*, Gyatso (ed.), New York: State University Press, pp.67-108

Cox, Collett, 1994 (1992): "Attainment through Abandonment", in *Paths to Liberation*, Buswell (et al, ed.), Delhi: Motilal Banarsidass, pp.63-105

Crangle, Edward F., 1994: *The Origin and Development of Early Indian Contemplative Practices,* Wiesbaden: Harrassowitz.

Daw Mya Tin, 1990 (1986): *The Dhammapada*, Varanasi: Central Institute of Higher Tibetan Studies.

Deatherage, Gary, 1975: "The Clinical Use of 'Mindfulness' Meditation Techniques in Short-Term Psychotherapy", in *Journal of Transpersonal Psychology*, vol.7, no.2, pp.133-43.

Debes, Paul, 1994: "Die 4 Pfeiler der Selbstbeobachtung - Satipatthāna", in *Wissen und Wandel*, vo1.40, nos.3/4, 5/6, 7/8, 9/10; pp.66-127, 130-90, 194-253, 258-30 4.

Debes, Paul, 1997 (1982): *Meisterung der Existenz durch die Lehre des Buddha*, 2 vols., Germany: Buddhistisches Seminar Bindlach.

Debvedi, Phra, 1990 (1988): *Sammāsati; an Exposition of Righht Mindfulness*, Dhamma-Vijaya (tr.), Thailand: Buddhadhamma Foundation.

Debvedi, Phra, 1998 (1990): *Helping Yourself to Help Others*, Puriso (tr.), Bangkok: Wave.

Deikman, Arthur J., 1966: "De-automatization and the Mystic Experience", in *Psychiatry*, New York: no.29, pp.324-38.

Deikman, Arthur J., 1969: "Experimental Meditation" in *Altered States of Consciousness*, Tart (ed.), New York: Anchor Books, pp.203-223.

De la Vallée Poussin, Louis, 1903: "Vyādhisūtra on the Four Āryasatyas", in *Journal of the Royal Asiatic Society*, pp.578-80.

De la Vallée Poussin, Louis, 1936/37: "Musīla et Nārada; le Chemin du Nirvāna", in *Mélanges Chinois et Bouddhiques*, Bruxelles: Institut Belge des Hautes Etudes Chinoises, no.5, pp.189-222.

Delmonte, M.M., 1991 (1978): "Meditation: Contemporary Theoretical Approaches", in *The Psychology of Meditation*, West (ed.), Oxford: Clarendon Press, pp.39-53.

Demieville, Paul, 1954: "Sur la Mémoire des Existences Antérieures", in *Bulletin de l'École Française d'estrême Orient*, Paris: vol.44, no.2, pp.283-98.

De Silva, Lily (n.d.): *Mental Culture in Buddhism* (based on the Mahāsatipaṭṭhānasutta), Colombo: Public Trustee

De Silva, Lily, 1978: "Cetovimutti, Paññāvimutti and Ubhatobhāgavimutti", in *Pāli Buddhist Review*, vol.3, no.3, pp.118-45.

De Silva, Lily, 1987: "Sense Experience of the Liberated Being as Reflected in Early Buddhism", in *Buddhist Philosophy and Culture*, Kalupahana (et al, ed.), Colombo, pp.13-22.

De Silva, Lily, 1996 (1987): *Nibbāna as Living Experience*, Kandy: BPS.

De Silva, Padmasiri, 1981: *Emotions and Therapy, Three Paradigmatic Zones*, Sri Lanka: University of Peradeniya.

De Silva, Padmasiri, 1991 (1977): *An Introduction to Buddhist Psychology*, London: Macmillan.

De Silva, Padmasiri, 1992a (1973): *Buddhist and Freudian Psychology*, Singapore: University Press.

De Silva, Padmasiri, 1992b (1991): *Twin Peaks: Compassion and Insight*, Singapore: Buddhist Research Society.

Devendra, Kusuma, ?1985: *Sati in Theravāda Buddhist Meditation*, Sri Lanka: Maharagama

Dhammadharo, Ajahn, 1987: *Frames of Reference*, Thānissaro (tr.), Bangkok.

Dhammadharo, Ajahn, 1993 (1977): "Questions and Answers on the Nature of Insight Practice", in Kornfield: *Living Buddhist Masters*, Kandy: BPS, pp.259-70.

Dhammadharo, Ajahn, 1996 (1979): *Keeping the Breath in Mind & Lessons in Samādhi*, Thailand/Malaysia: Wave.

Dhammadharo, Ajahn, 1997: *The Skill of Release*, Ṭhānissaro (tr.), Malaysia: Wave.

Dhammananda, K. Sri, 1987: *Meditation, the Only Way*, Malaysia, Kuala Lumpur: Buddhist Missionary Society.

Dhammasudhi, Chao Khun Sobhana, 1968 (1965): *Insight Meditation*, London: Buddhapadīpa Temple.

Dhammasudhi, Chao Khun Sobhana, 1969: *The Real Way to Awakening*, London: Buddhapadīpa Temple.

Dhammavuddho Thera, 1994: *Samatha and Vipassanā*, Malaysia, Kuala Lumpur.

Dhammavuddho Thera, 1999: Liberation, Relevance of *Sutta-Vinaya*, Malaysia, Kuala Lumpur: Wave.

Dhammiko, Bhikkhu, 1961: "Die Übung in den Pfeilern der Einsicht", in *Buddhistische Monatsblätter*, Hamburg, pp.179-91.

Dhīravaṃsa, 1988 (1974): *The Middle Path of Life; Talks on the Practice of Insight Meditation*, California: Blue Dolphin.

Dhīravaṃsa, 1989 (1982): *The Dynamic Way of Meditation*, Wellingborough: Crucible.

Dumont, Louis, 1962: "The Conception of Kingship in Ancient India", in *Contributions to Indian Sociology*, vol.VI, pp.48-77.

Dwivedi, K.N., 1977: "Vipassanā and Psychiatry", in *Maha Bodhi*, Calcutta, vol.85, no.8-10, pp.254-6.

Earle, J.B.B., 1984: "Cerebral Laterality and Meditation", in *Meditation: Classic and Contemporary Perspectives*, Shapiro (ed.), New York: Aldine, pp.396-414.

Eden, P.M., 1984: "The Jhānas", in *Middle Way*, vol.59, no.2, pp.87-90.

Edgerton, Franklin, 1998 (1953): *Buddhist Hybrid Sanskrit Grammar and Dictionary*, Delhi: Motilal Banarsidass.

Ehara, N.R.M. (et al, tr.), 1995 (1961): *The Path of Freedom (Vimuttimagga)*, Kandy: BPS.

Engler, John H., 1983: "Vicissitudes of the Self According to Psychoanalysis and Buddhism", in *Psychoanalysis and Contemporary Thought*, vol.6, no.1, pp.29-72.

Engler, John H., 1986: "Therapeutic Aims in Psychotherapy and Meditation", in *Transformations of Consciousness*, Wilber (et al, ed.), London: Shambhala, pp.17-51.

Epstein, Mark, 1984: "On the Neglect of Evenly Suspended Attention", in *Journal of Transpersonal Psychology*, vol.16, no.2, pp.193-205.

Epstein, Mark, 1986: "Meditative Transformations of Narcissism", in *Journal of Transpersonal Psychology*, vol.18, no.2, pp.143-58.

Epstein, Mark, 1988: "The Deconstruction of the Self", in *Journal of Transpersonal Psychology*, vol.2o, no.1, pp.61-9.

Epstein, Mark, 1989: "Forms of Emptiness: Psychodynamic, Meditative and Clinical Perspectives", in *Journal of Transpersonal Psychology*, vol.21, no.1, pp.61-71.

Epstein, Mark, 1990: " Psychodynamics of Meditation: Pitfalls on the Spiritual Path", in *Journal of Transpersonal Psychology*, vol.22, no.1, pp.17-34.

Epstein, Mark, 1995: *Thoughts without a Thinker, Psychotherapy from a Buddhist Perspective*, New York: Basic Books.

Fenner, Peter, 1987: "Cognitive Theories of the Emotions in Buddhism and Western Psychology", in *Psychologia*, no.30, pp.217-27.

Fessel, Thorsten K. H., 1999: *Studien zur "Einübung von Gegenwärtigkeit"(Satipaṭṭhāna) nach der Sammlung der Lehrreden (Sutta-Piṭaka) der Theravādin*, M.A. thesis, University of Tübingen.

Festinger, Leon, 1957: *A Theory of Cognitive Dissonance*, New York: Row, Peterson & Co.

Fleischman, Paul R., 1986: *The Therapeutic Action of Vipassanā*, Kandy: BPS

Fraile, Miguel, 1993: *Meditación Budista y Psicoanalisis*, Madrid: EDAF.

Frauwallner, Erich: "Abhidharma Studien", in *Wiener Zeitschrift für die Kunde Süd- und Ostasiens*; no.7 (1963) pp.20-36; no.8 (1964) pp.59-99, no.15 (1971) pp.69-121, no.16 (1972) pp.95-152, no.17 (1973) pp.97-121.

Fromm, Erich, 1960: "Psychoanalysis and *Zen Buddhism", in Zen Buddhism and Psychoanalysis*, Suzuki (ed.), London: Allen and Unwin, pp.77-14l.

Fryba, Mirko, 1989 (1987): *The Art Happiness, Teachings of Buddhist Psychology*, Boston: Shambhala.

Gethin, Rupert, 1986: "The Five Khandhas", in *Journal of Indian Philosophy*, no.14, pp.35-53

Gethin, Rupert, 1992: *The Buddhist Path to Azuakening; A Study of the Bodhi-Pakkhiyā Dhammā*, Leiden: Brill.

Gethin, Rupert, 1994: "Bhavaṅga and Rebirth According to the Abhidhamma", in *The Buddhist Forum*, London: School of Oriental and African Studies, vol.3 (1991-3), pp.11-35.

Gethin, Rupert, 1997a: "Cosmology and Meditation", in *History of Religions*, Chicago, vol.36, pp.183-217.

Gethin, Rupert, 1997b: "Wrong View and Right View in the Theravāda Abhidhamma", in *Recent Researches in Buddhist Studies*, Dhammajoti (et al, ed.), Colombo/Hong Kong, pp.211-29

Gnanarama, Pategama, 1998: *Aspects of Early Buddhist Sociological Thought*, Singapore: Ti-Sarana Buddhist Association.

Goenka, S.N., 1994a (1991): "Buddha's Path is to Experience Reality", in *Sayagyi U Ba Khin Journal*, India, Igatpuri: VRI, pp.109-13.

Goenka, S.N., 1994b: "Sensation, the Key to Satipaṭṭhāna", in *Vipassanā Newsletter*, India,

Igatpuri: VRI, vol.3, no.5.

Goenka, S.N., 1999: *Discourses on Satipatthāna Sutta*, India, Igatpuri: VRJ.

Gokhale, Balkrishna Govind, 1976: "The Image World of the Thera-Therī-Gāthās", in *Malalasekera Commemoration Volume*, Wijesekera (ed.), Colombo, pp.96-110.

Goldstein, Joseph, 1985 (1976): *The Experience of Insight: A Natural Unfolding*, Kandy: BPS.

Goldstein, Joseph, 1994: *Insight Meditation*, Boston: Shambhala.

Goleman, Daniel, 1975: "Meditation and Consciousness: An Asian Approach to Mental Health", in *American Journal of Psychotherapy*, vol.30, no.1, pp.41-54.

Goleman, Daniel, 1977a: "The Role of Attention in Meditation and Hypnosis", in *International Journal of Clinical and Experimental Hypnosis*, vol.25, no.4, pp.291-308

Goleman, Daniel, 1977b: *The Varieties of the Meditative Experience*, New York: Irvington.

Goleman, Daniel, 1980 (1973): *The Buddha on Meditation and Higher States of Consciousness, Kandy*, BPS.

Gomez, Louis 0., 1976: "Proto-Mādhyamika in the Pāli Canon", in *Philosophy East and West*, Hawaii, vol.26, no.2, pp.137-65.

Gombrich, Richard F., 1996: *How Buddhism Began, the Conditioned Genesis of the Early Teachings*, London: Athlone Press.

Govinda, Lama Anagarika, 1991 (1961): *The Psychological Attitude of Early Buddhist Philosophy*, Delhi: Motilal Banarsidass.

Griffith, Paul J., 1981: "Concentration or Insight, the Problematic of Theravāda Buddhist Meditation Theory", in *Journal of the American Academy of Religion*, vol.49, no.4, pp.605-24.

Griffith, Paul J., 1983: "Buddhist Jhāna: a Form-Critical Study", in *Religion*, no.33, pp.55-68.

Griffith, Paul J., 1986: On Being mindless: *Buddhist Meditation and the Mind-Body Problem*, Illinois, La Salle: Open Court.

Griffith, Paul J., 1992: "Memory in Classical Yogācāra", in *In the Mirror of Memory*, Gyatso (ed.), New York: State University Press, pp.109-31.

Gruber, Hans, 1999: *Kursbuch Vipassanā*, Frankfurt: Fischer.

Guenther, Herbert von, 1991 (1974): *Philosophy and Psychology in the Abhidharma*, Delhi: Motilal Banarsidass.

Gunaratana, Mahāthera Henepola, 1981: *The Satipaṭṭhāna Sutta and its Application to Modern Life*, Kandy: BPS.

Gunaratana, Mahāthera Henepola, 1992: *Mindfulness in Plain English*, Malaysia: Wave.

Gunaratana, Mahāthera Henepola, 1996 (1985): *The Path of Serenity and Insight*, Delhi: Motilal Banarsidass

Gyatso, Janet, 1992: *Introduction to In the Mirror of Memory*, Cyalso (ed.), New York: State University Press, pp.1-19.

Gyori, T.I., 1996: *The Foundations of Mindfulness (Satipatthāna) as a Microcosm of the Theravāda Buddhist World View*, M.A. diss., Washington: American University.

Hamilton, Sue, 1995a: "Anattā: A Different Approach", in *Middle Way*, vol.7o, no.1, pp.47-60.

Hamilton, Sue, 1995b: "From the Buddha to Buddhaghosa: Changing Attitudes toward the Human Body in Theravāda Buddhism", in *Religious Reflections on the Human Body*, Law (ed.), Bloomington: Indiana University Press, pp.46-63.

Hamilton, Sue, 1996: *Identity and Experience; the Constitution of the Human Being According to Early Buddhism*, London: Luzac Oriental.

Hamilton Sue,1997: "The Dependent Nature of the Phenomenal World", in *Recent Researches in Buddhist Studies*, Dhammajoti (et al, ed.), Colombo/Hong Kong, pp.276-91.

Hanly, Charles, 1984: "Ego Ideal and Ideal Ego", in *International Journal of Psychoanalysis*, no.65, pp.253-61.

Hare, E.M. (tr.), 1955: *The Book of the Gradual Sayings*, vol.IV, London: PTS.

Harvey, Peter, 1986: "Signless Meditations in Pāli Buddhism", in *Journal of the International Association of Buddhist Studies*, vol.9, no.1, pp.25-52.

Harvey, Peter, 1989: "Consciousness Mysticism in the Discourses of the Buddha", in *The Yogi and the Mystic*, Werner (ed.), London: Curzon Press, pp.82-102.

Harvey, Peter, 1995: *The Selfless Mind: Personality, Consciousness and Nirvāna in Early Buddhism*, England, Richmond: Curzon.

Harvey, Peter, 1997: "Psychological Aspects of Theravāda Buddhist Meditation Training", in *Recent Researches in Buddhist Studies*, Dhammajoti (et al, ed.), Colombo/Hong Kong, pp.341-66.

Hayashima, Kyosho, 1967: "Asubha", in *Encyclopaedia of Buddhism*, Sri Lanka, vol.2, pp.270-81.

Hecker, Hellmuth, 1999: "Achtsamkeit und Ihr Vierfacher Aspekt", in *Buddhistische Monatsblätter*, Hamburg, vol.45, no.1, pp.10-12.

Heiler, Friedrich, 1922: *Die Buddhistische Versenkung*, München: Reinhardt.

Holt, John c., 1999 (1981): Discipline, the Canonical

Buddhism of the Vinayapiṭaka, Delhi: Motilal Banarsidass.

Horner, I.B., 1934: "The Four Ways and the Four Fruits in Pāli Buddhism", in *Indian Historical Quarterly*, pp.785-96.

Horner, I.B. (tr.), 1969: *Milinda's Questions*, vol.1, London: Luzac.

Horner, I.B., 1979 (1936): *The Early Buddhist Theory of Man Perfected*, Delhi: Oriental Books

Horsch, P., 1964: "Buddhas erste Meditation", in *Asiatische Studien*, vol.17, pp.100-54.

Hurvitz, Leon, 1978: "Fa-Sheng's Observations on the Four Stations of Mindfulness", in *Mahāyāna Buddhist Meditation*, Kiyota (ed.), Honolulu, pp.207-48.

Ireland, John D., 1977: "The Buddha's Advice to Bāhiya", in *Pāli Buddhist Review*, vol.2, no.3, pp.159-61.

Janakabhivaṃsa, U, ?1985: *Vipassanā Meditation the Path to Enlightement*, Sri Lanka: Systematic Print.

Jayasuriya, W.F., 1988 (1963): *The Psychology & Philosophy of Buddhism*, Malaysia, Kuala Lumpur: Buddhist Missionary Society.

Jayatilleke, K.N., 1948: "Some Problems of Translation and Interpretation, I", in *University of Ceylon Review*, vol.7, pp.208-24.

Jayatilleke, K.N., 1967: "Avijjā", in *Encyclopaedia of Buddhism*, Sri Lanka, vol.2, pp.454-9.

Jayatilleke, K.N., 1970: "Nirvāna", in *Middle Way*, London, vol.45, no.3, pp.112-17.

Jayatilleke, K.N., 1980 (1963): *Early Buddhist Theory of Knowledge*, Delhi: Motilal Banarsidass.

Jayawardhana, Bandula, 1988: "Determinism", in *Encyclopaedia of Buddhism*, Sri Lanka, vol.4, pp.392-412.

Jayawickrama, N.A., 1948: "A Critical Analysis of the Sutta Nipāta", Ph.D.diss., University of London, in *Pāli Buddhist Review*, 1976-8, vol.1, pp.75-90, 137-63; vol.2, pp.14-41, 86-105, 141-58; vol.3, pp.3-19, 45-64, 100-12.

Johansson, Rune E.A., 1965: "Citta, Mano, Viññāṇa - a Psychosemantic Investigation", in *University of Ceylon Review*, vol.23, nos 1 & 2, pp.165-215.

Johansson, Rune E.A., 1969: *The Psychology of Nirvana*, London: Allen and Unwin.

Johansson, Rune E.A., 1985 (1979): *The Dynamic Psychology of Early Buddhism*, London: Curzon.

Jootla, Susan Elbaum, 1983: *Investigation for Insight*, Kandy: BPS

Jotika, U; Dhamminda, U (tr.), 1986: *Mahāsatipaṭṭhāna Sutta*, Burma: Migadavun Monastery.

Jumnien, Ajahn, 1993 (1977): "Recollections of an Interview", in Kornfield: *Living Buddhist Masters*, Kandy: BPS pp.275-85.

Kalupahana, David J., 1975: Causality: *The Central Philosophy of Buddhism*, Hawaii: University Press.

Kalupahana, David J., 1992 (1987): *The Principles of Buddhist Psychology*, Delhi: Sri Satguru

Kalupahana, David J., 1994 (1992): *A History of Buddhist Philosophy: Continuities and Discontinuities*, Delhi: Motilal Banarsidass.

Kalupahana, David J., 1999: "Language", in *Encyclopaedia of Buddhism*, Sri Lanka, vol.6, pp.282-4.

Kamalashila, 1994 (1992): *Meditation: the Buddhist Way of Tranquillity and Insight*, Glasgow: Windhorse.

Kariyawasam, A.G.S, 1984: "Delight", in *Encyclopaedia of Buddhism*, Sri Lanka, vol.4, pp.358-9.

Karunadasa, Y., 1989 (?1967): *Buddhist Analysis of Matter*, Singaproe, Buddhist Research Society

Karunadasa, Y., 1994: "Nibbānic Experience: a Non-Transcendental Interpretation", in Sri *Lanka Journal of Buddhist Studies*, vol.4, pp.1-13.

Karunadasa, Y., 1996: *The Dhamma Theory*, Kandy, BPS .

Karunaratne, Upali, 1989: "Dhammānupassanā", in *Encyclopaedia of Buddhism*, Sri Lanka, vol.4, pp.484-6.

Karunaratne, Upali, 1993: "Indriya Saṃvara", in *Encyclopaedia of Buddhism*, Sri Lanka, vol.5, pp.567-8.

Karunaratne, Upali, 1996: "Jhāna", in *Encyclopaedia of Buddhism*, Sri Lanka, vol.6, pp.50-5.

Karunaratne, Upali, 1999a: "Kāyagatāsati", in *Encyclopaedia of Buddhism*, Sri Lanka, vol.6, pp.168-9.

Karunaratne, Upali, 1999b: "Khandha", in *Encyclopaedia of Buddhism*, Sri Lanka, vol.6, pp.192-201.

Karunaratne, Upali, 1999c: "Kilesa", in *Encyclopaedia of Buddhism*, Sri Lanka, vol.6, pp.213-22.

Karunaratne, W.s., 1979: "Change" in *Encyclopaedia of Buddhism*, Sri Lanka, vol.4, pp.115-23.

Karunaratne, W.S., 1988a: *Buddhism: Its Religion and Philosophy*, Singapore: Buddhist Research Society.

Karunaratne, W.s., 1988b: *The Theory of Causality in Early Buddhism*, Sri Lanka, Nugegoda.

Kassapa, Bhikkhu, 1966: "Meditation - Right and Wrong", in *Maha Bodhi*, Calcutta, vol.74, no.11/12, pp.242-5.

Katz, Nathan, 1979: "Does the 'Cessation of the World' Entail the Cessation of the Emotions?", in *Pāli Buddhist Review*, vol.4 no.3, pp.53-65.

Katz, Nathan, 1989 (1982): *Buddhist Images of Human Perfection*, Delhi: Motilal Banarsidass.

Keown, Damien, 1992: *The Nature of Buddhist Ethics*, London: Macmillan.

Khanti, Sayadaw, 1984: *Anāpāna*, Ashin Parama (tr.), Myanmar, Rangoon: Department for Religious Affairs.

Khantipālo, Bhikkhu, 1981: *Calm and Insight: A Buddhist Manual for Meditators*, London: Curzon.

Khantipālo, Bhikkhu, 1986 (1968): *Practical Advice for Meditators*, Kandy: BPS.

Khemacari Mahathera, 1985: "A Discourse on Satipaṭṭhāna", in Sujīva: *Hop on Board the Ship of Mindfulness*, Singapore: Kowah Printing, pp.17-39.

Kheminda Thera, 1980: *The Way of Buddhist Meditation (Serenity and Insight according to the Pāli Canon)*, Colombo: Lake House.

Kheminda Thera, 1990 (1979): *Satipaṭṭhana Vipassanā Meditation: Criticism and Replies*, Malaysia: Selangor Buddhist Vipassanā Meditation Society

Kheminda Thera, 1992 (1965): *Path, Fruit and Nibbāna*, Colombo: Balcombe.

King, Winston L., 1992 (1980): *Theravāda Meditation: The Buddhist Transformation of Yoga*, Delhi: Motilal Banarsidass.

Kloppenborg, Ria, 1990: "The Buddha's Redefinition of Tapas", in *Buddhist Studies Review*. vol.7, no.1/2, pp.49-73.

Knight, Charles F., 1985 (1970): *Mindfulness - an all Time Necessity*, Kandy: BPS.

Kor Khao Suan Luang, 1985: *Directing to Self-Penetration*, Kandy: BPS .

Kor Khao Suan Luang, 1991: *Looking Inward*: Observations on the Art Of Meditation, Kandy: BPS .

Kor Khao Suan Luang, 1993: *Reading the Mind, Advice for Meditators*, Kandy: BPS.

Kor Khao Suan Luang, 1995: *A Good Dose of Dhamma, for Meditators when they are ill*, Kandy: BPS.

Kornfield, Jack, 1977: *The Psychology of Mindfulness Meditation*, Ph.D. diss., USA: Saybrook Institute.

Kornfield, Jack, 1979: "Intensive Insight Meditation", in *Journal of Transpersonal Psychology*, vol.11, no.1, pp.41-58.

Kornfield, Jack, 1993 (1977): *Living Buddhist Masters*, Kandy: BPS.

Kundalābhivaṃsa, Sayadaw U, 1993: *Dhamma Discourses*, Khin Mya Mya (tr.), Singapore (no publ.).

Kyaw Min, U, 1980: *Buddhist Abhidhamma: Meditation & Concentration*, Singapore: Times Books International.

Lamotte, Étienne (tr.), 1970: *Le Traité de la Grande Vertu de Sagesse de Nāgārjuna (Mahāprajñāpāramitāsāstra)* , Louvain: Institut Orientaliste, vol.III.

Law, Bimala C. (tr.), 1922: *Designation of Human Types*, Oxford: PTS

Law, Bimala c., 1979 (1932): *Geography of Early Buddhism*, Delhi: Oriental Books.

Ledi Sayadaw (n.d.): *Treatise on Meditation*, unpublished manuscript, U Hla Maung (tr.), Myanmar: Burma Pitaka Association.

Ledi Sayadaw, 1983 (1971): *The Requisites of Enlightenment*, Nāṇapoṇika (tr.), Kandy: BPS.

Ledi Sayadaw, 1985 (1977): *The Noble Eightfold Path and its Factors Explained*, U Saw Tun Teik (tr.), Kandy: BPS.

Ledi Sayadaw, 1986a: The Buddhist Philosophy of Relations, U Ñāṇa (tr.), Kandy: BPS.

Ledi Sayadaw, 1986b (1961): *The Manual of Insight*, U Nāṇa (tr.), Kandy: BPS.

Ledi Sayadaw, 1999a: "The Manual of the Four Noble Truths", in *Manuals of Dhamma*, India, Igatpuri: VRI, pp.133-51.

Ledi Sayadaw, 1999b: "The Manual of Law", Barua et al (tr.), in *Manuals of Dhamma*, India, Igatpuri: VRI, pp.93-131.

Ledi Sayadaw, 1999c: *Manual of Mindfulness of Breathing*, U Sein Nyo Tun (tr.), Kandy: BPS.

Ledi Sayadaw, 1999d: "The Manual of Right Views", UMaung Gyi (et al, tr.), in *Manuals of Dhamma*, India, Igatpuri: VRI, pp.63-91.

Levine, Stephen, 1989 (1979): *A Gradual Awakening*, New York: Anchor Books.

Lin Li-Kouang, 1949: *L'Aide Mémoire de la Vraie Loi (Sndharma-Smṛtyupasthāna-Sūtra)*, Paris: Adrien-Maisonneuve.

Ling, Trevor, 1967: "Mysticism and Nibbāna", in *Middle Way*, London, vol.41, no.4, pp.163-8.

Lopez, Donald S., 1992: "Memories of the Buddha", in *In the Mirror of Memory*, Gyatso (ed.), New York: State University Press, pp.21-45.

Maha Boowa, Phra Ajahn, 1983: *Wisdom Develops Samādhi*, Bangkok: Pow Bhavana Foundation, Wave.

Maha Boowa, Phra Ajahn, 1994: *Kammatthāna, the Basis of Practice*, Malaysia: Wave

Maha Boowa, Phra Ajahn, 1997: *Patipadā or the Mode of Practice of Ven. Acharn Mun*, Thailand, Wat Pa Baan Taad: Ruen Kaew Press.

Mahasi Sayadaw, 1981: *The Wheel of Dhamma*, U Ko Lay (tr.), Myanmar, Rangoon: Buddhasāsana Nuggaha Organization.

Mahasi Sayadaw, 1990: *Satipatthāna Vipassanā*: Insight through Mindfulness, Kandy: BPS

Mahasi Sayadaw, 1991 (1971): *Practical Insight Meditation*: Basic and Progressive Stages, U Pe Thin (et al, tr.), Kandy: BPS .

Mahasi Sayadaw, 1992 (1981): *A Discourse on the Mālukyaputta Sutta*, U Htin Fatt (tr.), Malaysia: Selangor Buddhist Vipassanā Meditation Society.

Mahasi Sayadaw, 1994 (1965): *The Progress of Insight*: A Treatise on Buddhist Satipatthāna Meditation, Ñāṇapoṇika (tr.), Kandy: BPS .

Mahasi Sayadaw, 1996: *The Great Discourse on Not Self*, U Ko Lay (tr.), Bangkok: Buddhadhamma Foundation.

Malalasekera, G.P., 1965: "Anattā", in *Encyclopaedia of Buddhism*, Sri Lanka, vol.1, pp.567-76.

Malalasekera, G.P.,1995 (1937): *Dictionary of Pāli Proper Names*, 2 vols., Delhi: Munshiram Manoharlal.

Mangalo, Bhikkhu, 1988 (1970): *The Practice of Recollection*, London: Buddhist Society.

Mann, Robert (et al), 1992: *Buddhist Character Analysis*, Bradford on Avon: Aukana.

Manné, Joy, 1990: "Categories of Sutta in the Pāli Nikāyas", in *Journal of the Pāli Text Society*, vol.15, pp.30-87.

Marasinghe, M.M.J., 1974: *Gods in Early Buddhism*, University of Sri Lanka.

Masefield, Peter, 1979: "The Nibbāna-Parinibbāna Controversy", in *Religion*, vol.9, pp.215-30.

Masefield, Peter, 1987: *Divine Revelation in Buddhism*, Colombo: Sri Lanka Institute of Traditional Studies.

Matthews, B., 1975: "Notes on the Concept of the Will in Early Buddhism", in Sri Lanka Journal of the Humanities, no.12, pp.152-60.

McGovern, William Montgomery, 1979 (1872): *A Manual of Buddhist Philosophy*, Delhi: Nag Publications.

Meier, Gerhard, 1978: *Heutige Formen von Satipatthāna Meditationen*, Ph.D diss., University of Hamburg.

Mendis, N.K.C., 1985: *The Abhidhamma* in Practice, Kandy: BPS.

Mills, L.c.R., 1992: "The Case of the Murdered Monks", in *Journal of the Pāli Text Society*, vol.16, pp.71-5.

Minh Chau, Bhikṣu Thich, 1991: *The Chinese Madhyama Agama and the Pāli Majjhima Nikāya*, Delhi: Motilal Banarsidass.

Monier-Williams, 1995 (1899): *A Sanskrit-English Dictionary*, Delhi: Motilal Banarsidass.

Naeb, Ajahn, 1993 (1977): "The Development of Insight", in Kornfield: *Living Buddhist Masters*, Kandy: BPS, pp.133-58.

Namto, Bhikkhu, 1984 (1979): *Wayfaring - a Manual for Insight Meditation*, Kandy: BPS.

Ñāṇamoli, Bhikkhu (tr.), 1962: *The Guide (Netti)*, London: PTS.

Ñāṇamoli, Bhikkhu (tr.), 1978 (1960): *The Minor Readings and the Illustrator of Ultimate Meaning*, Oxford: PTS.

Ñāṇamoli, Bhikkhu, 1980 (1971): *A Thinker's Note Book*, Kandy: BPS .

Ñāṇamoli, Bhikkhu (tr.), 1982a (1952): *Mindfulness* of Breathing, Kandy: BPS.

Ñāṇamoli, Bhikkhu (tr.), 1982b: *The Path of Discrimination (Patisambhidāmagga)*, London: PTS.

Ñāṇamoli, Bhikkhu (tr.), 1991 (1956): *The Path of Purification* (Visuddhimagga), Kandy: BPS.

Ñāṇamoli, Bhikkhu, 1994: *A Pāli-English Glossary of Buddhist Technical Terms*, Kandy: BPS.

Ñāṇamoli, Bhikkhu, (et al, tr.), 1995: *The Middle Length Discourses of the Buddha*, Kandy: BPS.

Ñāṇananda, Bhikkhu, 1984 (1973): *Ideal Solitude*, Kandy: BPS.

Ñāṇananda, Bhikkhu, 1985 (1974): *The Magic of the Mind in Buddhist Perspective*, Kandy: B PS.

Ñāṇananda, Bhikkhu, 1986 (1971): *Concept and Reality in Early Buddhist Thought*, Kandy: BPS.

Ñāṇananda, Bhikkhu, 1993: *Towards Calm and Insight: Some Practical Hints*, Sri Lanka, Meetirigala: Nissarana Vanaya

Ñāṇananda, Bhikkhu, 1999: *Seeing Through, a Guide to Insight Meditation*, Sri Lanka, Devalegama: Pothgulgala Arañya.

Ñāṇapoṇika Thera, 1950: "Satipaṭṭhāna: Die Botschaft an den Westen", in *Studia Pāli Buddhistica*, Hamburg, pp.1-27.

Ñāṇapoṇika Thera, 1951: "Satipaṭṭhāna als ein Weg der Charakter Harmonisierung", in *Einsicht*, pp.34-8.

Ñāṇapoṇika Thera, 1973 (1951): *Kommentar zur Lehrrede von den Grundlagen der Achtsamkeit*, Konstanz: Christiani.

Ñāṇapoṇika Thera (tr.), 1977 (1949): *Sutta Nipāta*, Konstanz: Christiani.

Ñāl)apoṇika Thera, 1978: *The Roots of Good and Evil*, Kandy: BPS.

Ñāṇapoṇika Thera, 1983: *Contemplation of Feeling*, Kandy: BPS.

Ñāṇapoṇika Thera, 1985 (1949): *Abhidhamma Studies: Researches in Buddhist Psychology*, Kandy: BPS

Ñāṇapoṇika Thera, 1986a (1959): *Anatta and Nibbāna*, Kandy: BPS

Ñāṇapoṇika Thera, 1986b (1968): *The Power of Mindfulness*, Kandy: BPS.

Ñāṇapoṇika Thera, 1988 (1964): *The Simile of the Cloth*, Kandy: BPS.

Ñāṇapoṇika Thera, 1990 (1967): *Protection through*

Satipaṭṭhāna, Kandy: BPS.

Ñāṇaponika Thera, 1992 (1962): *The Heart of Buddhist Meditation*, Kandy: BPS.

Ñāṇaponika Thera, 1993 (1958): *The Four Sublime States*, Kandy: BPS.

Nāṇārāma, Mātara Srī, 1990: *Ānāpānāsati Bhāvanā*, Wettimuny (tr.), Colombo.

Nāṇārāma, Mātara Srī, 1993 (1983): *The Seven Stages of Purification and the Insight Knowledges*, Kandy: BPS.

Nāṇārāma, Mātara Srī, 1997: *The Seven Contemplations of Insight*, Kandy: BPS.

Nāṇasaṃvara, Somdet Phra, 1961: *A Guide to Awareness, Dhamma Talks on the Foundations of Mindfulness*, USA: Buddhadharma Meditation Centre.

Nāṇasaṃvara, Somdet Phra, 1974: *Contemplation of the Body*, Bangkok: Mahamakut.

Nāṇatiloka Thera, 1910: *Kleine Systematische Pāli Grammatik*, München: Oskar Schloss.

Nāṇatiloka Thera, 1983 (1938): *Guide through the Abhidhamma Pitaka*, Kandy: BPS.

Nāṇatiloka Thera, 1988 (1952): Buddhist Dictionary, Kandy: BPS.

Nāṇuttara Thera, 1990 (1979): *Satipatthāna Vipassanā Meditation: Criticism and Replies, Malaysia*: Selangor Buddhist Vipassanā Meditation Society.

Nāṇavīra Thera, 1987: *Clearing the Path*, Colombo: Path Press.

Nanayakkara, S.K., 1989: "Dukkha", in *Encyclopaedia of Buddhism*, Sri Lanka, vol.4, pp.696-702.

Nanayakkara, S.K., 1993a: "Impermanence", in *Encyclopaedia of Buddhism*, Sri Lanka, vol.5, pp.537-9.

Nanayakkara, S.K., 1993b: "Insight", in *Encyclopaedia of Buddhism*, Sri Lanka, vol.5, pp.580-4

Nanayakkara, S.K., 1999: "Kusala", in *Encyclopaedia of Buddhism*, Sri Lanka, vol.6, pp.258-9.

Naranjo, Claudio (et al), 1971: *On the Psychology of Meditation*, London: Allen and Unwin.

Newman, John W., 1996: *Disciplines of Attention: Buddhist Insight Meditation, the Ignatian Spiritual Exercises and Classical Psycho-analysis*, New York: Peter Lang.

Nhat Hanh, Thich, 1990: *Transformation & Healing: The Sutra on the Four Establishments of Mindfulness*, California, Berkeley: Parallax Press.

Norman, K.R., 1984 (1982): "The Four Noble Truths: A Problem of Pāli Syntax", in *Indological and Buddhist Studies*, Hercus (ed.), Delhi: Sri Satguru, pp.337-91.

Norman, K.R., 1991-3: "Mistaken Ideas about Nibbāna", in *The Buddhist Forum*, Skorupski (ed.), University of London, School of Oriental and African Studies, vol.III, pp.211-25.

Norman, K.R., 1997: *A Philological Approach to Buddhism*, University of London, School of Oriental and African Studies.

Ott, Julius von, 1912: "Das Satipaṭṭhāna Suttaṃ.", in *Buddhistische Welt*, vol.6, nos.9/10, pp.346-80.

Pa Auk Sayadaw, 199 5: *Mindfulness of Breathing and Four Elements Meditation*, Malaysia: Wave.

Pa Auk Sayadaw, 1996: *Light of Wisdom*, Malaysia: Wave.

Pa Auk Sayadaw, 1999: *Knowing and Seeing*, Malaysia (no publ.).

Panabokke, Gunaratne, 1993: *History of the Buddhist Saṅgha in India and Sri Lanka*, Sri Lanka: University of Kelaniya.

Pande, Govind Chandra, 1957: *Studies in the Origins of Buddhism*, India: University of Allahabad.

Pandey, Krishna Kumari, 1988: *Dhammānupassanā: A Psycho-Historicity of Mindfulness*, M.phil. diss., Buddhist Department, Delhi University.

Paṇḍita, U (n.d.): *The Meaning of Satipaṭṭhāna*, Malaysia (no publ.)

Paṇḍita, U, 1993 (1992): *In this Very Life*, U Aggacitta (tr.), Kandy: BPS.

Pensa, Corrado, 1977: "Notes on Meditational States in Buddhism and Yoga", in *East and West*, Rome, no.27, pp.335-44.

Perera, T.H., 1968: "The Seven Stages of Purity", in *Maha Bodhi*, vol.76, no.7, pp.208-11.

Piatigorsky, Alexander, 1984: *The Buddhist Philosophy of Thought*, London: Curzon.

Piyadassi Thera, 1972: "Mindfulness - a Requisite for Mental Hygiene", in *Maha Bodhi*, Calcutta, vol.80, nos.lO/ll, pp.474-6.

Piyadassi Thera, 1998: *Satta Bojjhaṅgā*, Malaysia, Penang: Inward Path.

Pradhan, Ayodhya Prasad, 1986: *The Buddha's System of Meditation*, 4 vols., Delhi: Sterling.

Premasiri, P.D., 1972: *The Philosophy of the Aṭṭhakavagga*, Kandy: BPS

Premasiri, P.D., 1976: "Interpretation of Two Principal Ethical Terms in Early Buddhism", in *Sri Lanka Journal of the Humanities*, vol.2, no.1, pp.63-74.

Premasiri, P.D., 1981: "The Role of the Concept of Happiness in the Early Buddhist Ethical System", in *Sri Lanka Journal of the Humanities*, vol.7, pp.61-81.

Premasiri, P.D., 1987a: "Early Buddhist Analysis of Varieties of Cognition", in *Sri Lanka Journal of Buddhist Studies*, vol.1, pp.51-69.

Premasiri, P.D., 1987b: "Early Buddhism and the

Philosophy of Religion", in *Sri Lanka Journal of the Humanities*, vol.13, nos.1/2, pp.163-84.

Premasiri, P.D., 1989: "Dogmatism", in *Encyclopaedia of Buddhism*, Sri Lanka, vol.4, pp.655-62.

Premasiri, P.D., 1990a: "Emotion", in *Encyclopaedia of Buddhism*, Sri Lanka, vol.5, pp.57-64.

Premasiri, P.D., 1990b: " Epistemology", in *Encyclopaedia of Buddhism*, Sri Lanka, vol.5, pp.95-112.

Premasiri, P.D., 1990c: " Ethics", in *Encyclopaedia of Buddhism*, Sri Lanka, vol.5, pp.144-65.

Premasiri, P.D., 1991: "The Social Relevance of the Buddhist Nibbāna Ideal", in *Buddhist Thought and Ritual, Kalupahana* (ed.), New York: Paragon House, pp.45-56

Pruden, Leo M. (tr.), 1988-90: *Abhidharmakosabhāṣyam by Louis de la Vallée Poussin*, 4 vols., Berkeley: Asian Humanities Press.

Rahula, Walpola, 1962: "A Comparative Study of Dhyānas According to Theravāda, Sarvāstivāda and Mahāyāna", in *Maha Bodhi*, Calcutta, vol.70, no.6, pp.190-9.

Rahula, Walpola, 1997: *Humour in Pāli Literature*, Sri Lanka, Kotte: Buddhist Study & Research Institute.

Ray, Reginald A., 1994: *Buddhist Saints in India*, New York: Oxford University Press.

Reat, N. Ross, 198T "Some Fundamental Concepts of Buddhist Psychology", in *Religion*, no.17, pp.15-28.

Rhys Davids, C.A.F., 1898: "On the Will in Buddhism", in *Journal of the Royal Asiatic Society*, January, PP-47-59 .

Rhys Davids, C.A.F. (tr.), 1922 (1900): *A Buddhist Manual of Psychological Ethics*, Oxford: PTS.

Rhys Davids, C.A.F., 1927a: "Dhyāna in Early Buddhism", in *Indian Historical Quarterly*, no.3, pp.689-715.

Rhys Davids, C.A.F., 1927b: "The Unknown Co-Founders of Buddhism", in *Journal of the Royal Asiatic Society*, partII, pp.193-208.

Rhys Davids, C.A.F., 1937: "Towards a History of the Skandha-Doctrine", in *Indian Culture*, vol.3, pp.405-11, 653-62.

Rhys Davids, C.A.F., 1978 (1936): *The Birth of Indian Psychology and its Development in Buddhism*, Delhi: Oriental Books.

Rhys Davids, C.A.F., 1979 (1930): Introduction to Woodward (tr.): *The Book of the Kindred Sayings*, vol.V, London: PTS.

Rhys Davids, T.W. (et al), 1966 (1910): *Dialogues of the Buddha*, vol.II, London: PTS.

Rhys Davids, T.W. (et al), 1993 (1921-5): *Pāli-English Dictionary*, Delhi: Motilal Banarsidass

Rhys Davids, T.W., 1997 (1903): *Buddhist India*, Delhi: Motilal Banarsidass.

Rockhill, W. Woodville, 1907: *The Life of the Buddha and the Early History of his Order*, London: Trübner's Oriental Series

Samararatne, Godwin, 199T "Watching Thoughts and Emotions", in The *Meditative Way - Contemporary Masters, Bucknell* (ed.), England, Richmond: Curzon Press, pp.136-145.

Santucci, James A., 1979: "Transpersonal Psychological Observations on Theravāda Buddhist Meditation Practices", in *Journal of the International Association for Buddhist Studies*, V01.2, no.2, pp.66-78.

Sarachchandra, Ediriwira, 1994 (1958): *Buddhist Psychology of Perception*, Sri Lanka, Dehiwala: Buddhist Cultural Centre.

Sasaki, Genjun H., 1992 (1986): *Linguistic Approach to Buddhist Thought*, Delhi: Motilal Banarsid ass.

Schlingloff, Dieter (ed. and tr.), 1964: *Ein Buddhistisches Yogalehrbuch (Sanskrittexte aus den Turfanfunden)*, Berlin: Akademie Verlag.

Schmidt, Kurt (tr.), 1989: *Buddhas Reden Germany*, Leimen: Kristkeitz.

Schmithausen, Lambert, 1973: "Spirituelle Praxis und Philosophische Theorie im Buddhismus", in *Zeitschrift für Missionswissenschaft und Religionswissenschaft*, vol.57, no.3, pp.161-86.

Schmithausen, Lambert, 1976: "Die Vier Konzentrationen der Aufmerksamkeit", in *Zeitschrift für Missionswissenschaft und Religionswissenschaft*, no.60, pp.241-66.

Schmithausen, Lambert,1981: "On some Aspects of Descriptions or Theories of 'Liberating Insight' and 'Enlightenment' in Early Buddhism", in *Studien zum Jainismus und Buddhismus*, Bruhn (et al, ed.), Wiesbaden, pp.199-250.

Schönwerth, Sigurd, 1968: "Los vom Selbst oder Los von den Beilegungen auf dem Wege der Satipatthāna", in Yāna, *Zeitschrift für Buddhismus und Religiöse Kultur auf Buddhistischer Grundlage*, Germany, Utting a.A., Jahrgang 21, pp.105-12, 152-60, 188-95.

Schrader, F. Otto, 1905: "On the Problem of Nirvāna", in *Journal of the Pāli Text Society*, vol.5, pp.157-70.

Schumann, Hans Wolfgang, 1957: *Bedeutung und Bedeutungsentwicklung des Terminus Saṅkhāra im frühen Buddhismus*, Ph.D. diss., Germany: University of Bonn.

Sekhera, Kalalelle, 1995: *The Path to Enlightenment*, Colombo: Godage & Brothers.

Shapiro, Deane H., 1980: Meditation: *Self-Regulation Strategy & Altered State of Consciousness*, New York: Aldine.

Shapiro, Deane H. (et al), 1984: "Zen Meditation and Behavioral Self Control", in *Meditation: Classic and Contemporary Perspectives*, Shapiro (ed.), New York: Aldine, pp.585-98.

Shattock, Ernest Henry, 1970 (1958): *An Experiment in Mindfulness*, London: Rider & Co.

Shwe Zan Aung (et al, tr.), 1979: *Points of Controversy*, London: PTS .

Sīlananda, U, 1990: *The Four Foundations of Mindfulness*, Boston: Wisdom.

Sīlananda, U, 1995: *The Benefits of Walking Meditation*, Kandy: BPS.

Singh, Madan Mohan, 1967: *Life in North-Eastern India in Pre-Mauryan Times*, Delhi: Motilal Banarsidass.

Smith, Huston, 1959: *The Religions of Man*, New York: Mentor Books.

Sobti, H.S., 1985: *Nibbāna in Early Buddhism*, Delhi: Eastern Books.

Solé-Leris, Amadeo, 1992 (1986): *Tranquility & Insight: An Introduction to the Oldest Form of Buddhist Meditation*, Kandy: BPS .

Solé-Leris, Amadeo (et al, tr.), 1999: *Majjhima Nikāya*, Barcelona: Kairos.

Soma Thera (tr.), 1981 (1941): *The Way of Mindfulness*, Kandy: BPS.

Soma Thera, 1995 (1961): "Contemplation in the Dhamma", in *The Path of Freedom*, Ehara (tr.), Kandy: BPS, pp.353-62.

Soni, R.L., 1980: *The Only Way to Deliverance; The Buddhist Practice of Mindfulness*,

Boulder: Prajñā Press.

Speeth, Kathleen Riordan, 1982: "On Psychotherapeutic Attention", in *Journal of Transpersonal Psychology*, vol.14, no.2, pp.141-60.

Stcherbatsky, Theodor, 1994 (1922): *The Central Conception of Buddhism*, Delhi: Motilal Banarsidass.

Story, Francis, 1965: "Buddhist Meditation and the Layman", in *Middle Way*, London, vol.39, no.4, pp.166-72.

Story, Francis, 1975 (1962): Introduction to Vajirāñāṇa: *Buddhist Meditation in Theory and Practice*, Malaysia, Kuala Lumpur.

Story, Francis, 1984 (1971): "Nibbāna", in *The Buddhist Doctrine of Nibbāna*, Kandy: BPS .

Strensky, Ivan, 1980: "Gradual Enlightenment, Sudden Enlightenment and Empiricism", in *Philosophy East and West*, Honolulu, pp.3-20.

Stuart-Fox, Martin, 1989: "Jhāna and Buddhist Scholaticism", in *Journal of the International Association of Buddhist Studies*, vol.12, no.2, pp.79-110.

Sujīva, Ven., 1996: "Access & Fixed Concentration", in *Vipassanā Tribune*, Malaysia, vol.4, no.2, pp.6-11.

Sujīva Ven. 2000: *Essentials of Insight Meditation Practice: a Pragmatic Approach to Vipassana*, Malaysia, Petaling Jaya: Buddhist Wisdom Centre.

Sunlun Sayadaw, 1993 (1977): "The Yogi and Insight Meditation", Kornfield: *Living Buddhist Masters*, Kandy: BPS, pp.88-115.

Swearer, Daniel K., 1967: *Knowledge as Salvation: A Study in Early Buddhism*, Ph.D. diss., Princeton University.

Swearer, Daniel K., 1971: *Secrets of the Lotus; Studies in Buddhist Meditation*, New York: Macmillan.

Swearer, Daniel K., 1972: "Two Types of Saving Knowledges in the Pāli Suttas", *in Philosophy East and West*, Honolulu, vol.22, no.4, pp.355-71.

Talamo, Vincenzo (tr.), 1998: *Saṃyutta Nikāya*, Roma: Ubaldini Editore.

Tart, Charles T., 1994: *Living the Mindful Life*, Boston: Shambhala.

Tatia, Nathmal, 1951: *Studies in Jaina Philosophy*, India, Banares: Jain Cultural Research Society.

Tatia, Nathmal, 1992: "Samatha and Vipassanā", in *Vipassanā - the Buddhist Way*, Sobti (ed.), Delhi: Eastern Book, pp.84-92.

Taungpulu Sayadaw, 1993 (1977): "The Methodical Practice of Mindfulness Based on the Thirty-Two Constituent Parts of the Body", in Kornfield: *Living Buddhist Masters*, Kandy: BPS, pp.186-91.

Than Daing, U, 1970. *Cittānupassanā & Vedanānupassanā*, Myanmar, Rangoon: Society for the Propagation of Vipassanā (Mogok Sayadaw)·

Ṭhāṇissaro Bhikkhu, 1993: *The Mind like Fire Unbound*, Massachusetts, Barre: Dhamma Dana

Ṭhāṇissaro, Bhikkhu, 1994: *The Buddhist Monastic Code*, California: Mettā Forest Monastery.

Ṭhāṇissaro, Bhikkhu, 1996: *The Wings to Awakening, Massachusetts*, Barre: Dhamma Dana.

Thate, Phra Ajahn, 1996: *Meditation in Words*, Thailand, Nongkhai, Wat Hin Mark Pen: Wave.

Thate, Phra Ajahn, 1997 (1991): *Steps along the Path*, Ṭhāṇissaro (tr.), Thailand, Nongkhai, Wat Hin Mark Pen: Wave

Ṭhitavaṇṇo, Bhikkhu, 1988: *Mind Development*, Buddhasukha (tr.), Bangkok: Mahamakut Buddhist University.

Thiṭṭila, Ashin (tr.), 1969: *The Book of Analysis*, London: PTS.

Tilakaratne, Asanga, 1993: *Nirvana and Ineffability*, Sri Lanka: Kelaniya University.

Tiwari, Mahesh, 1992: "Vedanānupassanā", in *Vipassanā - the Buddhist Way*, Sobti (ed.), Delhi:

Eastern Book, pp.76-83.

Vajirañāṇa, Paravahera Mahāthera, 1946: "Bodhipakkhiya Bhāvanā", in *Maha Bodhi*, Calcutta, vol.54, nos.5/6, pp.45-52.

Vajirañāṇa, Paravahera Mahāthera, 1975 (1962): *Buddhist Meditation in Theory and Practice*, Malaysia, Kuala Lumpur: Buddhist Missionary Society.

Vajirañāṇa, Paravahera Mahāthera (et al), 1984 (1971): *The Buddhist Doctrine of Nibbāna*, Kandy: BPS

Van Nuys, David, 1971: "A Novel Technique for Studying Attention During Meditation", in *Journal of Transpersonal Psychology*, no.2, pp.125-33.

Van Zeyst, Henri, 1961a: "Abandonment", in *Encyclopaedia of Buddhism*, Sri Lanka, vol.1, pp.2-4.

Van Zeyst, Henri,1961b: "Abhijjhā", in *Encyclopaedia of Buddhism*, Sri Lanka, vol.1, pp.90-2.

Van Zeyst, Henri,1961C: "Absolute", in *Encyclopaedia of Buddhism*, Sri Lanka, vol.1, pp.140-4.

Van Zeyst, Henri, 1967a: "Attention", in *Encyclopaedia of Buddhism*, Sri Lanka, vol.2, p.331.

Van Zeyst, Henri,1967b: "Āyatana", in *Encyclopaedia of Buddhism*, Sri Lanka, vol.2, pp.469-71.

Van Zeyst, Henri, 1970: "Concentration and Meditation", in *Problems Bared*, Colombo: Buddhist Information Centre.

Van Zeyst, Henri, ?1981 : *In Search of Truth*, Colombo: Vajra Bodhi.

Van Zeyst, Henri, 1982: *Meditation, Concentration & Contemplation*, Kandy: Vajra Bodhi.

Van Zeyst, Henri, 1989: *Awareness in Buddhist Meditation*, Colombo: Public Trustee.

Vetter, Tilman, 1988: *The Ideas and Meditative Practices of Early Buddhism*, Leiden: Brill.

Vimalararp.si, U, 1997: *The Anāpānasati Sutta*, Taipei: Buddha Educational Foundation.

Vimalo, Bhikkhu, 1959: "Awareness and Investigation", in *Middle Way*, vol.34, no.1, pp.26-9.

Vimalo, Bhikkhu, 1974: "Awakening to the Truth", in *Visakha Puja* (annual publ. of the Buddhist Association of Thailand), Bangkok, pp.53-79.

Vimalo, Bhikkhu, 1987: "The Contemplation of Breathing (Anāpāna-sati)", in *Middle Way*, London, vol.62, no.3, pp.157-60.

Visuddhacara, Bhikkhu, 1996, 1997: "Vipassanā & Jhāna: What the Masters Say", in *Vipassana Tribune*, Malaysia, vol.4, no.2, pp.14-17; vol.5, no.1, pp.12-16.

Walsh, Roger, 1981: "Speedy Western Minds Slow Slowly", in *ReVision*, no.4, pp.75-7.

Walsh, Roger, 1984: "Initial Meditative Experiences", in *Meditation*: Classic and Contemporary Perspectives, Shapiro (ed .), New York: Aldine, pp.265-70.

Walshe, Maurice (tr .), 1987: *Thus Have I Heard: the Long Discourses of the Buddha*, London: Wisdom.

Walshe, Ruth, 1971: "Buddhist Meditation", in *Middle Way*, London, vol.46, no.3, pp.102- 4.

Warder, A.K., 1956 : "On the Relationship between Early Buddhism and Other Contemporary Systems", in *Bulletin of the School of Oriental and African Studies*, London, no.18, pp.43-63.

Warder, A.K., 1982: Introduction to Ñāṇamoli: *The Path of Discrimination*, London: PTS , pp.1-64.

Warder, A.K., 1991 (1970): *Indian Buddhism*, Delhi: Motilal Banarsidass.

Watanabe, Fumimaro, 1983: *Philosophy and its Development in the Nikāyas and Abhidhamma*, Delhi: Motilal Banarsidass.

Wayman, Alex, 1976: "Regarding the translations of the Buddhist Terms saññā/saṃjñā/vijñāna", in *Malalasekera Commemoration Volume*, Wijesekera (ed.), Colombo, pp.325-35.

Wayman, Alex., 1984 (1982): "A Study of the Vedāntic and Buddhist Theory of Nāma-rūpa", in *Indological and Buddhist Studies*, Hercus (ed .), Delhi: Sri Satguru, pp.617- 42.

Weeraratne, W .G.,1990: "Eight-fold-Path, Noble", in *Encyclopaedia of Buddhism*, Sri Lanka, vo1.5, pp.44-6.

Werner, Karel, 1991: "Enlightenment and Arahantship", in *Middle Way*, May 1991, vol.66, pp.13-18.

West, M.A., 1991 (1978) : "Meditation: Magic, Myth and Mystery", in *The Psychology of Meditation*, West (ed .), Oxford: Clarendon Press, pp.192-21O .

Wezler, A., 1984: "On the Quadruple Division of the Yogaṣāstra, the Caturvyūhatva of the Cikitsāṣāstra and the 'Four Noble Truths' of the Buddha", in *Indologia Taurinensia*, vol.12, pp.289-337.

Wijebandara, Chandima, 1993: *Early Buddhism: Its Religious and Intellectual Milieu*, Sri Lanka: Kelaniya University.

Wijesekera, O.H. de A.,1976: "Canonical Reference to Bhavaṅga", in *Malalasekera Commemoration Volume*, Wijesekera (ed .), Colombo, pp.348-52.

Wijesekera, O.H. de A., 1994: *Buddhist and Vedic Studies*, Delhi: Motilal Banarsidass.

Woodward, F.L. (tr .), 1980 (1927) & 1979 (1930): *The Book of the Kindred Sayings*, vols. IV & V, London: PTS.

Woolfolk, Robert L., 1984: "Self-Control Meditation and the Treatment of Chronic Anger", in *Meditation: Classic and Contemporary Perspectives*, Shapiro (ed.), New York: Aldine, pp.550-4.

Yubodh, Dhanit, 1985: "What is Sati?", in Sujīva: *Hop on Board the Ship of Mindfulness*, Singapore Kowah Printing, pp.12-16.

약어표

A	Anguttara Nikāya
Abhidh-s	Abhidhammatthasaṅgaha
As	Atthasālinī (comy to Dhs)
D	Dīgha Nikāya
Dhp	Dhammapada
Dhp-a	Dhammapadaṭṭhakathā (comy to Dhp)
온	Dhammasaṅgaṇī
It	Itivuttaka
Ja	Jātaka
Kv	Kathāvatthu
M	Majjhima Nikāya
Mil	Milindapañhā
Mp	Manorathapūraṇī (comy to A)
Nett	Nettippakaraṇa
Nid I	Mahāniddesa
Nid II	Cūlaniddesa
Paṭis	Paṭisambhidāmagga
Pj II	Paramatthajotikā (comy to Sn)
Pp	Puggalapaññatti
Ps	Papañcasūdanī (comy to M)
Ps-pṭ	Ps-purāṇaṭīkā (subcomy to M)
S	Saṃyutta Nikāya
Sn	Sutta Nipāta
Sp	Samantapāsādikā (comy to Vin)
Spk	Sāratthappakāsinī (comy to S)
Sv	Sumaṅgalavilāsinī (comy to D)
Sv-pṭ	Sv-purāṇaṭīkā (subcomy to D)
Th	Theragāthā
Th-a	Theragāthāṭṭhakathā (comy to Th)
Thī	Therīgāthā
Ud	Udāna
Ud-a	Paramatthadīpanī (comy to Ud)
Vibh	Vibhaṅga
Vibh-a	Sammohavinodanī (comy to Vibh)
Vin	Vinayapiṭaka
Vism	Visuddhimagga
Vism-mhṭ	Paramatthamañjūsā (subcomy to Vism)

그 외 약호

BPS	Buddhist Publication Society
comy	commentary (aṭṭhakathā)
diss.	dissertation
ed.	edition/editor
PTS	Pāli Text Society
publ.	publisher/publication
sing.	singular
subcomy	subcommentary (ṭīkā)
tr.	translated/translation
VRI	Vipassanā Research Institut

용어해설

A

abhijappā : 갈망
abhijjhā : 탐욕스러움, 욕망, 욕구
abhijjhādomanassa: 욕망과 불만족
abhinivesa : 집착
abhiññā : 직관
adhiṭṭhāna : 확립, 관점
ādīnava : 불리
adukkhamasukha : 중립적인(不苦不樂):
āhāra : 음식
ajjhatta : 내부의, 내적인
ākāraparivitakka : 논리적 추론
akusala: 불건전한
ālokasaññā : 명료한 인지
anabhirati: 각성
anāgāmī : 불환자(不還者)
ānāpānasati: 호흡에 대한 알아차림(입출식념)
anattā : 무아
anicca: 무상한
animitta : 무표상
anunaya : 친밀함
anupassanā : 관찰
anusaya : 성향, 경향
anussati : 회상
anussava : 소문
anuttara: 최상의, 능가할 수 없는
anuvyañjana : 상세한, 부차적인 특징
appatikkūla : 동의할 수 있는
arati : 불만
ariya : 성스러운
ariyasacca : 성스러운 진리
arūpa: 무형(無形)의
asaṭha : 정직한
āsava : 흐름
assāda : 이익
asubha : 부정한, 비매력적인
asuci: 불순한
ātāpī : 부지런함
atimāna : 자만
atthagama, vaya : 죽음, 소멸
avijjā : 무지
āyatana: (감각)영역

B

bahiddhā, bāhira : 외적인
bala : 힘
bhava : 존재
bhāvanā: 계발, 수행
bojjhaṅga : 깨달음의 요소
brahmavihāra: 신의 거주처(梵住), 무량심
byāpāda : 혐오

C

cetovimutti: 마음의 해탈(심해탈)
chambhitatta : 경악
chanda : 욕구
chanda: 욕망
citta: 마음, 마음의 상태
cittassekaggatā : 마음의 통일된 상태(心一境性)

D

dassana : 식견
Dhamma : 붓다의 가르침
dhamma: 정신적 대상, 요소, 특성
dhammānupassanā: 법 관찰
dhammavicaya: 법 탐구
dhātu : 요소
ditthi: 견해
domanassa : 불만족
dosa : 분노
dukkha: 고통
duṭṭhulla : 불안
ekāyano : 직접적인 길

giddhilobha : 탐욕
gocara : 목장

I

idappaccayatā: 구체적인 조건성(此緣性)
iddhipāda: 신족(神足)
indriya : 감각기관(根)
indriya saṃvara: 감각기관의 제어
issā : 질투

J

jhāna : 선정

K

kāmacchanda: 감각적 욕망
karuṇā : 연민
kāyagatāsati: 몸을 대상으로 한 알아차림
kāyānupassanā : 몸 관찰
khandha : 무더기(온)
khanti : 인내
kodhupāyāsa : 분노에 찬 절망
kukkucca : 걱정, 근심
kusala: 건전한, 선한

L

lobha : 탐욕

M

macchariya : 탐욕
magga : 길
mahaggata : 위대함
māna : 자만
manasikāra : 주의
mano: 마음
mettā : 자애
micchā sati: 잘못된 알아차림
middha: 무기력
moha : 미혹, 어리석음
musāvāda : 거짓말

N

nama : 명칭
nāmarūpa: 명칭과 형체
ñāṇa : 지식
ñāya: 방법
nimitta: 표상, 원인
nindārosa : 악의에 찬 질책
nirāmisa: 명리를 떠난
nirodha : 지멸(止滅)
nissaraṇa : 벗어남
nīvaraṇa : 장애

P

pabhassara citta: 빛나는 마음
pajānāti: 그는 안다
pāmojja : 기쁨
paññā : 지혜
paññāvimutti : 지혜에 의한 해탈
pāpa : 악
papañca : 개념의 확산
parimukhaṃ : 면전에
passaddhi : 평정
patibhāga : 짝
paṭicca samuppāda: 의존적 발생
paṭigha: 분노
paṭikkūla : 불쾌한
paṭinissagga : 포기
paṭisambhidā : 분석
paṭṭhāna: 기초, 원인
phassa : 접촉
pisuṇavāca : 이간하는 말:
pīti : 기쁨
puñña: 선, 공덕
puthujjana : 일반인, 속인

R

rāga : 탐욕, 욕탐
rūpa : 형태

S

sacca : 진리
saddhā: 믿음, 신뢰

sakadāgāmi : 일래자(一來者)
samādhi : 집중
samatha: 평온, 고요함
sāmisa : 세속적인
sammā ājīva: 바른 생계
sammā diṭṭhi: 바른 견해
sammā kammanta: 바른 행위
sammā samādhi: 바른 집중
sammā saṅkappa: 바른 사유
sammā sati: 바른 알아차림
sammā vāyāma : 바른 노력
sammā vāca : 바른 말
sammā : 바른
sampajāna : 분명하게 아는
sampajañña: 분명한 앎
samudaya : 일어남(生起)
saṃyojana : 족쇄
saṅkappa : 의도
saṅkhāra: 의지력, 형성력
saṅkhitta : 위축된
saññā : 인지
saññāvedayitanirodha: 인지와 느낌의 소멸(想受滅)
sappurisa: 가치있는 사람
sati: 자각, 알아차림
satipaṭṭhāna: 알아차림의 현존(염처)
sa-uttara: 능가할 수 있는, 초월의 여지가 있는
sikkhati : 배우다
sīla : 윤리적 행위(戒)
sīlabbataparāmāsa: 특별한 규칙이나 계율에 집착하는 것
sotāpanna : 예류자
sukha : 즐거운, 행복한, 행복
suññatā : 공성
supatiṭṭhita: 잘 확립된

T

taṇhā : 갈애
tapa : 고행
tevijjā: 세 가지 밝은 지혜(三明)
thīna : 나태

U

uddhacca : 흥분(도거)
upādāna : 집착
upaṭṭhāna : 나타남, 현존
upekkhā : 평정
uppila : 크게 기뻐함

V

vaya: 사라짐(죽음)
vāyāma : 노력
vedanā : 느낌
vicāra: 지속된 정신작용
vicikicchā : 의심
vikkhitta : 산란한
vimokkha : 해탈
vimutta : 해탈된
viññāṇa : 의식
vipallāsa : 왜곡(顚倒)
vipassanā : 통찰
virāga : 이탐(離貪), 사라짐
viriya : 힘
visuddhi : 청정
vitakka: 최초의 정신작용
viveka : 떠남
vossagga : 포기, 내려놓기

Y

yoniso manasikāra : 이치에 맞는 주의집중(如理作意)

색인

A

B

C

D

E

G

I

J

K

M

N

P